# DIE ARPADENDYNASTIE

Gyula Kristó

# DIE ARPADEN-DYNASTIE

## Die Geschichte Ungarns von 895 bis 1301

CORVINA

Aus dem Ungarischen von István Hansel

Karten: Entwurf von Gyula Kristó
      Ausführung von Károly Pavela
Gestaltung: Ferenc Barabás
Auf dem Umschlag: *König Béla III. in der Bilderchronik* (um 1360;
      Széchényi-Nationalbibliothek)
Umschlagfoto: Csaba Gabler

Die Herausgabe dieses Bandes wurde durch die Unterstützung der
*Magyar Könyv Alapítvány* (Stiftung Ungarisches Buch) ermöglicht.

ISBN 963 13 3857 6

# Inhalt

## IV. Machtkämpfe und Stabilisierung (1116–1196)

## V. Die ersten Anzeichen für den Rückgang der königlichen Macht (1196–1235)

## VI. Die Schwächung der königlichen Macht, der Vorstoß der Großgrundbesitzer (1235–1301)

# Anhang

# I. Der Weg der Ungarn
## bis zur Staatsgründung

Den Gegenstand dieses Buches bildet die sog. Arpadenzeit, die mehr als 400 Jahre der ungarischen Geschichte umfaßt. Diese Epoche nahm ihren Anfang mit dem Jahr 895, als die Ungarn vom Osten her unter der Leitung des Stammesfürsten Árpád in das Karpatenbecken eindrangen und das Gebiet in Besitz nahmen, das sie – mit geringeren oder größeren Änderungen – seit nahezu 1100 Jahren ununterbrochen bewohnen. Als Schlußstein der genannten Epoche gilt das Jahr 1301. In diesem Jahr ist das Herrschergeschlecht Ungarns, das vom Stammesfürsten *Árpád* abstammte, im Mannesstamm ausgestorben. Im Hinblick auf das Thema gehört es auch zu unseren Aufgaben, die Fragen zu beantworten, wer die Ungarn waren, woher sie stammten und welche Ereignisse zur Eroberung des Karpatenbeckens führten.

## Vorgeschichte

Es gibt wenige Völker in Europa, in deren ältester Geschichte es so viele offene Fragen gibt wie in der Geschichte der Ungarn. Bis zum 9. Jahrhundert besitzen wir keine schriftlichen Quellen, die sich unwiderlegbar auf die Ungarn beziehen. Ihre Siedlungen befanden sich in Gebieten, die außerhalb der Grenzen der Verbreitung sowohl des lateinischen als auch des griechischen Schrifttums lagen. Daher dienen vor allem die Sprache und die archäologischen Funde als Mittel zur Erschließung der Frühgeschichte des Ungartums. Unter den vielen Unklarheiten kann als unleugbar gelten – obwohl auch dies lange Zeit hindurch angefochten und bezweifelt wurde –, daß die ungarische Sprache zur Familie der uralischen bzw. der finnougrischen Sprachen gehört. Es ist jedoch bis zum heutigen Tag fraglich, wo die erste bekannte Heimat (die uralische bzw. finnougrische Urheimat) der Vorfahren der Ungarn gewesen sein könnte: ob an der nordöstlichen Grenze Europas oder östlich des Urals, am nordwestlichen Rand Asiens. Die Einheit der ursprünglich uralische Sprachen sprechenden Völker wurde durch die Trennung der Samojeden und der Finnougrier zerstört, die finnisch-ugrische Gemeinschaft wieder löste sich durch die Abwanderung der Finnopermier von den Ugriern auf. Die ungarische Sprache zeigt – unter den mit ihr verwandten Sprachen – die engste Verwandtschaft mit den Sprachen der ugrischen Völker, d. h. der im nordwestlichen Asien, in der Obgegend, wohnenden Mansen (Wogulen) und Chanten (Ostjaken). Die in den östlichen und westlichen Gebieten des Urals freigelegten archäologischen Funde aus dem Mesolithikum (8. bis 5. Jahrtausend v. Chr.), die Funde, die an das Neolithikum (4.–3. Jahrtausend v. Chr.) erinnern, die Denkmäler, die aus dem Äneolithikum (vermutlich 3.–2. Jahrtausend v. Chr.) sowie aus der Metallzeit (2.–1. Jahrtausend v. Chr.) stammen, können mit großer Wahrscheinlichkeit mit uralischen, finnougrischen bzw. ugrischen Völkern in Zusammenhang gebracht werden.

Das eigenständige Leben der Vorfahren des Ungartums nahm seinen Beginn, als sie sich – vermutlich um die Mitte des 1. Jahrtausends v. Chr. – von den Obugriern (den Vorfahren der Mansen und Chanten) trennten. Vor und nach der Trennung von der finnougrischen bzw. der ugrischen Völkergemeinschaft verkehrten die Ahnen der Ungarn auch mit anderen Völkern, und diese Beziehungen zu den iranisch-, später zu den turk- sowie den slawischsprachigen Völkerschaften übten eine bedeutende Wirkung auf ihre Sprache aus. Offen bleibt die Frage, ob und inwiefern das in den nördlichen Gebieten des Urals wohnende Protoungartum durch die eurasische Umsiedlungswelle um das Jahr 460 n. Chr. berührt wurde. Es ist leicht möglich, daß die Ungarn nicht infolge dieser Umsiedlung, sondern erst Jahrhunderte später – im 8. oder Anfang des 9. Jahrhunderts – im südeuropäischen Raum erschienen. Nicht alle hatten die Urheimat verlassen, viele waren zurückgeblieben und wohnten auch weiterhin im Gebiet östlich der Wolga. Als spätester Zeitpunkt ihres Erscheinens an der nördlichen Küste des heutigen Asowschen Meeres (griechisch: Maeotis) muß das Jahr 830 gelten, da aus den darauffolgenden Jahren bereits zwei schriftliche Belege vom Ungartum zwischen dem Don und der unteren Donau zeugen. Die dortige Heimat wurde nach dem Stammesoberhaupt (Woiwode) *Levedi* Lewedien genannt.

Es kann nicht ausgeschlossen werden, daß der ungarische Stammesverband, der aus Völkerschaften hervorging, die einerseits eine finnisch-ugrische (Ungarisch), andererseits eine Turksprache sprachen, vom Oberhaupt Levedi gerade um das Jahr 830 im Gebiet westlich des Don gegründet wurde. Der ungarische Stammesverband kam dort unter chasarische Oberhoheit. Um das Jahr 850 brach ein Krieg zwischen den

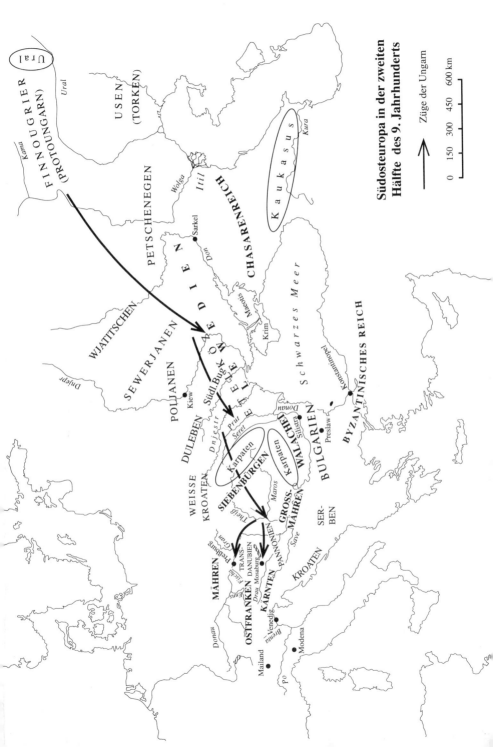

Südosteuropa in der zweiten Hälfte des 9. Jahrhunderts

Petschenegen und den Ungarn aus, der mit der Niederlage der letzteren endete, wonach sich das ungarische Volk in zwei Gruppen teilte. Die eine Gruppe ließ sich südlich des Kaukasus, am Fluß Kura, nieder (ihre Spuren lassen sich bis zum 14. Jahrhundert verfolgen). Der andere Teil der Ungarn zog weiter nach Westen, rückte also dem Karpatenbecken näher und fand seinen Wohnsitz in Etelköz (ursprünglich Atelküzü, d. h. im „Zwischenstromland"), also im Gebiet zwischen den Flüssen, die östlich der Ostkarpaten in die Donau bzw. ins Schwarze Meer münden. Das nach Westen ziehende ungarische Volk löste sich zeitweilig vom Chasarischen Chaganat, es riß sogar eine chasarische Volksgruppe mit sich, die wir Kabaren nennen. Im Stammesverband übernahm *Álmos* (Almus) Ende der fünfziger Jahre des 9. Jahrhunderts von Levedi die Oberherrschaft, die im Doppelfürstensystem der Ungarn die sakrale Herrschaft bedeutete und gleichzeitig mit dem Titel „Großfürst" (ung. *kündü*) verbunden war. Die eigentliche Macht dagegen lag in den Händen des Heerführers des Stammesbundes (ung. *gyula*). Um diese Zeit waren die Ungarn erneut unter die Oberhoheit der Chasaren geraten, deshalb ist es möglich, daß sich im Jahre 861 im chasarischen Heer auf der Halbinsel Krim auch ungarische Krieger befanden, denen dort *Konstantin/Kyrill,* einer der Schöpfer der slawischen Schrift, begegnete.

Seit den sechziger Jahren des 9. Jahrhunderts vermehrt sich das Quellenmaterial über die westlichen Beziehungen der Ungarn. Im Jahre 862 nahmen die Ungarn – offenbar auf eine Aufforderung hin – auf der Seite des in der Ostmark regierenden *Karlmann* an den Machtkämpfen zwischen Karlmann und seinem Vater *Ludwig dem Deutschen* teil. Die Kriegshandlungen der Ungarn auf dem Territorium des Ostfrankenreiches berechtigen zu der Annahme, daß sie durch das Karpatenbecken gezogen sind. Im Jahre 881 kämpften die Ungarn zusammen mit den Kabaren im Rahmen einer ähnlichen Aktion, aber in verschiedenen militärischen Abteilungen in der Umgebung des heutigen Wien bzw. bei Kulmberg oder Kollmitz. Auch dorthin gelangten sie durch das Karpatenbecken. Diesmal zogen die Ungarn im Auftrag des mährischen Fürsten *Swatopluk* in den Krieg gegen die Ostfranken. In der ersten Hälfte der achtziger Jahre des 9. Jahrhunderts traf ein in der Donaugegend (im Karpatenbecken oder an der unteren Donau) auf Beutezug befindlicher ungarischer Stammesführer mit dem Bruder von Konstantin/Kyrill, dem Erzbischof *Method,* zusammen.

Die erneute chasarische Herrschaft über die Ungarn dauerte nicht lange. Eine arabische Quelle *(Dschaihani/Ǧaihānī),* die um das Jahr 880 eine ausführliche Schilderung des Ungartums gab, verweist auf keinerlei Abhängigkeit der Ungarn von den Chasaren. Im Jahre 892 kämpften die

Ungarn im Bündnis mit König *Arnulf* gegen das mährische Volk Swatopluks, und es ist zu vermuten, daß die bewegliche Vorhut des langsam nach Westen ziehenden ungarischen Stammesverbandes die östliche Hälfte des Karpatenbeckens schon damals unter eine noch nicht gefestigte Oberherrschaft genommen hatte. 894 zogen die Ungarn auf den Ruf Swatopluks gegen ihren früheren Verbündeten, König Arnulf, ins Feld. Die Ungarn rückten also bis zum Jahr 895 dem Karpatenbecken sehr nahe, einen Teil davon können sie sogar schon früher militärisch besetzt haben; diese Besetzung aber ging noch nicht mit dem Einzug des ungarischen Volkes in das Karpatenbecken einher. Die eigentliche Landnahme – d. h. die Eroberung des Karpatenbeckens durch die ungarischen Stämme – erfolgte erst Ende des 9. Jahrhunderts. (Neuerdings wird die Möglichkeit einer früheren – „ersten" – Landnahme erwogen. Laut dieser Auffassung ist eine finnougrische Volksgruppe bereits um das Jahr 670 in den mittleren Donauraum eingedrungen und hat dieses Gebiet bis zum Einzug der von Árpád geführten Ungarn unter ihre Herrschaft gebracht. Diese Theorie kann jedoch durch keinerlei Angaben bewiesen werden. Dagegen lassen sich zahlreiche Argumente anführen, die das Gegenteil bezeugen. Es gibt also keinen Grund für die Annahme, daß sich im Karpatenbecken vor dem Jahr 895 eine zahlenmäßig bedeutende ungarische Völkerschaft niedergelassen hat.)

Die Landnahme der Ungarn wurde durch Ereignisse in Osteuropa und auf der Balkanhalbinsel vorbereitet. Die in der Wolgagegend wohnenden Petschenegen wurden von den Usen (Torken) und den Chasaren angegriffen. Die Petschenegen sahen sich durch den Angriff gezwungen, nach Westen zu ziehen; sie erreichten vielleicht im Jahre 895 die sich am Dnjepr entlangziehende östliche Grenze des von den Ungarn bewohnten Etelköz und begannen sofort, die Ungarn aus dem östlichen Teil des Etelköz zu verdrängen. Auf der Balkanhalbinsel, wo im Jahre 893 *Simeon,* der Sohn von *Boris/Michael,* dem ersten christlichen Herrscher der Bulgaren, an die Spitze des Bulgarenreiches trat, kam es im Herbst 894 zwischen dem letzteren und dem Byzantinischen Reich zu einem Krieg. Anfangs verzeichneten die Bulgaren Erfolge, und Byzanz sah sich gezwungen, nach einem Bündnispartner zu suchen. Der byzantinische Kaiser *Leo VI.,* der Weise, entsandte Ende des Jahres 894 oder Anfang des Jahres 895 Boten zu den Ungarn um Hilfe; er schickte seine Beauftragten zu Verhandlungen an die Donau. Die Unterhandlungen fanden am Unterlauf der Donau – unweit vom Schwarzen Meer – in der damals zur ungarischen Interessensphäre gehörenden Walachei statt. Bei den Verhandlungen, die zu einer Vereinbarung führten, wurden die Ungarn von ihren „Oberhäuptern" *Árpád* (dem

Sohn des Álmos) und *Kurszán* vertreten. Laut Übereinkunft erkaufte Byzanz das Bündnis der Ungarn und bekam Bürgen als Gewähr für ihre Treue.

Während der byzantinische Bote mit den Ungarn verhandelte, wandte sich Kaiser Leo – um dem Vorstoß des bulgarischen Herrschers Einhalt zu gebieten und die Kriegsbereitschaft der Bulgaren zu schwächen – von hinterlistiger Absicht geleitet mit einem Friedensangebot an Simeon, der aber den Beauftragten des byzantinischen Kaisers festnehmen ließ und dadurch zeigte, daß er nicht den Frieden, sondern Krieg wollte. Daraufhin zogen die Ungarn – wahrscheinlich im Frühling des Jahres 895 – auf byzantinische Aufforderung hin gegen die Bulgaren ins Feld. Sie wurden von der byzantinischen Flotte vom linken Ufer der Donau über den Fluß nach Bulgarien übergesetzt. Die Befürchtungen der Bulgaren bestätigten sich; sie wurden zu einem Zweifrontenkrieg gezwungen. Simeon war gerade mit dem von Süden her angreifenden byzantinischen Heer beschäftigt, als im Norden seines Landes die Ungarn erschienen und rasche Kriegserfolge erzielten. Sodann unterbrach Simeon die Kriegshandlungen im Süden, eilte nach Norden und lieferte den Ungarn mehrere Schlachten. Zur ersten Schlacht kam es bei Silistra an der Donau, wo Simeon eine Niederlage erlitt und die Flucht ins Landesinnere ergriff. Die ungarischen Truppen verfolgten ihn und jagten ihm bis in das Gebiet des heutigen Schumen nach, wo sie bei Preslaw eine weitere Schlacht gewannen. Damit betrachteten die Ungarn ihre militärischen Aktionen in Bulgarien als abgeschlossen und forderten den byzantinischen Kaiser auf, die bulgarischen Gefangenen freizukaufen. Nachdem dies erfolgt war, verließen die Ungarn Bulgarien und kehrten in ihr Wohngebiet am linken Ufer der Donau zurück. Zur gleichen Zeit bat Simeon den Befehlshaber der auf der Donau stationierten byzantinischen Kriegsflotte um Frieden. Eigentlich aber wollte er sich für den Fall einer militärischen Aktion gegen die Ungarn nur gegen Byzanz rückversichern. Er konnte seinen Plan auch verwirklichen, Byzanz zog seine Truppen aus Südbulgarien ab; zu einem Friedensschluß zwischen den beiden Kriegsgegnern kam es aber nicht. Der Bulgarenherrscher begann sofort mit der Vorbereitung eines Rachefeldzuges gegen die Ungarn. Im Interesse der Sache suchte er Kontakt mit den nach Westen vordringenden Petschenegen, die wahrscheinlich gerade zu jener Zeit (im Jahre 895) begonnen hatten, die Ungarn aus ihrem Wohngebiet im östlichen Teil des Etelköz zu verdrängen.

Nun aber waren die Ungarn in die Klemme geraten. Die Kerntruppen des ungarischen Heeres nahmen den Kampf mit den Bulgaren auf, die über die ungarischen Siedlungen herfielen, die am Unterlauf der Donau, d. h. an ihrem linken Ufer in der späteren Walachei, lagen. Die erbitterte und schwere Blutopfer fordernde Schlacht endete mit dem Sieg der Bulgaren. Zur gleichen Zeit erreichte der Angriff der Petschenegen von Osten her die Wohnsitze der Ungarn im Etelköz. Die ungarischen Grenzwächter und die Krieger des Großfürsten – eines gewissen Álmos –, der sich im zentralen Teil des Etelköz aufhielt, versuchten, Widerstand zu leisten. Jedoch ohne Erfolg, die Ungarn hatten zweifellos schwere, aber nicht katastrophale Menschenverluste zu verzeichnen. Fielen im Etelköz vor allem Frauen, Kinder und Alte den Schlachten zum Opfer, so waren es in der Walachei vor allem waffenführende Männer. Daß der Verlust an Menschen bei weitem nicht verheerend gewesen sein kann, beweist auch die Tatsache, daß die Krieger, die die Schlacht in Bulgarien überlebt hatten, nach Etelköz zurückkehrten. Dort aber konnten sie keine Ungarn mehr vorfinden, weil deren Wohnsitze durch den Angriff der Petschenegen schon verwüstet worden waren. In dieser Lage blieb den Ungarn keine andere Wahl, als weiter nach Westen zu ziehen. Von Osten her wurden sie von den Petschenegen bedrängt, der Weg nach Süden war von den feindlichen Bulgaren versperrt, im Norden wiederum befanden sich die Siedlungen verschiedener slawischer Stämme (die der Poljanen, Duleben, weißen Kroaten und Sewerjanen). Nur ein einziger Weg war also noch frei, der Weg nach Westen; es blieb keine weitere Möglichkeit mehr offen als das Eindringen in das Karpatenbecken, dessen östliches Randgebiet ohnehin bereits seit Jahren als ungarische Interessensphäre galt.

## Die Landnahme

Die auf der Flucht befindlichen Ungarn nahmen bei ihrem Eindringen in das Karpatenbecken vor allem die nordöstlichen Pässe der Karpaten in Anspruch. Ihr Bestand an Großvieh hatte sich bis dahin vermindert: Ein Teil ihres Hornviehs und ihrer Pferde war eingegangen. Die Ursache dafür kann sowohl die erlittene militärische Niederlage als auch die schnelle Flucht und das mühsame, langwierige, monatelang dauernde „Sich-Hinüberschleppen" über die hohen Berge gewesen sein. Dennoch kamen sie mit einem beträchtlichen Viehbestand in Transsilvanien (Siebenbürgen) an, wo sie Rast machten und sich einige Zeit aufhielten. In Siebenbürgen brachten die Ungarn ihr Stammesoberhaupt um. Der Ritualmord an Álmos, dem sakralen Oberhaupt des ungarischen Stammesverbandes, wurde wegen der bis dahin erlittenen Niederlagen verübt. Im Laufe der Jahre 895 und 896 nahmen die Ungarn nicht nur Siebenbürgen, sondern auch den östlichen Teil des Karpatenbeckens, d. h. das Gebiet östlich der Donau-Gran-Linie, in Besitz. Kaiser Arnulf befürchtete bereits im Jahre 896, daß das westlich der Donau gelegene Pannonien von den Ungarn angegriffen werden könnte. Aus diesem Grunde betraute er seinen slawischen Lehnsmann *Braslaw* mit der Verteidigung von Pannonien und Mosaburg (dem späteren Zalavár). Die Ungarn aber waren in den Jahren nach 895 mit ihren eigenen Problemen beschäftigt und unternahmen keine weiteren militärischen Aktionen; vorläufig mischten sie sich auch nicht in die Kämpfe ein, die in unmittelbarer Nähe ihrer Wohnsitze zwischen den Ostfranken und den Mährern erneut entflammten. In den Jahren 895 bis 899 vernichteten die Ungarn das im südlichen Teil des Karpatenbeckens, in der Gegend des Zusammenflusses von Donau und Theiß, gelegene Großmähren (Megale Moravia) und brachen die Herrschaft der Bulgaren in der Großen Ungarischen Tiefebene.

Nachdem sich aber die Ungarn von ihren schweren Verlusten erholt hatten und in ihrer neuen Heimat wieder zu Kräften gekommen waren, begannen sie, das unter fränkischer Herrschaft stehende Pannonien zu beunruhigen. Kaiser Arnulf versuchte, die drohende ungarische Gefahr abzuwenden, indem er eine Vereinbarung mit den Ungarn schloß und die Ruhe der Franken in Pannonien mit Geld erkaufte; er wird es wohl auch gewesen sein, der die Aufmerksamkeit der Ungarn auf Italien, das Land des *Berengar,* lenkte. So führten die Ungarn im Vorfrühling des Jahres 899 – statt das benachbarte Pannonien anzugreifen – einen Krieg gegen das ferne Italien. Der Feldzug dauerte ein Jahr lang; es gelang ihnen nicht, Venedig und Mailand einzunehmen, die Stadt Modena aber verwüsteten sie. Am 24. September 899 errangen sie am Fluß Brenta einen glänzenden Sieg über das Heer des italienischen Herrschers Berengar. An dem Streifzug nach Italien war nicht das gesamte ungarische Heer beteiligt, sondern wahrscheinlich nur die schon erwähnte kleinere – vielleicht an die fünftausend Krieger zählende – bewegliche Vorhut, die durch die Eroberung des östlichen Karpatenbeckens bereits im Jahre 892 die Aufmerksamkeit auf sich gelenkt hatte. Nach dem in Italien verbrachten Winter begaben sich die Ungarn im Frühling des Jahres 900 auf den Heimweg. Ihr Abzug dürfte durch zwei Umstände motiviert worden sein: Einerseits erhielten sie an der Jahreswende 899/900 die Nachricht über den Tod Kaiser Arnulfs, der ihr Auftraggeber war, so daß sich ihnen die Möglichkeit der Eroberung des unmittelbar an ihre Gebiete grenzenden Pannonien eröffnete. Andererseits wurden sie zu diesem Schritt auch von Berengar bewogen, der die Ungarn loswerden wollte und ihnen für den Abzug Geschenke und Geld anbot; außerdem wollte er mit der Aufhetzung der Ungarn gegen Pannonien auch seine Rache an den Franken nehmen. Auf ihrem Rückweg in die Heimat plünderten und verwüsteten die Ungarn den südlichen Teil Pannoniens, eroberten es aber noch nicht. (Es gehörte zu ihrer Kriegstaktik, daß sie die Gebiete, die sie später in Besitz nehmen wollten, vor der eigentlichen Eroberung plündernd und raubend durchzogen.)

In ihre Siedlungen östlich der Donau zurückgekehrt, entsandten die Ungarn Boten zu den Bayern um Hilfe gegen die Mährer. Ihre geheime Absicht dabei aber war es, das Gelände Pannoniens zu erkunden. Danach fielen die Ungarn in Mähren ein, fügten dem Land schweren Schaden zu und eroberten einen Teil der mährischen Gebiete. Durch diesen Angriff ließen sich die Bayern noch mehr in Sicherheit wiegen, so daß die das Land Bayern schlagartig überfallenden ungarischen Truppen tief in das ostfränkische Gebiet – bis an die Enns – vordringen konnten. Als dann die Bayern ihre Reihen wieder geordnet hatten und sich dem Feind entgegenwerfen wollten, zogen sich die Ungarn in das bereits unter ihrer Oberhoheit stehende Pannonien zurück, wo sie während der Kriegshandlungen im östlichen Bayern festen Fuß gefaßt hatten. Zwar konnte ein militärischer Präfekt der Ostfranken, *Liutpold,* das am Nordufer der Donau vordringende ungarische Heer überraschen und bis Preßburg (ung. Pozsony) zurückdrängen, aber auch das änderte nichts an der Tatsache, daß im Jahre 900 auch der westliche Teil des Karpatenbeckens, das Gebiet westlich der Gran-Donau-Linie, in den Besitz der Ungarn gelangte, und damit waren die militärischen Aktionen der eigentlichen Landnahme im wesentlichen abgeschlossen.

Die großen Verlierer des genannten Eroberungszuges waren die Mährer und die Bayern. Die Mährer verloren ihre Gebiete innerhalb des Gebirgszuges der Karpaten, die Bayern dagegen Transdanubien sowie die Landfläche zwischen den Flüssen Drau und Save. Die Mährer kamen nie wieder in die Lage, sich bei den Ungarn für die erlittenen Niederlagen zu revanchieren. Im Gegenteil: Gerade die Ungarn waren es, die im Jahre 902 einen Angriff gegen das außerhalb der Karpaten gelegene Gebiet Mährens richteten, der zum Verfall des abgeschwächten mährischen Staates führte und die Ausdehnung der ungarischen Siedlungsgebiete nach Nordwesten, auf Mähren, zur Folge hatte.

Etwas anders lagen die Dinge mit den Bayern. In den Jahren nach der Eroberung Pannoniens durch die Ungarn folgte mit den Bayern ein Zusammenstoß nach dem anderen. Im Jahre 901 griffen die Ungarn Kärnten an, wurden jedoch von den dortigen Bayern geschlagen. 903 brach erneut ein Krieg zwischen den Ungarn und den Bayern aus. Auch im Jahre 904 kam es zu einer Schlacht zwischen ihnen. Im genannten Jahr wurden die Ungarn unter bisher noch nicht hinreichend geklärten Umständen von den Bayern auf hinterlistige Weise zu einem Festmahl, wahrscheinlich an den Fluß Fischa, eingeladen, wo Kurszán, der vermutlich die Würde des *gyula* (oberster Heerführer) trug, heimtückisch ermordet wurde. Vielleicht ermutigte die Bayern auch dieser Erfolg dazu, daß sie im Jahre 907 unter der persönlichen Führung des deutschen Königs *Ludwig das Kind* einen großen Feldzug unternahmen, um die Ungarn aus Bayern zu verdrängen. Die Bayern zogen an beiden Ufern der Donau und auf dem Fluß selbst nach Osten. Die entscheidende Schlacht fand zwischen dem 4. und 6. Juli bei Brezalauspurc (Braslauespurch) statt. Gemeint sein dürfte damit aller Wahrscheinlichkeit nach Preßburg, obwohl es auch Annahmen gibt, daß es sich um die Burg Braslaw, das heißt Mosaburg, handeln könnte. Die Schlacht endete mit einer vernichtenden Niederlage der Bayern; ihr ganzes Heer ging verloren, auch der Großteil ihrer „Vornehmen" (Edlen, Großen) fand in der Schlacht den Tod. Die ungarischen Truppen verfolgten die Bayern und sicherten sich dadurch die Oberherrschaft bis zum Fluß Enns. Mit diesem Sieg der Ungarn im Jahre 907 waren die Ergebnisse der Landnahme endgültig besiegelt.

Die Landnahme gilt als ein epochemachendes Ereignis in der Geschichte des Ungartums: Es brachte jenes Gebiet in seinen Besitz, auf dem sein Land – wenn auch nur zum Teil – heute noch existiert. Mit der Landnahme gerieten die Ungarn aber gleichzeitig auch unter die Einfluß neuer geopolitischer Faktoren: Sie kamen in die Nachbarschaft von Völkern, die in geregelten staatlichen Verhältnissen lebten; damit wurden die Bindungen zur Welt der Steppen, zu der vor der Landnahme auch das Ungartum gehört hatte, immer lockerer. Das sich im Karpatenbecken niederlassende Volk vergaß sehr bald, daß die Landnahme infolge der Zwangslage militärischer Niederlagen erfolgt und insofern eine Notlösung war. Bereits in den nachfolgenden Jahrhunderten kam es zu einer verfälschenden Umdeutung der wirklichen Umstände der Landnahme. Den Löwenanteil davon sicherte sich der Anfang des 13. Jahrhunderts lebende Chronist *Anonymus,* der im großen und ganzen ein fiktives Bild der ungarischen Landnahme entwarf. Vor allem aufgrund von Ortsnamen rief er zahlreiche feindliche Fürsten (Heerführer) ins Leben (Loborcy, Salanus, Glad, Gelou, Menumorout, Zubur), die er dann als Gegner der Ungarn hinstellte und dadurch den Anschein erweckte, als hätten die Ungarn das Karpatenbecken erst nach harten Kämpfen erobern können. Nur so konnten nach Anonymus die landnehmenden ungarischen Fürsten Anspruch auf den Besitz des durch ihr vergossenes Blut eroberten Landes erheben. Anonymus' Beschreibung der ungarischen Landnahme entbehrt jeglicher geschichtlichen Glaubwürdigkeit, dennoch wurde sie zum Ausgangspunkt späterer Behauptungen, die darauf abzielten, daß es sich bei der Landnahme um eine bewußt organisierte, sorgfältig vorbereitete, planmäßig durchgeführte, siegreiche und ruhmvolle Eroberung gehandelt habe. Demgegenüber zeugen die zeitgenössischen und auch die nicht viel späteren, unbedingt authentischen Angaben eindeutig davon, daß das wichtigste Moment der ungarischen Landnahme, nämlich das Einströmen der ungarischen Volksmassen in das Karpatenbecken im Jahre 895, jeglicher Planmäßigkeit und Bewußtheit entbehrte und ein infolge der Niederlagen ausgesprochen zwangsläufig erfolgtes Ereignis gewesen war.

## Die Streifzüge

Die Streifzüge (Raubzüge) begannen nicht erst nach der Landnahme. Seitdem wir aus den schriftlichen Quellen über zuverlässige Nachrichten von den Ungarn verfügen – seit den dreißiger Jahren des 9. Jahrhunderts –, werden sie als streifendes Volk erwähnt. Die Landnahme bedeutete also keine Unterbrechung der Streifzüge; nicht einmal die Niederlagen vor der Landnahme und der darauffolgende Ortswechsel der Ungarn konnten den Schwung der Streifzüge bremsen. Knapp vier Jahre nach der Eroberung des östlichen Karpatenbeckens unternahmen die Ungarn bereits im Jahre 899 einen Feldzug gegen italienische Gebiete, worauf 901 der Angriff auf Kärnten und im Jahre 902 der Einfall in Mähren (in das westlich der Karpaten liegende Gebiet) folgten. 904 führten die Ungarn einen Streifzug gegen italienische Gebiete, den sie auch im Jahre 905 fortsetzten. Zur gleichen Zeit mischten sich die Ungarn als Verbündete von Berengar auch in die Kämpfe zwischen ihm und *Ludwig III.* um die Herrschaft über Norditalien ein. 906 kam es zum ersten Streifzug der Ungarn gegen Sachsen. Es waren die Daleminzen, die Herzog *Heinrich von Sachsen* befeindenden Slawen, die eine Heerschar der Ungarn zu diesem Angriff gegen Heinrich gedungen hatten. Die Ungarn richteten in Sachsen arge Verheerungen an.

Nach der Verteidigung der ungarischen Siedlungsgebiete gegen die Bayern sowie nach der Ausdehnung ihrer Gebiete bis zur Enns im Jahre 907 fielen die Ungarn erneut in Sachsen ein; bald darauf verwüsteten sie auch Thüringen. Die Schlacht bei Eisenach endete mit dem Sieg der Ungarn. Zielpunkt der Ungarnangriffe im Jahre 909 war Schwaben (Alemannien), von wo sie mit einer reichen Beute abzogen. Auf ihrem Rückzug aber erlitten sie von dem bayrischen Herzog *Arnulf* an der Rott eine Niederlage. Im Jahre 910 rückte König Ludwig selbst gegen die durch

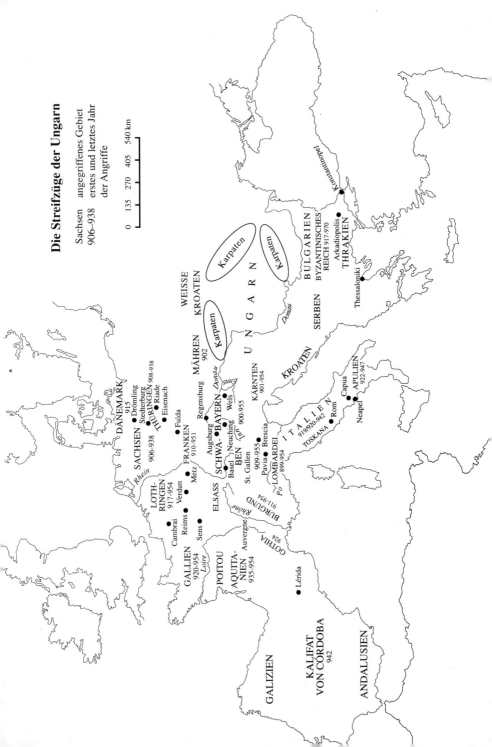

## Die Streifzüge der Ungarn

Sachsen   angegriffenes Gebiet
906–938   erstes und letztes Jahr
         der Angriffe

0   135   270   405   540 km

GALIZIEN

KALIFAT
VON CÓRDOBA
942

ANDALUSIEN

Lérida

GALLIEN
920-954

Loire

POITOU

AQUITA-
NIEN
935-954

Auvergne

Cambrai

Reims

Sens

Verdun

Metz

LOTH-
RINGEN
917-954

Rhein

ELSASS

BURGUND
911-954

Rhône

GOTHIA
924

SACHSEN
906-938

DÄNEMARK

Drömling
915

Stedtburg

THÜRINGEN 908-938

Riade

Eisenach

Fulda

FRANKEN
910-954

Regensburg

Augsburg

Basel

Neuching

SCHWA-
BEN

Inn

St. Gallen

Wels

Enns

Donau

BAYERN
900-955

Pavia

Brescia

LOMBARDEI
899-954

Po

909-955

KÄRNTEN
901-954

I T A L I E N

TOSKANA
919/920-942

Rom

Capua

Neapel

APULIEN
922-947

KROATEN

MÄHREN
902

WEISSE
KROATEN

Karpaten

U N G A R N

Karpaten

Donau

Karpaten

SERBEN

BULGARIEN

BYZANTINISCHES
REICH 917-970

Arkadiopolis
917-970

THRAKIEN

Thessaloniki

Konstantinopel

Bayern ziehenden Ungarn ins Feld. Die erste Schlacht gegen die Schwaben auf dem Lechfeld bei Augsburg gewannen die Ungarn, indem sie ihre bewährte Kampftaktik anwendeten: Sie griffen an, zogen sich dann, eine schnelle Flucht vortäuschend, zurück, gingen dann plötzlich erneut zum Gegenangriff über, umschlossen den Feind und vernichteten ihn. Die nächste Schlacht der Ungarn fand gegen die Franken statt, die sie ebenfalls besiegten. Auf dem Rückweg in ihre Heimat wurden die ungarischen Truppen bei Neuching von den Bayern geschlagen. 911 verwüsteten die Ungarn Schwaben und Franken, setzten dann über den Rhein und fielen in Burgund ein. Im Jahre 912 zogen sie gegen Franken, gegen das Kerngebiet des nach dem Tode Ludwigs des Kindes neugewählten ostfränkischen Königs fränkischer Abstammung, *Konrads I.,* offenbar mit der Absicht, Konrad zu Tributzahlungen zu zwingen. Angesichts des geringen Widerstandes konnten die Ungarn dort und auch in Thüringen gute Erfolge erreichen. 913 setzten die Ungarn erneut über den Rhein und drangen bis Burgund vor. Auf ihrem Rückweg richteten sie Verwüstungen in Schwaben und Bayern an, doch wurden sie dann am Inn vom Heer der Schwaben und der Bayern geschlagen. Der bayerische Herzog Arnulf soll in dieser Schlacht die Kampfweise der Ungarn so erfolgreich angewendet haben, daß der Sieg über sie gerade dadurch gesichert wurde. Im darauffolgenden Jahr aber hatte sich das Blatt grundsätzlich gewendet: Nach einer Erhebung gegen König Konrad floh Herzog Arnulf samt Familie nach Ungarn, wahrscheinlich mit dem Ziel, die Waffenhilfe der Ungarn zur Rückeroberung seines verlorenen bayerischen Herzogtums in Anspruch zu nehmen. Im Jahre 915 zerstörten die Ungarn weit voneinander liegende deutsche Gebiete: Sie zogen durch Schwaben, Thüringen und Sachsen und erreichten im Norden sogar die dänische Grenze. Ihrer militärischen Aktion machte der Mißerfolg bei Fulda ein Ende, wo ihr Angriff auf das Kloster unter der Führung des dortigen Abtes zurückgeworfen wurde. Es kann nicht ausgeschlossen werden, daß Herzog Arnulf bei seinem Vorstoß, im Laufe dessen er bis nach Regensburg vorgedrungen war, auch von den Ungarn unterstützt wurde.

Ab 917 vermehrten sich die gegen entfernte, weit abgelegene Gebiete (im gleichen Jahr sogar in verschiedene Richtungen) geführten ungarischen Streifzüge. Während des Streifzuges im Jahre 917 verwüsteten die ungarischen Reitterscharen zuerst die Stadt Basel, überfielen dann von Schwaben aus das Elsaß und Lothringen. Ebenfalls im Jahre 917 standen in den Reihen der gegen die Byzantiner kämpfenden Bulgaren auch ungarische Reitterscharen. Nachdem Ende 918 König Konrad gestorben war und als sein Nachfolger der sächsische Herzog Heinrich – als *Heinrich I.* –

den Königsthron bestiegen hatte, zogen die Ungarn gegen Sachsen in den Krieg, um Heinrich zur Tributzahlung zu zwingen. Während ihrer Aktion verwüsteten sie Sachsen und machten reiche Beute. Aus demselben Jahr sind uns auch Angaben über einen Streifzug eines ungarischen Reiterheeres gegen Lothringen bekannt. Entweder dieses oder ein anderes Reiterheer wird vielleicht bereits 919 gegen italienische Gebiete gezogen sein, es ist aber auch möglich, daß der genannte Streifzug gegen Italien erst Anfang des Jahres 920 erfolgte. Jedenfalls fielen die Ungarn erst nach einer Pause von anderthalb Jahrzehnten wieder in Italien ein. Einen weiteren Angriff richteten sie 920/921 gegen französische Gebiete; bei diesem Plünderungszug steckten sie die Stadt Verdun in Brand. Der nächste Ungarneinfall war auf Italien gerichtet und dürfte um die Wende 921/922 erfolgt sein. Das in Italien überwinternde ungarische Reiterheer, dessen Führer *Dursac* (Tarhos?) und *Bugat* waren, zog auf die Bitte von König Berengar in die Schlacht gegen die ihm feindlich gesinnten italienischen Einheiten, besiegte den Gegner und zerstörte Anfang 922 die ganze Apenninenhalbinsel bis zum byzantinischen Apulien. Nach zwei Jahren – im Jahre 924 – finden wir die Ungarn wiederum in Italien. Sie fielen unter der Führung von *Szalárd* (Salardus) in Italien ein, legten die Stadt Pavia in Schutt und Asche und zogen dann über die Alpen gegen das Westfränkische Reich. Die Westfranken aber drängten sie in die Gebirgsengen der Alpen und schlossen sie ein; die ausbrechenden Reiter wurden von den Westfranken entlang der Mittelmeerküste verfolgt, wo zusätzlich eine Seuche das ungarische Reiterheer dezimierte. Im selben Jahr plünderte und verwüstete eine andere ungarische Reiterabteilung Sachsen. Ein ungarischer Großer wurde von den Sachsen gefangengenommen; für seine Freilassung boten die Ungarn eine ungeheuer große Menge Gold und Silber an. König Heinrich I. jedoch bestand auf einem Friedensschluß. Den neunjährigen Waffenstillstand konnte er durch die Zahlung eines jährlichen Tributs an die Ungarn sichern.

Bei ihrem nächsten Feldzug im Jahre 926 machten die Ungarn einen weiten Bogen um Sachsen und plünderten von den deutschen Gebieten nur die auf ihrem Weg liegenden süddeutschen Gebiete, Bayern und Schwaben. Sie nahmen das Kloster St. Gallen ein. Die Ungarn richteten ihre Angriffe gegen entfernte Gebiete, so gegen das Elsaß, Lothringen und das Westfränkische Reich. Im Norden erstreckten sich ihre Streifzüge sogar auf das Territorium des heutigen Belgien und Luxemburg, im Westen erreichten sie die Küstenlandschaft des Atlantischen Ozeans. Sie stießen kaum auf Widerstand, weil sich die westfränkischen Heere nach Aquitanien zurückgezogen hatten. 927 wurden die Ungarn vom Bruder

Papst *Johannes' X.* nach Italien gerufen; auf seine Aufforderung hin zerstörten die ungarischen Reiterscharen die Toskana und verwüsteten Italien bis Apulien. Von 927 bis 933 kam es zu einer in der Geschichte der Ungarnzüge seit der Landnahme noch nie dagewesenen sechsjährigen Waffenruhe. Es gibt Quellen, die darauf verweisen, daß die Ungarn 933 wiederholt in Italien einfielen. Im selben Jahr unternahmen sie auch gegen Sachsen einen Streifzug, dessen unmittelbare Ursache die Verweigerung des für das Jahr 932 fälligen Tributs durch König Heinrich I. gewesen war. Da Heinrich seine militärische Macht während der beinahe zehnjährigen Friedenszeit hinreichend gefestigt hatte, konnte er dem – wegen der Verweigerung des Tributs – zu erwartenden Ungarnangriff mit Hoffnung auf Erfolg entgegensehen. Der Einfall der Ungarn ließ auch nicht lange auf sich warten, er erfolgte bereits in den ersten Monaten des Jahres 933. Das ungarische Reiterheer teilte sich und wollte Sachsen umschließen, der Plan konnte aber nicht verwirklicht werden. Die aus westlicher und südlicher Richtung heranreitenden ungarischen Truppen wurden vom Feind zersprengt, die aus östlicher Richtung angreifenden Einheiten lieferten dem Heer von König Heinrich bei Riade (an der Unstrut) eine offene Schlacht. Die Schlacht am 15. März 933 endete mit dem Erfolg der sächsischen Waffen.

Die Niederlage bei Riade (übrigens bis dahin die schwerste in der Geschichte der Streifzüge) konnte die Unternehmungslust der Ungarn nicht beeinträchtigen. 934 drang ein Reiterheer im Westen bis Metz vor, eine andere Reiterschar wieder erreichte – im Bündnis mit den Petschenegen – durch Bulgarien ziehend die Mauern von Konstantinopel, wo sie 40 Tage lang lagerte und Plünderungszüge in der Umgebung der Kaiserstadt durchführte. 935 plünderten die ungarischen Reiterheere Burgund und Aquitanien, auf dem Rückweg verwüsteten sie italienische Gebiete, vor allem die Gegend um Brescia. Der Streifzug im Jahre 937 war vielleicht das größte militärische Unternehmen in der Geschichte der Ungarnzüge. Die Vorbereitung des Feldzuges hing auch mit dem Umstand zusammen, daß König Heinrich, der Sieger von Riade, 936 starb, und sein Sohn *Otto I.* ihm auf dem Königsthron folgte. Die Ungarn wollten diesmal Otto zu Tributzahlungen zwingen, aus diesem Grunde planten sie ihren Angriff ursprünglich gegen Sachsen, das Stammland Ottos. Der geplante Einfall in Sachsen sollte aus einer unerwarteten Richtung – von Westen her – erfolgen. Unterwegs bedrängten die ungarischen Reiterscharen auch Franken und Schwaben. König Otto aber wartete den Angriff auf Sachsen nicht ab, sondern eilte den ungarischen Truppen entgegen und verfolgte sie bis Metz. Daraufhin warfen sich die Ungarn auf Lothringen und richteten

Verwüstungen in der Umgebung von Reims und Sens an. In Aquitanien lieferten die Franzosen den Ungarn eine Schlacht, konnten sie jedoch nicht aufhalten; die ungarischen Truppen erreichten auch diesmal den Atlantischen Ozean. Auf ihrem Rückweg verwüsteten sie Burgund und fielen dann in Italien ein. Sie plünderten die Gegend von Capua, auch Neapel geriet in Gefahr. Auf ihrem Rückzug von der Apenninenhalbinsel aber wurden die ungarischen Reiterscharen noch auf italienischem Gebiet in eine Falle gelockt, wo manche von ihnen ihr Leben lassen mußten, andere ihre Beute verloren. Im Jahre 938 fielen wieder zwei Ungarnscharen aus verschiedenen Richtungen in Sachsen ein. Das aus südlicher Richtung angreifende Reiterheer wurde bei Stedterburg, die vom Norden her einfallende Reitertruppe bei Drömling geschlagen, der Führer der einen ungarischen Reiterschar geriet sogar in Gefangenschaft und konnte nur gegen ein hohes Lösegeld freigekauft werden. Das war der letzte Streifzug der Ungarn gegen Sachsen. 940 fielen sie erneut in Italien ein, erlitten aber in den Schlachten bei Rom Niederlagen. Um 941 wollten die Ungarn einen Streifzug auf die Balkanhalbinsel (gegen Byzanz) unternehmen. Sie konnten jedoch nicht über die Donau setzen, und die Mehrzahl der ungarischen Reiter ertrank im Fluß.

Von der Mitte der vierziger Jahre des 10. Jahrhunderts an unternahmen die Ungarn noch ein, zwei letzte große Streifzüge, doch zeigten sich dabei bereits unverkennbare Krisenzeichen. Von den 942 in Italien eingefallenen Ungarn erkaufte der italienische König *Hugo* den Frieden mit Geld; er wies ihnen sogar einen Führer zu und schickte sie gegen spanische Gebiete. Die Ungarn erreichten über Südfrankreich die Iberische Halbinsel. Sie belagerten Lérida, bestürmten die arabischen Festungen, mußten dann aber wegen Mangels an Proviant den Rückzug antreten. Auf dem Rückweg wurden sie von den Franken geschlagen. 943 fielen ungarische Reiterscharen in das Byzantinische Reich ein, worauf der Kaiser den Frieden mit Geld erkaufte. Um 945 war schon abzusehen, daß den Ungarn nach und nach sämtliche Wege durch das deutsche Königreich versperrt werden würden. Im Jahre 943 versuchten sie auch, einen Streifzug nach Westen zu führen, kamen aber nicht weit. Sie waren 30 bis 40 km über die westliche Grenze des ungarischen Siedlungsgebietes vorgedrungen – als Grenzfluß galt bis 955 die Enns –, als sie von dem jüngeren Bruder des früher in Ungarn Schutz findenden Herzogs Arnulf, dem ebenfalls zur bayerischen Herzogswürde gelangten *Berthold*, aufgehalten und bei Wels besiegt wurden. 947 richteten die ungarischen Reiterheere unter der Führung von *Taksony* (Taxis) einen Angriff gegen Italien. Sie drangen bis in den südlichen Teil der Halbinsel vor und richteten bis Apulien Verwüstungen an, worauf der neue König Italiens, *Berengar II.*, den Frieden mit Geld von den Ungarn erkaufte. Nachdem im Jahre 947 Herzog Berthold gestorben war, zogen die Ungarn bereits 948 gegen den neueingesetzten bayerischen Herzog *Heinrich,* den Bruder von König Otto, ins Feld, um für ihre streifenden Reiterheere den freien Weg durch Bayern zu sichern. Die Schlacht am nördlichen Ufer der Donau – unweit des ungarischen Siedlungsgebietes – endete mit dem Sieg der Bayern. 949/950 dauerten die Grenzgefechte zwischen den Bayern und den Ungarn fort, ohne daß es den Ungarn gelang, die von den Deutschen errichtete „Mauer" zu durchbrechen, die ihnen den Weg für ihre Streifzüge nach Westen versperrte. Dagegen fiel Herzog Heinrich im Jahre 950 in das Siedlungsgebiet der Ungarn ein und kehrte mit einer großen Beute und vielen Gefangenen in sein Land zurück.

Nach der Sperrung der durch Sachsen und Bayern führenden Wege nach Westen blieb den Ungarn nur noch der Weg durch Norditalien offen, aber auch dieser nicht mehr lange. 951 gelang es den Ungarn noch, mit Berührung Italiens in Aquitanien einzufallen, aber gerade in diesem Jahr kam es in Italien zu einer grundlegenden Wende. In Norditalien kam König Otto an die Macht und teilte sie mit seinem jüngeren Bruder, Herzog Heinrich von Bayern. Man kann mit ziemlicher Sicherheit annehmen, daß die aus Frankreich über Italien heimkehrenden ungarischen Truppen von dem bayerischen Heer Heinrichs noch in Italien eine schwere Niederlage erlitten hatten. Mit diesem Mißerfolg waren alle bewährten Routen der Ungarneinfälle nach Westen versperrt. Daß aber in die unweit der westlichen Siedlungsgrenze der Ungarn errichtete „Mauer" im Jahre 954 dennoch eine Bresche geschlagen werden konnte, war dem Umstand zu verdanken, daß im deutschen Königreich gegen König Otto ein Aufstand ausgebrochen war, der von *Liudolf,* dem Sohn des Königs, und dem Schwiegersohn Ottos, Herzog *Konrad dem Roten* von Lothringen, geführt wurde. Die Ungarn wurden von den rebellierenden Herzögen nach Deutschland gerufen. Sie zogen unter der Führung von *Bulcsú* (Bulgio) ins Feld. Über Kärnten erreichten sie Bayern, wo sie große Verheerungen anrichteten, um dann nach Franken zu ziehen. Als König Otto die Nachricht über den Einfall der Ungarn erhielt, war er bereit, gegen sie ins Feld zu ziehen, aber die aufständischen Herzöge führten die Ungarn nicht gegen den König, sondern wichen dem Kampf mit ihm aus und schickten die ungarischen Truppen in das Gebiet jenseits des Rheins. Die Ungarn zogen – ein Stück Wegs von Konrad dem Roten begleitet – den Fluß entlang nach Norden. Sie verwüsteten zuerst belgische Gebiete und belagerten dann die Stadt Cambrai, wo Bulcsú einen nahen Verwandten verlor. Danach wandten sie sich nach Süden, verwüsteten die Umgebung von Reims und Metz, streiften dann durch ganz Frankreich und richteten überall großen Schaden an. Anschließend zogen sie durch Burgund und kehrten über Italien nach Ungarn zurück.

Im darauffolgenden Jahr, 955, versuchten die Ungarn zunächst, die deutschen Innenverhältnisse auszukundschaften und schickten zu diesem Zweck Gesandte zu König Otto. Die Stellung des deutschen Herrschers hatte sich im Vergleich zum Vorjahr erheblich gefestigt. Sowohl sein Sohn als auch sein Schwiegersohn unterwarf sich der königlichen Macht, so daß Otto der Lage in seinem Land Herr werden konnte. Dennoch zogen die Ungarn – ermutigt durch die Erfolge des Vorjahres – wieder ins Feld. Zuerst zogen sie plündernd durch Bayern, danach richteten sie Verwüstungen in Schwaben an. Während der Belagerung von Augsburg traf das Heer von Otto und den deutschen Herzögen ein. Die Ungarn stellten die Belagerung der Stadt ein und lieferten dem vereinten deutschen Heer am 10. August auf dem Lechfeld bei Augsburg – wo sie 910 schon einmal gesiegt hatten – eine offene Schlacht. Das Kriegsglück aber, das sie anfangs begünstigte, hatte die Ungarn verlassen, sie erlitten eine vernichtende Niederlage. Die Deutschen verfolgten die geschlagenen Ungarn. Die Führer des ungarischen Reiterheeres, Bulcsú (Pulszi), *Lél* (Lele) und *Súr,* wurden gefangengenommen und in Regensburg am Galgen hingerichtet. Mit dieser Niederlage waren die Zeiten der Ungarnzüge nach Westen endgültig vorbei. Nach der Niederlage auf dem Lechfeld wurde Taksony, der Sohn von *Zolta* (Zulta), Großfürst.

Die Streifzüge nach Süden dauerten aber noch anderthalb Jahrzehnte lang fort. Im Jahre 959 stießen die Ungarn bis Konstantinopel vor, sie machten reiche Beute und viele Gefangene. 961 erlitten die in Thrakien einfallenden Ungarnscharen durch die Griechen eine empfindliche Niederlage. Es ist nicht auszuschließen, daß ungarische Reiterheere im Jahre 967 abermals über die Donau setzten und Balkangebiete zerstörten. 968 kämpften zwei ungarische Reiterscharen – eine bei Saloniki, eine andere unweit von Konstantinopel – mit wechselndem Erfolg. Den letzten Streifzug auf die Balkanhalbinsel führten die Ungarn im Jahre 970. In Byzanz fiel damals ein verbündetes Heer russischer, bulgarischer, petschenegischer und ungarischer Reitertruppen ein. Das vereinte Heer zog sengend und brennend durch Thrakien, wurde dann aber bei Arkadiopolis vom byzantinischen Heer besiegt.

# Der Charakter der Streifzüge

Während der Großteil der Streifzüge des vor der Landnahme im Etelköz lebenden Ungartums nach Norden gegen die in seiner Nachbarschaft wohnenden Ostslawen gerichtet war, kam es nach der Landnahme zu einer entscheidenden Wende in der Richtung der Heereszüge. Dies zeigt auch die nachstehende kurze statistische Zusammenstellung: Die Ungarn unternahmen von ihrer neuen – im Karpatenbecken liegenden – Heimat aus in den Jahren 899 bis 970 etwa 47 – auch in schriftlichen Quellen erwähnte – Streifzüge. Im Durchschnitt zogen sie also während eines Zeitabschnitts von drei Jahren je zweimal ins Feld. Die einundsiebzig Jahre von 899 bis 970 können in zwei weitere Abschnitte geteilt werden, wenn wir den Umstand berücksichtigen, daß die Streifzüge in westlicher Richtung bereits 955 ein Ende fanden. Was nun also die Zeitspanne zwischen den Jahren 899 und 955 anbelangt, so kam es während dieser 56 Jahre zu etwa 42 Streifzügen. 38 von ihnen richteten sich nach Westen und nur vier nach Süden. Aus den Jahren zwischen 955 und 970 stehen uns Angaben über insgesamt fünf – ausschließlich nach Süden gerichtete – militärische Aktionen zur Verfügung. Den während der 56 Jahre nach Westen geführten 38 Streifzügen stehen lediglich 9 nach Süden unternommene in 71 Jahren gegenüber. Der Verdacht scheint begründet, daß die geringe Zahl der nach Süden gerichteten Aktionen den lückenhaften Belegen des Quellenmaterials zuzuschreiben ist, das heißt, die Ungarn werden in den Jahren 899 bis 970 wohl wesentlich mehr Streifzüge nach Süden – gegen Bulgarien oder Byzanz – geführt haben, als uns bisher zahlenmäßig bekannt ist.

Im Falle der nach Westen unternommenen Streifzüge kann man leicht verfolgen, wie sich die Ungarn immer weiter nach Westen wagten. An der Wende vom 9. zum 10. Jahrhundert griffen sie nur ihren Siedlungen unmittelbar oder beinahe unmittelbar benachbarte Länder oder Gebiete an: Norditalien, Kärnten, Mähren und Bayern. Im Jahre 908 erreichten die Ungarneinfälle zum ersten Mal Sachsen, 909 Schwaben, 910 Franken. Im Jahre 911 setzten die Ungarn über den Rhein, 915 drangen sie bis zur dänischen Grenze vor, 926 und 937 erreichten sie die Küste des Atlantischen Ozeans. Die ungarischen Reiterheere durchzogen auch mehrmals die Apenninenhalbinsel, 942 führten sie sogar Streifzüge auf die entfernte Iberische Halbinsel. Die nach Süden gerichteten Ungarnzüge standen wahrscheinlich nicht nur in der Zahl, sondern auch hinsichtlich ihrer Bedeutsamkeit hinter den nach Westen gerichteten militärischen Aktionen zurück. Die streifenden ungarischen Reiterheere erreichten einige Male auch die byzantinische Hauptstadt Konstantinopel. Zum dauerhaften Erfolg der Ungarnzüge trug auch der Umstand bei, daß in Westeuropa Anarchie herrschte und in der ersten Hälfte des 10. Jahrhunderts auch Byzanz eine Krise durchmachte. Neben den Angaben über die nach Westen und Süden (Südosten) unternommenen Streifzüge deuten unklare Spuren auch darauf hin, daß die Ungarn – wenn auch nur selten – auch nach Norden, gegen die weißen Kroaten, militärische Aktionen unternahmen. Eine zweifelhafte Angabe erwähnt schließlich, daß die Ungarn einen einzigen Streifzug auch nach Südwesten – gegen die an der Küste des Adriatischen Meeres lebenden Kroaten – unternommen haben.

Sowohl die vor als auch die nach der Landnahme durchgeführten militärischen Unternehmungen der Ungarn waren auf das Beutemachen und den Menschenfang gerichtet. Durch ihre Beutegier läßt sich erklären, daß sie vor allem Klöster überfielen und plünderten. Dort fanden sie Lebensmittel und gleichzeitig die begehrte Beute – vor allem Edelmetalle und Textilien. Die westlichen Herrscher entrichteten ihre Tribute an die Ungarn in Bargeld. Es konnte bis auf den heutigen Tag bei keiner einzigen Goldschmiedearbeit nachgewiesen werden, daß sie aus dem Gold- und Silberschmuck oder den Schätzen stammt, die die Ungarn von ihren westlichen Streifzügen mitbrachten. Das erbeutete Edelmetall wurde eingeschmolzen und in umgegossener Form für den eigenen Bedarf verwendet. Auf ihren Streifzügen erbeuteten die Ungarn eigentlich nur solche Dinge, die sie nicht selbst – oder noch nicht in ausreichender Menge – herstellen konnten. Das galt sowohl für Lebensmittel als auch für Luxusgegenstände. Die regelmäßige Erbeutung von Lebensmitteln bedeutete auch, daß die Teilnehmer der Streifzüge nicht von ihrer eigenen Gesellschaft, sondern von einer fremden – auf einer höheren Entwicklungsstufe stehenden – ernährt wurden. Aus den genannten Gründen richteten sich die Ungarneinfälle nur gegen solche Gebiete, in denen eine reiche Beute in Aussicht stand.

Die Ungarn behandelten die Bewohner der feindlichen Gebiete unterschiedlich. Viele Quellen zeugen davon, daß sie auf ihren Streifzügen ganze Menschenmassen niedermetzelten, statt sie gefangenzunehmen. In anderen Fällen machten sie Gefangene und boten dem Gegner an Ort und Stelle an, die Gefangenen freizukaufen. Nicht selten kamen sie gerade auf diesem Wege zu wertvollen Luxusgegenständen. Wenn die Gefangenen nicht freigekauft wurden, verkaufte man sie. Somit schalteten sich die Ungarn in den Sklavenhandel ein. Ein Beleg aus der Zeit vor der Landnahme liefert den Beweis dafür, daß die Ungarn ihre Kriegsgefangenen aus den Streifzügen gegen die slawischen Stämme an Byzanz verkauften.

Darauf, daß der Verkauf von Kriegsgefangenen auch nach der Landnahme fortgesetzt wurde, können wir aus den arabischen Münzfunden (Dirhamfunden) in Ungarn schließen. Die arabischen Kaufleute können im 10. Jahrhundert in Ungarn außer Pferden auch Sklaven gekauft haben. Die Ungarn werden nur einen Teil der verschleppten Kriegsgefangenen als Sklaven verkauft haben, den anderen Teil nutzten sie für weitere Dienste. Es kann angenommen werden, daß die Ungarn auf ihre Streifzüge auch die militärisch ausgebildeten Gefangenen mitnahmen, um sie vor allem bei Kampfhandlungen einzusetzen, die große Menschenopfer forderten. Ein weiterer Teil der Kriegsgefangenen verrichtete verschiedene Arbeiten um die Wohnzelte der Ungarn. Diese Gefangenen wurden eigentlich zu Sklaven, oder sie lebten unter den zeitweilig noch relativ günstigen Verhältnissen der patriarchalischen Sklaverei. Daß die Zahl der in der „Produktion" arbeitenden Kriegsgefangenen nicht unbeträchtlich gewesen sein dürfte, wird auch von einem zeitgenössischen Augenzeugen, dem Bischof von Passau, *Piligrim,* bestätigt, der im Jahre 974 die Zahl der aus allen Teilen der Welt nach Ungarn verschleppten Christen – wenn auch mit offensichtlicher Übertreibung – höher einschätzte als die Zahl der im Lande lebenden Ungarn selbst.

Ein wichtiger Gesichtspunkt bei der Einschätzung der Streifzüge ist auch, ob sie vom ganzen Stammesverband, von einzelnen Stämmen oder von noch kleineren Einheiten unternommen wurden. In diesem Zusammenhang muß auch erwogen werden, ob die Ungarnzüge als zentral gesteuerte, bewußte, vielleicht sogar der damaligen westeuropäischen Politik angepaßte Aktionen zu bewerten sind. Die Streifzüge im 9. Jahrhundert waren aller Wahrscheinlichkeit nach Aktionen des ungarischen Stammesverbandes. In den Jahren um die Wende vom 9. zum 10. Jahrhundert aber kam es zu wesentlichen Änderungen hinsichtlich des Umfangs der an den Feldzügen teilnehmenden Kräfte. Einerseits kann auch nach dem Ende des 9. Jahrhunderts beobachtet werden, daß der Stammesverband in den militärischen Aktionen immer noch eine gewisse Rolle spielte. Der byzantinische Kaiser *Konstantin VII.* berichtet um das Jahr 950 über die acht Stämme der Ungarn, daß sie ihren Fürsten zwar nicht gehorchen, zwischen ihnen aber dennoch „Übereinstimmung darin besteht, daß sie an den Flüssen – wo immer auch Krieg ausbricht – mit voller Hingabe und großem Eifer gemeinsam gegen den jeweiligen Feind kämpfen". Auf eine gewisse Einigkeit innerhalb des Stammesverbandes kann auch aus dem Umstand geschlossen werden, daß die Ungarn den 924 mit dem deutschen König Heinrich für neun Jahre geschlossenen Frieden einhielten und Sachsen, das Herzogtum Heinrichs, bis zum Jahre 933 nicht angriffen. Andererseits sprechen in der Folgezeit der Landnahme nicht wenige Anzeichen dafür, daß bei der Planung und Durchführung der Streifzüge der Bündnischarakter der Aktionen, d. h. ihre zentrale Steuerung, immer mehr an Bedeutung verlor und ein beträchtlicher Teil der Streifzüge von kleineren Einheiten als dem Stammesverband – vermutlich von Stämmen oder gelegentlich verbündeten Einheiten mehrerer Stämme – unternommen wurde. Der Benediktinermönch *Widukind von Corvey* berichtet im Zusammenhang mit den Ereignissen des Jahres 906 darüber, daß ein von den Daleminzen gegen die Sachsen gehetztes Reiterheer der Ungarn in Sachsen einfiel, Verwüstungen anrichtete und mit reicher Beute in das Land der Daleminzen zurückkehrte. Dort aber traf dieses Heer mit einer anderen ungarischen Reiterschar zusammen, deren Kämpfer drohten, gegen die verbündeten Daleminzen in den Krieg zu ziehen, weil diese ihre Hilfe nicht in Anspruch genommen hatten und eine andere ungarische Reiterschar zu reicher Beute hatten kommen lassen. Auch dieses später eingetroffene ungarische Heer verwüstete und plünderte Sachsen, zog dann nach Daleminzien zurück und schloß sich dem dort wartenden ungarischen Heer an. Dementsprechend hatten sich die Daleminzen nur mit einem ungarischen Reiterheer verbündet, während sich das andere – von Beutegier getrieben – ungerufen in die Ereignisse einmischte.

Für die Bestimmung der Größe der streifenden Ungarnscharen sind auch die in einem bestimmten Jahr nach mehreren Richtungen durchgeführten Streifzüge von Belang. Aufgrund unserer bisherigen konkreten Kenntnisse sind uns sechs solche Jahre bekannt: 917 fielen die Ungarn in Frankreich und Byzanz ein, 919 griffen sie vielleicht gleichzeitig Sachsen, Frankreich und Italien an, 924 zogen sie gegen Südfrankreich und Sachsen, 933 waren Italien und Sachsen an der Reihe, 934 führten die Ungarn Streifzüge gegen Lothringen und Byzanz, im Jahre 943 schließlich überfielen sie Bayern und Byzanz. Es wird höchstwahrscheinlich noch weitere solche Jahre gegeben haben, in denen die Ungarn in verschiedene Richtungen Streifzüge unternahmen, dafür aber fehlen uns die einschlägigen schriftlichen Überlieferungen. Auch die konkret bekannten Belege aus den erwähnten sechs Jahren lassen darauf schließen, daß sich bei den ungarischen Streifzügen des 10. Jahrhunderts der Stammescharakter verstärkte, die Zahl der vom ganzen Stammesverband durchgeführten militärischen Aktionen dagegen geringer wurde. Es wurde zur Praxis, daß die verschiedenen Stämme (gelegentlich auch im Bündnis miteinander) Streifzüge in unterschiedliche Richtungen unternahmen. An den nach Süden gerichteten Aktionen waren also andere Stämme interessiert als an den nach Westen gerichteten. Diese Behauptung wird auch durch den schlagenden Beweis bestätigt, daß die

Ungarnzüge nach Westen bzw. Süden zu verschiedenen Zeitpunkten aufhörten. Nach dem Abschluß der nach Westen gerichteten Ungarneinfälle im Jahre 955 dauerten die militärischen Aktionen in südlicher Richtung noch weitere anderthalb Jahrzehnte an.

## Die Teilnehmer der Streifzüge

In der Frage, wer an den Streifzügen teilnahm, gibt es zwei grundverschiedene Auffassungen. Nach der einen waren die Streifzüge militärische Unternehmungen der aus der Produktion verdrängten freien Hirten, die auf diese Weise nach einem Ausweg aus der Krise der Hirtengesellschaft suchten. Der anderen zufolge kamen die Teilnehmer der Streifzüge aus jener Mittelschicht der Krieger, deren Mitglieder über genügend Pferde, Waffen und Diener verfügten und – unabhängig davon, ob sie Ungarn oder Angehörige einer fremden Völkerschaft waren – die Gefolgschaft der führenden Großen (Edlen) bildeten, letzten Endes also Berufskrieger waren. Die erstgenannte Hypothese stellt die Streifzüge als Aktionen der armen Schichten hin, die letztere wieder hält sie für Aktionen der bemittelten Schichten. Auf diese Zweifelsfrage kann aufgrund schriftlicher Überlieferungen nach unserem bisherigen Wissen keine zufriedenstellende Antwort gegeben werden. Unter den Quellen ist – außer den bis zum Überdruß wiederholten Beschreibungen von Verheerungen, Verwüstungen, Plünderungen und Erbeutungen – kaum eine typische Darstellung der streifenden Ungarn zu finden. Aufgrund der Quellen zeichnet sich nur soviel ab, daß die Krieger Reitpferde (manchmal sogar mehrere), entsprechende Waffen (Säbel, vor allem aber Pfeil und Bogen) gehabt haben müssen, und daß neben den „Großen" (Anführern), deren Kleidung reich verziert war, auch die Krieger Edelmetallbeschläge auf ihrer Kleidung und ihren Waffen getragen haben werden. Leider geben auch die archäologischen Funde, genauer die Münzfunde, keine eindeutige Antwort auf unsere Frage, obwohl ein Großteil der Grabfunde des 10. Jahrhunderts mit Münzen aus dem Westen und Byzanz aus Gräbern von Familien der Mittelschicht oder von noch reicheren Familien stammt. Die Beweiskraft dieser Funde wird aber durch den Umstand gemindert, daß die Geldmünzen nicht unbedingt nur durch Raub erworben wurden, sondern auch als „Geschenk" für den erkauften Frieden in den Besitz der Ungarn kamen. Das dem Heerführer überreichte Geschenk wurde unter den Teilnehmern der Streifzüge nicht gleichmäßig verteilt, und es steht auch nicht fest, ob die Verteilung noch im fremden Land erfolgte.

Bei der Beantwortung der Frage, welche Bevölkerungsschichten an den Streifzügen teilnahmen, kann die Erwägung zweier Faktoren helfen: die Berücksichtigung der Verhältnisse des späteren Ungarn sowie die Auswertung der europäischen Analogien. Nach den Gesetzen König *Stephans I.* bestand die Bevölkerung Ungarns Anfang des 11. Jahrhunderts, also ein halbes Jahrhundert nach dem Abschluß der Streifzüge, rechtlich gesehen aus zwei großen Gruppen, Freien und Unfreien (Knechten). Der Kreis der Freien umfaßte also alle Schichten vom König bis zum freien Gemeinvolk. So ist es durchaus verständlich, daß es unter den Freien erhebliche gesellschaftliche und Vermögensunterschiede gab. Die Freien erscheinen im Gesetz das eine Mal in zwei, das andere Mal in drei Schichten gegliedert. Die beiden Pole der zweigeteilten Gesellschaft bildeten die Angehörigen der wohlhabenden, reichen *(valens, dives)* und die armen, aus dem einfachen Volk *(pauper et tenuis, vulgaris)* stammenden Bevölkerungsschichten. Wir dürfen eigentlich auch in den Fällen nur an zwei große gesellschaftliche Gruppen denken, in denen die Gesetze Stephans von einer Dreiteilung der ungarischen Gesellschaft sprechen. Das Gesetz schrieb als Strafe für den Gattenmord folgenden Schadenersatz vor: Gespan *(comes)* 50, Krieger *(miles)* 10, Angehöriger des einfachen Volkes oder Gemeinfreier *(vulgaris)* 5 Jungochsen. Zwischen dem Gespan und den beiden anderen Gruppen der Gesellschaft bestanden also krasse Vermögensunterschiede. Die Krieger und die Gemeinfreien dürften einander hinsichtlich ihrer Vermögenslage noch verhältnismäßig nahe gestanden haben, was auch aus dem nicht allzu unterschiedlichen Strafmaß ersichtlich ist. Noch geringer wird dieser Vermögensunterschied zwischen den letztgenannten Schichten im 9. und 10. Jahrhundert gewesen sein. Aus den Gesetzen Stephans kann man außerdem darauf schließen, daß es auch zwischen Freien und Unfreien keine unüberschreitbare Grenze gab. Noch weniger scharf dürften die Grenzen innerhalb der freien Schicht gewesen sein. Diese große gesellschaftliche Flexibilität und Mobilität wird auch durch die archäologischen Funde bestätigt, die davon zeugen, daß es auf manchen Gräberfeldern der sogenannten Gemeinfreien sowohl mit Pferd und Waffen – jedoch ärmlich – bestattete Freie als auch ohne Grabbeigabe in Hockstellung bestattete Unfreie gab. Aus den Quellen des 11. Jahrhunderts geht hervor, daß die Gemeinfreien zum Kriegsdienst verpflichtet waren, was auch im 10. Jahrhundert nicht anders gewesen sein dürfte. Im 9. und 10. Jahrhundert gab es eigentlich noch keine scharfe Grenze zwischen den Freien, die das militärische Gefolge stellten, und denen, die nicht zum Gefolge gehörten.

Ähnliches zeigen uns auch die Beispiele anderer europäischer Völker. An den Streifzügen der Wikinger vom 8. bis zum 11. Jahrhundert nahmen die Freien immer teil. Ähnliches gilt auch für die Streifzüge der Germanen in der Zeit des *Tacitus* (1. Jahrhundert n. Chr.) sowie für die der Slawen vom 5. bis zum 7. Jahrhundert. Aufgrund dieser Tatsachen kann mit Sicherheit angenommen werden, daß an den ungarischen Streifzügen neben der Mittelschicht, also der Gefolgschaft der Großen, auch eine beträchtliche Anzahl Freier teilnahm. Europäische Analogien zeigen, daß für die genannten Völker – so auch für die Ungarn des 9. und 10. Jahrhunderts – in der Zeit vor der Staatsgründung eine verstärkte „Militarisierung" der Gesellschaft charakteristisch war: Die Zahl der ausgesprochen räuberischen Kriege stieg. Diese Erscheinung hat einen an der Oberfläche liegenden äußeren und einen tiefer zu suchenden inneren Grund. Die äußere Ursache für die Streifzüge war, daß in einigen Gesellschaften durch Überproduktion ein Überschuß an Produkten entstand, der die unmittelbaren und auch die entfernteren Nachbarvölker dazu verlockte, dieses Mehrprodukt durch militärische Aktionen zu erwerben. Die innere Ursache war die Differenzierung der Gesellschaft, von der die Streifzüge ausgingen. Innerhalb der rechtlichen Einheitlichkeit bildete sich nach und nach eine wirtschaftliche und bald darauf eine politisch-gesellschaftliche Ungleichheit heraus. Auf der einen Seite zeigten sich allmählich die Umrisse einer führenden Schicht, auf der anderen Seite setzte eine fortschreitende Verarmung der Freien ein. Diese soziale Schichtung schuf die Möglichkeit für die Herausbildung einer Mittelschicht, und zwar der sogenannten militärischen Gefolgschaft, deren Mitglieder sich aus den unteren Schichten rekrutierten, die jedoch die Interessen der oberen Gesellschaftsschichten zu verteidigen hatte. In der Epoche der verstärkten Militarisierung der verschiedenen Gesellschaften war dies aber nur der Beginn des genannten Vorganges, der keineswegs große Fortschritte machte und noch weniger als abgeschlossen betrachtet werden kann. Zu jener Zeit hatte sich noch keine von der Gesellschaft völlig getrennte Staatsmacht herausgebildet. Dem militärischen Gefolge konnte sich jeder Freie aus eigenem Willen anschließen, wenn er die Ambition dazu hatte, da er ja Waffen und Rüstung besaß. Den Freien stand nämlich das Recht der Waffenführung zu. Daraus erklärt sich der Umstand, daß an den Raubzügen der Germanen, der Slawen, der Wikinger – und sicherlich auch der Ungarn – neben der Gefolgschaft auch bewaffnete Freie teilnahmen, die sich von den Mitgliedern des militärischen Gefolges anfangs eigentlich kaum unterschieden.

Europäische Analogien deuten darauf hin, daß sich diese Streifzüge sehr widersprüchlich auf die weitere Entwicklung der einzelnen Gesellschaften ausgewirkt haben. Die militärischen Aktionen trugen einerseits zur weiteren Differenzierung der Gesellschaft sowie zur Vergrößerung der gesellschaftlichen Unterschiede bei. Trotz der rechtlichen Gleichstellung erhielten die einzelnen Krieger nicht den gleichen Anteil von der Beute. Zahlreiche konkrete Beispiele – von den Franken bis zu den Chasaren – zeigen, daß den Führern das Schönste und Wertvollste von der Beute gebührte, während den gelegentlichen Teilnehmern der Streifzüge vor allem die Möglichkeit des freien Raubes gewährt wurde. Auch von den Gefangenen der Raubzüge hatten vor allem die Reichen den Nutzen, da nur sie über die wirtschaftliche Basis verfügten, die es ihnen ermöglichte, die Kriegsgefangenen zeitweilig oder für immer bei sich zu halten, das heißt, nur sie konnten die Gefangenen an Sklavenhändler verkaufen oder im eigenen Haus beschäftigen. Andererseits übten die militärischen Aktionen eine hemmende Wirkung auf die dynamische Entwicklung der Gesellschaft und auf das Tempo ihrer weiteren Differenzierung nach Schichten aus. Die Streifzüge boten gerade den verarmenden Freien die Möglichkeit, ihre völlige Verarmung und rechtliche Unterwerfung zu verzögern. Die untere Schicht der Freien konnte ihre gesellschaftliche Lage also noch etwas länger aufrechterhalten.

Europäische Beispiele helfen uns zu bestimmen, auf welcher Stufe der gesellschaftlichen Entwicklung sich der verstärkt militärische Charakter meldete und wann er zum entscheidenden Faktor wurde. Aufgrund der Ergebnisse der ethnologischen Forschungen des vorigen Jahrhunderts lag noch die Annahme nahe, daß der Staat auf den Trümmern der Sippenordnung entstanden sei. Die historischen und ethnologischen Forschungen der letzten Jahrzehnte haben jedoch unwiderlegbar bewiesen, daß der genannte militärische Charakter (die sog. militärische Demokratie) nicht das Produkt der Gentilgesellschaft war, sondern aus der Stammesgesellschaft hervorging, und zwar zu jener Zeit, als die Bündnisse zwischen den einzelnen Stämmen bereits häufiger waren. Die Geschichte der europäischen Völker liefert auch den Beweis dafür, daß die Streifzüge überall einen bedeutenden Beitrag zur Herausbildung des Staates leisteten. Durch die Heereszüge lösten sich die alte blutsmäßige Zusammengehörigkeit der Gentilgemeinschaft sowie das System des Zusammenwohnens der Sippen unwiderruflich auf. Die Streifzüge schufen auch die Voraussetzungen dafür, daß die militärische Gefolgschaft zu einem über dem gemeinen Volk stehenden, von ihm losgelösten Machtfaktor der Gesellschaft werden konnte. Die militärischen Unternehmen trugen schließlich – wenn auch auf eine widersprüchliche Art und Weise – zur Herausbildung von scharfen Gegensätzen innerhalb der Gesellschaft bei. Diesen – den erwähnten augenfälligen militärischen Charakter aufweisenden – Zeitabschnitt der gesellschaftlichen Entwicklung halten wir für die unmittelbare Vorstufe der Staatsbildung, gliedern ihn jedoch nicht in die Epoche der eigentlichen Staatlichkeit ein.

Mit einem ähnlichen Ergebnis können wir auch die Bilanz der ungarischen Streifzüge ziehen. Die nahezu anderthalb Jahrhunderte zwischen etwa 830 und dem Jahr 970 bedeuten in der ungarischen Geschichte die Epoche der militärisch geprägten Macht. In den wiederholten Streifzügen spiegelte sich die Problematik einer sich immer mehr differenzierenden, allmählich in Schichten mit gegensätzlichen Interessen zerfallenden Gesellschaft wider. In den besagten anderthalb Jahrhunderten galten die militärischen Führer, ihre sich allmählich herauskristallisierende bewaffnete Gefolgschaft und die – die Massenbasis der Streifzüge bildenden – bewaffneten Freien als die mobilsten Kräfte der Gesellschaft. Die Streifzüge dienten – entsprechend der Eigengesetzlichkeit solcher militärischer Aktionen – sowohl der zeitweiligen Verzögerung der gesellschaftlichen Krise als auch der weiteren Vertiefung der Vermögensunterschiede und der gesellschaftlichen Widersprüche. Die Krise der Gesellschaft kann letzten Endes auf die gesellschaftliche Differenzierung, also auf die zunehmenden Vermögensunterschiede, zurückgeführt werden. Als Hauptmerkmale dieser Krise sind zu nennen: die Herausbildung und Verstärkung der bewaffneten Gefolgschaft, das nicht gelöste Problem der Verarmung der Freien sowie das Erscheinen einer Unfreienschicht in der Gesellschaft. Aus dem Gesagten folgt, daß die ungarischen Streifzüge nicht auf die Krise eines bestimmten Produktionszweiges, die Krise einer einzelnen Menschengruppe mit gleichem Beruf, also der Viehzüchter, oder – wie man in Ungarn zu sagen pflegt – die Krise der „Hirtengesellschaft", zurückzuführen sind. Die Krise steht weiterhin nicht in engem Zusammenhang mit der Abnahme des Weidelandes infolge der Landnahme, denn die Ungarn unternahmen bereits Jahrzehnte vor ihrem Eindringen in das Karpatenbecken Streifzüge, in einer Zeit, als sie über ein großes Siedlungsgebiet und ausgedehnte Weideflächen verfügten. Die Streifzüge können aber auch nicht als erste Lebenszeichen des noch gar nicht existierenden ungarischen Staates bewertet werden; weder in der Interpretation, daß sie vom Großfürsten zentral gesteuerte Aktionen gewesen seien, die der Aufrechterhaltung seiner Macht hätten dienen sollen, noch in der Deutung, daß die Streifzüge als planmäßig organisierte, auf jede feine Schwingung der europäischen Machtverhältnisse und der Diplomatie reagierende militärische Operationen einzuschätzen seien. Letzten Endes bewirkten auch bei den Ungarn die wesentlichsten Momente der gesellschaftlichen Entwicklung in der Zeit der Streifzüge die Herausbildung des Staatswesens. Hier ist auch der Berührungspunkt zwischen der Zeit der Streifzüge und der Epoche der Staatsbildung anzusetzen.

## Lebensweise und Wirtschaft

Die jahrzehntelang von großen berittenen Scharen durchgeführten Streifzüge liefern eigentlich schon den Beweis dafür, daß die Ungarn der ersten Hälfte des 10. Jahrhunderts Reiternomaden waren bzw. eine ähnliche Lebensweise hatten wie die Nomadenvölker. Nach einem Zeitgenossen, dem Abt *Regino von Prüm,* „pflegen die Ungarn auf dem Pferd sitzend sich fortzubewegen, zu denken und auch im Stehen sich zu unterhalten". Auch der byzantinische Kaiser Leo der Weise erwähnt, daß die Ungarn reitend kämpfen, und „nicht vom Pferd steigen, weil sie sich gegen den Feind zu Fuß nicht behaupten können, denn sie sind auf dem Pferd aufgewachsen". Der spanisch-arabische Geschichtsschreiber *Ibn Ḥayyān* vergleicht die nomadische Lebensweise der Ungarn mit der der Araber und fügt noch hinzu, daß die Ungarn „keine Häuser und Städte haben; sie wohnen in zerstreut stehenden Zelten". Über Zelte bei den Ungarn um das Jahr 880 berichtet auch eine Quelle, die auf den arabischen Wissenschaftler *Dschaihani* zurückgeht. Das Vorhandensein von Zelten deutet auf Wanderleben hin. Unter den weniger extremen klimatischen Verhältnissen des Karpatenbeckens brauchte man die regelmäßig benutzten Wanderwege, wie sie uns in der Geschichte der Nomadenvölker östlich der Karpaten (vor allem in der mongolischen Geschichte des 13. Jahrhunderts) begegnen, nicht mehr. Es gilt aber als wahrscheinlich, daß die Ungarn in kleineren Regionen, innerhalb der Grenzen der Siedlungsgebiete der einzelnen Stämme – mit den Worten des Dschaihani, die sich auf die achtziger Jahre des 9. Jahrhunderts beziehen –, „auf ihren Wanderzügen dem sprießenden Gras und der grünen Vegetation folgen". Das heißt, sie wechselten ihren Wohnsitz je nachdem, wo sie Gras für ihren Viehbestand fanden.

Vorläufig sind uns nur wenige ungarische Siedlungen aus der frühen Arpadenzeit bekannt (reihenweise angelegte kleine, halb oder ganz in die Erde eingegrabene Behausungen). Auch die zeitliche Einordnung der Entstehung dieser Siedlungen ist problematisch: Wir wissen nicht, welche von ihnen zur Zeit der Landnahme bzw. in der ersten Hälfte des 10. Jahrhunderts entstanden sind. Einige Ausgrabungsstätten zeugen davon, daß ein Teil der Ungarn schon um die Mitte des 10. Jahrhunderts eine seßhafte Lebensweise, eine als ständige Wohnstätte dienende (aber sehr bescheidene) Behausung hatte, während der andere – wohl größere – Teil in leicht zu transportierenden Filzzelten (sog. Jurten) wohnte. Diese Zweiheit der Lebensweise der Ungarn wird auch von dem Araber *Mas'ūdī* bestätigt. Seiner Meinung nach sind die Ungarn (und die mit ihnen erwähnten Petschenegen) „teils Nomaden, teils ein seßhaftes Volk". Auf eine gewisse Seßhaftigkeit kann man auch aus den spärlichen Belegen schließen, die sich auf den Ackerbau der Ungarn beziehen. Dschaihani erwähnt als für die Zeit um das Jahr 880 gültigen Zustand, daß „die Ungarn große Ackerflächen besitzen". Die Lebensmittelproduktion der Ungarn wird aber für den Eigenbedarf kaum ausgereicht haben, weil sie den Slawen – wie dies ebenfalls von Dschaihani berichtet wird – „einen hohen Tribut an Nahrungsmitteln auferlegten". Nach der Landnahme sicherten sich die Ungarn die nötigen Lebensmittel durch ihre westlichen Raubzüge. Aus der Zeit der Landnahme und den ersten sechs bis sieben Jahrzehnten des 10. Jahrhunderts ist uns nur eine recht geringe Zahl von Gräberfunden mit Werkzeugen und Geräten zur Bodenbearbeitung (Sichel, Sense, Hacke, Wetzstein, Werkzeuge zum Schilfrohrschneiden usw.) bekannt. Es sind – größtenteils als Einzelfunde – auch Gegenstände aus Eisen (ein Sech und Pflugscharen) erhalten geblieben, die aus der Zeit der Landnahme bzw. aus dem 10. Jahrhundert stammen dürften und darauf schließen lassen, daß den Ungarn die Bodenbearbeitung mit dem Pflug schon damals bekannt war.

Die klassischen Nutztiere der Nomaden waren das Schaf und das Pferd. Unter den Funden aus dem 10. Jahrhundert sind Schafscheren und Pferdestriegel zu finden. Es kann als sicher gelten, daß die extensive Viehzucht dominierte. Gleichzeitig aber können aufgrund der archäologischen Funde und der schriftlichen Überlieferungen bereits in dieser frühen Zeit erste Spuren der intensiven Viehhaltung (Stallhaltung) entdeckt werden. Auf die Verbreitung der Pferdezucht (bzw. die wichtige Rolle des Pferdes bei der Totenbestattung) weist auch hin, daß der Tierknochenbestand der Gräberfunde aus der ersten Hälfte des 10. Jahrhunderts vorwiegend aus Pferdeknochen besteht. In den Gräbern aus derselben Zeit wurden außerdem Knochen von Hirschen, Rindern, Kälbern, Schafen, Ziegen, Schweinen, Hunden, Katzen sowie Hühnern und Gänsen gefunden. Die Züchtung der genannten Tiere setzte die Bevorratung von Winterfutter voraus. Während im Sommer das frische Gras, die grüne Vegetation den Weidegang bestimmten, mußten Mensch und Tier für den Winter immer häufiger zum ständigen (oder zeitweiligen) Wohnsitz zurückkehren, wo sich die schon aufgestallten Nutztiere (Rind und Schwein) zu vermehren begannen, was zur weiteren Entwicklung der für Menschen und Tiere Nahrung produzierenden Landwirtschaft beitrug. Aus den Funden nach der Landnahmezeit geht hervor, daß die Ungarn Weizen, Roggen, Gerste, Hirse, Hanf und Flachs bereits kannten. Die in den Gräbern und auf den Lagerplätzen des 10. und 11. Jahrhunderts erhalten gebliebenen landwirtschaftlichen Werkzeuge und die Mahlsteine sind ein Beweis für den sich immer mehr entwickelnden Ackerbau.

Die Wirtschaftsführung der landnehmenden Ungarn gründete sich im wesentlichen auf die selbstversorgende Naturalwirtschaft. Eine gewisse „Spezialisierung" auf dem Gebiet der verschiedenen Tätigkeitsbereiche kann aber vielleicht auch dem Ungartum des 10. Jahrhunderts nicht abgesprochen werden. Das bei den im 9. Jahrhundert im Karpatenbecken lebenden Franken und vielleicht auch bei den Slawen existierende System der Dienstbarkeit war eigentlich ein Kompromiß zwischen der selbstversorgenden Wirtschaft und der die Ansprüche des „Auftraggebers" (des Herrn) befriedigenden, einen Überschuß erzeugenden Gesellschaft. Die allmählich in Abhängigkeit geratenden Freien waren auf einem gegebenen Gebiet der Produktion zu einer bestimmten Dienstleistung verpflichtet (u. a. zum Fischfang, zur Zimmermannsarbeit usw.), während sie ihren Eigenbedarf sozusagen durch Selbstproduktion deckten. Das bedeutete natürlich noch keine echte Arbeitsteilung. Dieses System trug aber schon die Möglichkeit einer gesellschaftlichen Differenzierung nach Berufen in sich. Gleichzeitig aber wird im Karpatenbecken schon im 10. Jahrhundert eine schmale Schicht gelebt haben, die ausschließlich von einer speziellen Tätigkeit lebte. Zu dieser Schicht gehörten wohl die Eisenhersteller (die im westlichen Transdanubien und in Nordungarn Eisen aus Raseneisenerz schmolzen), die Schmiede (die die zur Herstellung von Pferdegeschirren, Waffen und Pfeilspitzen nötige ungeheuer große Eisenmenge verarbeiteten), die Goldschmiede (von deren meisterhaftem Können viele Goldschmiedearbeiten von hohem künstlerischem Niveau zeugen) usw. Diese Handwerker werden wahrscheinlich nicht in alle Richtungen zerstreut, sondern in den einzelnen Zentren der Großfürsten oder der Stammesoberhäupter gelebt und gearbeitet haben.

Trotz der Dominanz der Naturalwirtschaft war der Handel im Kreise der Ungarn keine unbekannte Erscheinung. Als eine bereits für die Zeit um 880 gültige Information können wir die Beschreibung von Dschaihani bewerten, die berichtet, daß die im Etelköz lebenden Ungarn in der Stadt Karkina am Schwarzen Meer einen Markt mit den Byzantinern abhielten, von denen sie als Gegenwert für ihre Sklaven Brokat, Wollteppiche und andere Waren erhielten. In den ersten Jahrzehnten des 10. Jahrhunderts boten manchmal die Streifzüge Gelegenheit zum Handel. So geschah es auch im Jahre 934, als die Ungarn auf ihrem Streifzug gegen Byzanz die gefangengenommenen Frauen und Kinder für Stoff-, Brokat- und Seidenkleider verkauften. Die im Karpatenbecken gefundenen arabischen Silbermünzen (Dirhams) sind Zeugen der Handelsbeziehungen mit dem samanischen Emirat in der ersten Hälfte des 10. Jahrhunderts. Die Ungarn benutzten die Dirhams aber nicht als Geld, sondern – in durchlochter Form – als Schmuck. Für die Dirhams werden sie aller Wahrscheinlichkeit nach aus dem Westen und aus Byzanz verschleppte Sklaven verkauft haben. Der Handel wurde auch in der zweiten Hälfte des 10. Jahrhunderts fortgesetzt. Nach einem Beleg aus dem Jahr 969 kamen von den Ungarn – sicherlich durch den Handelsverkehr – Pferde und viel Silber nach Perejaslawec am Unterlauf der Donau, das zur damaligen Zeit Sitz des Kiewer Großfürsten *Swjatoslaw* war. Durch die östlichen Handelsbeziehungen kamen auch zahlreiche Keramiken in das Karpatenbecken. Kurz nach dem Abschluß der Streifzüge nach Westen schalteten sich die Ungarn auch in den westlichen Handel ein. 965 erschienen auf dem Prager Markt aus Ungarn kommende ungarische, jüdische und mohammedanische Kaufleute und kauften dort – im Zentrum des europäischen Sklavenhandels – für byzantinisches Gold Sklaven, Zinn und Felle. Man kann mit gutem Grund annehmen, daß der Kauf von Sklaven nach 955 als Ersatz für die – durch den Abbruch der Streifzüge nach Westen – verebbte „Einführung" von Sklaven diente.

## Herrschaftsverhältnisse

Die landnehmenden Ungarn bildeten einen Stammesverband. Die uns in Anonymus' *Gesta Hungarorum* überlieferte Bezeichnung *hetumoger* für die sieben landnehmenden Fürsten diente im 9. und 10. Jahrhundert zur Bezeichnung des ungarischen Stammesverbandes schlechthin. Die Struktur des Wortes, die Zusammenfügung eines Zahlwortes und einer Volksbezeichnung (sieben + Ungarn), läßt auf die Herausbildung des Stammesverbandes und auch dessen Benennung in türkischen Steppengegenden schließen. Die Bezeichnung *hetumoger* weist darauf hin, daß der ungarische Stammesverband sieben Stämme in sich vereinigte, sein führender Stamm (das eigentliche Ethnikum) aber war der Stamm *magyar* (urspr. *megyer,* eindeutschend *Madjar*). Das zusammenfassend als Kabaren bezeichnete Volk wird sich dem Ungartum erst nach dem Zustandekommen des Bündnisses der sieben Stämme angeschlossen haben, weil die Kabaren gegen Ende des 9. (im Jahre 881) und auch noch Mitte des 10. Jahrhunderts als ein außerhalb des ungarischen Stammesverbandes stehendes Volk erwähnt wurden. Die Namen der sieben ungarischen Stämme sind uns schriftlich einzig und allein in dem Werk des byzantinischen Kaisers Konstantin VII. in den Formen *Neki, Megeri, Kürtügermatu, Tarian, Genah, Kari* und *Kasi* überliefert. Später blieben diese Bezeichnungen in den ungarischen Formen *Nyék, Megyer, Kürtgyarmat, Tarján, Jenő, Kér* und *Keszi* in etwa 300 Ortsnamen des Karpatenbeckens in einer territorialen Verteilung erhalten, die keinerlei System erkennen läßt. Ein Teil der Stammesbezeichnungen geht auf das Finnougrische zurück, der andere Teil ist türkischen Ursprungs. All das zeigt, daß auch der Hetumoger-Stammesverband kein einheitliches Ethnikum mehr repräsentierte, sondern mehrere – meist eine finnisch-ugrische oder eine Turksprache sprechende – Völkerschaften in sich vereinigte. Ein unlösbares Problem ist die zuverlässige Bestimmung dessen, welchem der von Konstantin erwähnten Stämme die aus dem 10. Jahrhundert bekannten Stammesoberhäupter im einzelnen als Führer zuzuordnen sind. Das kabarische Volk, das sich den Ungarn anschloß, bestand ursprünglich aus drei Stämmen, die aber später von den Führern des ungarischen Stammesverbandes zu einem Stamm vereint wurden, der dann militärische Hilfsdienste zu leisten hatte; er bildete zu Kriegszeiten die Vor- und Nachhut der ungarischen Truppen. Die Bezeichnung Kabaren (oder auch Kawaren) selbst ist ein Sammelbegriff. Seit langem gibt es Versuche – mangels eindeutiger Beweise jedoch mit zweifelhaftem Erfolg – zur Ermittlung dessen, welche Namen die drei Kabarenstämme getragen haben könnten (Berény, Ladány, Tárkány, Ság usw.). Mehr Erfolg versprechen die Untersuchungen, die auf die Bestimmung der ethnischen Struktur des Volkes der Kabaren gerichtet sind. Zu den Kabaren, die zusammen mit den Ungarn in das Karpatenbecken eindrangen, dürften eine iranische Sprache sprechende Kalisen, Alanen sowie eine Turksprache sprechende Bulgaren und Chasaren gehört haben. Mehrere Argumente sprechen auch dafür, daß sich ursprünglich auch die Szekler – als wolgabulgarischer Stamm – dem genannten oder einem anderen Hilfsvolk angeschlossen hatten.

Die Ansiedlung, die Inbesitznahme des Karpatenbeckens, im Laufe des 10. Jahrhunderts erfolgte nach Stämmen. Die Versuche der Forschung zur Lokalisierung der Wohngebiete der einzelnen Stämme führten leider zu keinem zufriedenstellenden Ergebnis. Aufgrund nomadischer Analogien kann als wahrscheinlich angenommen werden, daß sich der Stamm des Großfürsten Árpád in einem zentralen Gebiet niederließ. Das Siedlungsgebiet des Stammes des *Gyula* wird im ursprünglichen Siebenbürgen (am oberen und mittleren Lauf des Flusses Szamos) gewesen sein. Da Bulcsú sowohl nach West- als auch nach Südeuropa Streifzüge unternahm, lag sein Stammesgebiet vermutlich in der weiteren Umgebung des Zusammenflusses von Drau und Donau. Nach (zweifelhaften) Rückschlüssen aus späteren Ereignissen soll je ein Stamm das Gebiet zwischen der Theiß und dem eigentlichen Siebenbürgen sowie die Landschaft zwischen dem Fluß Maros und dem Unterlauf der Donau besiedelt haben; das waren später die Siedlungsgebiete der Stammesoberhäupter *Vata* (Vatha) und *Ajtony* (Ohtum, Achtum). Weitere zwei Stämme werden sich vielleicht im westlichen Transdanubien bzw. in der Umgebung des Flusses Waag niedergelassen haben. Die Gebiete der beiden letztgenannten Stämme erstreckten sich auch auf die östliche Hälfte der späteren böhmisch-mährischen und der österreichischen Gebiete. Das Wohngebiet der zu einem Stamm vereinten Kabaren dürfte in Nordungarn zu suchen sein, wo zu späteren Zeiten innerhalb des Ungartums die ethnische Gruppe der sog. Palozen erschien.

An der Spitze des Stammesverbandes stand im 10. Jahrhundert der Großfürst (nach griechischer Terminologie *megas archon*). Als Vorbild

**Die Siedlungsgebiete der ungarischen Stämme im 10. Jahrhundert**

dieses Amtes galt bei den Ungarn die mit dem Wort *kündü* bezeichnete sakrale Fürstenwürde. Dem einem Ritualmord zum Opfer gefallenen Álmos folgte im Amt des Großfürsten sein Sohn Árpád, der noch zu Lebzeiten seines Vaters eine gewisse Rolle in der Führung des Stammesverbandes spielte. 895 verhandelten Kurszán und Árpád mit dem Gesandten von Byzanz, der die Ungarn um Waffenhilfe gegen die Bulgaren bat. Die Landnahme erfolgte unter dem Großfürsten Árpád. Sein Nachfolger könnte sein Sohn *Levente* (Liüntika) oder – nach der Überlieferung von Anonymus – sein Sohn Zolta (Zulta) gewesen sein. In der ersten Hälfte des 10. Jahrhunderts verlor die Herrschaft der Arpaden allmählich ihren sakralen Charakter, den sie noch in den Steppengegenden angenommen hatte. 947 unternahm Taksony (Taxis) Streifzüge nach Italien. In dem halben Jahrhundert, das zwischen der Herrschaft Árpáds und der Zeit des um das Jahr 950 als Großfürst herrschenden *Falicsi* (Falitzi, Fali) verging, können wir aber mit unfehlbarer Sicherheit keinen Großfürsten aus der Dynastie der Arpaden nennen. In der ungarischen Tradition sind keine Spuren der Herrschaft von Falicsi zu finden. In der Folgezeit der Landnahme verlor die zentrale Macht des Stammesverbandes immer mehr an Bedeutung. Wie Kaiser Konstantin berichtet, adressierten die byzantinischen Herrscher ihre Schreiben immer an den Chagan des Chasarenreiches, während sie ihre Schreiben an die „Archonten" der Ungarn und der Petschenegen richteten. Daraus geht hervor, daß für Byzanz sowohl bei den Ungarn als auch bei den Petschenegen nur die Stammesoberhäupter (und nicht die Führer des Stammesverbandes) als Inhaber der wirklichen Macht galten, im Gegensatz zu den Chasaren, wo an der Spitze der Hierarchie als unumschränkter Alleinherrscher der Chagan stand. Die innerhalb von knapp 50 Jahren erfolgte Wandlung fällt besonders dann auf, wenn wir wissen, daß der byzantinische Kaiser Leo der Weise die Ungarn Anfang des 10. Jahrhunderts noch unter den Völkern erwähnte, die „einem Alleinherrscher unterstehen". Ein Mann, der in der ungarischen Geschichte nach Árpád eine Rolle spielte, war Taksony (Toxun), der nach der Schlacht bei Augsburg an die Spitze des Stammesverbandes kam und ganz bestimmt die Würde des Großfürsten innehatte.

Der in der Rangordnung zweite Führer des ungarischen Stammesverbandes – zugleich auch Oberhaupt seines eigenen Stammes – war der Gyula (in griechischer Form *gülas*). Die Würde des Gyula war in der Form, wie sie sich in dem von den Chasaren übernommenen Doppelfürstentum verkörperte, dem Rang nach das zweite Amt, galt hinsichtlich der tatsächlichen Macht jedoch als das wichtigste. Während der sakrale Fürst in unerreichbarer Höhe über seinen Völkerschaften thronte, „hieß der Mann, der wie ein König über sie herrschte, Gyula. Jeder Ungar befolgte die Befehle des Gyula genannten Häuptlings in Sachen des Krieges, der Verteidigung und anderer Angelegenheiten". Dieser Zustand dauerte bis in die Jahre nach der Landnahme. Der letzte Gyula in der ungarischen Geschichte, der die tatsächliche Herrschermacht und auch die Funktion des obersten Heerführers ausübte, war Kurszán. Ihm als Oberbefehlshaber aller ungarischen Heere waren auch die angeschlossenen Hilfsvölker unterstellt. Daraus erklärt sich auch, warum die Eroberung der Gebiete östlich der Gran-Donau-Linie durch die Ungarn im Jahre 892 unter der Führung von Kurszán erfolgte, und warum wir seinem Namen auch an der äußersten Grenze der nach der Landnahme erneut einsetzenden westlichen Streifzüge begegnen, wo er gegen die Bayern kämpfte. Nach dem Tod Kurszáns ging in der Bedeutung der alten Gyula-Würde eine wesentliche Veränderung vor sich. Der Titel selbst blieb zwar erhalten und wurde von den Oberhäuptern der am oberen und mittleren Lauf der Szamos wohnenden Stämme vererbt und weiter getragen, aber nur noch als Richtertitel. Die Namen dieser Stammesführer sind uns nicht bekannt. Der zu ihrer Bezeichnung dienende Eigenname *Gyula* hat sich aus der früheren Amtsbezeichnung herausgebildet.

Der Rangdritte in der Führungshierarchie des Stammesverbandes war der sog. *horka* (in griechischer Form *karchas*). Für das Vorhandensein dieses Titels vor der Landnahme gibt es keine Belege. Auch der Titel des *horka* wurde unter den Führern des Stammes vererbt, an dessen Spitze zuerst *Kál* (Kali) und später – um die Mitte des 10. Jahrhunderts – Bulcsú (Bultzus) stand. Auf eine gewisse Lockerung der Machtverhältnisse innerhalb des Stammesverbandes und auf die Herausbildung einer neuen Wertordnung unter den einzelnen Stämmen kann aus dem Umstand geschlossen werden, daß um das Jahr 950 der *horka* Bulcsú der aktivste Stammesführer unter allen gewesen zu sein scheint. Er ist der einzige Stammesfürst, von dessen Streifzügen nach Süden und Westen wir Sicheres wissen. Es gibt außerdem eine – wenn auch spätere – Quelle (die Arbeit von *Aventinus*, eigtl. Johannes Turmayr), der zufolge Bulcsú geradezu der Oberbefehlshaber des Ungarnzuges von 955 war; die anderen Heerführer (Lél, Súr und vielleicht Taksony) seien ihm unterstellt gewesen. Im Vergleich zum angehenden 10. Jahrhundert nahm die zentrale Macht des Stammesverbandes bis zur Mitte des Jahrhunderts immer mehr ab, während sich der Stammesseparatismus allmählich verstärkte.

## Soziale Gliederung

Mitte des 10. Jahrhunderts standen an der Spitze der sozialen Hierarchie Ungarns die Stammeshäuptlinge (auch die Führer des Stammesverbandes waren letztlich zugleich Führer ihres eigenen Stammes). Wir haben keinen Grund, daran zu zweifeln, daß es innerhalb der Stämme Sippen gab, obwohl uns über die Sippen der Landnahmezeit und des 10. Jahrhunderts keine schriftlichen Belege überliefert sind. Die soziale Gliederung können wir mangels schriftlicher Quellen fast ausschließlich aufgrund archäologischer Funde kennenlernen. Die allgemeine Erfahrung zeigt: Je reicher oder standesgemäß höher gestellt eine Familie war, desto kleiner war die Gemeinschaft, in der sie lebte und auch bestattet wurde. Die von einigen Archäologen für Begräbnisstätten von Sippenoberhäuptern (oder von Stammesführern) gehaltenen Gräber wurden am Oberlauf der Theiß freigelegt. Die Männergräber mit Einzelbestattung in Geszteréd, Zemplén, Tarcal und Karos zeigen mit ihren außerordentlich reichen – auf den Rang verweisenden – Beigaben sehr deutlich die hohe gesellschaftliche Stellung des Bestatteten. Die reiche Beigabe des Grabes in Geszteréd enthielt u. a. einen reichverzierten Säbel, eine Taschenplatte mit Palmettenverzierung, Gürtelbeschläge aus Silber, silberne und bronzene Pferdegeschirrbeschläge und Kleiderornamente, einen Pfeilköcher, eine Pfeilspitze, Steigbügel, eine Trense und Pferdeknochen, die auf die Bestattung mit Pferd hinweisen.

Aus der Zeit unmittelbar vor der Landnahme ist uns ein zuverlässiger arabischer Bericht über die Ehesitten der Ungarn überliefert. Nach dieser Quelle wurden die Ehen nach dem Vermögensstand geschlossen: Der Vornehme kaufte sich aus einer reichen Familie eine oder – wenn er reicher war – sogar mehrere Frauen. Einen Beweis dafür liefert das archäologische Fundmaterial insofern, als wir eine beträchtliche Zahl von Frauengräbern mit Einzelbestattung kennen. In dem Grab von Balotaszállás wurden ein vergoldeter Silberbeschlag mit Palmettenverzierung, eine bronzene Spange, Steigbügel und Pferdeknochen gefunden. Auch die fünf bis zehn Gräber umfassenden abgesonderten Gräberfelder der reichen Kleinfamilien sind leicht erkennbar. Nach den Gräberfunden dürfte eine solche Familie in Tiszanána gelebt haben. In einem der wenigen freigelegten Gräber wurde eine unverzierte Taschenplatte gefunden, in einem anderen lagen ein Armreif, ein Pferdegeschirr mit Beschlägen sowie Pferdeknochen. Unweit von diesen Grabstätten wurden einfache Gräber freigelegt; das war der Begräbnisplatz der Dienerschaft der reichen Kleinfamilie.

Auf die Sippenoberhäupter (Stammesführer) und die reichsten Großen folgte in der gesellschaftlichen Hierarchie der Großteil, also die zahlenmäßig überwiegende Mehrheit, des Ungartums des 10. Jahrhunderts, eine nach der Rechtsstellung zwar freie, dem Vermögensstand nach jedoch schon differenzierte (oder gerade im Differenzieren begriffene) Schicht der Bevölkerung. Bei den Bevölkerungsschichten, die sicherlich in das große Lager der rechtlich gleichgestellten Freien einzuordnen sind, bestätigen die archäologischen Funde – die auf den Vermögensstand hinweisenden Grabbeigaben – nicht eindeutig die Zugehörigkeit der genannten Schichten zu einer einheitlichen gesellschaftlichen Gruppe, sie lassen aber auch keine scharfe Trennung der einzelnen Schichten erkennen.

Beweise für das eine Extrem innerhalb der großen Gruppe der Freien liefern uns die in einer oder in mehreren Reihen angelegten, höchstens 25 bis 50 Grabstätten umfassenden Gräberfelder, in denen in der Mitte der Reihe der angesehenste Mann der kleinen Gemeinschaft bestattet wurde, während zu beiden Seiten seines Grabes Frauen und Männer, oder aber auch Eheleute, getrennt begraben lagen. Die traditionelle Auffassung schreibt diese Bestattungsweise der durch Blutsbande (deren Existenz neuerdings bezweifelt wird) verknüpften vaterrechtlichen Großfamilie zu und ordnet ihre Toten in die gesellschaftliche Mittelschicht ein. In diesen „Großfamilien"-Gräbern – die bekanntesten Repräsentanten dieser Begräbnisform sind die Gräberfelder in Tiszabezdéd, Kenézlő, Bashalom (Gräberfeld Nr. I) und Rakamaz – ist der Säbel als Grabbeigabe immer zu finden. Nicht ohne Grund können wir annehmen, daß in diesen Gräbern die aus der Masse der ärmeren „Gemeinfreien" (des „Gemeinvolkes") kommenden und sich von ihnen nach und nach absondernden Mitglieder des militärischen Gefolges zu suchen sind, das sich eben herausbildete oder bereits herausgebildet hatte. Sie werden wahrscheinlich eine unstete Lebensweise geführt, sicherlich auch regelmäßig an Streifzügen teilgenommen haben. Aber die Vermutung, daß ausschließlich sie Teilnehmer der Streifzüge waren, kann schon deshalb nicht bestätigt werden, weil uns nur eine verhältnismäßig geringe Anzahl von Grabfunden bekannt ist, was darauf hindeutet, daß es sich nicht um eine beträchtliche Anzahl von Menschen gehandelt haben kann.

Den anderen Pol innerhalb der rechtlich freien Bevölkerung finden wir in den auffallend zahlreichen Gräbern mit ärmlicher Beigabe oder ohne jedwede Ausstattung. Ein wesentliches Merkmal dieser Bestattungsweise ist auch, daß die Grabfunde nur selten auf eine Bestattung mit Pferd und Pferdegeschirr schließen lassen; bis auf vereinzelte Pfeil- und Bogenfunde gibt es in diesen Gräbern auch keine Waffen. Zum bekanntesten und meistzitierten Bestattungsplatz unter den Fundorten dieser Begräbnisart ist das Gräberfeld in Bijelo Brdo, unweit des Zusammenflusses von Drau und Donau, geworden. In den Jahren 1895 bis 1897 wurden dort 201 Gräber eines größeren Gräberfeldes freigelegt. Seit dieser Zeit werden die eine ähnliche Begräbnisform aufweisenden Bestattungsplätze des Karpatenbeckens der sog. Bijelo Brdoer Kultur zugeordnet. Lange Zeit rechnete man die Bevölkerung dieser archäologischen Kultur zum Slawentum; für Ungarn wurden nur jene gehalten, die in Gräbern mit reicher Beigabenausstattung ruhten, das heißt, als ungarische Bestattungen galten lediglich die Gräber der Sippenoberhäupter (Stammesführer) sowie die der Klein- und Großfamilien, in denen die Vornehmen (Großen) begraben lagen. Es steht fest, daß man bei der ethnischen Zusammensetzung der Bevölkerung der Bijelo Brdoer Kultur das Ungartum nicht ausklammern kann, und zwar um so weniger, als das Erscheinen dieser Kultur mit dem in den ersten Jahren des 10. Jahrhunderts abgeschlossenen Machtwechsel im Karpatenraum, also mit der ungarischen Landnahme, in Zusammenhang stand. Es muß aber auch die Auffassung zurückgewiesen werden, daß diese Kultur ausschließlich ungarische Bestattungen repräsentiert. Die Bijelo Brdoer Kultur scheint eine – die komplizierten ethnischen Verhältnisse des Karpatenbeckens im 10. und 11. Jahrhundert widerspiegelnde – archäologische Kultur zu sein, der die Freien der zeitgenössischen ungarischen Gesellschaft ebenso zuzuordnen sind wie die dort ansässige – zumeist slawische – Urbevölkerung sowie die bedeutsamen Gruppen der aus dem Westen verschleppten Gefangenen, die zwar noch nicht in Knechtschaft oder wenigstens noch nicht in jene Tiefe der Unfreiheit gesunken waren, wie sie uns bei den Knechten (Unfreien) in den Hockgräbern begegnet.

Zwischen den Gräberfeldern der „Großfamilien" mit wenigen Grabstätten und reicher Ausstattung sowie denen des „Gemeinvolkes" mit vielen Gräbern und ärmlicher Ausstattung oder ohne Grabbeigabe gibt es manche Übergangsformen. Es sind uns auch sog. „Gemeinvolks"-Gräberfelder bekannt, in denen bewaffnete Freie bestattet sind. So lassen z. B. die in Szob-Vendelin freigelegten 142 Gräber sowohl aufgrund ihrer hohen Anzahl als auch des Charakters ihrer Ausstattung (einfache S-förmige Haarreife, Fingerringe und Armreife usw.) auf ein solches Gräberfeld des „Gemeinvolkes" schließen. In einigen Gräbern wurden zweischneidige Schwerter, Krummsäbel mit beinerner Griffverkleidung, knöcherne Bogenverbindungsstücke, Pfeilspitzen, Streitäxte und Speere gefunden. In Székesfehérvár-Rádiótelep (einem neuen Wohnviertel von Stuhlweißenburg) gab es unter 68 Gräbern in 40 keine Beigaben – unter diesen 40 gab es Hockgräber sowie Bestattungen in „gestreckter" Lage –, 25 Gräber enthiel-

ten die übliche Ausstattung der „Armengräber" (Gräber des „Gemeinvolkes"), während nur 3 Gräber eine reichere Beigabenausstattung auf-
wiesen. In einem von ihnen wurden ein Pferdeschädel und Beinknochen,
ein zweischneidiges Schwert, eine Trense, eine Streitaxt, in einem anderen
ein entzweigebrochenes zweischneidiges Schwert, ein Köcherbeschlag
und Pfeilspitzen gefunden. Auch die Tracht der zu den waffenführenden
Männern gehörenden Frauen zeigt nicht den puritanischen „Gemeinvolks"-Charakter: Die Zierscheiben der Frauenkleidung wurden aus Silber
geprägt. Dieses Bild wird weiter nanciert durch die ärmliche (auf die
Bestattungsart des „Gemeinvolkes" hinweisende) Beigabenausstattung der
mehr als ein Dutzend Einzelgräber. Gleichzeitig aber gab es unter den
Beigaben der genannten Gräber gelegentlich auch Pferdeknochen und
Waffen (Säbel, Bogen, Trensen). Jeder Versuch einer scharfen Grenz-
ziehung zwischen den einzelnen gesellschaftlichen Schichten scheitert jedoch an solchen Beobachtungen, daß z. B. in Ártánd auf einem für das
„Gemeinvolk" typischen Gräberfeld zwei Grabstätten freigelegt wurden,
in denen als Beigabe mit Rosettenmuster reich verzierte Pferdegeschirre
gefunden wurden, oder daß bestimmte Gegenstände oder Schmucksachen
(Haarreife, bestimmte Arten von Armreifen) sowohl in den Gräbern der
Mittelschicht als auch in denen des „Gemeinvolkes" vorkamen; bei den ersteren Gegenstände aus Silber und Gold, bei den letzteren beinahe
ausschließlich solche aus Bronze. Die mit Waffenbeigaben ausgestatteten
Gräber der „Gemeinvolks"-Gräberfelder lassen darauf schließen, daß an
den Streifzügen nicht nur die Angehörigen des sich herausbildenden militärischen Gefolges, sondern auch eine nicht geringe Anzahl der Gemeinfreien teilgenommen haben dürften.

Unter den „Armengräbern" finden sich hier und da auch Hockgräber.
Unter den in Szeged-Jánosszállás freigelegten etwa 30 Gräbern enthielten
11 keine Beigaben, in 4 Gräbern waren die Toten in Hockstellung bestattet.
Das Begraben in Hockstellung war aller Wahrscheinlichkeit nach der unfreien Schicht der Gesellschaft (den Knechten) als Los beschieden. Die
Mehrheit der Unfreien (Knechte) wird ursprünglich höchstwahrscheinlich
aus Angehörigen fremder ethnischer Gruppen bestanden haben. Die
Scharen der unfreien Heiden setzten sich teils aus Völkerschaften zusammen, die den Ungarn schon vor dem Jahr 895 unterworfen gewesen waren,
teils stammten sie aus der unterjochten Urbevölkerung des Karpatenbeckens. Die auf den westlichen Streifzügen gefangengenommenen und
nach Ungarn verschleppten Christen wurden natürlich nicht in ihrer
Ganzheit zu Knechten, sondern nur einige Gruppen oder Einzelpersonen
von ihnen. Es kann nicht ausgeschlossen werden, daß bis zur Mitte des

10. Jahrhunderts – aus verschiedenen Gründen – auch eine nicht geringe Anzahl von Ungarn in Knechtschaft geraten war.

Die ungarische Gesellschaft war bereits Mitte des 10. Jahrhunderts eine sowohl von den Rechts- als auch von den Vermögensverhältnissen her in sich gegliederte Gesellschaft. Diese zwei Gesichtspunkte der gesellschaftlichen Schichtung kongruierten aber nicht miteinander. Hinsichtlich der materiellen Unterschiede war die Gesellschaft durch starke Gegensätze gespalten. Die über große Mengen von Edelmetall sowie einen beträchtlichen Viehbestand verfügenden und von zahlreichen – in Abhängigkeit gezwungenen – Menschen bedienten Stammesoberhäupter und Vornehmen konnten ihre Macht zunächst nur über eine verhältnismäßig schmale Schicht der Unfreien und einen geringeren Teil der Freien ausüben. Allmählich bildete sich um sie eine ständig nur sie bedienende Gruppe von Menschen, ein bewaffnetes Gefolge, heraus. Im Vordergrund der Interessen der Stammesoberhäupter und der Großen standen aber zur Zeit der Streifzüge die militärischen Aktionen im Ausland. Dieser Umstand gewährleistete den – die Masse der Gesellschaft bildenden – Freien die Aufrechterhaltung ihrer rechtlichen Unabhängigkeit, während es unter ihnen zu einer gewaltigen Differenzierung der Vermögensverhältnisse kam. Nach Abschluß der Streifzüge standen den Führern und den Vornehmen zur Bewahrung ihres Ranges, zur Aufrechterhaltung und Verstärkung ihrer Macht sowie zur Vergrößerung ihres Vermögens lediglich Möglichkeiten im Inland offen. Als selbstverständliche Lösung bot es sich also an, die immer mehr verarmenden, ihre materielle Selbständigkeit allmählich einbüßenden Freien in eine (auch rechtlich sanktionierte) Abhängigkeit zu zwingen. Die ungarische Gesellschaft um die Mitte des 10. Jahrhunderts war zwar eine gegliederte Gesellschaft, zeigte aber wegen der überwiegenden Mehrheit ihrer rechtlich freien Schichten noch keine sozialen Gegensätze. Erst durch die Entrechtung der Freien entstand eine derartige Schichtung, auf deren Grundlage es zur Staatsgründung kommen konnte.

## Die Stammesstaaten

Der ungarische Staat ist nicht infolge fremder Einflüsse und auch nicht aufgrund sklavischer Nachahmung anderer Staatensysteme entstanden. Daran ist schon deshalb nicht zu denken, weil bei einem Großteil der in Frage kommenden Staatsformen die räumliche und zeitliche Verbindung mit dem ungarischen Staat vollkommen fehlte. Würden wir annehmen, daß der (nomadische) ungarische Staat auf turkischen Einfluß hin – als „letzter Sproß des Orkhonischen Turkstaatengebildes" – entstand, so müßten wir glauben, daß der ungarische Staat bereits im Laufe des 9. Jahrhunderts zustande-gekommen war, weil ja die unmittelbaren Beziehungen zwischen den Ungarn und den Chasaren spätestens Ende des 9. Jahrhunderts bereits abgebrochen waren; und es ist auch kaum denkbar, daß die ungarische Gesellschaft erst nach einer „Schwangerschaft" von eineinhalb Jahr-hunderten das nach turkischem Muster aufgebaute Staatswesen hätte „zur Welt bringen" können. Die Existenz eines ungarischen Nomadenstaates kann auch aufgrund der Erwägung mehrerer Gesichtspunkte mit großer Sicherheit ausgeschlossen werden. In der ersten Hälfte des 10. Jahr-hunderts reiften innerhalb des ungarischen Stammesverbandes desinte-grierende Prozesse heran, die sich dann später noch verstärkten. Wenige Jahre nach der Inbesitznahme des Karpatenbeckens kam es bei den Ungarn zur Auflösung des – nach chasarischem Muster entstandenen – Doppel-fürstentums. In den darauffolgenden Jahrzehnten verlor sich allmählich auch der auf das Doppelfürstentum zurückgehende sakrale Charakter der großfürstlichen Macht. Es können beim Ungartum des 10. Jahrhunderts auch keine sozialen Einrichtungen nachgewiesen werden, die als Haupt-charakteristika des turkischen Nomadenstaates galten, wie z. B. das Thronfolgesystem bei den Turkvölkern (wo die militärischen Hilfsvölker dem Thronfolger unterstellt waren) oder das turkische Modell des Her-zogtums (auch *ducatus* genannt), das bei ihnen die territoriale Organisation der angeschlossenen Hilfsvölker bedeutete. Es unterliegt keinem Zweifel, daß sich das Ungartum der chasarischen (turkischen) Eigentümlichkeiten nicht von einem Tag auf den anderen auf allen Gebieten des Lebens ent-ledigen konnte; so z. B. blieb die gesonderte Organisationsform der mili-tärischen Hilfsvölker nach turkischem Muster noch lange erhalten. An der Spitze dieser Organisation stand jedoch nicht der als Thronanwärter gel-tende „Herzog" aus der Arpadendynastie, sondern ein eigenes Stammes-oberhaupt, der Führer des aus den drei kabarischen Stämmen zu einem Stamm vereinigten „Volkes". Anfang des 11. Jahrhunderts war der Führer dieses vereinten Stammes *Samuel Aba,* der „choresmischer", d. h. orientali-scher, Abstammung war.

Nicht anders liegen die Dinge auch bei den Theorien, die die Entstehung des ungarischen Staates auf den Einfluß bestimmter slawischer Staaten-systeme zurückzuführen versuchen. In Frage kamen hier die Muster der pannonischen, mährischen und bulgarischen Slawenstaaten. Wie ja bekannt ist, wurde der letzte Teil des pannonischen Slawenstaates, der 896 im Auftrag Kaiser Arnulfs von Braslaw verteidigt wurde, im Jahre 900 durch die Ungarn erobert. Der letzte Rest des mährischen Slawenstaates fiel den Ungarnangriffen im Jahre 902 anheim. Auch die Bulgaren verloren Gebiete im südlichen Teil der Großen Ungarischen Tiefebene; es dürfte höchstens ein peripher gelegenes Chaganat (slaw. Wojewodschaft) in den Gebirgen des südlichen Siebenbürgen übriggeblieben sein. Wollte man also die Herausbildung des ungarischen Staates mit irgendeiner slawischen Staatsform verknüpfen, so würde sich daraus der Schluß ergeben, daß der ungarische Staat entweder schon um die Wende vom 9. zum 10. Jahrhundert entstand (als die genannten Slawenstaaten im Karpatenbecken gerade noch existierten), oder daß wir auch hier mit einer „Schwangerschaftszeit" von einem Jahrhundert zu rechnen haben.

Ähnliche Schwierigkeiten – von anderen Problemen ganz zu schweigen – ergeben sich auch bei der Auffassung, nach der die Bildung des ungarischen Staates nach awarischem Muster erfolgt sein soll.

Unter den Theorien, die die Herausbildung des ungarischen Staates auf fremde Einflüsse zurückführen möchten, scheint am ehesten jene Auffassung akzeptabel zu sein, nach der bei der Entstehung des ungarischen Staates die Nachahmung des ostfränkischen (bayerisch-deutschen) Musters eine Rolle gespielt haben dürfte. Die Möglichkeit einer solchen Interpretation ergibt sich schon daraus, daß Ende des 10. Jahrhunderts an der westlichen Grenze der ungarischen Siedlungsgebiete bereits eine solche Staatsform existierte. Nur daß der zustandegekommene ungarische Staat in seinem Aufbau, seinem System und seiner sozialen Struktur wesentlich mehr Ähnlichkeiten mit der Staatsform und der Gesellschaft des fränkischen Staates der Merowingerzeit des 6. und 7. Jahrhunderts zeigte, zu der aus räumlichen und zeitlichen Gründen jedwede Beziehung ausgeschlossen war, als mit dem bayerisch-deutschen Staat des 10. Jahrhunderts, auch wenn gewisse oberflächliche Elemente der deutschen Staatsform um das Jahr 1000 durch die Ungarn übernommen wurden. Diese eigenartige „Verwandtschaft" mit den Verhältnissen der Merowingerzeit, der Epoche der Herausbildung des frühfeudalen fränkischen Staates, mahnt uns, bei der Staatsbildung den inneren Faktoren, den Eigengesetzlichkeiten der ungarischen Gesellschaft, die wichtigste Rolle einzuräumen.

So müssen wir vor allem für wahrscheinlich halten, daß die Bildung des Staates nicht von einem einzigen Zentrum aus (nicht allein von dem Zentrum der Arpadendynastie aus, die später die Königsmacht ausübte) erfolgte, sondern daß all die Gebiete eine Rolle gespielt haben müssen, die um die Mitte des 10. Jahrhunderts als Machtzentren galten. Solche Machtzentren waren um 950 die Gebiete der zu neuen Kräften gekommenen Stämme; somit gingen also die in Richtung der Staatsbildung zeigenden Entwicklungstendenzen eigentlich von den verschiedenen Stammesgebieten aus. Als unmittelbare Vorläufer des ungarischen Staates dürften die Stammesstaaten anzusehen sein. Bis zur Mitte des 10. Jahrhunderts war in diesen Staaten die gesellschaftliche Schichtung bereits fortgeschritten. Um den Stammesführer und die wenigen Großen des Stammes zeichneten sich die Umrisse eines bewaffneten Gefolges ab. Die Vermögensdifferenzierung der Freien verwies auf die weitere Schichtung der Gesellschaft. Die aus dem Ausland verschleppten Sklaven, die ihrer Freiheit beraubte Urbevölkerung sowie die freien Ungarn dienten dem Stammesoberhaupt und in dessen engerer Hofhaltung. Gleichzeitig aber wurden die sich herausbildenden sozialen Verhältnisse und die sich formierenden staatlichen Machtstrukturen noch durch die patriarchalischen Formen und Verhältnisse der Gesellschaft verdeckt. Obwohl die Stämme schon politisch organisierte Einheiten darstellten, waren die diese Stämme bildenden Sippen – und vor allem die Großfamilien – immer noch Gemeinschaften, deren Mitglieder durch Blutsbande miteinander verknüpft waren. Der Stamm als politische Einheit wird viel vom „Demokratismus" der vergangenen Zeiten bewahrt haben. Er sicherte seinen Mitgliedern das Mitbestimmungsrecht, das Recht zur Waffenführung und auch weitere Rechte.

Was die Mitte des 10. Jahrhunderts existierenden Stammesstaaten betrifft, so stehen uns die meisten – im Grunde aber spärlichen – Informationen über den siebenbürgischen Stammesstaat von Gyula zur Verfügung. Gyula, der früher Angriffe gegen Byzanz gerichtet hatte, weilte um 950 in Konstantinopel, wo er eine hohe byzantinische Würde erlangte, sich zum Christentum bekehrte und bei der Taufe wahrscheinlich den Namen *Stephan* erhielt. Gyula brachte aus Byzanz *Hierotheos* mit, den der Patriarch von Konstantinopel zum Bischof von „Turkien" (Ungarn; gemeint ist wohl das unter der Herrschaft Gyulas stehende „politische Gebilde") geweiht hatte. Gyula beharrte in seinem neuen Glauben und fiel nie wieder in byzantinische Gebiete ein. Das bedeutet, daß die von dem Siedlungsgebiet Gyulas ausgehenden Streifzüge nach 950 ein Ende nahmen und daß nach dem Versuch, die Krise der Stammesgesellschaft im Ausland zu lösen, von nun an das Suchen nach inneren Lösungswegen auf der Tagesordnung stand. Hierotheos übte im Stammesstaat von Gyula eine erfolgreiche Missionstätigkeit aus, obwohl sich der Prozeß der Christianisierung infolge des baldigen Todes von Gyula verlangsamte. So konnte sich der christliche Glaube, und zwar das Christentum byzantinischer Prägung, vor allem unter den Vornehmen (Großen) des Hofes von Gyula und weniger unter den breiten Massen des Volkes verbreiten. Eine christliche Geste Gyulas war es auch, daß er den byzantinischen Gefangenen der früheren Streifzüge, die ja Christen waren, die Freiheit schenkte. Dies ist u. a. ein Beweis dafür, daß sich Gyula in seinem Stammesstaat auch auf die – bei den Streifzügen gefangengenommenen – Sklaven stützte.

Die ausführlichsten Informationen stehen uns über das (räumlich-)politische Gebilde des *Ajtony* zur Verfügung, der in den ersten Jahrzehnten des 11. Jahrhunderts lebte. (Eine eingehende Beschreibung dieses Stammesstaates folgt später.) Im Gegensatz zu Gyula bekannte sich Ajtony erst ein halbes Jahrhundert später – um die Zeit zwischen 1010 und 1020 – zum Christentum nach byzantinischem Ritus. So gründete er z. B. kein Bistum, sondern nur ein Kloster. Aus all dem kann darauf geschlossen werden, daß die Stammesstaaten des Karpatenbeckens auf unterschiedlichen gesellschaftlichen Entwicklungsstufen standen.

Die einzelnen Stammesstaaten folgten in ihrer Außenpolitik unterschiedlichen Prinzipien. Gyulas Politik zeigte eine eindeutige byzantinische Orientierung. Ähnliches galt später auch für die auswärtige Politik Ajtonys. Demgegenüber richtete sich das Interesse sowohl des Stammes von Bulcsú als auch das des großfürstlichen (von den Angehörigen der Arpadendynastie geführten) Stammes – wie aus den spärlichen Überlieferungen hervorgeht – nach Westen und auch nach Süden. Wir wissen, daß Bulcsú mit *Termacsu* (Termatzus), dem Urenkel Árpáds, 945–946 in Konstantinopel weilte, sich dort taufen ließ, eine hohe byzantinische Würde erlangte, und daß Byzanz von Bulcsú für eine große Geldsumme auch den Frieden erkaufte. Aber Bulcsú kümmerte sich nicht um die Pflege der christlichen Religion in seinem Stammesstaat. Deshalb liegt die Vermutung nahe, daß die inneren Verhältnisse des Siedlungsgebietes von Bulcsú, die gerade erst entstehenden sozialen Gegensätze, bei der Stabilisierung und Weiterentwicklung dieser gesellschaftlichen Verhältnisse noch nicht auf die wirksame Unterstützung der (christlichen) Kirche angewiesen waren. Bulcsú hielt auch den erkauften Frieden nicht ein, sondern kehrte bald nach seiner Bekehrung zum Christentum zu seiner früheren Politik zurück und fiel regelmäßig in Byzanz ein. Wie die Streifzüge der Jahre 954 und 955 zeigen, unternahm Bulcsú auch in westlicher Richtung militärische Aktionen.

Der einzige stichhaltige Beweis für die byzantinische Orientierung des großfürstlichen Stammes ist der Besuch von Termacsu in Konstantinopel um das Jahr 946. Andererseits unternahm Árpáds Enkel Taksony im Jahre 947 einen Streifzug nach Italien. Wenn man dem Historiographen Aventinus glauben kann, nahm er 955 auch an der Schlacht bei Augsburg teil, die mit der vernichtenden Niederlage der Ungarn endete. Nach dieser Niederlage hatten die westungarischen Stämme einen beträchtlichen Menschenverlust zu verzeichnen, was zur Schwächung der Stämme Pannoniens und des westlichen Oberungarn führte. Den Machtverlust der genannten Stämme werden die Arpaden dazu genutzt haben, daß sie nach 955 ihre Herrschaft allmählich nach Westen ausbreiteten und die Gebiete Westungarns unter die Oberhoheit ihres eigenen Stammes zogen. An die Spitze des Fürstenstammes (und somit auch des ungarischen Stammesverbandes) gelangte nach 955 Taksony, dessen frühere westliche Streifzüge schon erwähnt worden sind. Die innere westliche Expansion des großfürstlichen Stammes wird wohl schon unter Taksony begonnen haben. Ursache für die westliche Orientierung der Führer des Fürstenstammes kann gewesen sein, daß der Stamm Gyulas dem Stamm der Arpaden in der byzantinischen Orientierung (und so auch in der Christianisierung) zuvorgekommen war. So hätten die Arpaden in Byzanz nach der Wertordnung des orientalischen Kaisertums hinter dem Gyula-Stamm nur den zweiten Rang einnehmen können. Aus der Zeit Taksonys verweist nur eine einzige Spur auf Öffnungsversuche nach Westen, nämlich daß Papst *Johannes XII.* den gerade erst zum Bischof geweihten *Zachäus* im Jahre 963 als Missionsbischof nach Ungarn sandte. Dieser nahm 964 als Bischof der Heiden an der Synode in Rom teil. Es gibt aber keinen Beweis dafür, daß Zachäus tatsächlich nach Ungarn gelangte, oder dafür, daß diese Initiative von Taksony ausging. Für die Zeit von Taksony war vielmehr eine Zurückhaltung gegenüber dem Westen charakteristisch. Nach der Niederlage bei Augsburg war diese Haltung auch vollkommen verständlich.

Die Ungarn hatten in jenen Jahren Angriffe aus dem Westen zu befürchten. Ende der sechziger Jahre des 10. Jahrhunderts errichtete der bayerische Herzog *Heinrich II., der Zänker,* in den an die ungarischen Siedlungen grenzenden Gebieten die österreichische und die kärntnerische Markgrafschaft. Es ist also kein Zufall, daß sich unter Taksony die östlichen Beziehungen des großfürstlichen Stammes merklich verstärkten. Die Frau von Taksony war eine „Kumanin" (aller Wahrscheinlichkeit nach eine Frau chasarischer oder wolgabulgarischer Abstammung). Damals siedelten sich zahlreiche wolgabulgarische Vornehme zusammen mit einer bedeutenden mohammedanischen (ismaelitischen) Völkerschaft in Ungarn an. Taksony nahm sie freundlich auf, schenkte ihnen Güter; nach der Überlieferung des Anonymus geriet auch die Burg Pest auf diese Weise in die Hände der Ismaeliten. Zur Zeit der Herrschaft Taksonys kam auch – wohl zusammen mit vielen Angehörigen seines Stammes – der petschenegische Fürst

*Tonuzaba* nach Ungarn. Im Einklang mit den orientalischen Beziehungen Taksonys steht außerdem, daß 965 am Prager Markt – unter anderen – auch Mohammedaner aus Ungarn teilnahmen, oder daß im Jahre 969 ungarische Kaufleute mit ihren Waren auf dem Markt in Perejaslawec erschienen. Und wahrscheinlich ist es ebenfalls der östlichen Orientierung Taksonys zuzuschreiben, daß er zur Frau für seinen Sohn *Géza Sarolt,* die Tochter des mächtigsten östlichen (ungarischen) Stammesführers, Gyula, gewinnen konnte. Die Auswirkungen der Politik Taksonys machten sich natürlich nur im Stammesstaat der Arpaden bzw. in den allmählich unter ihre Herrschaft geratenden westungarischen Gebieten bemerkbar. Die übrigen Siedlungsgebiete der Ungarn zeigten ein davon erheblich abweichendes Bild. Wir wissen z. B., daß in dem Stammesgebiet von Gyula der byzantinische Einfluß maßgebend war. Ein anderer Stamm wieder – sicherlich nicht der mit Byzanz in Frieden lebende Gyula-Stamm – unternahm bis zur Niederlage bei Arkadiopolis im Jahre 970 regelmäßig Streifzüge gegen byzantinische Gebiete. Die geopolitische Lage und die engen Beziehungen des Gyula-Stammesstaates zu Byzanz zwangen die Arpaden immer mehr zu einer westlichen Orientierung. Diesen Schritt des „Öffnens" nach Westen aber konnte Taksony noch nicht unternehmen. Die Aufgabe, die entsprechenden Konsequenzen zu ziehen und eine neue Politik auszuarbeiten, die endgültig mit der östlichen Orientierung abrechnete, fiel seinem Sohn Géza zu.

# II. Die Entstehung
# des ungarischen Staates
# (um 970 bis 1038)

## Großfürst Géza

Géza (Geycha) löste seinen Vater Taksony Anfang der siebziger Jahre des
10. Jahrhunderts im Alter von etwa 25 bis 30 Jahren im Amt des Großfürsten ab. Bereits im Jahre 972 kam es zu ersten Versuchen einer
Christianisierung der ungarischen Bevölkerung von Westen. Obwohl es
keinen Beweis dafür gibt, kann vermutet werden, daß dieser Bekehrungs-
versuch nicht auf deutsche Initiative hin geschah, sondern daß sich Géza
selbst zu diesem Schritt entschlossen hatte. Die schnelle Entscheidung
Gézas dürfte durch zwei Umstände motiviert worden sein. Im allgemeinen
dadurch, daß er im Jahre 955 noch im Kindesalter war, von der schockie-
renden Wirkung der Katastrophe bei Augsburg verschont blieb und sich
somit an den noch lebenden Augsburger Sieger, Otto I. – der das Deutsche
Reich seit 962 als Kaiser regierte –, wenden konnte, ohne sich persönlich
gedemütigt zu fühlen. Im besonderen wiederum durch den Umstand, daß
sich mit der Vermählung des mitregierenden Kaisers *Otto II.* mit der
griechischen Prinzessin *Theophanu* ein Bündnis zwischen dem Deutschen
und dem Byzantinischen Reich anzubahnen begann. Für Géza war es eine
Lebensfrage, nicht gleichzeitig zum Feind der beiden verbündeten Mächte
zu werden, sondern seine Beziehungen wenigstens zu einer der genannten
Mächte zu regeln. Allzu breite Möglichkeiten einer Wahl boten sich ihm
nicht. Da er persönlich keine Schuld an den mehrere Jahrzehnte lang
während Feindseligkeiten zwischen den Ungarn und den Deutschen
trug, und weil die Gyulas in Siebenbürgen bereits ihre Beziehungen zu
Byzanz ausgebaut hatten, erwies sich für Géza die Orientierung nach
Westen als selbstverständlich. Wahrscheinlich auf Gézas Anregung hin
weihte der Erzbischof von Mainz den St. Gallener Mönch *Bruno*, den
Kaiser Otto I. dem Bischof von Passau, Piligrim, selbst dafür empfohlen
hatte, zum Bischof der Ungarn. Bruno kam nach Ungarn und entfaltete
eine erfolgreiche Bekehrungstätigkeit; er taufte sogar Géza, der in der

Taufe den Namen Stephan erhielt. Zur gleichen Zeit dürfte sich auch
*Michael,* der Bruder von Géza, zum christlichen Glauben bekannt haben.
Die erfolgreiche Christianisierung wird auch dadurch unterstrichen, daß
Bruno und die Priester aus dem Bistum Passau noch weitere fünftausend
Ungarn zum Glauben Christi bekehrten und daß die infolge der ehemaligen
Streifzüge nach Ungarn verschleppten Gefangenen ihre Kinder ebenfalls
massenweise taufen ließen. Im Jahre 972 machte sich auch der Mönch
*Wolfgang* aus Einsiedeln auf den Weg nach Ungarn, um bei der Christiani-
sierung mitzuwirken, doch erreichte er das Land nicht. Ein weiteres
offenkundiges Zeichen für die westliche Orientierung war, daß im März
973 zwölf ungarische Große – sehr wahrscheinlich eine von Géza bevoll-
mächtigte Gesandtschaft – vor Kaiser Otto I. in Quedlinburg erschienen.
Parallel zum Erfolg der Christianisierung in Ungarn entflammte der Kampf
um die kirchliche Hegemonie über Ungarn (in Wirklichkeit ist darunter
nur das von den Arpaden beherrschte Westungarn zu verstehen). Der
Erzbischof von Salzburg, *Friedrich,* und Piligrim, der Bischof von Passau,
schreckten nicht einmal vor der Fälschung von Urkunden und anderen
Schriftstücken zurück, um das Recht ihrer Diözese auf pannonische
Gebiete zu „dokumentieren".

Géza wurde trotz seiner Bekehrung nicht zum überzeugten Anhänger
des christlichen Glaubens. Nach der Aufzeichnung des Bischofs *Thietmar
von Merseburg* hielt sich Géza für reich genug, um mehreren Göttern zu
dienen: den heidnischen Gottheiten und auch dem Allmächtigen der
Christen. Für diese Haltung erhielt er von seinem Bischof eine Rüge.
Daraus können wir schließen, daß es in Ungarn auch in den Jahren nach
973 einen Bischof gegeben haben muß. Gézas Schwanken in seinem
Glauben zeigt, daß er sich nur aus taktischen Erwägungen zum Christentum bekannt hatte, daß aber eine feste religiöse Überzeugung dabei fehlte.
Gleichzeitig aber müssen wir aufgrund der Überlieferungen, die Gézas
Verdienste bei der Festigung des christlichen Glaubens in Ungarn betonen,
eher daran denken, daß Géza allmählich zu der Erkenntnis gelangte, daß er
die Kirche als Partner und Stütze bei der Festigung seiner Macht benutzen
konnte. Seine – die gewaltsame Christianisierung forcierende – Politik war
mit der weiteren Expansion des Herrschaftsgebietes des Arpadenstammes
verknüpft. Wenn die ungarischen Quellen darüber berichten, daß Gézas
Hände mit Blut befleckt waren, so deuten sie wohl auf seine Machtkämpfe,
auf seinen Kampf um die Organisierung des Staatswesens hin. Nach der
Meinung vieler Forscher stützte sich Géza bei den Machtkämpfen auf eine
Gefolgschaft, deren Mitglieder auf den sog. „Gemeinvolks"-Gräberfeldern
in Gräbern mit zweischneidigem Schwert und nach heidnischem Ritus

bestattet wurden. Leider kann kein einziger innerer Feind Gézas beim Namen genannt werden. Es dürfte aber als sicher gelten, daß Géza es war, der die Herrschaft des Arpadenstammes bis zur westlichsten Grenze des ungarischen Siedlungsgebietes ausdehnte, das sich damals bis zum östlichen Teil des heutigen Österreich bzw. des böhmisch-mährischen Gebietes erstreckte. In bezug auf Mähren stehen uns zuverlässige Angaben aus der – sich auf 965 beziehenden – Beschreibung des jüdischen Reisenden *Ibrahim Ibn Jakub* zur Verfügung. Nach dieser Überlieferung grenzte das sich von Prag bis Krakau erstreckende Land des böhmischen Herzogs *Boleslaw II.* „an die Gebiete der Ungarn", das heißt, wenn die Böhmen Nordmähren auch erobert hatten, stand Südmähren doch weiterhin unter der Herrschaft der Ungarn. In das Gebiet des heutigen Österreich drangen damals die Bayern vor, wodurch die Ungarn in dieser Region allmählich an Raum verloren. Auf ihre Passivität verweist, daß sie nicht in die in ihrer unmittelbaren Nachbarschaft entflammten Auseinandersetzungen innerhalb des Deutschen Reiches eingriffen. Kurz nach dem Tode Kaiser Ottos I. im Jahre 973 erhob sich 974, 976 und 977 Herzog Heinrich der Zänker von Bayern mehrmals gegen den neuen Kaiser Otto II. Mit dem Aufstand Heinrichs im Jahre 976 hängt auch zusammen, daß *Leopold von Schweinfurt,* ein Vorfahr der Babenberger, als Markgraf von Österreich (Osterrichi) eingesetzt wurde. Im selben Jahr errichtete Otto II. das an die ungarischen Gebiete grenzende Herzogtum Kärnten. Spätestens in die Zeit Gézas fiel auch die Ausdehnung der Herrschaft des Arpadenstammes auf das westliche Oberungarn, auf die Gebiete an den Flüssen Waag und Gran. Die Überlieferung berichtet, daß Gézas Sohn und Nachfolger *Stephan* um das Jahr 975 in Gran (ung. Esztergom, lat. Strigonium), in der Burg gegenüber der Granmündung, geboren wurde. Auch das Gebiet südlich vom Plattensee stand wenigstens um 990 unter der Oberhoheit des großfürstlichen Stammes, weil *Koppány* (Cupan), der Herrscher dieses Gebietes, zur Arpadendynastie gehörte. Gegen Ende des Lebens von Géza erstreckte sich der mittlerweile beträchtlich angewachsene Stammesstaat der Arpaden über die ganze westliche Hälfte des Karpatenbeckens.

Die Außenpolitik Gézas war auf die Sicherung des Friedens ausgerichtet. Während seiner ungefähr ein Vierteljahrhundert dauernden Regierungszeit kam es kaum zu Zusammenstößen mit fremden Ländern. Als 983 Kaiser Otto II. verstorben war und Heinrich der Zänker auch gegen den neuen deutschen Herrscher *Otto III.* rebellierte, nahm Géza die Burg Melk an der Donau ein und verwüstete die umliegenden Gebiete. Bald darauf aber konnte der Babenberger Leopold die Burg Melk zurückerobern. Im Jahre 991 zog Heinrich der Zänker gegen Géza in den Krieg, der mit

dem Sieg der Bayern endete. Die Ungarn verloren ihre Gebiete bis zum
Wienerwald, wenn nicht sogar auch das sich bis zur Leitha erstreckende
Gebiet. Einen Beweis für die Friedenspolitik Gézas liefert das wohldurch-
dachte und bewußte Suchen nach Bündnispartnern, das sich auch in den
Eheschließungen seiner Kinder dokumentierte. Seine wahrscheinlich älteste Tochter heiratete den polnischen Herzog *Boleslaw der Tapfere;* aus
dieser Ehe wurde Herzog *Bezprim* (ung. Veszprém) geboren. Im Jahre 987
aber verstieß Boleslaw seine Frau und sein Kind, die dann in Ungarn an
Gézas Hof Zuflucht fanden. Der Grund für die Auflösung des ungarisch-
polnischen Bündnisses dürfte darin zu sehen sein, daß der friedliebende
Géza Boleslaw den Tapferen in seinem Kampf gegen die Böhmen, die um
985 das von den weißen Kroaten bewohnte Gebiet nördlich der Karpaten
eroberten, nicht unterstützte. Die Politik Gézas nach Süden und Südosten
war gegen die Griechen gerichtet. Er verbündete sich mit den Bulgaren, die
ihren Kampf gegen die Griechen auf Leben und Tod führten. Eine andere
Tochter Gézas verheiratete sich mit dem bulgarischen Kronprinzen
*Gavril/Radomir.* Aber auch diese Ehe dauerte nicht lange. 988 verstieß
Radomir seine ungarische Frau, die gerade mit ihrem Sohn, dem späteren
*Peter Deljan,* schwanger ging. Die Hauptfrage für Géza aber blieb die
Regelung seiner Beziehungen zum deutsch-bayerischen Staat. Mit diesem
Schritt mußte er jedoch bis zum Tode Heinrichs des Zänkers warten.
Nachdem aber dieser im Jahre 995 verstorben war, standen der Norma-
lisierung der ungarisch-bayerischen Beziehungen keine Hindernisse mehr
im Wege. Um die Jahre 995/996 heiratete Gézas Sohn *Vajk* (der schon zu-
vor auf den Namen Stephan getauft worden war) *Gisela,* die Tochter
Heinrichs des Zänkers, und wurde somit zum Schwager des neuen baye-
rischen Herzogs *Heinrich IV.* Mit dieser Heirat hing es zusammen, daß die
Bayern in den Besitz bedeutender östlicher Gebiete an beiden Ufern der
Donau gelangten, wodurch die ungarisch-deutsche Grenze für mehrere
Jahrhunderte an der March-Leitha-Linie festgelegt war.

Sarolt wird in ihre Ehe mit Géza auch das Christentum nach östlichem
Ritus mitgebracht haben, das noch von Hierotheos in Siebenbürgen verbreitet worden war. *Bruno von Querfurt,* der im ersten Jahrzehnt des
11. Jahrhunderts in Ungarn weilte, also eigentlich als Zeitgenosse gelten
kann, schrieb sogar, daß „die Christianisierung in Ungarn unter der Führung von Sarolt begann, der verdorbene Glaube jedoch mit heidnischen
Elementen durchsetzt war und dieses matte und verworrene Christentum
schlimmer zu werden begann als die Barbarei". Dieser Bericht des Bruno von
Querfurt deutet zugleich auf die Gefahr hin, die der heidnische und der von
Sarolt repräsentierte Glaube, also das Ostchristentum, für das Christentum

des lateinischen Ritus bedeuteten. Es kann angenommen werden, daß bereits Géza als Sitz für seine Frau die Burg Veszprém bestimmt hatte. Es gibt Anhaltspunkte dafür, daß das einzige in griechischer Sprache verfaßte Schriftstück des Urkundenwesens des ganzen ungarischen Mittelalters, die Stiftungsurkunde des Klosters im Veszprémtal, von Géza selbst – der sich in der Urkunde Stefanos nennt – zum einen für seine Frau, zum anderen für seine von Gavril/Radomir verstoßene Tochter ausgefertigt wurde. Interessante Einzelheiten über Sarolts dynamische Gestalt überlieferte uns ein anderer – nahezu zeitgenössischer – Chronist, Thietmar von Merseburg. Nach seinem Bericht soll Sarolt übermäßig getrunken haben, eine tüchtige Reiterin gewesen sein und in ihrer Wut einen Mann getötet haben. Ähnliches scheint auch Bruno von Querfurt zu bestätigen, wenn er darüber berichtet, daß Sarolt „das ganze Land in der Hand hielt, über ihren Mann und alles, was ihm gehörte, selbst regierte".

Gézas letzte Lebensjahre brachten eine entscheidende Wende in seiner Kirchenpolitik. Um 995 wird sich der Bischof *Adalbert von Prag* aus dem Geschlecht der Slavníken, das als einziger gefährlicher Gegner der Přemysliden galt, die die Alleinherrschaft über Böhmen anstrebten, in Ungarn aufgehalten haben. Es ist also gut zu verstehen, wenn Géza nicht zu *Boleslaw II.* aus dem Geschlecht der Přemysliden, der sogar mit Heinrich dem Zänker verbündet war und im Norden an die ungarischen Siedlungen grenzende Gebiete eroberte, gute Beziehungen auszubauen suchte, sondern sich mit *Vojtěch* (mit christlichem Namen Adalbert) verbündete, der aus der mit den Přemysliden rivalisierenden Familie stammte. Seine Missionstätigkeit in Ungarn ist umstritten. Es gibt eine Quelle, die sogar die Taufe von Vajk dem Bischof Adalbert zuschreibt. Gegen Ende seines Lebens stiftete Géza auf einer Anhöhe in Transdanubien das Benediktinerkloster Martinsberg (ung. Pannonhalma). Noch zu Lebzeiten Gézas begann die Übersiedlung der Anhänger und Schüler Adalberts nach Ungarn. So kam im Jahre 996 *Radla,* der erste Abt von Martinsberg, nach Ungarn.

Die Ehe Stephans mit Gisela von Bayern gab einen neuen Anstoß zur Stärkung des Christentums im lateinischen Ritus. Mit Gisela kamen auch bayerische (Regensburger) Priester ins Land. Es kann sein, daß die Gründung des Bistums Veszprém ebenfalls in die letzten Lebensjahre Gézas fiel. Eine Überlieferung schreibt diese Gründung Gisela zu, was auf die Rolle der aus dem Westen gekommenen Priester in Ungarn hinweisen kann. Stephan war durch seine Frau sehr stark der bayerisch-deutschen Kultur und der westlichen Kirche zugetan. In Giselas Gefolge befanden sich neben den Priestern auch bayerische Ritter. Auf ihre wirksame Hilfe sah sich Stephan sehr bald angewiesen. Nachdem Géza 997 gestorben war, lehnte sich Koppány gegen die Entscheidung Gézas auf, mit der er das Amt des Großfürsten seinem Sohn anvertrauen und vererben wollte.

## Der Aufstand Koppánys

Koppány stammte aus dem Geschlecht der Arpaden, sein Vater hieß *Szerénd der Kahlköpfige* (ung. Tar Zyrind). Das Attribut Tar (kahl geschoren) bei seinem Namen zeugt davon, daß er Heide war. Von Koppány können wir vermuten, daß er sich zuvor taufen ließ, aber in seinen Taten ungebrochen der heidnischen Gesinnung folgte. Als Géza starb, war Koppány der Fürst von Somogy. In den Besitz von Somogy gelangte er durch die Teilung der Herrschaftsgebiete mit Géza. Während sich das Herrschaftsgebiet von Géza (und Stephan) über das nördliche Transdanubien (und sicherlich auch über einen breiten Streifen des linken Donauufers) erstreckte – Stephan wurde ja in Gran geboren, die Fürstin residierte in Veszprém –, erhielt Koppány den südlichen Teil Transdanubiens (Somogy), also das Gebiet südlich des Plattensees, dessen Grenze nicht die Drau bildete, sondern das sich – vermutlich – bis zur Save erstreckte. Koppány wollte nach dem Tod Gézas eine „blutschänderische" Ehe mit Stephans Mutter Sarolt schließen. Als ältestes – noch lebendes – männliches Mitglied der Arpadenfamilie wollte er, auf das althergebrachte heidnische Recht des Levirats (Schwagerehe) pochend, die verwitwete Fürstin zur Frau nehmen und dadurch seinen Anspruch auf die oberste Macht geltend machen. Koppány konnte sich also nicht damit abfinden, daß Géza – offensichtlich aufgrund der christlichen Primogenitur (Vorrecht des Erstgeborenen) – seinen Sohn zum Nachfolger und Alleinbesitzer der obersten Macht machen wollte.

Der bewaffnete Zusammenstoß war nunmehr unvermeidbar. Stephan genoß wirksame deutsche Hilfe. Es sind uns auch die Namen der deutschen Ritter bekannt, die ihn in seinem Kampf unterstützten. Der Ritter *Vezelin* kam aus dem bayerischen Wasserburg am Inn, *Hont* und *Paznan* dürften noch während der Herrschaftszeit Gézas aus Schwaben gekommen sein. Über den Ritter *Orzi* ist uns außer seinem Namen nichts bekannt. Stephan rüstete sich in Gran zum Kampf. Nach karolingischem Brauch wurde ihm das Schwert umgegürtet, was bezeugen sollte, daß er auch als junges Mitglied der fürstlichen Familie zur Waffenführung und zur selbständigen politischen Laufbahn befähigt war. Koppány zog wahrscheinlich von Somogyvár aus – mit einem Bogen um den Plattensee – gegen Stephan ins

Feld. In seinem Heer waren vor allem solche Ungarn versammelt, die Angst davor hatten, durch Stephans Herrschaft ihre Freiheit zu verlieren, und die auf die Macht und den wachsenden Einfluß der nach Ungarn gekommenen Deutschen neidisch waren. Es war nicht zuletzt ihre heidnische Gesinnung, die sie gegen den christlichen, unter der Fahne des heiligen Martin kämpfenden Stephan stimmte. Koppánys Aufstand war also ein Kampf um die Hegemonie innerhalb des Arpadenstammes, der zu entscheiden hatte, in welche Richtung sich die westliche Hälfte des Karpatenbeckens entwickeln sollte. In diesem Gegeneinander repräsentierte Stephan die Staatlichkeit und das Christentum, Koppány dagegen die Stammesfreiheit und das Heidentum. Zur entscheidenden Schlacht kam es vor der Burg Veszprém, dem Sitz Sarolts und nunmehr auch Giselas. Die Schlacht endete mit dem Sieg Stephans und der ihn unterstützenden Deutschen und wohl auch Ungarn.

Strafe und Belohnung waren der Wichtigkeit der Schlacht angemessen. Der Leichnam des in der Schlacht gefallenen – angeblich von Vezelin getöteten – Koppány wurde auf Stephans Befehl geviertelt und zur Abschreckung an vier Punkten des Karpatenbeckens zur Schau gestellt. Je ein Teil wurde an die Tore der drei bedeutenden Burgen Gran, Veszprém und Raab (ung. Győr) genagelt, den vierten Teil schickte Stephan nach Siebenbürgen, wo sein Onkel *Gyula,* Sarolts Bruder, die Macht eigentlich unabhängig vom Großfürsten ausübte. Stephan zwang die ungarischen Großen, die „zu Koppány hielten und die Taufe und auch den christlichen Glauben verachteten", in die Knechtschaft. Auch die Bevölkerung von Somogy mußte für die Unterstützung Koppánys schwer büßen. Stephan unterstellte das Gebiet Somogy nicht dem damals schon existierenden Veszprémer Bistum, sondern der Abtei Martinsberg. Er belohnte die ihn unterstützenden deutschen Ritter fürstlich. Nach der – in lateinischer Sprache verfaßten – ungarischen Chronik wurde Vezelin von Stephan „mit großzügigen Schenkungen überhäuft". Später erwuchs aus der Familie Vezelins ein wohlhabendes und angesehenes mittelalterliches Adelsgeschlecht, das nach dem Sohn Vezelins den Namen *Rád* erhielt. Hont und Paznan wurden schon von Géza und später auch von Stephan „mit ausgedehnten und reichen Erbbesitzungen" belohnt. Ihre Nachkommen, die Angehörigen des späteren Adelsgeschlechtes Hontpaznan, zählten zu den reichsten Großen des Landes. Mit seinem Sieg über Koppány hatte Stephan bewiesen, daß die Oberherrschaft über die westliche Hälfte des Karpatenbeckens allein ihm gebührte. Es war auch sein fester Entschluß, seine Macht über das ganze Karpatenbecken auszudehnen. Dazu benötigte er die internationale Anerkennung. Es stand nunmehr die Krönung des Großfürsten zum König von Ungarn auf der Tagesordnung.

## Die Krönung Stephans I.

Die Wellen der Auseinandersetzungen um die Krönung und die Krone Stephans haben sich bis auf den heutigen Tag nicht gelegt. Über die Herkunft der ungarischen Insignien sind uns zwei zeitgenössische Berichte überliefert. Der eine stammt von Thietmar, dem Bischof von Merseburg. Nach diesem Bericht „erhielt der Schwager des Bayernherzogs Heinrich, Vajk, der in seinem Land Bistümer gestiftet hatte, durch die Gunst und auf Drängen des Kaisers die Krone und den Segen". Der andere Bericht wurde von *Ademarus Cabannensis* geschrieben. Er berichtet darüber, daß König Géza von Kaiser Otto III. selber auf den Namen Stephan getauft wurde, von ihm die Lanze des heiligen Mauritius und damit das Recht erhielt, nach freiem Willen über sein Land zu regieren. Von den beiden Berichten scheint der Thietmars authentischer zu sein. Diese Quelle nennt aber nicht eindeutig den Donator der Krone. Dies ist auch zu verstehen, denn die Frage, ob der ungarische König seine Krone vom Papst oder vom Kaiser bekam, d. h. welcher Autorität er die Legitimität seiner Herrschaft und damit die internationale Anerkennung zu verdanken hatte, wurde erst in den Jahren nach 1070, also nach dem Ausbruch des Investiturstreits, zur politischen Frage. Die schriftlichen Quellen nach 1070 sind eben deshalb nicht frei von dem Verdacht der Entstellung der Tatsachen. Nach der Meinung des Anfang des 12. Jahrhunderts in Ungarn tätigen Bischofs *Hartwick* erhielt Stephan seine Krone vom Papst selbst, was aber eine erst nachträglich erfundene Geschichte zum Beweis der Kronenverleihung durch den Papst war. Die Beschreibung von Ademarus enthält sowohl falsche wie auch als glaubwürdig zu bewertende Behauptungen. Als irrtümliche Angabe dürfte gelten, daß Großfürst Géza von Kaiser Otto III. – der erst im Jahre 980 geboren wurde – getauft wurde. Tatsache ist jedoch, daß eine andere, aber authentische Quelle aus dem Jahre 1000 die Mauritius-Lanze erwähnt, deren Kopie Otto III. damals dem polnischen Herzog Boleslaw der Tapfere gegen Lehnstreue überreicht hatte. Eine weitere Tatsache ist, daß die zeitgenössischen Quellen unter den Herrschaftszeichen König Stephans neben der Krone – als gleichwertiges Symbol der Herrschaft – auch die Lanze erwähnen. Auf der ersten Münze Stephans (aus dem Fund von Nagyharsány) steht die Umschrift LANCEA REGIS (die Lanze des Königs), in der Mitte ist eine Lanze mit Fahne abgebildet. Auf dem Krönungsmantel erscheint die Darstellung eines anderen Lanzentyps (etwa Stocklanze). Es kann aber auch als Tatsache gelten, daß Boleslaw der Tapfere von Kaiser Otto III. nur irgendeine Lanze erhalten hatte und keine – die königliche Macht symbolisierende – Krone.

Nach der Niederwerfung von Koppánys Aufstand wird sich Stephan um die Jahre 998/999 selbst an den päpstlichen Hof gewandt haben, um die Krone und die Aufnahme in die europäische Christengemeinschaft zu erlangen. Das muß ein bewußter Schritt Stephans gewesen sein, weil er – wie am Beispiel des polnischen Boleslaw zu sehen ist – mit Fug und Recht befürchten mußte, daß er, wenn er sich an den Kaiser wandte, die Lehnsabhängigkeit seines Landes (damals nur noch der westliche Teil des Karpatenbeckens) von Ottos Reich würde anerkennen müssen. Abt *Astrik* brachte gegen Ende des Jahres 1000 den Brief mit dem Segen des Papstes *Silvester II.* und die Krone (nach der Darstellung auf dem Krönungsmantel eine mit Edelsteinen besetzte und mit drei Lilien verzierte Reifenkrone) und vielleicht auch die Lanze mit. Thietmars Beschreibung entspricht sicherlich der Wahrheit, wenn er darüber berichtet, daß Stephan „durch die Gunst und auf Drängen des Kaisers" (Otto III.) die Krone und den Segen erhielt. Der junge Kaiser ernannte nämlich im Jahre 999 seinen eigenen Erzieher, den Franzosen Gerbert von *Aurillac* – unter dem Namen *Silvester II.*–, zum Papst, weil er in ihm den Bündnispartner zu finden hoffte, der bereit war, die Autorität des Papsttums in den Dienst der Verwirklichung seiner Pläne zur Stärkung der kaiserlichen Macht und Autorität zu stellen. Nach Ottos Vorstellung war der Kaiser der Herr „des Römischen Reiches", dem Papst gebührte nur in kirchlichen Fragen die führende Rolle. Wir wissen auch, daß Otto III. die Zeit, die hinsichtlich der Übersendung der ungarischen Krone in Frage kommt, also die zweite Hälfte des Jahres 1000 und die ersten Monate des Jahres 1001, in Rom verbrachte, wo auch der Papst residierte. Man kann vermuten, daß der Papst nicht ohne das Wissen Ottos, sondern gerade auf dessen Ermutigung hin dem ungarischen Großfürsten Krönungsinsignien zusenden ließ. Der deutsche Kaiser konnte mit Genugtuung konstatieren, daß die ehemaligen gefährlichen Feinde seines Großvaters auf die Aufnahme in die christliche Gemeinschaft warteten. Angesichts des ungetrübten Verhältnisses zwischen Otto III. und Silvester II. dürfte es für sie kaum eine Kardinalfrage gewesen sein, wer von ihnen die Bitte der Ungarn erfüllt. Sie werden sogar zusammengewirkt haben, wie das auch Thietmar von Merseburg ahnen läßt, wenn er schreibt, daß die Krone zwar durch die Gnade und auf Anregung des Kaisers verliehen wurde, letzten Endes aber doch vom Papst kam. Mit dieser Krone wurde der etwa 25 bis 30 Jahre alte Stephan am ersten Tag des neuen

Jahrtausends (am 25. Dezember des Jahres 1000 oder am 1. Januar des Jahres 1001) zum König gekrönt. Die Übersendung der Krone um die Jahrtausendwende ging nicht automatisch mit der Geltendmachung des kaiserlichen und auch nicht des päpstlichen Oberhoheitsrechtes einher. Für Stephan aber war der Erhalt der Krone wichtig, weil dies in hohem Maße zur Erhöhung seiner Autorität und zur internationalen Anerkennung seiner Erfolge bei der Christianisierung beitrug.

## Münzprägung, Gesetzgebung und Urkundenwesen zur Zeit Stephans I.

In den ersten Jahren des neuen Jahrtausends gab Stephan im Besitz der – nach innen und außen eine gleichermaßen große symbolische Bedeutung tragenden – Krone verschiedene Zeichen der bereits existierenden Staatlichkeit seines Landes. Ein solches Zeichen der souveränen Macht des Herrschers war die Münzprägung. Die Anfänge des ungarischen Münzwesens sind sehr umstritten. Es sind auch nur zwei Typen von Münzen aus der Zeit von Stephans Herrschaft bekannt.

Der erste Typ der Münzen, der sogenannte Obolus (oder Halbdenar), ist schon seit langem bekannt; die Grundform dieser Münze ist zwar recht einheitlich, dennoch wurde sie in mehreren Abarten geprägt. Auf dem Avers steht die Umschrift STEPHANUS REX (König Stephan), auf dem Revers der Münze ist REGIA CIVITAS (in wörtlicher Übersetzung königliche Stadt) zu lesen, worunter wahrscheinlich Gran zu verstehen ist. Hinsichtlich des Verfahrens der Prägung (Reinheit des verwendeten Silbers und des Gewichtes) sowie der Ausstattung und der Auswahl der Umschrift der Münze galt für Stephan der in Regensburg geprägte Obolus seines Schwiegervaters, Heinrichs des Zänkers, als Muster. Auf der Rückseite dieses Geldstückes steht die Umschrift REGINA CIVITAS (Regensburg). Da die Regensburger Obolusse Heinrichs des Zänkers die Münzstätte in dem Jahrzehnt zwischen 985 und 995 verlassen hatten, schien der Schluß logisch, daß Stephan seine – die Münzen seines Schwiegervaters nachahmenden – Obolusse unmittelbar nach dem Erwerb der Königskrone prägen ließ. Daraus, daß die Stephan-Obolusse gewöhnlich auf „Gemeinvolks"-Gräberfeldern gefunden wurden, wo sich Gräber mit Münzfunden aus Stephans Zeit und – auf demselben Gräberfeld – auch Gräber mit Geldstücken der Nachfolger Stephans sowie Grabstätten befanden, die mit beiden Arten der genannten Münzen ausgestattet waren, kann die Schlußfolgerung gezogen werden, daß Stephan die Münzen erst in der zweiten

Hälfte seiner Herrschaftszeit (also nach 1015) prägen lassen konnte und daß diese Geldstücke erst gegen Ende seiner Herrschaft in die Gräber gelangt sein dürften. So ergibt sich aber die eigentümliche Lage, daß Stephan eine einige Jahrzehnte früher – im 10. Jahrhundert – geprägte Münze, die seines Schwiegervaters, in einer Zeit als Muster benutzte, als in Deutschland bereits andere Münzen geprägt wurden. Als teilweise Lösung dieses offensichtlichen Widerspruchs bietet sich die Erklärung an, daß sich das Gewicht der Obolusse Stephans nach dem Gewicht der während der Jahre 1009 bis 1014 geprägten Münzen seines Schwagers Heinrich richtete. Stephans Münzen (die sogenannten Obolusse) waren im ganzen Land verbreitet, sie wurden nicht mehr durchlocht und dienten auch nicht mehr als Schmuck oder als Kleiderverzierung, sondern wurden entsprechend ihrer ursprünglichen Funktion als Geld (Wertmesser) verwendet. Diese Münzen dürften in dem damals noch sehr bescheidenen Binnenhandel im Umlauf gewesen sein. Auch die Denar- und Herdsteuern, deren Einführung Stephan zugeschrieben wird, ließ er vermutlich in diesem Geld erheben. Genauso hatten auch die Kaufleute die Zollgebühren in barem Geld zu entrichten. Auf den „Gemeinvolks"-Gräberfeldern finden wir den Obolus in der Mundhöhle (oder in deren Nähe) des Bestatteten als Zeichen dafür, daß man ihm nach altem Glauben das „Zehrgeld" für die Fahrt ins Jenseits auf diese Weise sicherte. Da Stephans Halbdenare aus sehr feinem und reinem Silber geprägt wurden, kamen sie alsbald auch in den europäischen Handelsverkehr. Seine Münzen waren in mehreren Ländern Nordeuropas (in Sachsen, Polen, im Baltikum und in Skandinavien) im Umlauf, wegen ihres Wertes lohnte es sich sogar, sie zu fälschen.

Den zweiten Münztyp Stephans kennen wir mit völliger Gewißheit erst seit dem Jahre 1968, früher waren lediglich zwei Exemplare bekannt, die von den Forschern aber nicht Stephan zugeschrieben und auch nicht mit Ungarn in Zusammenhang gebracht wurden. Unter den etwa 70 Münzen des Fundes von Nagyharsány (Ortschaft südöstlich von Fünfkirchen, ung. Pécs) gab es 40 Silbermünzen (Denare), die von den Forschern für ungarische Münzen gehalten und mit Stephans Zeit in Zusammenhang gebracht worden sind. Auf der Bildseite des Denars ist die Umschrift LANCEA REGIS (Lanze des Königs) zu lesen, in der Mitte der Münze ist eine Hand abgebildet, die eine Lanze mit Fahne (vgl. oben die „Lanze mit Flügel") hält. Die Rückseite trägt die Inschrift REGIA CIVITAS (königliche Stadt) sowie die Abbildung einer Kirche und einen aus vier Buchstaben bestehenden „Text", dessen Deutung bis heute noch nicht geklärt ist. Aus den weiteren Geld- und Schmuckstücken des Münzfundes kann darauf geschlossen werden, daß der Schatz um das Jahr 1010 verborgen wurde; die ungarischen Geldmünzen dürften also vor der oben genannten Zeit geprägt worden sein, und zwar nach deutschem Muster. Das Durchschnittsgewicht der ungarischen Denare entspricht dem Gewicht der zwischen 995 und 1002 geprägten Denare von Stephans Schwager, dem Bayernherzog Heinrich IV. (dem späteren Kaiser Heinrich II.). Als Muster für die Umschrift der Rückseite diente die Inschrift REGINA CIVITAS (Regensburg) der in Regensburg geprägten Geldstücke. Auch die Abbildung einer Kirche (oder Kapelle) als Motiv ist auf deutschen Münzen der damaligen Zeit zu sehen. Weil die genannten Denare wahrscheinlich nur in geringer Anzahl hergestellt worden waren, dienten sie vermutlich nicht als Geld (Wertmesser), sondern als Gedenkmünzen, die höchstwahrscheinlich aus Anlaß und zum Gedächtnis der Krönung Stephans geprägt und in Umlauf gebracht wurden.

Ein weiteres Kennzeichen der Souveränität des Herrschers war die Gesetzgebung. Stephan erließ in zahlreichen Fällen Gesetze, die zum Teil erst bei der nachträglichen Kodifizierung in zwei Gesetzbüchern redigiert wurden. Es kann als sicher gelten, daß die Gesetze Stephans umfangreicher und vollständiger waren, als sich dies in den gegenwärtig bekannten Textüberlieferungen widerspiegelt. Das erste Gesetzbuch war im wesentlichen ein Strafgesetzbuch, das zweite dagegen lediglich eine Ergänzung zum ersten. Die Gesetze Stephans trugen die unverkennbaren Spuren des deutschen Einflusses. Die Paragraphen 1 bis 5 des ersten Gesetzbuches stimmen wörtlich mit Partien fränkischer Synodalbeschlüsse und Gesetzessammlungen des 9. Jahrhunderts überein. Weitere Artikel wurden aufgrund der Kenntnis des bayerischen Rechts (Lex Baiuvariorum) sowie anderer westlicher Gesetze und Synodalbeschlüsse verfaßt. Vor allem erinnern die Ausdrucksweise und der Wortgebrauch des ersten Gesetzbuches an die sprachlichen Wendungen zeitgenössischer westlicher Urkunden. Im Vorwort zum ersten Gesetzbuch beruft sich Stephan selbst darauf, daß er bei seiner Gesetzgebung „dem Beispiel älterer und neuerer Kaiser" folgt. Die Problematik aber, die sich in den Gesetzen Stephans widerspiegelt und ausdrückt, ist eine spezifisch ungarische. Dieser Umstand sicherte auch – trotz der Nachahmung fremder (deutscher) Muster – die Selbständigkeit der Gesetze Stephans.

Der Aufbau des 35 Artikel umfassenden Gesetzbuches, das ein Denkmal der Gesetzgebung der Zeit unmittelbar nach der Krönung Stephans ist, läßt in großen Zügen den Aufbau des damaligen gesellschaftlichen Systems erkennen. Die ersten Paragraphen behandeln kirchliche Angelegenheiten. Sie enthalten Verfügungen über den Schutz der Kirchengüter, sprechen über die Rolle des Bischofs und den selbstlosen Dienst der Priester, sichern den kirchlichen Persönlichkeiten Schutz gegen die Zeugenaussagen weltlicher Personen und Nichtchristen zu. Die darauffolgenden Artikel bestimmen das Recht zur freien Verfügung über das Privateigentum und sichern den Schutz der königlichen Güter. Darauf folgen Passagen, in denen man über die Regeln des christlichen Glaubens (Einhalten des Sonntags und des Fastens), über die Ablegung der Beichte sowie über die Befolgung der Vorschriften des andächtigen Verhaltens beim Gottesdienst lesen kann. In den genannten Paragraphen werden folgende Gewalttaten verurteilt: Mord (einschließlich des Mordes an der Gattin), Zücken des Säbels mit böser Absicht, vorsätzliche Brandstiftung und Überfälle auf Häuser. Ein gesonderter Artikel bestimmt die Strafe für den Treubruch. In dem Gesetzbuch werden die Rechte der Grundherren über ihr Volk ausführlich aufgezählt: Der Grundherr kann seinen eigenen Knecht freisprechen, nicht aber den Knecht eines anderen Herrn; die Knechte dürfen ihren Herrn nicht verklagen oder gegen ihn zeugen; der Grundherr darf keinen Freien in die Knechtschaft stürzen. Das Gesetz bestimmt auch die Aufnahme der Krieger und der „Gäste" (lat. *hospes*), es erlaubt auch nicht, daß derjenige, der nach einem flüchtigen Knecht oder Krieger sucht, an seiner Tätigkeit gehindert wird. Einen getrennten Abschnitt bilden die Gesetzesbestimmungen über das Familienleben: Behandelt werden der Schutz der Witwen und der Waisenkinder; die Regelung der Eheschließung zwischen Freien und Knechten; die Unterbrechung des Familienlebens, wenn der Mann das Land verlassen hat; der Diebstahl der verheirateten Frauen. Zum Schluß schreibt das Gesetz die Bestrafung der Hexen und der Magier vor.

Das – 21 Artikel enthaltende – zweite Gesetzbuch beginnt mit der Verfügung, daß je zehn Dörfer eine Kirche zu bauen haben; das Gesetz versichert wiederholt das Verfügungsrecht eines jeden über das eigene Vermögen. Zwei Gesetzesartikel behandeln sogar den Mordanschlag auf den König bzw. die Anstiftung zum Hochverrat. Wenn sich in diesen Artikeln der gesetzliche Niederschlag der Aktionen *Vazuls* (des älteren Sohnes des jüngeren Bruders von Géza) widerspiegelt, so resultiert daraus die Annahme, daß diese Artikel nach dem Jahr 1031 entstanden sein dürften. Ein vielzitierter Paragraph schreibt die Entrichtung des Zehnten vor. Die übrigen Artikel des zweiten Gesetzbuches ergänzen und detaillieren in einigen Punkten das im ersten Gesetzbuch Behandelte (das Strafmaß für Mord, für die Freisprechung der Sklaven von anderen, für Diebstahl, für unangemessenes Zücken des Schwertes sowie das Verhältnis zwischen Gespan und Krieger). Weitere Paragraphen enthalten Verfügungen zur Gerichtsordnung sowie Verordnungen gegen Intriganten. Obwohl die Gesetzestexte zuweilen den Eindruck erwecken, daß bei ihrer

Abfassung ausschließlich der souveräne Wille Stephans zur Geltung kam, liefern verschiedene Hinweise in den Gesetzbüchern auf den königlichen Rat (lat. *senatus*) und auf andere hohe königliche Gremien den Beweis dafür, daß die Gesetzgebung im engen Kreise der beratenden Körperschaft des Königs erfolgte.

Die Stiftungsurkunde von Veszprémtal ausgenommen, die vielleicht noch Géza/Stephan zuzuschreiben ist, sind uns neun Urkunden mit Stephans Namen überliefert. Sechs von ihnen sind offenbare Fälschungen aus der Zeit vom 13. bis zum 17. Jahrhundert. Einige Urkunden enthalten Elemente, die auf das 11. Jahrhundert (die Zeit Stephans) zurückgeführt werden können. Es sind insgesamt drei Schriftstücke aus Stephans Zeit überliefert, die zwar auch keine Originale, sondern spätere Abschriften sind, die aber im großen und ganzen die Absicht der ursprünglichen Urkunden widerspiegeln. Der deutsche Einfluß in diesen Urkunden ist offensichtlich. Der Beginn der Anfertigung von lateinischsprachigen Urkunden in Ungarn stand in engem Zusammenhang mit dem deutschen Thronwechsel im Jahre 1002. Nach dem Tod Ottos III. wurde Stephans Schwager, Heinrich IV., Herzog von Bayern, unter dem Namen Heinrich II. zum deutschen König gekrönt; er entband den Kanzler *Heribert,* Erzbischof von Köln, von seinem Amt, was mit der Entlassung der meisten seiner Amtsschreiber einherging. Die im Jahre 1002 ausgefertigte Bestätigungsurkunde von Martinsberg stammt aus der Feder eines Kanzleischreibers von Heribert, dessen Name nicht bekannt ist, und der – zur Unterscheidung von den anderen Amtsschreibern Heriberts – als Heribert C bezeichnet wurde. Er wird wohl um die Mitte des Jahres 1002 nach Ungarn gekommen sein. Die sich heute in unserem Besitz befindende Urkunde von Martinsberg ist nicht das Original. Bei ihrer Fälschung (im 12. oder 13. Jahrhundert) wurde die Schrift des Originals mit buchstäblicher Genauigkeit nachgeahmt, während der Text der Urkunde – entsprechend der Absicht der Fälschung – hie und da geändert wurde. Stephans Urkunden von Fünfkirchen und Veszprém aus dem Jahre 1009 wurden ebenfalls von Amtsschreibern der deutschen kaiserlichen Kanzlei ausgefertigt. Die Urkunde von Fünfkirchen stammt aus der Feder eines Amtsschreibers des Kanzlers *Egilbert,* des Nachfolgers von Heribert, während der italienische Schreiber der Veszprémer Urkunde ursprünglich ebenfalls in der Kanzlei Ottos III. angestellt gewesen sein dürfte.

Es ist unbestreitbar, daß die Münzprägung, die Gesetzgebung und das Urkundenwesen zu Stephans Zeit unter starkem deutschem Einfluß erfolgten. Die Inanspruchnahme der auswärtigen Hilfe erklärt sich dadurch, daß die Münzprägung erfahrene Fachleute, die Gesetzgebung und die Ausstellung von Urkunden der lateinischen Sprache kundige und im Rechtswesen bewanderte Priester erforderte, die es im damaligen Ungarn noch nicht gab. Daß die Vermittlung des Musters von Deutschland her erfolgte, ist selbstverständlich, weil ja die Gattin des ungarischen Königs die Schwester des Herrschers des mit Ungarn benachbarten deutschen Herzogtums (Bayern) war, der im Jahre 1002 sogar König des ganzen Deutschen Reiches wurde. Deutschland gab aber lediglich die Form und das Muster; Wesen und Inhalt der entstehenden Verhältnisse trugen spezifisch ungarischen Charakter. Stephans Obolusse erschienen aus Notwendigkeit, seine Gesetze spiegelten die ungarische Problematik wider, die Urkunden sicherten Rechte in konkreten ungarischen Angelegenheiten. Die Souveränität und die Unabhängigkeit Stephans vom Deutschen Reich offenbarten sich auch darin, daß in seinen Urkunden – obwohl sie von Schreibern der kaiserlichen Kanzlei ausgefertigt wurden – weder das Regierungsjahr des Kaisers noch das des Papstes verzeichnet war, was im Urkundenwesen der lehnsabhängigen Länder der damaligen Zeit sonst als üblich galt. Es war das Verdienst Stephans, daß er trotz der Inanspruchnahme der deutschen Hilfe und der Übernahme des deutschen Musters die Unabhängigkeit Ungarns von dem starken westlichen Nachbarn sichern konnte.

## Die Niederschlagung der Aufstände Gyulas und Ajtonys

Stephans Ungarn umfaßte bis in die ersten Jahre des 11. Jahrhunderts lediglich Westungarn, das Gebiet also, wo seine Macht bereits unumschränkt zur Geltung kam. Obwohl Stephan als König die Herrschaft über das ganze Karpatenbecken anstrebte, widersetzte sich der östliche Teil des Landes seinen derartigen Bestrebungen. Um als alleiniger König Ungarns gelten zu können, mußte er sich mit sämtlichen in- und ausländischen (bulgarischen) Machtansprüchen innerhalb des Karpatenbeckens auseinandersetzen, die gegen ihn gerichtet waren und auf die Errichtung einer eigenen Staatlichkeit abzielten. Der Beginn war die Aktion Stephans gegen den Gyula von Siebenbürgen im Jahre 1003. Darüber berichtet uns nur eine einzige zeitgenössische Quelle, das Jahrbuch von Hildesheim. Darin heißt es, „der ungarische König Stephan zog gegen den Bruder seiner Mutter, König Gyula, den er zusammen mit dessen Frau und zwei Söhnen gefangennahm und sein Land *[regnum]* mit Gewalt christianisierte". Dieser Nachricht fügte die ungarische Chronik die wichtige Bemerkung hinzu, daß König Stephan „das ausgedehnte und sehr reiche Land *[regnum]*

Gyulas der Monarchie Ungarns angliederte". Das königliche Heer wird wahrscheinlich Stephans Verwandter, *Doboka* (Dobuca), geführt haben. Gyula – in einigen Quellen auch *Prokuj* genannt – konnte sich später aus der Gefangenschaft befreien und fand bei dem polnischen König Boleslaw der Tapfere Zuflucht. König Stephan entließ großzügig auch Gyulas Frau aus der Gefangenschaft; sie durfte ihrem Mann folgen.

Um seine Oberhoheit auch über die östliche Hälfte des Landes aus-zudehnen, nahm Stephan außer dem bewaffneten Kampf auch andere Mittel in Anspruch. Es kann als sicher gelten, daß die Ehe seiner jüngeren Schwester (um 1005–1010) mit Samuel Aba, dem Stammesoberhaupt der in der Mátra-Gegend ansässigen Kabaren, politische Gründe hatte. Nach dieser Ehe ernannte Stephan Samuel Aba zu seinem Pfalzgrafen (später nannte man den Träger dieser Würde Palatin). Weil dadurch das Stammesoberhaupt der Kabaren zum Teilhaber der Macht in Ungarn geworden war, konnte Stephan seine Herrschaft auch auf das Siedlungsgebiet des Kabarenstammes ausdehnen. Der Schilderung des Kampfes gegen Gyula folgt in der ungarischen Chronik die Beschreibung des siegreichen Krieges von Stephan gegen *Kean,* den Fürsten *(dux)* der Bulgaren und Slawen, der über solche Völker herrschte, die in einem von der Natur geschützten Gebiet wohnten. Nach der Auffassung einiger Wissenschaftler ist Kean mit dem bulgarischen Zaren identisch, mit dem Stephan laut einer anderen Quelle tatsächlich einen Krieg führte. Eine andere Auffassung dagegen sucht Kean innerhalb des Karpatenbeckens und sieht in ihm den Herrscher jenes bulgarischen „Staates", der in der hohen Berglandschaft des süd-lichen Siebenbürgen bis zum angehenden 11. Jahrhundert bestand und dessen Herrscher von den bulgarischen Untertanen Chagan (daher die Bezeichnung Kean), von den untertänigen Slawen wieder Woiwode (auch Wojewode; ung. *vajda)* genannt worden sein dürfte. Zum Sieg über Kean wird es kurz nach 1003 gekommen sein. Mit der Verbreitung des Chri-stentums versuchte Stephan auch in das Siedlungsgebiet des Stammes von Vata an den drei Körös-Flüssen einzudringen. Durch die Christianisierung Vatas konnte Stephan auch im Körös-Gebiet festen Fuß fassen.

Ende der zwanziger Jahre des 11. Jahrhunderts konnte als einziger nur noch der Stammesstaat Ajtonys den Aktionen Stephans widerstehen. Über Ajtony und somit auch über den Aufbau des ungarischen Stammesstaates im 10. und 11. Jahrhundert wissen wir aus den Quellen verhältnismäßig viel. Ajtonys Sitz befand sich in Marosvár (dem späteren Csanád) am Fluß Maros. Als Grundlage seiner Macht diente vor allem sein bedeutender Viehbestand. Er besaß eine Vielzahl von unter freiem Himmel gehaltenen Pferden, wobei bereits auch Übergangstendenzen zur Stallhaltung vorka-

men. Seine unendlich vielen Herden (wahrschcinlich Schaf- und Ziegen-
herden) wurden von seinen eigenen Hirten gehütet. Ajtony stand an der
Spitze einer gegliederten Gesellschaft. Seine Macht beruhte auf der Masse
der ihm dienenden und ihn mit Waffen unterstützenden Krieger und
Adligen, offenbar also auf den freien Elementen, die den Großteil der
Bevölkerung ausmachten. Er besaß ausgedehnte Ländereien und Herrenhöfe. Auf dem Fluß Maros sorgten Zöllner bis zur Theiß für die Erhebung
der Zölle der Salzlieferungen König Stephans. Durch seine große Macht
wurde Ajtony überheblich, er ehrte König Stephan nicht, mißachtete ihn
sogar und rebellierte in jeder Hinsicht gegen den Herrscher. „Seine Macht
erkaufte er von den Griechen". Nachdem die Stadt Vidin im Jahre 1002 in
die Hände der Griechen geraten war, bekannte er sich aus politischen
Überlegungen zur Ostkirche, errichtete in Marosvár ein Kloster, setzte dort
einen Abt ein und siedelte griechische Mönche an. Ajtony nahm den
christlichen Glauben nur formal an, da er auch nach der Taufe sieben
Frauen hatte. Eine Quelle bezeichnet das Herrschaftsgebiet Ajtonys mit
dem Wort *regnum* (Land).

Der Zeitpunkt der Niederwerfung Ajtonys ist in unserer Geschichtsschreibung bis auf den heutigen Tag umstritten. Es kommen die Jahre 1003
bis 1004, das Jahr 1008 sowie die Zeitspanne zwischen 1014 und 1015 in
Frage; als wahrscheinlichstes Datum dürfte aber dennoch die Zeit um 1028
gelten, vor allem deshalb, weil wir die Jahreszahl der Weihe des ersten
Prälaten der auf dem Siedlungsgebiet Ajtonys gegründeten Diözese von
Csanád, *Gerhard* (ung. Gellért), zum Bischof genau kennen. Gemeint ist
das Jahr 1030, in dem das Bistum Csanád gegründet wurde. Man kann vermuten, daß die Niederwerfung Ajtonys wenige Jahre vor der Gründung des
Bistums Csanád erfolgte. Das gegen Ajtony ziehende königliche Heer
wurde von Dobokas Sohn *Csanád* (Sunad oder Chanadinus) geführt. Die
erste Schlacht endete bei Marosvár mit dem Sieg Ajtonys; Csanád zog
seine Truppen bis zur Theiß-Linie zurück. Am nächsten Tag aber konnte
er bei Nagyősz einen entscheidenden Sieg über Ajtony Heer erringen. In
der Schlacht ist auch Ajtony gefallen. Bis Ende der zwanziger Jahre des
11. Jahrhunderts unterwarf Stephan also auch den letzten widerspenstigen
Stammesstaat und wurde somit Alleinherrscher Ungarns, d. h. er wurde
Herr über das ganze Karpatenbecken.

## Die Errichtung der Komitate

Der Ursprung der ungarischen Komitate verliert sich im Dämmer der Geschichte und ist heute kaum noch zu ergründen. Es gibt sowohl Anhänger der Ansicht, die das Komitat von dem fränkischen *comitatus* (dem deutschen Gau) oder dem slawischen *župa* ableiten will, als auch Anhänger der Auffassung, nach der das Komitat auf die Siedlungsgebiete der Sippen des 10. Jahrhunderts zurückzuführen ist. Andere Wissenschaftler nehmen eine gewisse Ähnlichkeit zwischen dem ungarischen Komitat und dem lombardisch-italienischen *comitatus* an. Da aber die Herausbildung des als territoriale Organisation funktionierenden Burgensystems in drei Ländern Mitteleuropas (in Ungarn, Böhmen und Polen) – sicherlich nicht durch sklavische Nachahmung der Einrichtungen des anderen – im wesentlichen zur gleichen Zeit (mit einer zeitlichen Verschiebung von kaum ein paar Jahrzehnten) vor sich gegangen war, darf mit Fug und Recht angenommen werden, daß die Organisierung der „Burgbezirke" oder Burgorganisationen (Burgen mit ausgedehntem Landbesitz) im damaligen Mitteleuropa – so auch bei den Ungarn – nach eigenen Gesetzmäßigkeiten verlief, und daß die Ähnlichkeit dieser territorialen Einrichtungen – auch ohne genetische Verwandtschaft – aus den im großen und ganzen übereinstimmenden Verhältnissen sowie der Ähnlichkeit der Funktionen der Burgorganisation resultierte.

Der Burgorganisation kam schon Anfang des 11. Jahrhunderts eine Doppelfunktion zu. Einerseits bildeten die zu bestimmten Burgen gehörenden Gebiete ein zusammenhängendes Ganzes mit entsprechenden Grenzen. Diese Form der Burgorganisation war in späteren Zeiten am meisten verbreitet. Durch die ursprüngliche Bedeutung des ungarischen Wortes *vármegye* (Gemarkung der Burg) ist uns diese erste Funktion überliefert. Andererseits gehörte zu den Burgen nicht immer ein zusammenhängendes Gebiet, sondern sie faßten auch weit verstreuten Landbesitz zusammen. Beide Typen der Burgorganisation wurden im Lateinischen mit dem Wort *comitatus* (Gespanschaft, ung. *ispánság)* bezeichnet, obwohl auch andere Benennungen (z. B. *parochia, provincia* usw.) vorkamen. Die genannten zwei Arten der Burgorganisation unterschieden sich aber nicht nur hinsichtlich der territorialen Kompaktheit oder Verstreuung. Zum Gebiet des Komitats zählten auch sämtliche Ländereien innerhalb der Grenzen des Burgbezirkes, neben den königlichen Besitzungen (den Burg- und Hofgütern) also auch der kirchliche und grundherrliche Landbesitz. Der Komitatsgespan übte das Verwaltungsrecht und die Gerichtsbarkeit über das ganze Komitat aus. Er war zugleich auch Gespan der Burg (etwa

Burggespan), also Haupt der Besitzorganisation, die bei der Errichtung des Komitats unmittelbar der Burg angegliedert wurde. Mit anderen Worten: Der Gespan übte im Komitat (eigentlich Burgkomitat) nicht nur staatliche Funktionen aus, sondern verfügte – aufgrund der durch seine Ernennung vom König erhaltenen Befugnis – auch über grundherrliche Rechte über die ihm inner- und außerhalb der Grenzen des Komitats unterstellten Landbesitze und deren Bevölkerung. Innerhalb des Komitats kam es also zur Herausbildung einer anderen – eng zur Burg selbst gehörenden – Verwaltungsorganisation, an deren Spitze der Burggespan (zugleich auch Gespan des Komitats), die ihn unterstützenden Würdenträger (der für Kriegsangelegenheiten zuständige Leutnant, der über die Burg Aufsicht führende Burgverwalter oder Burgvogt und der für die Rechtsprechung innerhalb der Burgorganisation verantwortliche Hofgespan) sowie die über den Burgbewohnern stehenden Offiziere (die sogenannten *iobagiones castri,* die an der Spitze der Zehner- und Hundertschaften des Burgvolkes stehenden sogenannten Korporale und Hauptleute) standen. Das Befugnisrecht all der Genannten – mit Ausnahme des Burggespans – erstreckte sich lediglich auf die eng zur Burg gehörende Organisation, sie übten ihre Herrschaft nur über die „hörigen", von der Burg abhängigen, Burgbewohner aus. Es ist also zu verstehen, daß im Falle des zweitgenannten Typs der Burgorganisation, bei den sog. Burggespanschaften, nur die eng zur Burg gehörende Organisation existierte, welche die territorial verstreuten Burggüter und deren Bevölkerung umfaßte. Über diese übten der Gespan der Burg und sein Offizierskorps die grundherrliche Macht aus.

Die aus den Überlieferungen bekannten ersten Komitate waren im westlichen Teil des Karpatenbeckens entstanden. Schon die – mit späteren Einfügungen versehene – Urkunde von Martinsberg aus dem Jahre 1002 erwähnt im Zusammenhang mit dem Aufstand Koppánys im Jahre 997 das Komitat *(comitatus)* Somogy, was – wenn auch nicht für 997 – für das Jahr 1002 schon als authentische Nachricht gelten dürfte. König Stephan unterstellte das Komitat Somogy samt dessen Bevölkerung als ein Gebiet mit bereits fest abgesteckten Grenzen der Abtei Martinsberg. Im Jahre 1009 existierten mit Sicherheit bereits die Komitate Veszprém, Fejér, Kolon (später Zala) und Visegrád (später Pilis). Auch über das zum Erzbistum Gran gehörende Neutra (ung. Nyitra) sind uns Angaben aus Stephans Zeit überliefert. Daß das Komitat Hont zu Stephans Regierungszeit entstanden sein muß, beweist sein Name. Namengeber und erster Gespan dieses Komitats war der bereits erwähnte schwäbische Ritter Hont, der Stephan in seinem Kampf gegen Koppány unterstützte. Auch für die Organisierung von Komitaten im östlichen Landesteil dienten die Komitate der Arpaden in Transdanubien als Muster. Das Komitat Doboka im nördlichen Siebenbürgen wird nach der Niederwerfung Gyulas im Jahre 1003 entstanden sein. Der erste Gespan dieses Komitats war wahrscheinlich Doboka, dem Vater von Csanád, der Sieger über Ajtony. Über die ursprüngliche Ausdehnung des Komitats Doboka wissen wir, daß seine Länge annähernd 200 km betrug und daß sich sein Gebiet vom Meszes-Paß bis zu den östlichen Karpatenzügen erstreckte. Im kabarischen Siedlungsgebiet entstand – vielleicht auch neben anderen – das Komitat Újvár. Ein Beweis für die ursprüngliche Größe seiner Fläche ist der Umstand, daß sich aus dem einst einheitlichen Komitat Újvár im Laufe des 13. Jahrhunderts die Komitate Abaúj, Heves und Sáros herauslösten. Auf dem Territorium des bulgarischen „Staatsgebildes" von Kean im südlichen Siebenbürgen entstand ein einziges riesengroßes Komitat, das Komitat Fehér. Der Gespan dieses Verwaltungsbezirkes wird von seinen bulgaroslawisch sprechenden Untertanen Wojewode (ung. *vajda*) genannt worden sein; auf diese Bezeichnung dürfte auch die später in ganz Siebenbürgen verbreitete Würde des Wojewoden zurückzuführen sein. Das Komitat Csanád, das sich vom Körös-Gebiet bis zum Unterlauf der Donau erstreckte, entstand auf dem Siedlungsgebiet des besiegten Ajtony. Nicht ohne Grund läßt sich vermuten, daß dieses Territorium, also das ganze Csanáder Bistum, hinsichtlich der weltlichen Verwaltung damals zum Komitat Csanád gehörte, und daß sich die dort entstandenen Komitate – ungefähr ein halbes Dutzend – erst später vom Komitat Csanád trennten. Es scheint also, daß die Komitate zu Stephans Zeit flächenmäßig sehr groß gewesen sein müssen. In Anbetracht dessen, daß die Quellen die Zahl der ungarischen Komitate um die Mitte des 12. Jahrhunderts auf 70, in den siebziger Jahren des 11. Jahrhunderts dagegen auf 45 schätzen, kann die Zahl der Komitate zu Stephans Regierungszeit kaum über 30 gelegen haben.

Nach den Angaben der Quellen existierte unter Stephan und seinen Nachfolgern im 11. Jahrhundert ein eigenartiger Typ des Komitats, das sog. Mark- oder Grenzkomitat (lat. *marchia*), dessen wichtigste Aufgabe in der Verteidigung der Grenzen lag. Die meisten Komitate Stephans waren Grenzkomitate. Dies hängt mit dem Umstand zusammen, daß sich die Komitate der Stephan-Zeit von der Mitte des Landes aus fächerförmig bis zu den Randgebieten erstreckten. Komitate dieser Art waren z. B. die sich bis zu den Karpaten hinziehenden Komitate Doboka und Újvár, das bis zum Unterlauf der Donau reichende Csanád, die Komitate Somogy und Kolon in Transdanubien, deren Grenzen sich bis über die Drau und die Mur hinaus erstreckten. Von den Komitaten Oberungarns gehörten das Komitat

Neutra (dessen Grenzen auch später bis zur March, dem Grenzfluß des Landes, reichten) sowie das Komitat Hont, das sich im 11. Jahrhundert bis Liptau (ung. Liptó) erstreckt haben dürfte, zum genannten Typ. Die lateinische Bezeichnung des Grenzkomitats, *marchia,* blieb als Name eines Erzdechanats in Syrmien (ung. Szerémség) erhalten. Mit der Errichtung des Komitatssystems auf dem königlichen Grundbesitz hatte Stephan jedenfalls ein – das ganze Land umfassendes – örtlich-regionales Verwaltungssystem des Staates ausgebaut, das dem jeweiligen Gespan des Komitats die Vertretung des Königs als des an der Spitze des Landes stehenden politischen Führers und die Vertretung des Herrschers als des mächtigsten Grundherrn des Staates zeitweilig beinahe untrennbar zukommen ließ. Es ist kein Zufall, daß Stephan die Führungspositionen mit Vorliebe seinen Familienmitgliedern und Verwandten anvertraute. Sein Schwager Samuel Aba wurde königlicher Hofgespan (Palatin am königlichen Hof), Doboka und Csanád wurden Gespane, *Zoltán* kam an die Spitze des Komitats Fehér in Siebenbürgen. Die Fäden dieses persönlichen Abhängigkeitsverhältnisses waren die Garantie für die Verwirklichung der Vorstellungen Stephans hinsichtlich der Errichtung der Komitate. Diese eigenartigen Umstände – das große Übergewicht der königlichen Besitzungen und die allgemeine Geltung der königlichen Interessen innerhalb der Grenzen der Komitate – bildeten den Grund dafür, daß wir dieses von Stephan geschaffene und zweieinhalb Jahrhunderte lang eigentlich unangetastet gebliebene lokale Verwaltungsmodell als „königliches Komitat" bezeichnen.

## Der Aufbau der Kirchenorganisation

Beim Aufbau der Kirchenorganisation in Ungarn nach lateinischem Ritus nahm Stephan den überwiegenden Teil der Arbeit auf sich. Spätere Überlieferungen schreiben ihm die Stiftung von zehn Bistümern zu. Über die Zeit der Gründung der von Stephan gestifteten Bistümer sind uns lediglich zwei genaue Jahreszahlen überliefert: Die Diözese von Fünfkirchen wurde 1009 gegründet, die Gründung der Diözese von Csanád erfolgte im Jahre 1030. Auch daraus wird ersichtlich, daß die Errichtung der Bistümer eine ziemlich lange Zeit beanspruchte. Die Geschichte des Veszprémer Bistums reicht wahrscheinlich bis in die Zeit des Großfürsten Géza zurück, dennoch machte Stephan nicht Veszprém, sondern Gran zum „Haupt und Aufseher" aller anderen Diözesen, d. h. zum Erzbistum. Es ist auch vollkommen verständlich, daß er nicht in der Residenzstadt der

Königin, sondern im eigenen Machtzentrum – in seiner Geburtsstadt Gran – ein Erzbistum gründete. Die Gründung kann aller Wahrscheinlichkeit nach auf das Jahr 1001 datiert werden, also auf die Zeit unmittelbar nach der Krönung. Der Dom von Gran wurde dem heiligen Adalbert geweiht, weil die Schüler und Mitarbeiter Adalberts von Prag in der ersten Phase des Aufbaus der Kirchenorganisation in Ungarn eine bedeutende Rolle spielten. Die Gründung von Bistümern wurde am frühesten in Westungarn abgeschlossen. Den Bistümern Veszprém und Gran folgte wahrscheinlich Raab. Die Gründungsurkunde des Bistums Fünfkirchen datiert aus dem Jahre 1009 und wurde in Raab ausgefertigt. Die Christianisierung der heidnischen Ungarn erfolgte teils vor, teils nach der Gründung der Bistümer. Wir wissen genau, daß der zum Kreis Adalberts gehörende Bruno von Querfurt im ersten Jahrzehnt des 11. Jahrhunderts zweimal in Ungarn weilte, um den Christianisierungsprozeß voranzutreiben. Da er von der päpstlichen Legation wußte, die um 1009 das Gebiet der sogenannten schwarzen Ungarn erreicht hatte, und weil der päpstliche Gesandte *Azo* gerade im Jahre 1009 das Bistum Fünfkirchen eingeweiht hatte, liegt es auf der Hand, sowohl das Wohngebiet der sog. schwarzen Ungarn als auch den Herkunftsort der uns aus dem 11. Jahrhundert überlieferten Angaben über die Christianisierung auf das Gebiet des Bistums Fünfkirchen zu lokalisieren.

Die Bistümer Ostungarns entstanden im Ergebnis der erfolgreichen Kämpfe um die Staatsgründung. Die Entstehung der Siebenbürger Diözese war insofern eigenartig, als in diesem Gebiet bereits seit den 950er Jahren ein Missionsbistum der Ostkirche existierte. Nachdem Stephan 1003 Gyula besiegt hatte, organisierte er auf dem Territorium des Stammesstaates von Gyula ein Bistum nach dem Muster der lateinischen Kirche. Der griechische Missionsbischof mußte aus Siebenbürgen fliehen, aber byzantinische Quellen erwähnen auch Jahrzehnte später noch den Metropoliten von „Turkia" (byzantinisch-griechische Bezeichnung Ungarns), der aber damals nur noch den bloßen Rechtstitel trug, ohne die tatsächliche Herrschaft über seine ehemalige Kirchenprovinz ausüben zu können. Das von Stephan nach lateinischem Muster errichtete Bistum Siebenbürgen ähnelte seinem „Vorgänger" in dem Sinne, daß es – als einziges Bistum der ungarischen Kirchenorganisation – nicht nach dem Sitz, sondern nach dem Gebiet (Siebenbürgen) benannt wurde. Die Gründung des Bistums Erlau (ung. Eger) erfolgte wahrscheinlich nicht früher als die Eheschließung Samuel Abas mit der jüngeren Schwester Stephans, die auf die Zeit zwischen 1005 und 1010 gefallen sein dürfte. Eine ungeklärte Frage ist, wie und wann sich das Erzbistum Kalocsa herausgebildet hat. Seine Entstehung dürfte mit der Christianisierung der „schwarzen Ungarn" am rechten Donauufer in Zusammenhang gestanden haben. Dementsprechend kann auch die Gründung des Erzbistums Kalocsa gegen Ende des ersten Jahrzehnts des 11. Jahrhunderts erfolgt sein. Bis spätestens 1010 existierten also wahrscheinlich schon sieben Bistümer: Veszprém, Gran, Raab, Fünfkirchen, Siebenbürgen, Erlau und Kalocsa. Was die Entstehung der – Stephans Regierungszeit zugeschriebenen – drei weiterer Bistümer anbelangt, so läßt sich nur von dem Bistum Csanád Sicheres behaupten. Es entstand auf dem Siedlungsgebiet Ajtonys nach dessen Niederwerfung im Jahre 1030. Der erste Bischof war der Venezianer Gerhard. In der größeren Gerhard-Legende ist uns ein ausführlicher Bericht über die massenhafte Christianisierung der Heiden überliefert. Das der heiligen Maria geweihte Bistum von Waitzen (ung. Vác) war schon in der mittelalterlichen Überlieferung mit den Namen der Herzöge *Géza* und *Ladislaus* verbunden; die früheste Erwähnung dieser Diözese datiert aus dem Jahre 1075. Über den ersten Bischof von Bihar wissen wir aus der Zeit des Königs *Andreas I*. Wenn auch nicht ausgeschlossen werden kann, daß diese Bistümer zu Stephans Zeiten entstanden sind, müssen sie dennoch zu den Bistümern gezählt werden, die gegen Ende der Regierungszeit Stephans gegründet wurden. Sie könnten also etwa ebenso alt sein wie das Bistum Csanád. Es ist aber auch – vor allem im Falle des Bistums Bihar – möglich, daß es sich um eine spätere Gründung handelt.

Die ersten Pfarreien (Parochien) entstanden in den Orten, wo die Gespane ihren Stammsitz hatten. Im Laufe eines Jahrhunderts – etwa bis zur Regierungszeit König *Kolomans des Bücherfreundes* (ung. Könyves Kálmán) – gestaltete sich das Amt des Pfarrers am Gespanssitz zum Amt des Dekans um, und es entstand die mit der Komitatsorganisation in genetischer Verwandtschaft stehende Institution des Dekanats. Erst zur Zeit der Abfassung des zweiten Gesetzbuches wurde es möglich, daß Stephan vorschrieb: Je zehn Dörfer sollen eine Kirche bauen und diese mit den nötigen Gütern (mit Wohnhaus, Sklaven, Pferden und Kühen) ausstatten. Für Paramente und Altardecken hatte der König zu sorgen, für Priester und liturgische Bücher der jeweilige Bischof.

Beim Ausbau der ungarischen Kirchenorganisation war die aktive Rolle und die besondere Fürsorge des Königs auf jeder Ebene – von den Bistümern bis zu den Pfarreien – deutlich zu spüren. Auch die Gründung des ersten Kollegiatkapitels, der Propstei von Stuhlweißenburg (ung. Székesfehérvár, lat. Alba Regia), war mit Stephans Namen verbunden.

Der Stadt Stuhlweißenburg kam in der Geschichte des ungarischen Staates erst in der zweiten Hälfte der Regierungszeit Stephans eine größere

Bedeutung zu; sie wurde neben Gran die zweite – sakrale – Residenz und fungierte später als Krönungsstadt und Bestattungsort der ungarischen Herrscher. Nach fränkischem Muster erklärte Stephan die Kirche von Stuhlweißenburg zur königlichen Kapelle und entließ sie aus der bischöflichen Oberhoheit. Der Bau der unter dem Großfürsten Géza gestifteten Abtei Martinsberg wurde von Stephan abgeschlossen und im Jahre 1002 eingeweiht. Auch die Stiftung weiterer Benediktinerklöster ist eng mit Stephans Namen verbunden: 1019 entstand die Abtei in Zalavár, im Jahre 1038 wurde die Abtei Pécsvárad (bei Fünfkirchen) geweiht, auf die zweite Hälfte der Herrschaft Stephans dürfte die Stiftung der Abtei Bakonybél gefallen sein. Es ist möglich, daß auch die Abtei in Zobor und das Nonnenkloster in Somlóvásárhely von König Stephan gegründet wurden.

Stephans Tätigkeit beinhaltete natürlich nur die Grundlegung der kirchlichen Organisation in Ungarn. Unter der Herrschaft seiner Nachfolger kam es zum weiteren Ausbau und zu einer territorial ausgewogeneren Verteilung der Kirchenorganisation. Bezeichnend ist z. B., daß sich die von Stephan gegründeten Benediktinerklöster ohne Ausnahme im westlichen Landesteil befanden. Als Vorbild für die Kirchenorganisation Stephans kann weder ein einziges konkretes Land noch eine einzige konkrete Richtung gelten. Der ungarischen Kirchenorganisation haben drei große zeitgenössische Reformbewegungen des Mönchtums ihren Stempel aufgeprägt: die von Cluny in Burgund, die vom Kloster Gorze in Lothringen sowie die von Italien ausgegangenen Reformbestrebungen. Der „eigenkirchliche" Charakter der im Entstehen begriffenen ungarischen Kirchenorganisation zeigt eine Verwandtschaft mit dem Modell der – von Kaiser Heinrich II. vertretenen – zeitgenössischen deutschen Eigenkirche. Das auch sonst schon vielfarbige Bild wurde schließlich noch bunter durch den Umstand, daß in Ungarn während Stephans Regierungszeit neben den Institutionen der herrschenden lateinischen Kirche auch die Klöster der griechischen Kirche existierten, deren Zahl sich unter seinen Nachfolgern sogar erhöhte.

## Die Außenpolitik Stephans I. und die Frage der Thronfolge

Die enorme innere Organisationsarbeit Stephans erforderte Ruhe und Frieden. In den Auslandsbeziehungen waren diese Bedingungen während der ersten Jahrzehnte seiner Herrschaft durch die engen und guten Verwandtschaftsbeziehungen zum deutschen Nachbarn eigentlich gesichert. Stephan benannte auch seine Söhne nach deutschen Kaisern. Sein Sohn Otto wurde wahrscheinlich noch zu Lebzeiten Kaiser Ottos III. – also vor 1002 – geboren. Sein 1007 geborener Sohn *Emmerich* wurde ursprünglich auf den Namen seines Schwagers, des deutschen Königs Heinrich, getauft. Aus der Form Heinricus wurde erst später die lateinische Form Emericus bzw. der ungarische Name Imre. Da das Polen Boleslaws des Tapferen in den ersten Jahrzehnten des 11. Jahrhunderts (in der Zeit zwischen 1003 und 1018) fast ununterbrochen im Krieg mit Deutschland stand, führte die deutsch-ungarische Freundschaft notwendigerweise zur Verschärfung der Spannungen zwischen Ungarn und Polen. Öl ins Feuer war die Flucht des gefangengehaltenen Onkels von Stephan, Gyula/Prokuj, zum polnischen Herzog. In den Jahren vor 1018 zog Boleslaw gegen die Festungen im Marchtal, und es scheint, daß er auch über die Karpaten in das ungarische Gebiet, vermutlich bis in die Gegend von Trencsén, einer Stadt in Oberungarn, eindringen konnte. Seine Eroberungen erwiesen sich aber als kurzlebig, da Stephan die Gebiete bald wieder zurückerobern konnte. Der Friedensvertrag von 1018 zwischen den Deutschen und den Polen regelte auch die polnisch-ungarischen Beziehungen. Zum Zeichen der Besserung begleiteten noch im Jahre 1018 fünfhundert ungarische Reiter den sich in die innerrussischen Machtkämpfe einmischenden und gegen Kiew ziehenden polnischen Herrscher.

Die Beziehungen zwischen Ungarn und der Kiewer Rus waren während der ganzen Regierungszeit Stephans im wesentlichen ausgeglichen. Die militärische Aktion Boleslaws läßt sich durch die nach dem Tode *Wladimirs des Großen* entstandenen innerrussischen Gegensätze erklären. Nachdem aber 1019 *Jaroslaw der Weise* den Kiewer Thron bestiegen hatte, gestalteten sich die Beziehungen zwischen Ungarn und Rußland wieder friedlich.

Zu einem unbekannten Zeitpunkt richteten die Petschenegen einen heftigen Angriff gegen den östlichen Teil Ungarns, vor allem gegen das Gebiet um Karlsburg (Weißenburg in Siebenbürgen, ung. Gyulafehérvár).

Im Jahre 1009 heiratete *Otto Orseolo,* der im selben Jahr den Titel des Dogen von Venedig erhalten hatte, die Schwester Stephans. Diese Ehe blieb nicht ohne Wirkung auf die ungarisch-byzantinischen Beziehungen. Da Venedig – wenn auch nur rechtlich – als Vasall von Byzanz galt, führte das Bündnis zwischen Ungarn und Venedig zwangsläufig zur Verbesserung der ungarisch-byzantinischen Beziehungen. Byzanz unterstützte jahrzehntelang den als Gegenspieler der Arpaden geltenden Gyula von Siebenbürgen, was eine dauerhafte „Kühle" der Beziehungen zwischen den ungarischen und den byzantinischen Herrschern zur Folge hatte. Mit der Niederwerfung Gyulas aber war dieser Gegensatz aufgehoben. Diesem Umstand war es zu verdanken, daß Stephans Heer im Jahre 1018 an der militärischen Aktion von *Basileios II.* (dem Bulgarentöter) teilnahm, welche die Vernichtung des bulgarischen Staates zur Folge hatte. In der zweiten Hälfte seiner Regierungszeit eröffnete Stephan den durch Ungarn führenden festländischen Wallfahrtsweg nach Jerusalem.

Im Jahre 1024 verstarb Kaiser Heinrich II.; mit ihm war die sächsische Herrscherdynastie im Mannesstamm ausgestorben. Neuer deutscher Herrscher wurde *Konrad II.* aus dem Geschlecht der fränkischen Salier, der sogleich eine aggressive Politik gegen die mit Deutschland benachbarten Staaten einschlug. Ein erstes Zeichen dieser Politik war, daß er 1026 in Venedig den Dogen Otto Orseolo und dessen Bruder, den Patriarchen von Grado, zu Fall brachte. Otto Orseolos Sohn *Peter* fand in Ungarn Zuflucht. Konrad II. setzte seinen eigenen Sohn Heinrich – von 1039 deutscher Kaiser unter dem Namen *Heinrich III.* – auf den bayerischen Herzogsstuhl, was zur Verschlechterung der früher lange Zeit hindurch guten und freundschaftlichen ungarisch-deutschen (-bayerischen) Beziehungen führte. Eine Folge der Großmachtpolitik Deutschlands war der Angriff gegen Ungarn im Jahre 1030. Aber die Ungarn vernichteten oder versteckten alle Vorräte vor dem einfallenden deutschen Heer. Der vom Hunger geplagte Feind konnte sich nur mit großer Mühe durch das von beinahe undurchdringlichen Hecken und Sümpfen gebildete Grenzverhau (ung. *gyepű*) schlagen. Die Rechnung der – die Taktik der verbrannten Erde befolgenden – Ungarn ging auf: Die Deutschen mußten den Rückzug antreten. Die ungarischen Truppen jagten ihnen nach und drangen bis Wien vor; sie nahmen die Stadt ein und rieben das deutsche Heer auf. Der Frieden wurde im Jahre 1031 geschlossen. Im Ergebnis des Friedensvertrages konnte Stephan einen geringen territorialen Zuwachs seines Landes an den Flüssen Leitha und March verzeichnen. Viel wichtiger aber war, daß der junge ungarische Staat dem ersten schweren Druck von außen standhalten und seine Unabhängigkeit behaupten konnte. Stephan konnte verhindern, daß Konrad II. seinen Anspruch auf die lehnsrechtliche Oberhoheit über Ungarn zur Geltung brachte.

Die Freude des Sieges über die Deutschen wurde aber bald durch ein für die spätere Entwicklung wichtiges Ereignis getrübt: 1031 kam bei einer Wildschweinjagd der nunmehr einzige Sohn Stephans, Herzog Emmerich, den der König zu seinem Nachfolger und Erben machen wollte, ums Leben. Stephan hatte die Erziehung seines Sohnes dem Venezianer Gerhard, dem späteren Bischof von Csanád, anvertraut und ein Büchlein, einen

Fürstenspiegel, die *Mahnungen,* für seinen Sohn zusammenstellen lassen, in dem die wichtigsten Vorschläge zur Ausübung der königlichen Macht festgehalten waren. Die Frau von Emmerich wird höchstwahrscheinlich eine byzantinische Prinzessin gewesen sein. Die Ehe blieb aber kinderlos. Dies ermöglichte, daß Emmerich hundert Jahre später, als die Ehelosigkeit der katholischen Geistlichen zur zentralen Frage der Kirche geworden war, als der Verkörperer der Idee des Zölibats hingestellt werden konnte. Nach Emmerichs Tod mußte Stephan dringend einen neuen Thronfolger finden. Er wählte seinen Neffen, den „fremden" Peter Orseolo aus Venedig, vermutlich aus dem Grunde, weil – wie das in der ungarischen Chronik geschrieben steht – „unter seinen Blutsverwandten niemand geeignet war, das Land nach seinem Tode im christlichen Glauben zu erhalten". Zu den Blutsverwandten Stephans zählten vor allem die Söhne von *Michael* (Bruder von Stephans Vater), *Vazul* und *Ladislaus der Kahlköpfige* (ung. Szár László). Das Attribut *szár* (deutsch etwa kahlgeschoren) verweist darauf, daß Ladislaus damals noch Heide war. Vazul kann – schon vom Namen her, der eine Variante des griechischen Basileios ist – Christ, und zwar möglicherweise nach griechischem Ritus, gewesen sein. Stephan schätzte die Glaubensstärke Vazuls nicht so hoch ein, daß er ihm die Regierung über sein Land hätte anvertrauen können. Daraus, daß die Wahl Stephans auf Peter Orseolo gefallen war, wird deutlich, daß die Bewahrung des Christentums für ihn wichtiger war als alles andere.

Auf die obengenannte Entscheidung Stephans folgte alsbald – vielleicht schon im Jahre 1032 – der Auftritt Vazuls gegen König Stephan. Vazul, der nach heidnischer Auffassung als der einzige rechtmäßige Thronfolger nach Stephan galt, lehnte die für ihn nachteilige Entscheidung des christlichen Herrschers ab. Daraufhin ließ Stephan den rebellierenden und ihm nach dem Leben trachtenden Vazul blenden und ihm geschmolzenes Blei in die Ohren gießen, wodurch dieser herrschaftsunfähig wurde. Vazuls Söhne *(Levente, Andreas* und *Béla)* ließ Stephan verbannen. Nach der Nominierung für das Königsamt mußte Peter darauf schwören, Stephan Gehorsam zu leisten, Königin Gisela zu ehren, ihr – hinsichtlich der Güter – keinen Schaden zuzufügen und sie gegen jedwede Mißhandlung zu beschützen. All das wurde auch von den Würdenträgern des Landes eidlich bekräftigt. Stephan verfügte sogar noch auf seinem Sterbebett, nach seinem Tode Peter zum König von Ungarn zu wählen; er „mahnte die Ungarn väterlich, den wahren Glauben auch künftig zu bewahren". Die letzte Botschaft Stephans dürfte folgendermaßen gelautet haben: Der zarte Sproß des Christentums in Ungarn muß gehegt und gepflegt werden.

Diese Vorsicht Stephans war nicht ohne Grund. Er wußte sehr wohl, daß es an seinem Hofe eine Vielzahl von hochgestellten Persönlichkeiten gab, die keine überzeugten Anhänger des Christentums waren. Als der König am 15. August 1038 die Augen für immer schloß, schied einer der größten ungarischen Staatsmänner aus dem Leben. Sein Leichnam wurde in Stuhlweißenburg beigesetzt. Das unvergängliche Verdienst Stephans war der Ausbau des ungarischen Staatswesens im Karpatenbecken. Mit dieser Tat hatte er die politische Einheit des Ungartums gesichert und die gesellschaftlich-politische Struktur des ein knappes Jahrhundert vorher noch streifenden, eine nomadische oder halbnomadische Lebensweise führenden, die Hochburgen von Kulturvölkern zerstörenden Volkes dem zeitgenössischen europäischen Modell angeglichen. Mit der Annahme des christlichen Glaubens führte er die Ungarn in die Gemeinschaft der christlichen Völker ein. Der von ihm errichtete Staat konnte sich aber noch nicht tatsächlich stabilisieren. Mit dem Tode Stephans begann im Lande eine Zeit, zu der sich die in den letzten Jahren seiner Regierungszeit spürbar gewordenen Krisenerscheinungen verstärkten und sogar die größten Errungenschaften seiner Herrschaftszeit – das Christentum und das Staatswesen in Ungarn – gefährdet waren.

# III. Krise und Festigung
# des jungen Staates (1038–1116)

## Peter und Samuel Aba

Peter Orseolo, der im Jahre 1038 mit etwa 27 Jahren den Thron bestieg, erwies sich sowohl in der Außen- als auch in der Innenpolitik als tatkräftiger
Herrscher. Hinsichtlich der auswärtigen Angelegenheiten sind vor allem
seine Aktionen gegen Deutschland erwähnenswert. Während seiner kurzen
(dreijährigen) ersten Regierungszeit fiel er zuerst in die benachbarten
deutschen Gebiete (Österreich) ein und kehrte mit Gefangenen zurück.
Später unterstützte er den böhmischen Herzog *Bretislaw* in seinem Kampf
gegen Heinrich III., den Nachfolger Konrads II. auf dem deutschen Thron.
Zum Papst hatte König Peter gute Beziehungen, er beschenkte sogar die in
Ungarn weilenden Mönche aus Monte Cassino. Peter unterstützte auch
seinen Verwandten Peter Deljan, dessen Vater Bulgare war, in seinem von
Ungarn ausgehenden Kampf um die Befreiung Bulgariens von der byzantinischen Herrschaft. Was seine Innenpolitik anbelangt, so wissen wir, daß
er Steuern erhob, Gesetze erließ, Urkunden ausstellen und Geld prägen
ließ, und daß er sparsam und umsichtig wirtschaftete. Er unternahm be-
deutsame Schritte zur Stärkung der Kirche: Er gründete das Kollegiatskapitel in Altofen (ung. Óbuda). Mit seinem Namen ist die Stiftung bzw.
die Errichtung der Kathedrale in Fünfkirchen verbunden.
   Stephans Nachfolger verfolgte in allem die Spuren seines großen Vorgängers, er erwies sich als konsequenter Fortsetzer der Politik Stephans,
die auf den Ausbau des Staates ausgerichtet war.
   Es gibt aber auch Angaben, die darauf schließen lassen, daß Peter auf
dem von Stephan vorgezeichneten Weg zu schnell, zu ungeduldig und zu
kompromißlos voranschreiten wollte. Mit dem von Stephan hinterlassenen
Königshof im Rücken war dies besonders gefährlich, weil es am Hofe des
Königs sowohl Anhänger des neuen Glaubens und der Staatlichkeit als
auch solche gab, die den vergangenen alten Zeiten, der Zeit des Heiden-
tums, nachtrauerten. König Peter setzte zwei Bischöfe ab und entließ
mehrere heidnisch gesinnte weltliche Würdenträger vom Hof. Er setzte
Ausländer, vorwiegend Deutsche und Italiener, ein, die seiner Politik
unbedingt treu waren. Er war König Stephans Witwe feindlich gesinnt und

beschränkte sie in ihrer Bewegungsfreiheit. Gisela mußte in einer bestimmten Stadt – vermutlich in Veszprém – abgesondert leben. Peter nahm
ihr ihre Einkünfte und einen Teil ihrer Besitzungen.

Die in Ungnade gefallenen führenden Würdenträger der ungarischen
Gesellschaft konnten ihre Entmachtung nicht verkraften und stifteten eine
Verschwörung gegen König Peter an. Im September 1041 wählten die
Aufständischen einen König aus ihren eigenen Reihen, den etwa fünf-
zigjährigen Samuel Aba. Daraufhin mußte Peter die Flucht ergreifen. Eine
allzugroße Wahl hatte er nicht. In Polen und Rußland lebten die Söhne
Vazuls mit ihrer Gefolgschaft, der befreundete böhmische Staat unterwarf
sich gerade im Herbst des Jahres 1041 der Herrschaft Heinrichs III. So zog
Peter durch das Gebiet seines Schwagers *Adalbert von Babenberg,* Mark-
graf von Österreich, nach Deutschland und stellte sich dort unter den
Schutz seines früheren Feindes Heinrich III. Mit einer tatkräftigen
Unterstützung zu seiner erneuten Thronbesteigung konnte er nur von
deutscher Seite rechnen.

Samuel Abas Herrschaft begann mit einem Racheakt: Die Parteigänger
des neuen Königs brachten Peters Anhänger um. Der König hob die
Gesetze und die Abgabenbestimmungen Peters auf. Er wußte aber, daß die
Stabilität seiner Herrschaft hauptsächlich von den Absichten Heinrichs III.
abhing. Auf seine Frage, „ob ein dauerhafter Frieden zwischen ihnen
möglich ist", erhielt er vom deutschen König keine klare und bündige
Antwort. Weil aber dennoch klar wurde, daß Heinrich die Absicht hegte,
Peter wieder auf den ungarischen Thron zu setzen, zögerte er nicht mit dem
Gegenzug. Anfang 1042 fiel er in die österreichische Markgrafschaft ein
und richtete dort große Verheerungen an. Der Gegenschlag der Deutschen
erfolgte im Herbst desselben Jahres: Heinrichs Heer drang bis zum Fluß
Gran in das Land ein. 1043 wollte Samuel Aba um jeden Preis einen
Frieden schließen, um seine Herrschaft zu sichern. In der Angst vor dem
erneuten Angriff Heinrichs im Herbst des Jahres 1043 verzichtete er auf
die im ungarisch-deutschen Krieg von 1030 eroberten Gebiete an der
Leitha und der March. Er scheute auch kein Geldopfer für den ersehnten
Frieden.

Nach der ungarischen Chroniksammlung aus dem 14. Jahrhundert zu
urteilen, zeigte Aba sein wahres Gesicht erst, als er sich vor den Deutschen
in Sicherheit fühlte: Er war der Meinung, daß „zwischen den Herren und
den Knechten Gemeinsamkeit herrscht; er nahm sogar den Eidbruch ohne
Beanstandung hin. Er verachtete die Adligen des Landes, hielt sich
fortwährend unter Bauern und Nichtadligen auf". Es kränkte die Adligen,
daß der König „unaufhörlich mit unedlen Bauern Gelage feiert, mit ihnen

ausreitet und sich mit ihnen unterhält". Obwohl als Erklärung für dieses Verhalten Samuel Abas die Auffassung auftauchte, daß er bei seiner Herrschaft – auf den Rat seiner Bischöfe – die Grundsätze des Urchristentums geltend machen wollte, dürfte vielmehr vermutet werden, daß er den zum Heidentum neigenden Kräften freien Raum gewähren wollte, und daß sich dabei in seiner Umgebung die vom Balkan ausgehende ketzerische Bewegung der Bogomilen immer mehr verstärkte. In einer umfangreichen theologischen Arbeit des Bischofs Gerhard von Csanád *(Deliberatio ...)* wird einem – nicht beim Namen genannten – König der Vorwurf gemacht, daß unter seiner Herrschaft die christliche Kirche zurückgedrängt, die Bischöfe zurückgesetzt und die Priester zum Schweigen gebracht wurden. Bei diesem König dürfte es sich eher um Samuel Aba als um Peter gehandelt haben. Bischof Gerhard war der Meinung, daß zu der genannten Zeit – gemeint ist vermutlich die Herrschaftszeit Samuel Abas – „einige die Absicht hegten, die [...] Macht und das Ansehen der Kirche bei uns zur Freude und nach Belieben der Ketzer zu schwächen".

Hinter dem Verhalten und den Werturteilen Abas steckte der Vorsatz des Abbaus der festgefügten Ordnung und der christlichen Kirche. Aba drängte zwar den unter Peter geltenden starken deutschen und italienischen Einfluß zweifellos zurück, er aktivierte aber mit seinen Grundsätzen solche Elemente (Heiden und Ketzer), die eindeutig die Beseitigung von Staat und Kirche samt deren Einrichtungen zum Ziel hatten. Aus diesem Grunde verringerte sich allmählich die Zahl seiner Anhänger, und es kam zu einem Aufruhr der Adligen gegen den Herrscher. Daraufhin ließ der König im Frühjahr 1044 in Csanád fünfzig Aufrührer ermorden. Die mit Aba unzufriedenen Kräfte wandten sich an den deutschen Herrscher und baten ihn, den Greueln Abas in Ungarn ein Ende zu bereiten. Auch die Tatsache, daß Aba die Bedingungen des mit den Deutschen geschlossenen Friedens vom Vorjahr nicht erfüllt hatte, bewog Heinrich dazu, gegen den ungarischen König zu ziehen. Das einfallende deutsche Heer wurde von ungarischen Helfern durch die Hindernisse des westlichen Grenzschutzgebietes „gelotst". Am 5. Juli 1044 kam es bei Ménfő (unweit von Raab) zu einer Schlacht, in der der deutsche Herrscher – zu einem nicht geringen Teil deshalb, weil die unter der Fahne Abas ins Feld ziehenden, aber dennoch Peter treuen Ungarn aus dem Heer Abas ausschieden – den Sieg davontrug. Auch Abas vergoldete Lanze fiel den Deutschen in die Hände. Die Lanze und die Krone des ungarischen Königs schickte Heinrich bald nach Rom. Aba konnte zwar vom Schlachtfeld flüchten, wurde aber auf der Flucht gefangengenommen und aufgrund des gemeinsamen Urteils der Deutschen und der ungarischen Anhänger Peters hingerichtet. Seine

Leiche wurde einige Jahre später exhumiert und in dem von ihm gestifteten Kloster Abasár beigesetzt. „Sein Leichentuch und seine Kleidung waren", so heißt es wenigstens in der ungarischen Chronik, die sich dabei auf die das Andenken Abas in Ehren haltende Volksüberlieferung stützte, „unversehrt geblieben, seine Wunden waren geheilt".

Die Schlacht bei Ménfő öffnete Peter den Weg zur Rückkehr nach Ungarn. Nach der Schlacht huldigten die Ungarn dem Sieger Heinrich III., der mit großem Gefolge nach Stuhlweißenburg zog, wo er den zurückkehrenden Peter persönlich auf den Thron hob und ihn mit den Ungarn zu versöhnen versuchte. Heinrich erlaubte den Ungarn schließlich auch die Einführung des deutschen Rechtes. Daß Peter eigentlich schon 1044 zum Vasallen Heinrichs geworden war, ist kaum zu bestreiten. Auch der formale Akt ließ nicht lange auf sich warten. Zu Pfingsten des nächsten Jahres weilte der deutsche Herrscher wieder in Ungarn. Bei dieser Gelegenheit überreichte Peter seinem Herrn, Heinrich, in Gegenwart zahlreicher Ungarn und Deutscher eine vergoldete Lanze, die das Land Ungarn symbolisierte.

Peter eroberte sein Königtum mit deutscher Hilfe zurück, dennoch wollte er auch als Vasall der Deutschen das Programm seiner ersten Herrschaft – die Stärkung des Staates – verwirklichen. Die in Ungarn eingeführten bayerischen Gesetze schützten Besitz und Macht der herrschenden Schicht mehr als die Gesetze Stephans. Über die bis zum Jahre 1046 während zweite Herrschaft Peters wissen wir wenig. Als sicher dürfte gelten, daß er die von Aba abgeschafften Steuern wieder einführte. Gegen seine neue Herrschaft kam es aber im Herbst 1046 zu Unzufriedenheiten in den verschiedenen führenden Kreisen der Gesellschaft. Die eine Verschwörung war mit den Namen von *Viske* (Visca), *Bolya* (Bua) und *Bonyha* (Buhna) verbunden. Viske war einer der Oberen Samuel Abas, Bolya und Bonyha waren die Söhne des 1003 besiegten Gyula/ Prokuj, die – vielleicht wegen ihrer Zuneigung zum Heidentum – Peters Hof verlassen mußten, und die infolge der Beschwerdepolitik zu erbitterten Gegnern des Königs wurden. Die Verschwörung wurde aufgedeckt, Peter rechnete sowohl mit den Anführern als auch mit den Teilnehmern grausam ab. Die andere Verschwörung ging von Csanád aus, an ihrer Spitze wird also wohl Bischof Gerhard gestanden haben. Die Feindschaft zwischen König Peter und Bischof Gerhard ging auf die Gegensätze zwischen ihren Familien in Venedig zurück. Gerhards Anhänger dagegen waren in der Verschwörung gegen Peter durch „die Klagen ihres Volkes" motiviert. Sie entsandten Boten zu den beinahe anderthalb Jahrzente zuvor verbannten Söhnen Vazuls (Levente und Andreas) nach Rußland und boten ihnen den ungarischen Thron an. In diese Verschwörung der hohen Priester und Adligen mündete der von Vata geführte Aufstand.

## Der Aufstand des Vata

Vata war der Herr der Burg Békés, wahrscheinlich das Haupt eines im Körös-Gebiet seßhaft gewordenen ungarischen Stammes. Unter Stephan bekannte er sich aus rein politischer Berechnung zum christlichen Glauben. Vermutlich löste eine Gewaltaktion Peters – sein Versuch, die Burg Békés zu erobern und Vata zu beseitigen – den von breiten Schichten der freien Ungarn unterstützten Aufstand des Vata aus. Als selbstverständliche Ideologie für seine Bewegung bot sich das Heidentum an. Auf seine Ermutigung hin huldigte das ganze Volk den heidnischen Gottheiten. Dem Aufstand schlossen sich auch Ketzer an, deren staatsfeindliche und antiklerikale Haltung mit den Vorstellungen der Aufständischen übereinstimmte. Vatas Aufstand breitete sich bald über große Gebiete Ostungarns aus. Als Levente und Andreas, die Söhne des heidnisch gesinnten Vazul, auf den Ruf der von Gerhard angeführten Rebellen nach Ungarn zurückkehrten, wurden sie in Abaújvár von den Anhängern Vatas gebeten, „dem ganzen Volk zu gewähren, nach althergebrachter heidnischer Art leben, die Bischöfe und die Priester töten, die Kirchen zerstören, den christlichen Glauben niederlegen und heidnische Götzen verehren zu dürfen". Die beiden Herzöge sahen sich vor eine schwere Wahl gestellt. Allein sie konnten sich nicht zu einer einheitlichen und klaren Entscheidung durchringen. Andreas hatte sich in Rußland zum christlichen Glauben bekannt, Levente dagegen blieb Heide. Sie wurden von Bischöfen nach Hause gerufen, die sich aber im fernen Stuhlweißenburg aufhielten; so trafen die Herzöge in Abaújvár auf eine riesengroße Menge von Heiden. Sie wußten aber auch sehr wohl, daß sie gegen Peter noch einen harten Kampf um die Macht durchzufechten hatten und es ihnen daher nicht gleichgültig sein konnte, wie breit ihre Massenbasis sein würde. Sie gaben der Forderung der rebellierenden Heiden statt und stimmten ihrem Programm zu. Die Aufständischen zögerten nicht. „Sie brachten die christlichen Priester und die weltlichen Anhänger des katholischen Glaubens um und zerstörten manche Kirchen Gottes. Bald darauf erhoben sie sich gegen König Peter und bereiteten den in Ungarn allenthalben mancherlei Ämter bekleidenden Deutschen und Italienern ein böses Ende." Über ihre Aktionen und Taten berichteten sie König Peter durch ihre Boten.

Der sich im westlichen Oberungarn aufhaltende Peter setzte unverzüglich über die Donau und zog in Richtung Stuhlweißenburg. Die Tore der Stadt waren aber geschlossen, der König konnte nicht in die Stadt einziehen. Gleichzeitig machten sich aus Stuhlweißenburg die Bischöfe und einige Weltliche auf den Weg, um die Herzöge zu begrüßen. Sie erreichten die Pester Donaufurt, der sich auch Levente und Andreas näherten, und wo inzwischen auch Vatas Scharen eingetroffen waren. Auf der Ofener (ung. Buda) Seite der Furt fielen die Aufständischen über die Bischöfe her, ihr Angriff war vor allem gegen Gerhard gerichtet. Es hagelte Steine auf den Bischof, die Rebellen stürzten ihn samt Pferd und Wagen vom Kelen-Berg in die Tiefe – daher kommt die spätere Bezeichnung Gellért-Berg. „Eine Vielzahl von Geistlichen und Laien erlitt an diesem Tage den Opfertod für den Glauben Christi", heißt es in der ungarischen Chronik. Unterdessen zog sich Peter von den geschlossenen Toren von Stuhlweißenburg in Richtung Wieselburg (ung. Moson) zurück, um nach Österreich zu flüchten. Bis dahin hatten aber die Ungarn die Grenzübergänge bereits gesperrt. Unterdessen wurde Peter von Andreas mit der falschen Versprechung einer Versöhnung zurückgelockt. Peter kehrte zurück, doch als ihn der Gesandte von Andreas in dem Dorf Zámoly – in der Nähe von Stuhlweißenburg – gefangennehmen wollte, wehrte er sich, in einen Herrenhof gedrängt, drei Tage lang. Erst nachdem sein Gefolge überwältigt worden war, geriet er in Gefangenschaft. Nach den Aufzeichnungen des Altaicher Jahrbuches wurde Peter von den Heiden geblendet. Um Peters Herrschaft war es nun geschehen. Nach seinem Tode wurde er in der von ihm gegründeten Kirche in Fünfkirchen beigesetzt.

## Andreas I. und Béla I.

Im Herbst 1046 gelangte der etwa dreißigjährige Andreas I. an die Spitze der Macht in Ungarn. Bei seiner Krönung zum König in Stuhlweißenburg standen die drei Bischöfe, die Vatas Aufstand überlebt hatten, an seiner Seite. Im Besitz der Macht war Andreas nicht mehr auf die Unterstützung der heidnischen und ketzerischen Massen angewiesen. Gemäß seiner eigenen katholischen Überzeugung und auf den Wunsch der geistlichen und weltlichen Machthaber des Landes „befahl er seinem ganzen Volk bei Todesstrafe, auf die heidnischen Bräuche, deren Ausübung er ihnen früher gewährt hatte, zu verzichten, zum wahren Glauben Christi zurückzukehren und in allem die Anweisungen zu befolgen, wie sie in den Gesetzen Stephans des Heiligen vorgeschrieben wurden". Andreas gelangte anders als Peter, der die Unterstützung des 1046 zum Kaiser gekrönten Heinrich III. genoß, auf den ungarischen Thron. Er mußte also damit rechnen, daß es früher oder später zu einem deutschen Gegenangriff kommen würde. Zur Zeit des Vata-Aufstandes war Heinrich gerade auf dem Weg nach Italien, von wo er erst im Frühjahr 1047 nach Deutschland zurückkehrte, als die Entthronung Peters und die Erhebung Andreas' zum König schon als vollendete Tatsachen galten. Der neue ungarische Herrscher entsandte alsbald seine Boten zu Heinrich, um seine Schuldlosigkeit an Peters traurigem Schicksal zu beweisen und für seine eigene Herrschaft die Gunst des deutschen Kaisers – auch um den Preis von Opfern – zu gewinnen. Heinrich ließ sich von Andreas nicht beeinflussen, er bestand auf Krieg gegen die Ungarn, um sich für Peter zu rächen. Die innerdeutschen Verhältnisse hinderten Heinrich jedoch am schnellen Handeln.

Diese wenigen vom Kaiser geschenkten Jahre verwendete Andreas dazu, entsprechende Vorkehrungen zur Abwehr des unabwendbar drohenden deutschen Angriffs zu treffen. Damit hängt auch zusammen, daß er nach dem Tode von Levente seinen anderen Bruder, Béla, aus Polen zurückrief und um das Jahr 1048 das Land mit ihm teilte. Andreas behielt zwei Drittel des Landes (nach Angaben aus Salomons Zeit etwa 30 Komitate), den Rest überließ er Herzog Béla. Obwohl in der Forschung auch die Ansicht vertreten wurde, daß mit der genannten Teilung des Landes eine frühere, bereits jeglicher ethnischer Basis entbehrende territoriale Einrichtung wiederaufgelebt sei, in der die Macht über die militärischen Hilfsvölker nach dem alten turkischen Muster in den Händen des Thronfolgers lag, scheint die Auffassung fundierter zu sein, daß es sich hier eher um eine Teilung gehandelt haben dürfte, wie sie in der unmittelbaren Folgezeit der Herausbildung der frühmittelalterlichen Staatengebilde bei verschiedenen anderen Völkern üblich war. Auch die ungarische Chronik aus dem 14. Jahrhundert bewertet diese Gebietsteilung zwischen Andreas und Béla als erste Teilung Ungarns zwischen dem König und dem Herzog. Die auf diese Weise entstandene Institution des Herzogtums (in den Quellen mit dem lateinischen Wort *ducatus* bezeichnet) repräsentierte zugleich die früheste Form der Zersplitterung des Landes. Weil sich aber das Herzogtum über die um Neutra und Bihar gelegenen ausgedehnten Gebiete erstreckte, also in Grenzgebieten des Landes entstanden war, die hinsichtlich der wirtschaftlichen und sozialen Entwicklung als zurückgeblieben galten, spielte diese Teilung bei dem weiteren Ausbau und der künftigen Stärkung der staatlichen und kirchlichen Organisation eine bedeutende Rolle. Für das Verhältnis zwischen dem König und dem Herzog waren zunächst Zusammenarbeit und gegenseitiges Verständnis charakteristisch. Beispielsweise bezeichnete Andreas Béla auch im Jahre 1055 – in der Gründungsurkunde der von ihm gestifteten Benediktinerabtei auf der Halbinsel Tihany (der ältesten im Original überlieferten Urkunde in Ungarn, deren lateinischer Text den ersten zusammenhängenden Textteil in ungarischer Sprache enthält) – im Grunde noch als Mitherrscher.

1050 kam es zu Streitigkeiten an der ungarisch-deutschen Grenze, die von deutscher Seite initiiert wurden. Im selben Jahr wurde auch der Wiederaufbau der Festung Hainburg an der Donau abgeschlossen, die hinsichtlich der deutschen Angriffe auf Ungarn eine äußerst wichtige Rolle spielte. All das galt als unmittelbares Vorspiel des offenen Krieges zwischen den Deutschen und den Ungarn im nächsten Jahr. Im September 1051 zog unter der Führung Kaiser Heinrichs III. ein großes deutsches Heer gegen Ungarn. Auf der Donau fuhr eine mit Lebensmitteln befrachtete Flotte in Richtung Osten. Der Kaiser aber drang unerwartet – indem er die unwegsamen Sümpfe und die schwer durchdringlichen Grenzbefestigungen an der Donau und deren Nebenflüssen sowie am Neusiedler See und im Waasen (ung. Hanság) umging – von Süden, vom Quellgebiet des Flusses Zala her, ins Land ein. Andreas und Béla befolgten die Taktik der verbrannten Erde. Sie ließen den Feind tief ins Land eindringen, vernichteten vor ihm aber alle Lebensmittel. Die Flotte, die dem deutschen Heer den Nachschub hätte sichern sollen, wurde durch einen von Bischof *Nikolaus* gefälschten kaiserlichen Brief zur Umkehr gezwungen. Bis Oktober konnte das kaiserliche Heer vermutlich bis in die Nähe von Stuhlweißenburg vordringen, ohne einer kampfbereiten ungarischen Heerestruppe zu begegnen. Aber nachts beunruhigten die Ungarn das vom quälenden Hunger ohnehin schon erschöpfte deutsche Heer durch ihre Pfeilhagel und ihre unvermuteten Überfälle. Ohne Erfolg mußte Heinrich den Rückzug antreten. Auf dem Rückzug traf die Deutschen beim Schildgebirge (ung. Vértes) der offene Angriff der Ungarn. Wenn auch unter nicht geringen Opfern, so gelang es dem kaiserlichen Heer dennoch, das Gebiet Ungarns zu verlassen. Andreas neigte auch nach diesem bewaffneten Zusammenstoß zu einem Friedensschluß mit den Deutschen, um den auch Papst *Leo IX.* mit allen Kräften bemüht war. Im Interesse des Waffenstillstandes überredete dieser Andreas sogar dazu, sich zu Tributzahlungen an den Kaiser bereit zu erklären, aber auch das befriedigte Kaiser Heinrich nicht. Nach der Chronik aus dem 14. Jahrhundert „hegte er die Absicht, sich für das Unrecht, das Peter widerfahren war, zu rächen und Ungarn unter seine Herrschaft zu zwingen".

Im Jahre 1052 zog Heinrich auf der Donau gegen Ungarn und bestürmte die Burg Preßburg. Weder die achtwöchige Belagerung noch die vielen erbitterten Angriffe auf die Burg konnten den Widerstand Preßburgs brechen und den Weg ins Innere des Landes öffnen. Hinzu kam noch, daß ein ungarischer Krieger, *Zotmund,* die Schiffe des Kaisers versenkte. Auch der nächste Feldzug der Deutschen blieb erfolglos. Noch jahrelang kam es an der deutsch-ungarischen Grenze zu kleineren Gefechten, aber das kaiserliche Heer fiel unter Andreas I. nie wieder in Ungarn ein. *Heinrich III.* hatte im eigenen Lande mit Schwierigkeiten zu kämpfen. Die zwischen den Deutschen und den Ungarn begonnenen Friedensverhandlungen zogen sich in die Länge, der Kaiser starb im Jahre 1056. Nachfolger des verstorbenen Kaisers wurde sein minderjähriger Sohn *Heinrich IV.* Andreas wollte den bevorstehenden Frieden mit einer Ehe zwischen den beiden Herrscherfamilien bekräftigen; aus diesem Grunde wurde eine Ehe zwischen der älteren Schwester Heinrichs IV., *Judith,* und dem ebenfalls minderjährigen Sohn von Andreas, *Salomon,* erwogen.

Mit diesem Plan dürfte auch zusammengehangen haben, daß Andreas seinen erstgeborenen Sohn Salomon im Jahre 1057 zum König krönen ließ, wodurch er gleichzeitig auch die Thronbesteigung des Herzogs Béla verhindern wollte. Béla, der die Herzogswürde trug und im Falle von Andreas' Tod Anspruch auf das ganze Land erheben wollte, war über die Entscheidung Andreas' mit Recht empört. Der Friede zwischen den Ungarn und den Deutschen wurde 1058 auf dem Marchfeld geschlossen, auch die Ehe zwischen der elfjährigen Judith und dem sechsjährigen Salomon kam zustande. Die ungarisch-deutschen Streitigkeiten waren somit also beigelegt, aber das Verhältnis zwischen Andreas und Béla hatte sich verschärft. Der König wußte sehr wohl, daß sein Sohn den Thron ohne Bélas Zustimmung nicht besteigen konnte, nun wollte er also die Sache mit Béla zur Entscheidung bringen. Sie trafen sich 1059 in Várkony an der Theiß, wo Andreas – laut Überlieferung – seinem Bruder das Land in der Gestalt der Krone, die Herzogswürde in der Gestalt des Schwertes anbot und ihn zur Wahl aufforderte. Béla durfte eigentlich nur das Schwert wählen – und das tat er auch –, denn wenn er nach der Krone gegriffen hätte, hätten ihn die Anhänger des Königs umgebracht.

Nach dem Vorfall in Várkony flüchtete Béla samt Familie und seiner engsten Gefolgschaft nach Polen, um ein Heer gegen Andreas aufzustellen. Auch der König rüstete zum Krieg; er schickte seine Familie nach Österreich, und als Béla im Herbst des Jahres 1060 mit polnischen Truppen in Ungarn einfiel, eilten die Deutschen Andreas zu Hilfe. Der Großteil der Ungarn stand auf Bélas Seite. Die Schlacht fand östlich der Theiß, wahrscheinlich in Bélas Herzogtum Bihar oder in dessen Nähe, statt und endete mit Bélas Sieg. Der Herzog verfolgte das geschlagene und nach Westen flüchtende königliche Heer. Vor den geschlossenen Toren von Wieselburg nahmen die Ungarn die Führer des deutschen Heeres gefangen, auch Andreas fiel hier in die Hände der Ungarn und starb kurz danach am Herrenhof in Zirc. Sein Leichnam wurde in der Abtei von Tihany beigesetzt. Am 6. Dezember 1060 wurde der etwa vierzig- oder fünfundvierzigjährige Béla zum König gekrönt.

Béla I. wollte die Legitimität seiner königlichen Herrschaft auch von seiten der breiten Massen gesichert wissen und lud deshalb aus einem jeden Dorf zwei Älteste in den königlichen Rat nach Stuhlweißenburg ein. Mit diesem Erlaß rief er die Volksversammlung, eine Einrichtung längst vergangener Zeiten, wieder ins Leben. Zu der Beratung in Stuhlweißenburg scharten sich vor allem aus Transdanubien viele Unfreie, eine große Anzahl von Vertretern der verarmenden Mittelschicht und viele verarmte Bauern zusammen. Ihre hohe Zahl versetzte den König und die kirchlichen und weltlichen Vornehmen seiner Gefolgschaft in Angst, sie zogen sich deshalb in die Stadt zurück. Die Forderungen der versammelten Menschenmenge lauteten folgendermaßen: „Laß uns nach den Bräuchen unserer Väter auf heidnische Art leben! Laß zu, daß wir die Bischöfe steinigen, die Priester niedermetzeln, die Geistlichen pfählen, die Zehnter erhängen, die Kirchen zerstören und die Glocken vernichten!" Der König verlangte drei Tage Bedenkzeit. Nicht, daß er hätte überlegen müssen, was zu tun sei – er war ja seit seiner Taufe in Polen ein überzeugter Christ –, sondern um während dieser Zeit die nötigen Maßnahmen treffen zu können. Nach Ablauf der drei Tage fielen über die auf Antwort wartende Menschenschar bewaffnete Krieger her, jagten die Versammelten auseinander, viele wurden getötet, andere gepeitscht. Auf diese Weise wurde dem Aufruhr, der heidnischen Charakter trug, ein Ende bereitet. Nicht zu akzeptieren ist die weitverbreitete Auffassung, wonach der Führer dieser Bewegung *Johann* (Janus) gewesen sein soll, der von jenem Vata abstammte, der an der Spitze des Aufstandes vom Jahre 1046 gestanden hatte. Über Johann wissen wir mit Sicherheit nur soviel, daß er der heidnischen Lebensführung seines Vaters folgte. Er versammelte um sich Zauberer, Wahrsagerinnen und Schamanen, also die „Priester" der alten Welt, der heidnischen Zeit. König Béla ließ eine solche Priesterin Johanns verhaften. Er war es auch, der den Christen verbot, sich Frauen aus dem vom heidnischen Glauben nicht ablassenden Geschlecht von Vata und Johann zu nehmen. Die auffallende Ähnlichkeit der Losungen der Massenaktion bei Stuhlweißenburg im Jahre 1061 mit den Programmpunkten des Vata-Aufstandes, der anderthalb Jahrzehnte zuvor stattgefunden hatte, bedeutet noch keine enge Verwandtschaft zwischen den beiden Ereignissen. Beide Bewegungen fußten zwar auf der heidnischen Ideologie, sie unterschieden sich jedoch durch ihren Charakter und in ihrer Massenbasis. Während Vata im Jahre 1046 im Interesse seiner selbstsüchtigen Zielsetzungen mit seinen heidnischen Losungen noch breite Massen der Freien mobilisieren konnte, waren es 1061 nur noch die zumeist bereits unterworfenen (hörigen) Elemente, die den Kampf aufnahmen.

Béla konnte auch während seiner knapp dreijährigen Regierung seine Fähigkeit zur Herrschaft zeigen. Wichtig waren seine wirtschaftlichen Maßnahmen. Bereits als Herzog ließ er wertbeständige Münzen von guter Qualität prägen, was er auch als König fortsetzte. Er führte Preisbindungen ein und minderte die feudalen Lasten der Ungarn, indem er bestimmte Steuern erließ und auch frühere Schulden strich. Die bis zu seiner Zeit sonntags abgehaltenen Märkte verlegte er auf Sonnabend, um dadurch die stärkste Konkurrenz des Sonntagsgottesdienstes zu beseitigen. Béla gründete in Szekszárd ein Kloster. Ein weiterer überzeugender Beweis für die Verbreitung der christlichen Religion unter Béla war, daß – ebenfalls im Jahre 1061 – auch ein Adliger, der aus Deutschland stammende *Otto,* Gespan von Somogy, im Dorf Zselicszentjakab eine Benediktinerabtei stiftete. Obwohl Béla selbst mehr als ein Jahrzehnt lang die Herzogsmacht ausgeübt hatte, rief er die Einrichtung des königlichen Herzogtums während der Jahre seiner königlichen Herrschaft nicht wieder ins Leben.

Salomons Aufenthalt in Deutschland und der neue Konflikt Ungarns mit dem Deutschen Reich prägten der relativ kurzen Herrschaft Bélas ihren Stempel auf. Vergeblich schenkte er den im Krieg gegen Andreas gefangengenommenen deutschen Rittern die Freiheit, vergeblich sandte er im Sommer 1063 Boten nach Deutschland, um seine persönliche Unschuld an der Flucht Salomons erklären zu lassen, vergeblich bot er Salomon gegen das Herzogtum sogar den Königsthron an; das Deutsche Reich hatte sich für den Krieg gegen Ungarn entschieden. Im September 1063 erfolgte der deutsche Angriff auf Ungarn. In der Zwischenzeit widerfuhr Béla ein Unglück: Er wurde auf seinem Herrenhof Dömös durch den plötzlich einstürzenden Thron schwer verletzt. Man trug ihn halbtot in die Schlacht gegen das einfallende deutsche Heer. Als er aber von den deutschen Erfolgen erfuhr, starb er plötzlich; sein Leichnam wurde in Szekszárd beigesetzt. Nachdem Bélas Söhne, Géza, Ladislaus und *Lampert,* sahen, daß ein erfolgreicher Widerstand gegen den von deutschen Heerestruppen unterstützten Salomon aussichtslos war, wichen sie ihm aus und zogen nach Polen. Der ungefähr elfjährige Salomon konnte mit seinen Deutschen ungehindert die Stadt Stuhlweißenburg erreichen, wo er zum König Ungarns gekrönt wurde.

## Salomon und Géza I.

Nun wurde also wieder ein ungarischer König im konkretesten Sinne des Wortes auf den Thron gesetzt. Salomon leistete den Deutschen zwar keinen Lehnseid, dennoch blieb er Heinrich IV. gegenüber nicht undankbar für die Hilfe. Auch mancher deutsche Ritter in Heinrichs Gefolge wurde von Salomon reichlich beschenkt. Die Mutter Salomons verschenkte an den Bayernherzog *Otto II. von Northeim* das Schwert, das von der späteren deutschen Überlieferung für das Schwert des Hunnenkönigs *Attila* gehalten wurde. Unter Salomons Herrschaft spielten die Nachkommen der schon früher nach Ungarn übersiedelten deutschen Familien im innenpolitischen Leben eine bedeutende Rolle. Salomons oberster Berater wurde *Vid,* der aus einer deutschen Familie stammte, die zu Peters Regierungszeit von der schwäbischen Burg Hohenstaufen nach Ungarn gekommen war, und die – nach den Geschwistern *Gut* und *Keled,* die um die Wende vom 11. zum 12. Jahrhundert lebten – später das Geschlecht Gutkeled genannt wurde. An der Spitze von Salomons Heer stand *Opos der Tapfere* (ung. Bátor Opos), den die ungarische Chronik für einen Abkömmling des Vezelin-Geschlechtes hielt; er war also ein Nachkomme des Heerführers, der Koppány besiegt hatte.

Nachdem Heinrich IV. Ungarn verlassen hatte, erschien Géza mit seinen polnischen Hilfstruppen. Salomon zog sich daraufhin an die westliche Grenze, nach Wieselburg, zurück. Der bewaffnete Zusammenstoß konnte durch die Friedensvermittlung der Bischöfe verhindert werden. Salomon und Géza versöhnten sich im Januar 1064 in Raab. Während der in Fünfkirchen gemeinsam verbrachten Osterfeiertage war es Géza, der Salomon die Königskrone aufs Haupt setzte; er selbst begnügte sich mit dem Herzogtum, also einem Drittel des Landes. In der Folgezeit herrschte zwischen ihnen lange Jahre hindurch Frieden. Ihr gemeinsames Auftreten führte zu zahlreichen Erfolgen. Im Jahre 1066 zogen sie gemeinsam ins Feld, um Gézas Schwager *Zwonimir,* den Ban und späteren König von Kroatien, in seinem Kampf gegen Kärnten zu unterstützen. 1067 fiel ein böhmisches Heer in Ungarn ein und drang plündernd bis nach Trencsén vor. Der König und der Herzog unternahmen einen Gegenschlag und verwüsteten dabei böhmische Gebiete. 1068 fielen die Petschenegen über

Ungarn her und zogen plündernd durch den östlichen Landesteil bis zu der Burg Bihar und in die Nyírgegend. Das ungarische Heer zog unter der Führung von Salomon, Géza und Ladislaus gegen die Eindringlinge und besiegte sie bei Kerlés in Nordsiebenbürgen.

Die später zum offenen Bruch führende Uneinigkeit zwischen König und Herzog nahm 1071 ihren Anfang. In diesem Jahr fielen die Petschenegen erneut in ungarische Gebiete ein, diesmal aber von Süden her. Der König und der Herzog hegten den Argwohn, daß die Petschenegen bei ihrem Angriff auch von – in Nándorfehérvár stationierten – griechischen Einheiten unterstützt wurden; sie zogen deshalb gegen die Festung an der Save-Donau-Mündung, die sie erst nach einer langen, zwei Monate dauernden Belagerung einnehmen konnten. Die genannte Uneinigkeit zwischen dem König und dem Herzog wurde durch den Umstand ausgelöst, daß aus der eroberten Festung wesentlich mehr Griechen zu Géza kamen als zu Salomon. Salomon war empört und teilte die Beute nicht in die üblichen drei Teile, von denen einer Géza gebührt hätte, sondern in vier Teile; er wollte Géza und Vid nur je ein Viertel der Beute zukommen lassen. Weiter wurde Salomons Haß dadurch geschürt, daß der byzantinische Kaiser nur zu Géza Gesandte schickte, um einen Frieden zu schließen. Gespan Vid redete unaufhörlich auf Salomon ein, Géza der Herzogswürde zu entkleiden. Ebenfalls im Jahre 1071 eroberten die Ungarn von den Griechen die Burg Sirmium (ung. Szerém) an der Save.

1072 gelang es den Byzantinern, Nándorfehérvár zurückzuerobern. Salomon bereitete einen Feldzug vor und lud auch Géza und Ladislaus ein. Der Feldzug war erfolgreich: Nicht nur Nándorfehérvár gelangte wieder – und nunmehr auf Dauer – in den Besitz der Ungarn, das ungarische Heer konnte auch tief in das Byzantinische Reich, bis nach Nisch, vordringen. An der militärischen Aktion nahm neben Salomon aber nur Géza teil. Ladislaus blieb mit der Hälfte des herzoglichen Heeres im Herzogtum Bihar zurück, um Rache an Salomon nehmen zu können, wenn Géza irgend etwas widerfahren sollte. Dem Herzog geschah auch nichts, aber beide Parteien wußten nun, daß ein Bruderkrieg unvermeidlich war. Die Brüder sahen sich nunmehr im Ausland nach Partnern für den bevorstehenden Krieg um. Ladislaus sah sich zunächst in Rußland ergebnislos nach Hilfe um, dann fand er in Böhmen Untersützung. Lampert bat Polen um bewaffnete Hilfe. Salomon dagegen wurde von Deutschland unterstützt. Der zwischen König und Herzog im Jahre 1073 abgeschlossene Waffenstillstand diente eigentlich nur der gründlicheren Vorbereitung zum bevorstehenden Kampf. Obwohl der Waffenstillstand bis zum 24. April 1074 hätte dauern sollen, richtete Salomon bereits im Februar 1074 einen

Angriff gegen Géza. Géza zog aus dem Herzogtum Bihar eilends in Richtung Böhmen, wo sich Ladislaus in der Hoffnung aufhielt, militärische Unterstützung von böhmischer Seite zu erhalten. Die beiden Heere stießen bei Kemej (nordöstlich von Szolnok) am linken Ufer der Theiß zusammen. Salomons Heer bestand aus dreißig Abteilungen (das entspricht der Zahl der unter seiner Herrschaft stehenden Komitate), während Gézas Heer wesentlich kleiner war. Der Herzog konnte auch nicht mit der Unterstützung seiner Brüder rechnen, die sich derzeit auf der Suche nach militärischer Hilfe befanden. Außerdem gingen Gézas Anführer während der Schlacht auf die Seite Salomons über. So endete die Schlacht vom 26. Februar 1074 mit dem Sieg Salomons. Géza zog weiter nach Westen, woher er die böhmische Hilfe erwartete, und traf sich bei Waitzen mit Ladislaus und seinem Schwager, dem böhmischen Herzog *Otto,* die mit starken böhmischen Hilfstruppen eintrafen. Vid überredete den König, die Abrechnung mit den Herzögen konsequent zu Ende zu führen. Salomon setzte daher mit seinem Heer über die Theiß. Am 14. März kam es bei Mogyoród in der Nähe von Pest erneut zu einer Schlacht, die mit dem Sieg der vom böhmischen Heer unterstützten Brüder Géza und Ladislaus endete. Das aus Ungarn und Deutschen bestehende Heer Salomons wurde im wesentlichen vernichtet, und weil der König die Hoffnung verloren hatte, wieder an die Macht zu kommen, flüchtete er nach Wieselburg an der westlichen Grenze des Landes.

Nach der Schlacht bei Mogyoród konnte Salomon seine königliche Macht nur noch in einem schmalen Gebiet Westungarns, um die Burgen Wieselburg und Preßburg, ausüben. Der etwa fünfunddreißigjährige Géza wurde bald darauf in Stuhlweißenburg zum König gekrönt. Seine königliche Macht wurde aber vorläufig weder vom deutschen Kaiser noch vom Papst anerkannt. In diesem Übergangszustand wird es gewesen sein, daß Géza von dem byzantinischen Kaiser *Michael Dukas VII.* eine „Reifenkrone" erhielt. Diese Krone existiert bis auf den heutigen Tag, sie bildet den unteren Teil der „heiligen ungarischen Krone". Auf der Reifenkrone ist neben dem Bildnis des byzantinischen Kaisers und seines Sohnes, des Mitkaisers, auch Gézas Bildnis zu sehen und sogar die (griechische) Inschrift „Géza (Geobitzas), treuer (eigentlich: gläubiger) König Turkiens" zu lesen. Géza wird nicht nur im Text König genannt, sondern auch auf dem Bildnis als König dargestellt: Auf seinem Haupt eine Krone, in seiner rechten Hand ein Doppelkreuz, seine linke Hand ruht auf einem Schwert. Die Ursache für die Verleihung der Krone aus Byzanz ist nicht völlig geklärt. Die – vielleicht zweite – Frau Gézas I. war die byzantinische Prinzessin *Synadene,* was aber als alleinige Erklärung für die

Kronenverleihung noch nicht ausreicht, es sei denn, wir nehmen an, daß es sich um eine Frauenkrone handelte, die Synadene vom byzantinischen Kaiser bekommen hatte. Mit dem Wort *pistos* im griechischen Text wollte man vermutlich nicht auf den christlichen Glauben Gézas („gläubig") verweisen, sondern, in der Bedeutung „treu", Gézas Verhältnis zu Byzanz charakterisieren. Mit dieser Krone hatte Byzanz die Legitimität der Herrschaft Gézas anerkannt, gleichzeitig dürfte sie auch die Zusicherung dessen bedeutet haben, daß Géza als Verbündeter und treuer Freund von Byzanz auch weiterhin mit der Unterstützung des östlichen Kaisertums rechnen konnte. (Aus Byzanz erhielt übrigens schon Andreas I. eine Krone, die ihm von Kaiser *Konstantinos IX. Monomachos* verliehen wurde.)

Für Géza aber war die Stellungnahme des deutschen Kaisers und des Papstes wesentlich wichtiger. Heinrichs IV. Stellung zur Sache unterlag keinem Zweifel. Da Géza den von den Deutschen unterstützten Salomon besiegt hatte, stand Heinrich IV. auch weiterhin auf Salomons Seite. Dies zeigte sich auch, als sich Salomon – nach seiner Niederlage bei Mogyoród – im Mai 1074 wieder an Heinrich IV. um Hilfe wandte, der, obwohl auch er selbst mit inneren und äußeren Schwierigkeiten zu kämpfen hatte, bereit war, im Interesse Salomons gegen das von Géza regierte Ungarn ins Feld zu ziehen. Géza versuchte, gegen die zu erwartenden Angriffe Salomons die im westlichen Grenzgebiet angesiedelten Petschenegen zur Abwehr einzusetzen, er wurde aber in seinen Erwartungen getäuscht, weil die Petschenegen schon beim ersten Zusammenstoß mit Salomons Heer die Flucht ergriffen. Der deutsche Kaiser fiel im Spätsommer des Jahres 1074 in Ungarn ein, rückte am nördlichen Ufer der Donau vor und drang bis in die Mitte des Landes, bis zur Stadt Waitzen, vor. Géza bediente sich mit Erfolg der Taktik der verbrannten Erde, außerdem konnte er einen der führenden Berater des deutschen Herrschers, den Patriarchen von Aquileia, und auch weitere deutsche Heerführer mit Geld bestechen, die daraufhin auf Rückzug drängten. Dazu ermahnte den Kaiser auch der Hunger, der das Heer immer mehr plagte. Der Feldzug der Deutschen erreichte sein Ziel also nicht, nämlich die Wiederherstellung der vollen königlichen Macht Salomons. Die Aktion festigte aber die Position Salomons in den Gebieten um Preßburg und Wieselburg, wo er sich immer noch für Ungarns König hielt, Geld prägen ließ und bis zum Jahre 1081 lebte.

Nachdem der deutsche Angriff zurückgeschlagen war, schenkte Géza sein Herzogtum, das ein Drittel des Landes ausmachte, seinem Bruder Ladislaus.

Papst *Gregor VII.* zögerte lange mit der Anerkennung König Gézas. Seine Briefe an Géza vom März und April 1075 waren immer noch an den „Herzog von Ungarn" und nicht an den König adressiert, obwohl der Papst in diesen Briefen schon davon schrieb, daß die Herrschaft Salomons, der das Land vom deutschen König und nicht von ihm erhalten hatte, durch das Urteil Gottes zerbrochen worden sei, und daß Gott es auch gewesen sei, der „dir [Géza] die Macht über das Land gab". Bis zum Frühjahr 1075 hatte Gregor also die faktische Herrschaft Gézas über Ungarn anerkannt, nicht viel später dürfte es auch zur rechtlichen Anerkennung der Macht Gézas gekommen sein. In der Zeit, als zwischen dem Papst und dem deutschen Herrscher in der Frage der Investitur (der Einsetzung der Bischöfe) – in Wirklichkeit aber in der Frage der Ausübung der geistlichen und der tatsächlichen Macht über die christliche Welt – ein Streit ausbrach, war es für keinen der beiden gleichgültig, auf wessen Seite Ungarn stand. Die Änderung der Verhältnisse, nämlich der Umstand, daß anstelle des deutschfreundlichen Salomon Géza den Thron bestieg, hatte zur Folge, daß Ungarn in diesem – das halbe Europa umfassenden – Investiturstreit seinen Platz auf der päpstlichen Seite fand.

Als Géza 1075 die Benediktinerabtei in Garamszentbenedek gründete, stand in der Stiftungsurkunde neben dem Namen Géza jedenfalls auch der – vielleicht nach dem Erhalt der Krone angenommene – christliche Name „Magnus", dessen abgewandelte Form auch auf seinen Münzen stand. In der Urkunde nennt sich Géza, der früher Herzog der Ungarn war, ohne Scheu „von Gottes Gnaden geweihter König" von Ungarn. Herzog Ladislaus und König Géza wollten ihre Beziehungen zu Salomon auf ganz unterschiedliche Weise regeln. Ladislaus belagerte Preßburg lange Zeit hindurch mit der Absicht, Salomon aus dem Land zu vertreiben, aber die Belagerung blieb erfolglos. Géza dagegen trat zu Weihnachten des Jahres 1076 mit der Erklärung vor die Bischöfe, daß er bereit sei, zwei Drittel des Landes an Salomon abzutreten und sich mit dem herzoglichen Drittel zu begnügen. Auf diesen Vorschlag Gézas hin begann ein Hinundherfahren der Gesandten von beiden Seiten, aber Gézas Tod Ende April des Jahres 1077 machte den – ohnehin mit manchen Schwierigkeiten verbundenen – Verhandlungen ein Ende. Géza wurde in Waitzen beigesetzt.

Während der zwischen Stephans Tod und Gézas Hinscheiden verflossenen fast 40 Jahre machte Ungarn ernstliche Anstrengungen, um aus jener Krise herauszukommen, deren erste Anzeichen bereits in den letzten Regierungsjahren Stephans sichtbar geworden waren, die sich aber erst nach seinem Tode merkbar verstärkten. Es gelang den Ungarn, die Gefahr der heidnischen Restauration abzuwenden, die einmal mit den Bewegungen des Stammesseparatismus, ein andermal mit den Aufständen der unterdrückten Teile der Gesellschaft verbunden war. Es entstanden neue Komitate, die ungarische Kirchenorganisation wurde weiter ausgebaut. Der junge ungarische Staat konnte all die Schwierigkeiten überstehen, die teils durch innere, teils durch äußere Faktoren hervorgerufen wurden. Das Land wurde nicht zur tributpflichtigen Provinz des – nach Osten expandierenden – Deutschen Reiches, auch der ungarische König wurde nicht zu einem – dem deutschen König untertänigen – „Königlein", wie Papst Gregor VII. schrieb. Auch die von Osten und Süden her einfallenden nomadischen Völker konnten Ungarn nicht unterwerfen. Nicht einmal die tief in den Verhältnissen des frühen Mittelalters wurzelnde und von der langsam erstarkenden Aristokratie bewußt geschürte innere Zersplitterung und die Anarchie konnten das Land erschüttern. Der junge Staat erwies sich als lebensfähig, seine weitere Stärkung wartete auf Ladislaus und Koloman.

## Die Gesetze Ladislaus' I.

Die Thronbesteigung des etwa 37 Jahre alten Ladislaus im Frühjahr 1077 fiel mit solchen internationalen Ereignissen zusammen, die einen bedeutenden Einfluß auf die Zukunft ganz Europas hatten: Die zwischen dem Papst und dem Kaiser herangereiften Gegensätze führten zum offenen Bruch zwischen ihnen. Es ist möglich, daß Ladislaus' Thronbesteigung nicht mit dem Krönungsakt einherging. Mit dem deutschen Herrscher lag Ladislaus wegen Salomon in Feindschaft, von ihm konnte er die Anerkennung seiner Herrschaft also nicht erwarten. Die Dukas-Krone war Géza persönlich zugedacht, aber eine aus dem sich in einer schweren Lage befindenden, von inneren und äußeren Sorgen belasteten Byzanz kommende Anerkennung bedeutete damals nach internationalem Maßstab herzlich wenig. Der Papst knüpfte die Verleihung der Krone schon damals, zu Beginn des Investiturstreits, an die Bedingung der Anerkennung seiner lehnsherrlichen Oberhoheit, wie das auch das Beispiel des kroatischen Königs *Zwonimir* zeigte, der 1075 seine Krone vom Papst nur gegen den Lehnseid erhalten hatte. (Ladislaus muß später doch gekrönt worden sein, weil auf seinem Wachssiegel und seinen Münzen ein Herrscher mit einer Krone auf dem Haupt abgebildet ist.)

Ladislaus' Gesetze dienten dazu, die sich nach Stephans Tod in die Länge ziehende Krise zu überwinden, den Staat zu stärken und die sozialen Verhältnisse zu festigen. Aus den Überlieferungen sind uns drei

Gesetzbücher unter Ladislaus' Namen (mit der Numerierung I, II, III) erhalten geblieben. Die Reihenfolge ihrer Entstehung ist gerade die umgekehrte, d. h. das dritte Gesetzbuch ist das älteste, das erste dagegen das jüngste. Die König Ladislaus zugeschriebenen drei Gesetzessammlungen enthalten Texte, die im Laufe von mindestens vier, aber eher fünf Gerichtstagen entstanden waren, was eigentlich zeigt, daß zu Ladislaus' Zeit ein großes Interesse daran bestand, immer neuere, rasch aufeinanderfolgende Gesetze zu erlassen.

Das dritte Gesetzbuch von Ladislaus enthält 29 Artikel. Es wird auch die Auffassung vertreten, daß das ganze Gesetzbuch oder einige Teile bereits vor Ladislaus' Regierungszeit (unter Salomon oder Géza) entstanden seien. Wenn es tatsächlich aus der Zeit Ladislaus' stammt, muß es um das Jahr 1077 entstanden sein. Im Mittelpunkt der Gesetzessammlung steht der Kampf gegen den Diebstahl und die Abwanderung bestimmter Bevölkerungsschichten von ihrem Wohnsitz, die im ganzen Land ein immer größeres Ausmaß annahm. Zur Ermittlung der Diebe und der wegen Diebstahls berüchtigten Dörfer wurden weitreichende Nachforschungen betrieben. Das Gesetz schützte das Privateigentum mit außerordentlicher Strenge. Wenn z. B. ein Freier etwas im Wert von 10 Denar stahl, war er samt seinem ganzen Hab und Gut verloren; lag der Wert unter 10 Denar, so mußte der Täter ein Auge lassen. Bis zu Ladislaus' Zeit war die Abwanderung zur Massenbewegung angewachsen. Die schon hörigen Elemente der Gesellschaft wollten durch die Flucht ihre Lage verbessern, die rechtlich noch freien flüchteten vor der drohenden Unfreiheit. Der Weg der Flüchtigen führte in die Randgebiete des Landes, wo die Macht des Staates vorläufig noch nicht voll ausgebaut war. Das Gesetz schrieb vor, daß die Flüchtigen und das mitgeführte Vieh (Schafe, Ochsen, Pferde) in der Komitatsburg zu sammeln seien. Der Besitzer hatte für die Auslösung mit Geld zu bezahlen. Von dem nicht ausgelösten Eigentum fielen zwei Drittel dem König, ein Drittel dem Gespan des Komitats zu, der Bischof bekam den Zehnten. Besondere Aufmerksamkeit schenkte das Gesetz der Regelung von Rechtsprechungsfragen.

Das zweite Gesetzbuch Ladislaus' – bzw. ein Teil des vermutlich aus zwei Teilen zusammengestellten Dekrets – wurde in Martinsberg in Abwesenheit Ladislaus' von der „Gesamtheit der Vornehmen Ungarns" herausgegeben. Das zentrale Problem blieb auch weiterhin die Zurückdrängung des Diebstahls, die Hälfte der 18 Artikel behandelte ausschließlich den Diebstahl. Die Sanktionen gegen die Diebe waren im Vergleich zum dritten Gesetzbuch nicht milder geworden. Wenn der Dieb ein Unfreier war, mußte er in Abhängigkeit von seinem Vergehen mit dem

Leben, der Nase oder dem Augenlicht büßen. Die den Freien auferlegten Strafen waren noch härter, das Gesetz kannte fast nur die Todesstrafe. Ein Diebstahl über dem Wert eines Huhnes (oder 10 Denar) zog bei einem Freien die Todesstrafe nach sich. Diese drakonische Strenge war wohl darin begründet, daß der Diebstahl unter den verarmten Freien am meisten zugenommen hatte. Kinder über 10 Jahre eines beim Diebstahl ertappten Freien wurden zur Unfreiheit (Hörigkeit) verurteilt. Sogar Geistliche gingen so weit, daß sie Hühner, Obst und auch anderes stahlen. Die übrigen 9 Artikel des zweiten Gesetzbuches umfassen einen weiten Themenkreis, aber auch hier taucht nicht selten das Problem des Diebstahls auf. Wir erfahren aus dem Gesetzbuch, daß auch Viehdiebe die Zahl der Landstreicher vermehrten. Der Richter, der einem Dieb gegenüber nachsichtig war, verlor sein ganzes Vermögen und geriet in Hörigkeit. Es war also im Zweifelsfalle günstiger, einen Unschuldigen an den Galgen zu bringen (das zog lediglich eine Geldstrafe nach sich), als einen Schuldigen laufen zu lassen. Der Umsatz der gestohlenen Güter sollte durch die Verfügung verhindert werden, die besagte, daß nur auf dem Markt Handel getrieben werden durfte und daß der Kauf vertraglich festgehalten werden mußte. Im Gesetzbuch wird zweimal erwähnt, daß der Beschuldigte (Mörder oder Gewalttäter) – wenn sein Vermögen eine bestimmte Größe nicht erreichte – zum Hörigen werden mußte, d. h. der rechtliche Status wurde den Vermögensverhältnissen angepaßt: Der gegen das Gesetz verstoßende Arme geriet in Hörigkeit. Das Gesetz schrieb schließlich vor, daß Pferde und Ochsen nur aufgrund königlicher Genehmigung ins Ausland ausgeführt werden durften.

Das erste Gesetzbuch von Ladislaus enthielt die Beschlüsse der im Mai 1092 in der Burg von Szabolcs unter Ladislaus' Vorsitz abgehaltenen heiligen Synode. Die Beschlüsse wurden im Beisein der Bischöfe, Äbte und weltlicher Persönlichkeiten vor den Priestern und den Bewohnern der Burg gefaßt. Dem Anlaß entsprechend wurden in das Gesetzbuch nur Artikel (insgesamt 42) aufgenommen, die kirchliche Angelegenheiten behandelten. In der Frage des Zölibats war Ladislaus tolerant und nahm einen abwartenden Standpunkt ein: Die in erster Ehe lebenden Geistlichen erhielten von ihm eine provisorische Genehmigung zur Aufrechterhaltung ihrer Ehe, nur die in zweiter Ehe lebenden Meßpriester und Diakone wurden zur Lösung der ehelichen Gemeinschaft gezwungen. Zahlreiche Artikel sicherten den Schutz der Kirchengüter und regelten die Pflicht sowie die Art und Weise der Zehntentrichtung der Freien. Das Gesetz mahnte die zumeist das Kaufmannsgewerbe betreibenden und getauften Ismaeliten (Mohammedaner), nicht wieder zu ihrem alten Glauben zurückzukehren,

d. h. es wurde ihre Assimilation angestrebt, während für die Juden gerade das Gegenteil, die Diskriminierung, galt: Sie mußten sich von ihrer Frau und ihrem Gesinde trennen, wenn diese Christen waren. Mehrere Artikel behandelten die Lage der Äbte und Mönche: Die Äbte wurden rechtlich eindeutig den Bischöfen unterstellt. Auch Ladislaus mußte noch viel Mühe auf die Stärkung des Glaubenslebens unter dem Volk verwenden. Im Gesetzbuch handelte nur noch ein Artikel von denen, „die nach heidnischem Brauch am Brunnen opfern oder an Bäumen, Quellen und Steinen ihre Gaben niederlegen". All diese hatten ihre Sünde durch Abgabe eines Ochsen zu büßen. Viel mehr Schwierigkeiten wird es aber mit dem Kirchenbesuch des einfachen Volkes gegeben haben. Von den Bewohnern der von der Kirche abgelegenen Ortschaften war je eine Person zum Besuch des Gottesdienstes verpflichtet. Den aber, der dem Gottesdienst „unentschuldigt" fernblieb, versuchte man durch Prügeln zur besseren Einsicht zu bringen. An kirchlichen Feiertagen werden wohl oft Jagden und Märkte stattgefunden haben. Wer sich statt des Kirchenbesuchs für die genannten Vergnügungen entschied, verlor laut Gesetz sein Pferd. Das Gesetz schrieb auch vor, daß Dorfbewohner, wenn sie ihre Kirche verließen und anderswohin zogen, „durch bischöfliches Recht und königlichen Befehl zur Rückkehr an ihren ursprünglichen Wohnort zu zwingen sind". König Ladislaus verfügte außerdem den Wiederaufbau der baufällig gewordenen oder durch Aufständische zerstörten oder eingeäscherten Kirchen. Im Einklang mit dem Gesetz Stephans I. hatte für Kelche und Gewänder der König, für Bücher der Bischof zu sorgen.

## Die Kirchenpolitik Ladislaus' I.

Ladislaus' Tätigkeit diente der Stärkung und dem weiteren Ausbau der ungarischen Kirche. Er war es, der um das Jahr 1091 das Bistum Agram (ung. Zágráb) gründete, um die Bevölkerung der dortigen Gebiete, die der Götzenverehrung verfallen war, zum Christentum zu bekehren. Da dieses Gebiet von Slawen bewohnt war, setzte er als ersten Bischof des Gebietes den Tschechen Duch ein, also einen Geistlichen, der eine slawische Sprache sprach. Ladislaus verlegte den Sitz des Erzbischofs von Kalocsa nach Bács. Der erste Erzbischof von Bács wird zu Ladislaus' Regierungszeit erwähnt. Das Erzbistum bestand aus einer einzigen Diözese, hatte aber zwei Zentren. An der Spitze der Diözese stand ein einziger Erzbischof, aber sowohl in Kalocsa als auch in Bács wurde ein selbständiges Domkapitel gegründet. Mit Ladislaus' Namen ist auch die Verlegung des

Bischofssitzes der Diözese Bihar nach Großwardein (ung. Nagyvárad) verknüpft, das hinsichtlich des Verkehrs als wichtige Ortschaft galt.

Ladislaus hatte sich bedeutende Verdienste um die weitere Verbreitung der Institution des Kirchenkapitels erworben. Neben den Bichofsämtern entstanden Domkapitel. Im 11. und 12. Jahrhundert wohnten die Mitglieder des Kapitels in gemeinsamen Schlafsälen, sie versammelten sich täglich im Kapitelsaal, verrichteten gemeinsam den Kirchendienst, auch ihre einzige Mahlzeit am Tage, das Mittagessen, nahmen sie gemeinsam ein. Für die Mitglieder einer so streng organisierten geistlichen Körperschaft war die Eheschließung natürlich unmöglich. In den ersten Jahrzehnten der Geschichte der ungarischen katholischen Kirche, als die Bischöfe aus den Reihen der Benediktinermönche kamen, herrschte unter den Mitarbeitern des Bischofs noch eine äußerst strenge Disziplin. Die Mönche in der Umgebung der Bischöfe wurden zwar bald von Priestern abgelöst, die nicht dem Orden angehörten, aber die Kanoniker führten auch weiterhin – bis zum Ende des 12. Jahrhunderts – ein sehr bescheidenes, anspruchsloses Leben.

Der Ausbau des Kapitelsystems spielte im ungarischen Schulwesen eine wesentliche Rolle. Das Monopol der seit der Regierungszeit Stephans existierenden Benediktinerschulen wurde durch die sich bildenden Kapitelschulen gebrochen. Die Gründung des Kollegiatskapitels in Titel ist mit dem Namen von König Ladislaus und dem des seinerzeitigen Herrn des *ducatus* (Herzogtum), Herzog Lamperts, verknüpft. Unter Ladislaus' Herrschaft entfaltete sich die mittlere Verwaltungsebene der Kirche, deren erster Repräsentant zu Stephans Zeit der Priester (lat. *presbyter*) am Hofe des Gespans war. Zu Ladislaus' Zeit tauchte die Bezeichnung Erzpriester (lat. *archipresbyter*), später – unter Koloman – die Bezeichnung *Archidiakon* (erster Diakon) auf, und damit steht die Institution des Erzdechanats (lat. *archidiaconatus*) in seiner bereits entfalteten Form vor uns.

Eine bedeutende Unterstützung bekamen zu Ladislaus' Regierungszeit die königlichen Abteien. Die meisten Klöster des ausgehenden 11. Jahrhunderts genossen die reichen Spenden des Königs. Ein helles Licht auf das Geistesleben der Benediktiner im zeitgenössischen Ungarn wirft, daß die Abtei Martinsberg Ende des 11. Jahrhunderts eine Bibliothek mit 80 Bänden besaß, in der neben den überwiegend liturgischen Büchern die klassischen Autoren Cicero, Cato und Lucanus sowie mittelalterliche Verfasser wie z. B. Isidor von Sevilla vertreten waren. Ladislaus gründete im Jahre 1091 zu Ehren des heiligen Ägidius die Benediktinerabtei in Somogyvár. Somogyvár ging im wesentlichen in den Besitz der Abtei Saint Gilles (Jahrzehnte hindurch kamen die Äbte nur von dort) in

Bistum Neutra

Erzbistum

Zobor
Bozók
Neutra
Garamszentbenedek
Pásztó
G r a n
Waitzen
Abasár
Lébény
Gran
Visegrád
Raab
Dömös
Pilisszentkereszt
Zsámbék
Szentlőrinc
Bistum
Ják
Martinsberg
Bakonybél
Ercsi
Raab
Zirc
Bistum
Stuhl-
Szentgotthárd
Veszprém
weißen-
Waitzen
Bistum
burg
Veszprém
Zalavár
Somogyvár
Bistum
Kalocsa
Zselicszentjakab
Szekszárd
Bistum
Pécsvárad
Cikádor
Agram
Fünfkirchen
Báta
Agram
Ürög
Erzbistum
Save
Kalocsa
A g r a m
Drau
Bács
Fünfkirchen
Erzbistum Zara
Kő
Sirmium
Erzbistum
B i s t u m
Zara
B o s n i e n
Sy
Spalato
Spalato

Szepes

B i s t u m   E r l a u

~nkút

*Theiß*

Bistum

Szentjobb •

Bihar ○   • Váradhegyfok
    ○
Großwardein

Bistum Großwardein

Kolozsmonostor ●

*Bistum Erlau*

Siebenbürgen

Arad •

*Maros*

○ Karlsburg

~res

• Hermannstadt

(kumanisches)

s t u m

Propstei
Hermannstadt

: Bistum Milko

a n á d

*Donau*

**Die ungarische Kirchenorganisation
zur Zeit der Arpadendynastie**

──────   Grenzen der Kirchenprovinzen

⚥   Erzbischofssitz

○   Bischofssitz

●   Sitz der Abtei, Propstei

Frankreich über. Da aber Saint Gilles dem Papst unterstand, war Somogyvár eng mit Frankreich und mit dem Papst verbunden. Im Komitat Bihar, wo die gestohlene rechte Hand des heiliggesprochenen Stephan gefunden wurde, ließ Ladislaus ein Kloster aus Holz errichten und beschenkte die Abtei Szentjobb (der Ortsname bedeutet „die heilige Rechte") mit Donationen. Die spätere Überlieferung schrieb König Ladislaus die Gründung der Klöster Kolozsmonostor in Siebenbürgen und Báta in Transdanubien zu. Organisch verbunden mit der Kirchenpolitik Ladislaus' waren die Heiligsprechungen vom Jahre 1083. Die Initiative war von Ladislaus ausgegangen, Papst Gregor VII. stimmte den Kanonisationen zu. Zuallererst wurden im Juli 1083 die sterblichen Überreste des in Csanád beigesetzten Bischofs Gerhard ausgegraben, danach ließ Ladislaus im August 1083 zur Erhebung des Leichnams von Stephan eine Landesversammlung nach Stuhlweißenburg einberufen. Im November desselben Jahres erfolgte auch die Heiligsprechung von Stephans Sohn Emmerich, und es ist leicht möglich, daß es im selben Jahr auch zur Kanonisation der im westlichen Oberungarn verehrten Mönche aus Zobor, *Andreas/Zoerard* und *Benedikt,* kam. Ungarn hatte nun also seine eigenen Heiligen. Staat und Kirche schufen somit ihren eigenen Ahnen- und Heldenkult. Die Synode von Szabolcs im Jahre 1092 verzeichnet in einem Artikel unter den kirchlichen Feiertagen Ungarns auch schon den Tag König Stephans, Herzog Emmerichs und Bischof Gerhards.

## Die Außenpolitik Ladislaus' I.

Für den längeren Zeitabschnitt der Herrschaft Ladislaus' war eine papstfreundliche und dementsprechend dem deutschen Kaiser gegenüber feindliche Politik bezeichnend. Ladislaus erbte diese Politik von seinem Vorgänger Géza, er wurde auch durch ähnliche Umstände wie Géza zu dieser Politik gezwungen. Der vom Thron gestoßene Salomon wurde von Heinrich IV. unterstützt, Ladislaus mußte sich also mit dem Feind des Schutzherrn Salomons verbünden. Es ist zu verstehen, daß Ladislaus mit dem Gegenkönig *Rudolf von Rheinfelden,* dem Gegenspieler Heinrichs IV., ein Bündnis einging und 1079 sogar Rudolfs Tochter *Adelhaid* heiratete. Anfang 1079 unternahm Ladislaus einen Feldzug gegen das westliche Randgebiet des Landes. Es gelang ihm, die Burg von Wieselburg von Salomon zurückzuerobern, dessen Herrschaft sich von nun an auf die Burg Preßburg und die umliegenden Gebiete beschränkte. Zur Vergeltung dieser Aktion fiel Heinrich IV. im Frühjahr 1079 in Ungarn ein, konnte aber die Herrschaft Salomons nicht wiederherstellen. Während der innerdeutschen Kämpfe zwischen Heinrich IV. und den bayerischen Adligen Ende der siebziger Jahre des 11. Jahrhunderts suchten einige bayerische Grafen in Ungarn Asyl. Papst Gregor VII. richtete am 21. März 1079 einen Brief an Ladislaus, den er mit „König der Ungarn" ansprach und somit als legitimen Herrscher Ungarns anerkannte. In diesem Brief empfahl der Papst die aus dem deutschen Königtum vertriebenen Grafen dem wohlwollenden Schutz Ladislaus' und versicherte ihm gleichzeitig: „Wir müssen dich besonders und mehr als andere Könige lieben". 1080–1081 war Salomon gezwungen, die Herrschaft Ladislaus' anzuerkennen, weil sich der österreichische Markgraf *Luitpold* erneut gegen Heinrich IV. wandte, was damit gleichbedeutend war, daß Salomons „Königreich" um Preßburg sowohl von Westen als auch von Osten her von feindlichen Mächten umschlossen war. Um die Versöhnung Ladislaus' und Salomons waren – wie auch einige Jahre zuvor bei der Feindschaft zwischen Géza und Salomon – vor allem die Bischöfe bemüht. Als Salomon schließlich Preßburg verließ, stattete Ladislaus ihn so reichlich aus, daß er auch weiterhin ein königliches Leben führen konnte. Aber die Großen des Landes ließen nicht zu, daß Ladislaus das Land mit Salomon teilte. Im Gegensatz zu Salomon hatte Lampert ein gutes Verhältnis zu Ladislaus. Das von Lampert regierte Herzogtum bedeutete auch keine Zersplitterung der Kräfte des Landes.

Als sich die internationale Lage für Salomon besserte, d. h. als Heinrich IV. im Jahre 1081 gegen den aufständischen Makrgrafen Luitpold ins Feld zog, entschloß sich Salomon, sich gegen Ladislaus aufzulehnen. Der aber „ertappte Salomon bei der böswilligen Absicht, ließ ihn verhaften und in der Burg Visegrád gefangensetzen". Salomons Befreiung aus der Haft im August des Jahres 1083 hing mit der Heiligsprechung Stephans zusammen (solange Salomon nämlich gefangengehalten war, konnte der mächtige Stein auf Stephans Grab – nach der Überlieferung – nicht bewegt werden). Salomon hielt sich nur wenige Tage am Hofe von Ladislaus auf, sein unruhiges Blut trieb ihn aus dem Land. Bald darauf tauchte er bei den Petschenegen auf. Salomon versprach dem Petschenegenführer *Kutesk,* ihm Siebenbürgen zu überlassen und seine Tochter zu heiraten (obwohl Salomons Gattin Judith, die Schwester Heinrichs IV., noch lebte), wenn ihn die Petschenegen in seinem Kampf gegen Ladislaus unterstützten. Im Jahre 1085 fielen die Petschenegen in Ungarn ein. Sie erreichten die Komitate Ung und Borsova, als sich Ladislaus ihnen entgegenwarf und sie aus dem Land vertrieb. 1086 kämpften die Petschenegen auf der Balkanhalbinsel gegen die Byzantiner. In diese Kämpfe schaltete sich auch Salomon auf der Seite der Petschenegen ein und fand auf dem Schlachtfeld den Tod. Seine Frau Judith schloß schon im darauffolgenden Jahr eine neue Ehe mit dem polnischen Fürsten *Wladislaw Herman,* was ein untrüglicher Beweis dafür war, daß Salomon 1087 tatsächlich gestorben war. In der späteren Überlieferung bildeten sich um Salomons Gestalt manche Legenden, nach denen er in Ungarn mehrmals für eine kurze Zeit erschienen sein soll, sogar noch zur Zeit König Kolomans. In Pula an der Adria, wo seine sterblichen Überreste begraben lagen, wurde er später als Heiliger verehrt.

Mit Salomons Tod war der Hauptgrund der Feindschaft zwischen Ladislaus und dem deutschen Kaiser aufgehoben. Ladislaus fühlte sich aber vorläufig noch der päpstlichen Linie verpflichtet, nach dem Tod Gregors VII. bewies er seine Lehnstreue auch dem neuen Papst. Seine Gesandten erschienen im August 1087 auf dem Reichstag zu Speyer, wo sie Papst *Viktor III.* ihrer Unterstützung gegen den Gegenpapst *Clemens III.* und Heinrich IV. versicherten. 1090 starb Ladislaus' Gattin Adelhaid. Damit hatte sich eines der Bande gelöst, die Ladislaus an die Gegenspieler des deutschen Herrschers fesselten. Der tatsächliche Bruch mit dem Papst aber wurde durch die militärische Aktion Ladislaus' gegen Kroatien im Jahre 1091 besiegelt.

1087 verstarb in Kroatien König Zwonimir, der seine Krone noch 1075 von Papst Gregor VII. erhalten hatte, wodurch Kroatien also als päpstliches Lehnsgut galt. Nach Zwonimirs Tod waren die inneren Verhältnisse Kroatiens sehr verworren. Das Land lockte eroberungssüchtige Mächte geradezu an. Im Prinzip gehörte das Gebiet zur Interessensphäre von Byzanz, aber das östliche Kaiserreich erlebte damals schwere Zeiten und konnte sich somit nicht in die inneren Kämpfe Kroatiens einmischen. Eine ernste Gefahr bedeutete aber die Aktivierung der Normannen und des formal von Byzanz abhängigen Venedig mit dem Ziel der Eroberung Kroatiens. In dieser Lage reagierte der ungarische König am schnellsten, den auch seine Schwester, die Witwe Zwonimirs, um Hilfe bat. 1091 eroberte Ladislaus Kroatien und erreichte bei Biograd na moru (ung. Tengerfehérvár) die Adria. An die Spitze Kroatiens stellte er den jüngeren Sohn seines Bruders Géza, *Álmos* (Almus).

Der Feldzug Ladislaus' wurde durch den Einfall der Kumanen in Ungarn unterbrochen. Die Kumanen verwüsteten unter der Führung von *Kapolcs* (Kopulch) beinahe ganz Ostungarn, bis sie dann von dem aus Kroatien zurückkehrenden Ladislaus am Fluß Pogáncs zwischen dem Fluß Maros und dem Unterlauf der Donau geschlagen wurden. Ladislaus besiegte in der Nähe des Donauunterlaufes auch das von *Ákos* (Akus) geführte kumanische Heer, das für die bereits erwähnte Niederlage der Kumanen Rache nehmen wollte.

Die Eroberungen Ladislaus' in Kroatien lösten das Mißfallen von Papst *Urban II.* aus. Durch Ladislaus' Aktionen geriet päpstliches Lehnsgut unter ungarische Oberhoheit, ohne daß der Papst über diesen Besitzerwechsel im voraus in Kenntnis gesetzt worden war. Hinzu kam noch, daß der neue kroatische König, Álmos, nicht geneigt war, dem Papst den Treueschwur zu leisten. In dieser Lage gab Ladislaus seine bis dahin päpstlich orientierte Politik auf und trat in das Lager Heinrichs IV. über. Ende des Jahres 1092 war es schon Heinrich IV., der Gesandte zum ungarischen König schickte. In seinen letzten Lebensjahren führte Ladislaus mehrere Kriege gegen die benachbarten Länder. 1092 zog er gegen den russischen Duodezfürsten *Wasilko,* weil die Kumanen im Vorjahr auf dessen Anregung hin in Ungarn eingefallen waren. 1093 oder 1094 zog Ladislaus auf Ersuchen Wladislaw Hermans gegen Krakau und belagerte die dem polnischen Fürsten untreu gewordene Stadt. 1095 wollte er in die inneren Streitigkeiten Böhmens eingreifen, aber seine Krankheit verhinderte den geplanten Feldzug.

Ladislaus wird in den letzten Monaten seines Lebens wahrscheinlich mit den Fragen der Thronfolge beschäftigt gewesen sein. Da er keinen Sohn hatte, kamen als Thronfolger die beiden Söhne Gézas, der erstgeborene Koloman und sein jüngerer Bruder Álmos, in Frage. Dem König wäre Álmos als Thronfolger auf jeden Fall lieber gewesen, weil er als schneidiger Jüngling jenes königliche Ideal verkörperte, als dessen erster ungarischer Repräsentant der großgewachsene, als tapferer Krieger in gutem Ruf stehende Ladislaus selbst galt. Auch die kaisertreue Einstellung von Álmos entsprach völlig dem politischen Kurs von Ladislaus, den er nach 1091 eingeschlagen hatte. Ladislaus wollte Koloman aus der Thronfolge ausschließen, schrieb ihm die geistliche Laufbahn vor, was im mittelalterlichen Europa im allgemeinen das Los der hinsichtlich der Thronfolge „überflüssigen" Nachkommen war. Koloman wurde so zum Bischof von Erlau oder – nach einer anderen Version – von Großwardein. Er flüchtete aber kurz vor Ladislaus' Tod zusammen mit seinen Anhängern nach Polen. Vermutlich wollte Koloman seinem Anspruch auf den Thron durch polnische Hilfe Nachdruck verleihen. Nach Angabe der Chroniksammlung aus dem 14. Jahrhundert ließ Ladislaus, als er auf dem Feldzug gegen Böhmen schwer krank wurde, Koloman durch seine Boten aus Polen zurückrufen; der Wahrheitsgehalt dieser Angabe läßt jedoch Zweifel aufkommen. Fest steht aber, daß die Frage der Thronfolge noch nicht geklärt war, als Ladislaus am 29. Juli 1095 starb. Er wurde in Somogyvár, in der von ihm gestifteten Benediktinerabtei, beigesetzt. Seine sterbliche Hülle wurde später nach Großwardein gebracht, wo seine Grabstätte zum kultischen Ort und zur Wallfahrtsstätte des mittelalterlichen Ungarn wurde.

## Die Außenpolitik Kolomans

Die Umstände der Thronbesteigung des kaum mehr als 20 Jahre alten Koloman sind nicht geklärt. Da er nicht 1095, sondern erst 1096 zum König gekrönt wurde – weil dies bei geweihten Priestern nur mit „päpstlicher Genehmigung" möglich war –, kann mit Sicherheit angenommen werden, daß seine Weihe zum König nicht ohne Schwierigkeiten erfolgte. Zwischen Koloman und Álmos wird ein Machtkampf ausgebrochen sein, und Koloman konnte wahrscheinlich nur durch einen Kompromiß zur Krone kommen. Er überließ Álmos das Herzogtum, also ein Drittel des Landes, der wiederum auf die kroatische Königswürde verzichtete. Die Gegensätze zwischen Koloman und Álmos richteten sich nach den Machtverhältnissen der internationalen Politik: Koloman war ein Anhänger der päpstlichen Richtung, Álmos dagegen folgte der politischen Linie der Kaiserpartei. Die erste außenpolitische Herausforderung an den neuen Herrscher Koloman war die Sicherung des Weges der Kreuzfahrerscharen durch Ungarn. Ende November des Jahres 1095 rief Papst Urban II. den ersten heiligen Krieg zur Zurückeroberung der von den Mohammedanern besetzt gehaltenen heiligen Stätten aus. Im Laufe des Jahres 1096 erreichten die Kreuzfahrerscharen in mehreren Wellen die Grenzen Ungarns. Es gab Einheiten, wie z. B. die Kreuzfahrerschar des französischen Ritters *Walter Sensevoir* (Habenichts), die auf ihrem Durchzug durch das Land nur geringe Schäden anrichteten. Die französisch-deutschen Scharen des *Peter von Amiens* dagegen nahmen im Süden des Landes die Burg Zimony ein und zogen immer wieder plündernd in die Umgebung, um für Nahrung zu sorgen. Koloman stellte in der Umgebung des Flusses Temes ein Heer gegen sie auf. Es kam aber nicht zum Zusammenstoß, die Scharen verließen das Land, mit den Geschenken Kolomans und dem nötigen Vorrat an Nahrungsmitteln beladen. Im Kampf gegen die Kreuzfahrerscharen wirkten die ungarischen und byzantinischen Würdenträger der Grenzgebiete zusammen. Die durch das Wieselburger Tor nach Ungarn gekommenen und die Gebiete an der westlichen Grenze plündernden Kreuzfahrer des deutschen Predigers *Gottschalk* wurden bei Martinsberg von Koloman geschlagen und aus dem Land vertrieben. Eine ernste Gefahr für Kolomans Königreich bedeuteten die französisch-deutschen Kreuzfahrerscharen von *Guillaume de Charpentier* und *Emich von Leiningen.* Weil Koloman – durch frühere Erfahrungen belehrt – die Scharen nicht ins Land lassen wollte, brachen sie mit Gewalt ein, nahmen die Burg von Wieselburg ein und konnten nur mit großen Schwierigkeiten aus dem Land gejagt werden. Das von *Gottfried von Bouillon,* dem Herzog von Lothringen, geführte Heer zog im Herbst 1096 ohne Zwischenfälle durch das Land, Koloman sorgte für das militärische Geleit.

König Koloman betrieb gegenüber den Nachbarstaaten eine aktive Politik. 1099 führte er auf die Bitte des Kiewer Großfürsten *Swjatopolk* einen Feldzug nach Rußland, um den Großfürsten in seinem Kampf gegen die Fürsten von Przemyśl und Terebowl zu unterstützen, die ihre Unabhängigkeit von Kiew anstrebten. Bei der Burg Przemyśl erlitt Koloman aber eine schwere Niederlage durch das russische Heer, welches von den Kumanen unterstützt wurde. Ebenfalls im Jahre 1099 wollte sich Koloman in die inneren Wirren Böhmens einmischen, und er zog mit seinem Heer an die Olšava, den mährisch-ungarischen Grenzfluß. Es kam aber nicht zum Zusammenstoß, sondern Koloman verbündete sich mit dem böhmischen Fürsten *Bretislaw.* Die ungarische Herrschaft über Kroatien wurde nach dem Verzicht Álmos' auf die Krone erschüttert. Die Herrschaft über Kroatien übernahm König *Peter,* dessen Sitz sich in Knin befand und der aus einer dortigen kroatischen Familie stammte. Koloman bereitete aber der Herrschaft Peters wahrscheinlich bis spätestens Anfang des Jahres 1097 ein Ende und erreichte die Adria, wo er in Biograd na moru bereits im Frühjahr 1097 die aus Italien kommende Tochter des normannischen Grafen *Roger von Sizilien* empfing, die er auch heiratete.

Da Roger zu den treuesten Verbündeten des Papstes zählte, wurden durch diese Ehe auch die Beziehungen zwischen dem Papsttum und dem ungarischen Staat enger. Das aggressive Auftreten Kolomans in der adriatischen Region in den Jahren 1096 und 1097 löste den Verteidigungsreflex von Byzanz aus, das die – im Prinzip unter seiner Oberhoheit stehenden – reichen dalmatinischen Städte vor der ungarischen Eroberung beschützen wollte. Der byzantinische Kaiser *Alexios II.* beauftragte 1097 den Dogen von Venedig, *Michiele Vitalis,* der formal unter der Lehnsherrschaft von Byzanz stand und auch mit einer byzantinischen Würde bekleidet war, mit der Verteidigung der dalmatinischen Städte und Inseln. Koloman stellte seine Eroberungszüge im adriatischen Raum vorübergehend ein und versicherte in seinen Briefen aus dem Jahre 1097 (oder vielleicht 1098) dem Dogen von Venedig seine Freundschaft, bot ihm die Festigung des Bündnisses und der guten Beziehungen an, warnte ihn aber davor, den Titel „Herzog von Dalmatien und Kroatien" zu führen, was eigentlich die

Anmeldung des ungarischen Rechtsanspruches auf die genannten Gebiete bedeutete.

Bis zum Beginn des 12. Jahrhunderts geriet Koloman mehr und mehr in eine außenpolitische Isolation. Wegen Dalmatien standen ihm Byzanz und Venedig feindlich gegenüber, sein neu entstandener Konflikt mit Álmos zog die feindliche Haltung Heinrichs IV. nach sich, dem sich auch der neue böhmische Herzog *Borziwoi* anschloß. Da Álmos 1104 *Predslawa,* die Tochter des Kiewer Großfürsten Swjatopolk, heiratete, standen sowohl der russische Herrscher als auch der durch Verwandtschaftsbeziehungen mit ihm verbundene polnische *Fürst Boleslaw III. (Schiefmund)* auf der Seite von Álmos. Koloman ließ sich 1102 in Biograd na moru zum König von Kroatien krönen. Im Jahre 1103 kamen die von Venedig verwalteten dalmatinischen Gebiete wieder unter die direkte Oberhoheit von Byzanz. 1105 mischte sich Koloman in die böhmischen Machtkämpfe ein, allerdings ohne greifbaren Erfolg.

Als erster Schritt zur Sprengung der Fesseln der Isolation nach außen bot sich der Ausbau dynastischer Familienbeziehungen zwischen Byzanz und Ungarn an. An der Wende der Jahre 1104 und 1105 bat der byzantinische Kaiser Alexios für seinen Sohn, den Mitkaiser *Johannes,* um die Hand von Ladislaus' Tochter *Piroska* (Prisca), die später unter dem Namen Eirene auch Kaiserin wurde. Die Ehe entsprach sowohl dem Interesse von Byzanz, das einen normannischen Angriff befürchtete und eben deshalb nach Verbündeten suchte, als auch dem Interesse Ungarns, das sich durch diese Ehe aus der bedrohlichen Isolation zu befreien hoffte. Damit hatte Ungarn das durch die Ehe Kolomans im Jahre 1097 mit den Normannen geschlossene Bündnis aufgegeben, das ohnehin nicht funktionierte. In dieser Situation begann Koloman im Jahre 1105 mit der Eroberung der Städte und Inseln der dalmatinischen Küstengebiete. Als Ergebnis seiner Eroberungen nahm er den Titel „König von Kroatien und Dalmatien" an. An die Spitze des eroberten Gebietes stellte Koloman einen königlichen Würdenträger als Verweser, der nach der Bezeichnung des Befehlshabers des im kroatischen Staat früher existierenden awarischen Selbstverwaltungsgebietes den Titel Ban *(banus)* erhielt. Byzanz war aus Angst vor der normannischen Gefahr gezwungen, die ungarischen Eroberungen in Dalmatien hinzunehmen. Die Anerkennung seiner Oberhoheit über die dalmatinischen Küstengebiete durch den Papst konnte der ungarische König dadurch erzwingen, daß er auf der Synode zu Guastalla im Oktober 1106 auf sein Recht zur Einsetzung der höheren kirchlichen Würdenträger (auf das Investiturrecht) verzichtete, dem Papst auf kirchenpolitischem Gebiet also ein wesentliches Zugeständnis machte.

Die ungarische Oberhoheit war für die dalmatinischen Städte günstiger als die Herrschaft von Venedig, weil Venedig für diese Städte einen Handelsrivalen bedeutete, das Königreich Ungarn dagegen nicht als Konkurrent galt. Koloman versuchte, die dalmatinischen Städte durch Begünstigungen auf seine Seite zu stellen. Im Jahre 1108 verlieh er den Bürgern von Trau die Steuerfreiheit, das frühere Recht zur Wahl des Bischofs und des weltlichen „Vorstehers" (lat. *comes*) sowie das Recht, nach ihren früheren Gesetzen zu leben. Ähnliche Rechte erhielten in dieser Region auch die Städte Spalato und Zara. Bei seinem Einzug in Zara im Jahre 1111 bekräftigte Koloman mit seinem Eid, die althergebrachten Privilegien Dalmatiens in Ehren zu halten. 1108 unterstützte er Byzanz und Venedig in ihrem Kampf gegen die Normannen, die das byzantinische Kaiserreich vernichten wollten. Aber Venedig konnte sich nicht damit abfinden, daß es die dalmatinischen Städte und Inseln verloren hatte. Bereits im Jahre 1112 versuchte der Doge von Venedig, den byzantinischen Kaiser zu einem Krieg gegen die Ungarn zu bewegen. Byzanz war aber damals mit anderen Problemen beschäftigt. Im selben Jahr (1112) heiratete der verwitwete Koloman *Euphemia,* die Tochter des Fürsten von Perejaslawl und Susdal, *Wladimir Monomach.* Es war aber keine langlebige Ehe, weil Koloman seine Frau bald danach beim Ehebruch ertappte und deshalb nach Rußland zurückschickte, wo ihr Vater in der Zwischenzeit (1113) den Thron des Kiewer Großfürsten bestiegen hatte. In Kiew brachte Euphemia ihren Sohn *Boris* zur Welt, der angeblich Kolomans Sohn war. In den letzten ein bis zwei Jahren seines Lebens mußte Koloman seine Aufmerksamkeit wieder auf Dalmatien richten: Im Jahre 1115 eroberte der Doge von Venedig einen Teil Dalmatiens von den Ungarn zurück und schickte sich im nächsten Jahr mit Unterstützung des deutschen Kaisers *Heinrich V.* sowie des byzantinischen Herrschers Alexios II. an, die noch unter ungarischer Herrschaft stehenden Gebiete Dalmatiens an sich zu reißen.

## Der Kampf zwischen Koloman und Álmos

Fast die ganze Regierungszeit Kolomans war von den Streitigkeiten zwischen ihm und Álmos sowie ihren Parteigängern durchzogen. Schon im Jahre 1098 stellten die beiden ein Heer auf und zogen gegeneinander in den Krieg. Sie trafen sich an der Theiß, in der Nähe von Várkony. Damals kam es aber nicht zum Zusammenstoß. Daß Koloman im Jahre 1105 seinen – von seiner normannischen Frau geborenen – vierjährigen Sohn, *Stephan,* zum König krönen ließ, löste die Mißbilligung von Álmos aus, der daraufhin vermutlich um die Jahreswende 1105/1106 Heinrich IV. um Hilfe bat. Er wählte einen recht ungünstigen Zeitpunkt, denn der deutsche Herrscher war mit dem Aufstand seines Sohnes Heinrich beschäftigt. Der Aufstand führte zur Entthronung Heinrichs IV. und zur Thronbesteigung Heinrichs V. In dieser Lage konnten die Deutschen Álmos keine militärische Unterstützung geben. Dieser Mißerfolg entmutigte Álmos jedoch nicht. Er wandte sich noch im selben Jahr (1106) an seinen polnischen Schwager Boleslaw um Hilfe. Diesmal ging seine Rechnung auf, er fiel, von polnischen Truppen unterstützt, ins Land ein und nahm Újvár ein. Koloman gelang es, die seinem Reich von Norden her drohende Gefahr abzuwenden, indem er mit dem polnischen Fürsten Frieden schloß und sich sogar mit ihm verbündete. Im Jahre 1107 war es schon Koloman, der ungarische Hilfstruppen nach Polen schickte, um Boleslaw bei der Niederschlagung des Aufstandes seines Bruders *Zbigniew* zu unterstützen. Die Freundschaft zwischen Koloman und Boleslaw beruhte auf ihrer feindlichen Gesinnung gegenüber dem Deutschen Reich. Da auch dieser wiederholte Umsturzversuch Álmos' scheiterte, war er gezwungen, sich Kolomans Herrschaft zu unterwerfen. Ein Zeichen seiner scheinbaren Bekehrung war, daß er 1107 eine Pilgerfahrt nach Jerusalem unternahm.

Álmos' Abwesenheit nutzte Koloman dazu, seinem Bruder den *ducatus* (Herzogtum) zu nehmen. Dabei wird er wohl dem Beispiel Boleslaws gefolgt sein, der gerade mit der Unterstützung des ungarischen Königs seine Erfolge gegen Zbigniew erzielt und das Gebiet seines Bruders erobert hatte. Mit der Auflösung des Herzogtums im Jahre 1107 war die um das Jahr 1048 erfolgte Zweiteilung Ungarns aufgehoben. Die Liquidierung des Herzogtums stand zwar in engem Zusammenhang mit den Machtstreitigkeiten zwischen Koloman und Álmos, aber bis dahin hatte der *ducatus* eine seiner geschichtlichen Aufgaben bereits erfüllt: Dank der Ambition der Herzöge kam es beim Ausbau des Staats- und Kirchenwesens in der weiteren Umgebung von Bihar und Neutra zu erheblichen Fortschritten. In Ostungarn stiftete Álmos die Abtei Meszes und betreute – im Auftrag von Ladislaus – auch die Kirche von Szentjobb. In der schriftlichen Überlieferung taucht der erste Wojewode von Siebenbürgen – damals noch in der lateinischen Form *princeps* – in einer Urkunde aus dem Jahre 1111 auf. Die „Früchte der Saat" des Herzogtums *(ducatus)* in Nordwestungarn erntete Koloman. Er gründete das Bistum Neutra. Die andere geschichtliche „Berufung" der Einrichtung des *ducatus,* daß dieser nämlich den Befürwortern der Zersplitterungspolitik als institutionalisierter Rahmen diente, schaffte Koloman bewußt ab und trug auch dadurch zur

Stärkung der königlichen Macht und der territorialen Integrität des Landes bei. Der aus Jerusalem zurückgekehrte Herzog Álmos nahm die beträchtliche Beschränkung seiner Macht nicht ohne weiteres hin. An der Jahreswende 1107/1108 wählte er den Zeitpunkt der Einweihung der von ihm gegründeten Propstei (Kollegiatskapitel) Dömös für den Mordanschlag, den er gegen den König plante. Sein Plan wurde jedoch vereitelt. Koloman verzieh seinem Bruder, er wurde aber vorsichtiger und ließ ihn überwachen. Bald darauf wandte sich Álmos wieder an den deutschen Hof und bat zu Ostern des Jahres 1108 Heinrich V. um Hilfe, der in der Zwischenzeit den Thron bestiegen hatte.

Im September desselben Jahres schickte der deutsche Herrscher sein Heer gegen Ungarn, die deutschen Truppen wurden aber schon bei Preßburg aufgehalten. Zur gleichen Zeit richtete der mit Heinrich verbündete böhmische Fürst *Swatopluk* Verwüstungen im Waagtal an. Da aber Kolomans polnischer Verbündeter Boleslaw in Böhmen einfiel, konnte auch Swatopluk keinen bedeutenden Erfolg in Ungarn erzielen. Gegen Ende des Jahres drang sogar ein ungarisches Heer in Mähren ein, worauf – aus Rache – Anfang 1109 böhmische Truppen das westliche Oberungarn bis Neutra verwüsteten und große Beute machten. Álmos konnte seine Pläne auch diesmal nicht verwirklichen, aber auch dieses Fiasko konnte ihn nicht von seiner hartnäckig verfolgten Absicht abhalten, die Herrschaft über Ungarn zu erringen. Sein nächster Versuch zur Ergreifung der Macht fiel in die Zeit um das Jahr 1115. Koloman erhielt diesmal aber schon am Anfang Kenntnis von der keimenden Verschwörung und nahm eine grausame Rache an den Aufrührern: Álmos und dessen Sohn *Béla* ließ er blenden, auch manchen Mitverschwörern war dieses Los beschieden. Für Koloman diente wieder Polen als Beispiel: 1113 verdächtigte Boleslaw seinen Bruder Zbigniew der Vorbereitung eines Staatsstreiches und ließ ihn blenden. Nach der radikalen Abrechnung mit der inneren Opposition schuf Koloman seinem Sohn die Möglichkeit für eine ungestörte Machtübernahme.

## Die Gesetze Kolomans

Aus der zwanzigjährigen Herrschaft König Kolomans sind uns fünf Dokumente der damaligen Gesetzgebung und Rechtsprechung überliefert, was von einer regen gesetzgebenden Tätigkeit zeugt. In zwei Dokumenten werden weltliche Angelegenheiten geregelt. Man nennt sie das erste und zweite Gesetzbuch Kolomans, während die übrigen drei Dokumente kirchlichen Charakter tragen und verschiedene Synodalbeschlüsse beinhalten. Kolomans erstes Gesetzbuch ist vermutlich um 1100 entstanden. Wir erfahren von dem Schreiber des Gesetzbuches, *Alberik,* selbst, daß er die Beschlüsse der in Tarcal (Komitat Zemplén) abgehaltenen Versammlung abfaßte. Das Gesetzbuch umfaßte und regelte viele Fragen des Staats- und Kirchenlebens. Daß keine gesonderten Strafen für Freie und Unfreie vorgeschrieben wurden, verweist auf den sozialen Abstieg der verarmten Freien. Der Diebstahl galt nicht mehr als Grundübel der Gesellschaft, auch die den Dieben auferlegten Strafen wurden milder. Während zu König Ladislaus' Regierungszeit die Entwendung eines Huhnes oder eines Gegenstandes im Wert über 10 Denar die Todesstrafe nach sich zog, wurde nach Kolomans Gesetzen nur derjenige wegen Diebstahls verurteilt, der ein vierbeiniges Tier oder etwas im Wert von 20 Denar stahl. Die Kinder eines Diebes wurden nach Kolomans Gesetzen nicht mehr im Alter über 10, sondern erst über 15 Jahre in Hörigkeit gestoßen. Fast mit der gleichen Gewichtigkeit wie der Diebstahl werden im Gesetzbuch die Fälle behandelt, in denen Unschuldige des Diebstahls verdächtigt wurden; auf die Verleumder wartete eine schwere Strafe. Eine nicht geringe Bedeutung wurde auch im ersten Gesetzbuch Kolomans noch den Fragen der Landstreicherei und der Abwanderung vom Wohnsitz beigemessen. Viele Artikel befaßten sich mit der Stärkung der königlichen Macht und mit den Untergebenen des Königs. Hinsichtlich der Donationen der Nachfolger Stephans des Heiligen schrieb das Gesetz eine Beschränkung der Erbfolge vor. In bescheidenem Maße wurde auch die Säkularisierung des kirchlichen Besitzes angeordnet. Da Kolomans Versuch, von allen Freien (nicht nur von den Bewohnern der königlichen Güter) königliche Steuern zu erheben, noch vor dem Erscheinen des Gesetzbuches gescheitert war, entschädigte er sich im Gesetzbuch dadurch, daß er die Grundherren mit entsprechendem Einkommen dazu verpflichtete, Krieger mit voller Rüstung zu stellen; wohlhabendere Grundherren hatten sogar einen gepanzerten Krieger zu stellen.

Im ersten Gesetzbuch zeichnet sich bereits das Bild einer ziemlich entwickelten, stark gegliederten Organisation der Gerichtsbarkeit ab. In der Gesetzessammlung werden drei Arten des Handels unterschieden: Der Bauer brachte sein Produkt selbst auf den Markt; der Kaufmann der Ortschaft lebte von dem Verkauf der Produkte; der Kaufmann aus einer fremden Ortschaft wurde durch den An- und Verkauf der Produkte reich. Koloman verbot strengstens, in Ungarn geborene Unfreie oder Unfreie ungarischer Abstammung ins Ausland zu verkaufen oder Lebendvieh aller Art (mit Ausnahme von Ochsen) aus dem Land auszuführen. Im Vergleich zu Ladislaus' Gesetzen bedeutete das eine Verschärfung der gesetzlichen Bestimmungen, die wohl mit dem steigenden Arbeitskräftebedarf der ungarischen Landwirtschaft und des Kriegswesens (an Menschen und Tieren) zusammenhing. Kolomans erstes Gesetzbuch enthält viele Artikel, die kirchliche Angelegenheiten behandeln. Die in zweiter Ehe lebenden Priester bzw. die Geistlichen, die eine Witwe oder eine verstoßene Frau geheiratet hatten, waren nach dem Gesetz verpflichtet, ihre Ehe zu lösen. Das Gesetz schrieb vor, daß geistliche Personen sich nicht weltlich kleiden sollten. Nach Ladislaus war auch Koloman darum bemüht, daß „sich die Begräbnisplätze der Christen nur um die Kirche herum befinden sollen". Ihre Absicht wurde verwirklicht: Um die Wende vom 11. zum 12. Jahrhundert gab es keine „Gemeinvolks"-Gräberfelder mehr, und es kam zu immer mehr Bestattungen auf dem Kirchhof.

Oft zitiert wird aus Kolomans erstem Gesetzbuch der Artikel, der besagt: „Gegen Hexen [lat. *striga*] aber, weil solche nicht existieren, sollen keinerlei Untersuchungen eingeleitet werden". Unter diesen Hexen wird Koloman wohl nur die Vampire verstanden haben, denn dasselbe Gesetzbuch enthält z. B. im Falle der Zauberer andere Strafbestimmungen. Hinsichtlich der Ismaeliten und der Juden verfolgte Koloman in seiner Politik die Richtung, die schon Ladislaus in seinem ersten Gesetzbuch eingeschlagen hatte. Das heißt, im Falle der Ismaeliten wurde die völlige Assimilation an die Völkerschaften Ungarns angestrebt, während den Juden gegenüber auch weiterhin die Politik der Absonderung betrieben wurde.

Das aus sieben Artikeln bestehende zweite Gesetzbuch Kolomans beschäftigte sich ausschließlich mit den Juden. Nach mittelalterlicher Rechtsauffassung unterstanden die Juden nämlich dem König (sie galten sozusagen als sein Eigentum). Das Gesetz verbot den Juden den An- und Verkauf sowie die Beschäftigung christlicher Unfreier. Es regelte ausführlich die Abwicklung von Darlehensgeschäften zwischen Christen und Juden und verfügte schließlich die vertragliche Fixierung des Geschäftsverkehrs zwischen ihnen. Ein solcher, mit einem Siegel versehener Kaufvertrag (lat. *cartula sigillata*) ist uns in einer Urkunde aus der Mitte des 12. Jahrhunderts überliefert.

Zu Kolomans Regierungszeit waren die Stärkung der Disziplin in den Reihen der Geistlichen und die Reinigung der Kirche von all den Elementen, die ihren Ruf befleckten, die wichtigste Aufgabe. Über solche Fragen wurde auf den Synoden unter Kolomans Herrschaft beraten. Auf der ersten Synode, die um 1100 in Gran stattfand, wurde ein Beschluß gefaßt, der aus 72 Artikeln bestand. In den verschiedenen Artikeln ist unter anderem zu lesen, daß der Bischof, wenn er verheiratet war, sein Amt erst nach der Zustimmung seiner Frau antreten durfte. Die Synode hielt es für wünschenswert, daß der Bischof nicht den Besitz seiner Söhne, sondern den der Kirche vermehrte. Die Frau des Bischofs durfte nicht auf dem bischöflichen Gut wohnen. Die verheirateten Priester durften ihre Ehe aufrechterhalten, aber diejenigen, die noch als Ledige zum Diakon oder zum Priester geweiht wurden, durften nicht mehr heiraten. Den Geistlichen, die eine zweite Ehe eingingen oder eine Witwe bzw. eine verstoßene Frau heirateten, wurden die Weihen aberkannt. Die in zweiter Ehe lebenden Priester konnten bei Zustimmung ihrer Frau wieder in den geistlichen Orden aufgenommen werden. Die Synode trat auch gegen Geistliche auf, die der Trunksucht verfallen waren, Beischläferinnen hatten oder Diebstähle begingen. Die Äbte wurden den Bischöfen unterstellt. Das Gesetz verpflichtete die Äbte, das Klostergut selbst zu verwalten und sich oft im Kloster aufzuhalten. Das Gesetz besagte, daß für geistliche Personen die kirchlichen Gesetze gelten; Geistliche durften sich also nicht an das weltliche Gericht wenden. Allgemein verboten wurde geistlichen Personen jedwede Zeugenschaft. Die Verrichtung von Taufen und Bestattungen für Geld wurde abfällig beurteilt. Mißbilligt wurde auch, wenn ein Geistlicher Gastwirt oder Geldverleiher werden wollte. Ein Unfreier konnte erst dann Priester werden, wenn er von seinem Herrn freigesprochen war. Die Synode verurteilte auch diejenigen, die an den heidnischen Bräuchen festhielten und die kirchlichen Feiertage mißachteten. Die aus 16 Artikeln bestehenden Beschlüsse der zweiten Synode zu Kolomans Regierungszeit schrieben unter anderem vor, in den Kirchen täglich für den König und das Land zu beten. Über diejenigen, die sich gegen den König oder sein Amt verschworen, wurde der Bann ausgesprochen. Im weiteren verfügte das Gesetz die Unauflöslichkeit der Ehe und bestimmte den Ritus der Eheschließung. Die Gemeinde, die eine Kirche besaß und diese verließ, wurde durch das Gesetz zur Rückkehr gezwungen. Aus einem Beschluß einer weiteren Synode unter Koloman ist uns lediglich ein – zwei Artikel enthaltendes – Bruchstück überliefert.

## Das geistige Leben

Nach der Chronik aus dem 14. Jahrhundert wurde König Koloman „der Bücherfreund [ung. Cunues, d. h. Könyves] genannt, weil er Bücher besaß, aus denen er wie ein Bischof das Stundengebet verrichtete". Unter den ungarischen Königen des Mittelalters gab es keinen, der eine so umfassende

Bildung besaß wie Koloman. Papst Urban II. schrieb in seinem Brief vom Juli des Jahres 1096 an Koloman: „Du zeichnest dich durch eine bei Weltlichen ungewöhnliche Bewandertheit in den kirchlichen Schriften [...] und in der Kenntnis des heiligen Kanons aus". Aus den Beschlüssen der Synode von Gran geht hervor, daß Koloman verstärkte Anstrengungen machte, um die Bildung der Geistlichen zu erhöhen. Ein Artikel besagt, „die Kanoniker sollen die kanonischen Vorschriften kennen und verstehen". Es wurde vorgeschrieben, daß die Erzpriester die kurze Sammlung der Kirchengesetze besitzen mußten. Die Synode beschloß, daß „unwissenden Geistlichen die Weihe nicht erteilt werden soll, wenn aber solche die Weihe schon empfangen haben, so sollen sie sich bilden, oder sie sollen ihres Amtes enthoben werden". Es wurde die Forderung aufgestellt, daß „die Kanoniker in den Klöstern und die Kapläne am Hof sich in der Literatursprache [Lateinisch] zu unterhalten haben". Koloman war der erste ungarische König, an dessen Hof ein literarisches Leben entstand. Auch wenn man von den Urkunden absieht, waren in Ungarn schon vor Kolomans Regierungszeit literarische Werke entstanden. Der für Herzog Emmerich zusammengestellte Fürstenspiegel – *Mahnungen* – dürfte um die zwanziger Jahre des 11. Jahrhunderts abgefaßt worden sein. Bischof Gerhard schrieb seine Arbeit *Deliberatio* ... im Jahre 1044. Die Legende über die beiden Einsiedler Andreas/Zoerard und Benedikt stammt aus der Feder des Bischofs *Maurus von Fünfkirchen* und entstand zu König Salomons Zeit. Im Zusammenhang mit den Heiligsprechungen wurden zu Ladislaus' Regierungszeit vielleicht die größere Legende König Stephans und eine vermutliche Urlegende des heiligen Gerhard abgefaßt. Das Datum der Entstehung der ersten jahrbuch- bzw. chronikähnlichen Schriftstücke ist umstritten. Eine jahrbuchähnliche Aufzeichnung (vielleicht aus der Feder von Benediktinermönchen der Abtei Martinsberg) kann schon um das Jahr 1060 abgefaßt worden sein. Als Entstehungszeit der ersten chronikalischen Darstellung in Ungarn kommt die Regierungszeit der Könige Andreas, Salomon und Ladislaus gleichermaßen in Frage, es gibt aber auch Argumente, die dafür sprechen, daß der Text dieser sog. Urchronik erst unter Kolomans Herrschaft niedergeschrieben wurde, und daß seine Entstehung mit dem regen geistigen (literarischen) Leben an Kolomans Hof in Zusammenhang stand. Bischof Hartwick – der Verfasser der (zwischen 1112 und 1116 entstandenen) dritten Stephanslegende – verzichtete auf die Beschreibung der vielen Wunder, die sich bei der Heiligsprechung Stephans ereignet hatten, und überließ diese Arbeit „den unzählig vielen Weisen, die das Land Ungarn hegt und pflegt".

Die Stephanslegenden sind wichtige literarische Erzeugnisse von König Kolomans Hof. Die noch zu Ladislaus' oder Kolomans Zeit aufgezeichnete größere Stephanslegende malte von Stephan dem Heiligen ein blutloses Bild. Der König wurde als demütiger, barmherziger und gütiger Mensch dargestellt, der sich freute, wenn er die Nächte durchwachen, den Christen die Füße waschen konnte und wenn ihn die Bettler am Bart zupften. Als Reaktion darauf wurde, mit Sicherheit zu Kolomans Regierungszeit, die kleinere Legende Stephans geschrieben, die gleich dadurch auffällt und die Aufmerksamkeit des Lesers auf ihren Verfasser lenkt, daß sie Zitate von *Horaz* und *Persius* enthält. Sie zeichnet sich aber auch dadurch aus, daß sie von Stephan ein reales, lebendiges und vollblütiges Bild gibt und nicht verschweigt, daß der heilige König mit starker Hand regierte. Besorgt gab der Verfasser diese kleinere Stephanslegende aus der Hand, „weil er", so der Autor, „besonders vor den ‚Beißereien' derjenigen Angst hat, die ihr eigenes Werk nachlässig zusammenstellen, die Schriften anderer dagegen in Stücke reißen". Diese Meinung ist ein schlagender Beweis für das rege literarische Leben zu Kolomans Zeit, als miteinander polemisierende Werke entstanden. Ein Zeichen der rhetorischen Bildung des Verfassers ist, daß er sich – der verbindlichen Bescheidenheitsformel entsprechend – „wegen seiner weniger prächtigen Ausdrucksweise und seiner bäurischen Sprache" entschuldigt.

Bischof Hartwick befolgte geradezu den königlichen Befehl, als er durch die Verschmelzung der beiden Stephanslegenden und die Einbeziehung neuer Momente (u. a. der Episode, als Stephan den Papst um die Krone bat) die dritte Stephanslegende abfaßte und diese seinem Herrn, König Koloman, empfahl. Auch Hartwick sparte nicht mit den Bescheidenheitsformeln, als er den Befehl des Königs zur Abfassung der Legende erhielt: „Ich habe lange unter der sich sträubenden Unwissenheit meines erbärmlichen Geistes gelitten, vor allem deshalb, weil *Priscianus,* der Meister der grammatischen Kunst, den ich mir einst tief ins Gedächtnis prägte, sich weit entfernt hat; mir ist, als wäre sein Antlitz jetzt, da ich vergreist bin, von Nebel umhüllt und völlig verblaßt", schließlich aber „[...] überwindet der Gehorsam die Zweifel des bangenden Herzens", und das Werk ist fertig geworden. Die Angst vor der Kritik, ein Merkmal des literarischen Lebens unter Kolomans Herrschaft, taucht auch hier auf: Sollte des Königs Auge „vielleicht auf Unbilliges stoßen, so soll der Codex lieber ein Raub der Flammen werden, bevor er noch den neidischen Augen eines Dritten preisgegeben wird". Dieselben Gedanken spiegeln sich in der Widmung zum ersten Gesetzbuch Kolomans wider, das von dem vielleicht aus Frankreich stammenden Alberik zusammengestellt wurde: Während er die „himmlische Weisheit" seines Herrn, des Erzbischofs *Seraphin,* pries, in dessen Palast „manch redegewandte und hochgelehrte Männer als lauter Edelsteine" die glänzenden Säle zierten, war er selbst nicht wenig besorgt darüber, ob er den Befehl seines Erzpriesters (das Gesetzbuch zu verfassen) „mit seinem geringen Talent" und seiner Sprache, die „beinahe jeder Geschliffenheit" entbehrte, würde erfüllen können. „Obwohl meine Sprache wegen meiner Unbewandertheit in der Formulierung keine Redegewandtheit zeigt, kann die Zuneigung den Gehorsam dennoch nicht verweigern", schrieb Alberik.

Aber gerade er war es, der keinen Grund zur Bescheidenheit hatte: Sein Stil repräsentierte ein so hohes Niveau der lateinischen Prosa in Ungarn, daß es in der Arpadenzeit nicht mehr übertroffen wurde; der Inhalt der Widmung war zeitgemäß und zeugte von großer gedanklicher Tiefe. An *Plutarch* und Tacitus erinnert, wie er eine Parallele zwischen den Gesetzen Stephans und Kolomans zieht und darauf aufmerksam macht, wie gefährlich es ist, an den „Ergebnissen früherer Initiativen der Vorfahren" festzuhalten, d. h. wie berechtigt Kolomans Vorgehen war, als er Stephans Gesetze schöpferisch erneuerte und sie den Bedürfnissen entsprechend umgestaltete. Ein weiterer stichhaltiger Beweis dafür, mit welch großer Aufmerksamkeit das geistige Leben der Zeit Kolomans die literarischen Werke verfolgte, ist, daß Alberik seinen Erzpriester darum bat, daß sein Werk – aufgrund von Seraphins Urteil – „auch vor dem Neid der Krittler beschützt wird". Es kann als sicher gelten, daß zu Kolomans Zeit ein chronikalisches Werk (vielleicht sogar das erste) entstanden war. Auch als Entstehungszeit der Niederschrift der Legende des heiligen Emmerich und der kleineren Legende des Bischofs Gerhard wird von manchen Wissenschaftlern Kolomans Regierungszeit angegeben. Gegen Ende der Herrschaft von Ladislaus oder zu Beginn von Kolomans Regierungszeit wurde Bischof Hartwicks Ritualbuch (lat. *Agenda pontificalis*) abgefaßt, das die ältesten in Dramenform niedergeschriebenen Texte (Dreikönigsspiele bzw. Osterspiele) des damaligen Ungarn enthält. Zu Kolomans Regierungszeit (oder zur Zeit der Herrschaft seiner unmittelbaren Nachfolger) kann vielleicht auch der *Codex Albensis,* die erste Liederhandschrift auf ungarischem Gebiet, mit dem frühesten lateinischen Gedicht über Stephan den Heiligen entstanden sein.

## Die Besitzverhältnisse

Nach der Entstehung des Staates in Ungarn kann man drei Besitzformen unterscheiden: das königliche, das kirchliche und das weltliche Privatgut. Außerdem gab es auch Landgüter, die im Besitz der noch nicht zur herrschenden Schicht gehörenden bzw. noch nicht hörigen Freien waren. In der Frühzeit befand sich der überwiegende Teil der Gebiete des Landes in den Händen des Königs. Das köngliche Besitztum entwickelte sich ursprünglich aus dem Stammesbesitz der Arpadendynastie, der sich bereits seit der Mitte des 10. Jahrhunderts allmählich über Gebiete erstreckte, die von anderen Stämmen besetzt waren; später vergrößerte sich der Landbesitz des Herrschers auch durch die Eroberung ausgedehnten Grundbesitzes der niedergeworfenen Stammesführer. Der köngliche Besitz nahm auch dadurch zu, daß die Staatsmacht auf die Randgebiete des Landes und auf die dorthin Geflohenen, die Abwanderer, ausgedehnt wurde. Das einst unbewohnte „Niemandsland", die späteren weiten Gebiete jenseits der Grenze, geriet größtenteils in den Besitz des Königs. Die königlichen Besitztümer werden in den Quellen in zwei Formen erwähnt. Der eine Teil des Besitzes fungierte als Burgbesitz. Die Bewohner dieser Güter hatten bei der Versorgung der Burgen eine Doppelaufgabe: Teils leisteten sie militärischen Dienst, teils übten sie eine produktive Tätigkeit aus. Den anderen Teil der königlichen Besitztümer bildete die sog. Hoforganisation. Königliche Höfe, Herrenhöfe (lat. *curia)* waren überall im Lande zu finden. Diesen Höfen unterstellt, leistete das Volk der Hoforganisation vor allem landwirtschaftliche Arbeit.

Der kirchliche Besitz in Ungarn ist nicht älter als der Ausbau des Kirchenwesens; dieser Besitz hat seine Gründung also den Donationen König Stephans I. zu verdanken. Die meisten Könige im 11. Jahrhundert trugen zur weiteren Vergrößerung der ungarischen kirchlichen Besitztümer bei; teils gründeten sie neue Klöster und Kollegiatskapitel, teils versahen sie die bereits existierenden mit weiteren Gütern. Der geistliche Besitz wuchs später nicht nur durch die königlichen, sondern auch durch die privaten Donationen weiter an. Es erschienen die ersten von Privatpersonen gegründeten Klöster. Im Jahre 1092 mußte König Ladislaus auf der Synode in Szabolcs schon verfügen: „wenn jemand, der Gott eine Kirche baute und seine Spende ankündigte, diese Spende aber nicht gab, so soll für die Einholung dieser Spende [...] das bischöfliche Gerichtsamt zuständig sein". Da der geistliche Besitz seinem Ursprung nach eine – vom König oder von einem Privateigentümer stammende – Donation war, zeigt diese Besitzform – von wenigen Ausnahmen abgesehen – eine starke territoriale Streuung.

Die Entstehung des weltlichen Grundbesitzes bei den ungarischen Familien ging – wie auch im Falle des königlichen Grundbesitzes – auf die Zeit vor der Staatsgründung zurück, auf die Besitztümer der Stammesoberhäupter, der Sippenvorsteher, die aus dem gemeinsamen Besitz des Stammes bzw. der Sippe mit der Zeit in den privaten Besitz der Stammesoberhäupter und der aus der Gesellschaft aufsteigenden Adligen übergingen. Dieser Grundbesitz erstreckte sich über zusammenhängende Gebiete. Seit der Entstehung des Staates spielten im Zuwachs des weltlichen Privatgrundbesitzes auch die königlichen Schenkungen eine Rolle; mit diesen Donationen läßt sich die starke territoriale Streuung des weltlichen Privatbesitzes erklären. Im 11. Jahrhundert war der Grundbesitz der aus dem Ausland kommenden Ritter ausschließlich königliche Donation. Das zweite Gesetzbuch Stephans unterschied zwischen dem (geerbten) Privatbesitz und den königlichen Donationen, sicherte jedoch in beiden Fällen das freie Verfügungsrecht. Da die Arpadenkönige im 11. Jahrhundert infolge der Thronstreitigkeiten die königlichen Güter in raschem Tempo an Privatpersonen verschenkten (es waren vorerst mündliche Schenkungsvereinbarungen), mußte unter König Koloman das in Stephans Gesetzen gesicherte freie Verfügungsrecht bereits geregelt werden. Vom Gedanken der Vergrößerung des königlichen Grundbesitzes geleitet, verfügte Koloman – indem er das uneingeschränkte Verfügungsrecht über die sog. alten Stammsitzgüter unangetastet ließ –, daß von den Donationsgütern nur die Schenkungen Stephans der gleichen Beurteilung wie die alten Stammsitzgüter unterliegen sollten, der von seinen Nachfolgern verschenkte Grundbesitz dagegen, wenn es keinen geradlinigen Nachkommen gab, an den König zurückfallen sollte.

Im 11. Jahrhundert verbreitete sich die Grundherrschaft, die feudale Besitzform, in Ungarn allmählich auf zweierlei Art. Einerseits so, daß bestimmte Vertreter der Grundherrschaft ihre Hand auf „freie" (d. h. keinem Grundherrn gehörende) Gebiete im Inneren des Landes legten, die durch die Verarmung, Vertreibung oder Flucht der Gemeinfreien herrenlos geworden waren. Andererseits so, daß die Randgebiete des Landes (vor allem die Flußtäler, später die umliegenden Hügel- und Berglandschaften) allmählich von Flüchtlingen aus dem Landesinneren, von Landstreichern und von Einwanderern aus dem Ausland bevölkert wurden. Die Staatsmacht aber „folgte ihren Spuren", und die Grundherrschaft (vor allem der königliche Besitz) setzte sich auch in diesen einst herrenlosen Gebieten durch. Anfang des 12. Jahrhunderts gab es keinen „Vornehmen" mehr ohne einen Grundbesitz. Auch die Grundherren selbst sind ein Produkt der geschichtlichen Entwicklung.

## Die herrschende Schicht

Die herrschenden Kreise im Mittelalter bildeten zwei Schichten, die Schicht der kirchlichen und die der weltlichen Adligen. Die Kirchengesellschaft erfuhr in den Jahrhunderten des Mittelalters manche Änderungen, doch bildete sich ihre Geschlossenheit bereits unter Stephans Herrschaft heraus. Es ist kein Zufall, daß König Stephan, als er für seinen Sohn, Herzog Emmerich, in zehn Punkten die „zehn Gebote" der Ausübung der Königsmacht zusammenstellen ließ, gleich nach dem ersten Kapitel über die Bewahrung des christlichen Glaubens, im zweiten über „die Schätzung der kirchlichen Ordnung" (lat. *status*) sprach und seinem Sohn im dritten Kapitel folgendes ans Herz legte: „Die Zierde des königlichen Throns ist der Stand [lat. *ordo*] der Prälaten". In der Gesetzgebung des ersten Jahrhunderts des ungarischen Staates wurde den Angelegenheiten der Kirche besondere Aufmerksamkeit geschenkt. Das Gesetz sicherte und schützte die Vorrechte der Geistlichen unter anderem in Eigentums- und Rechtsprechungsfragen.

Die ersten Prälaten Ungarns kamen verständlicherweise aus dem Ausland. Zu Beginn des Aufbaus der ungarischen Kirche spielten die Mitarbeiter und Schüler des Böhmen Adalbert von Prag eine große Rolle. Als Beweis für die französische Abstammung des Bischofs von Fünfkirchen, *Bonipert,* dürfte gelten, daß er den Bischof von Chartres um die Grammatik des Priscianus bat. Wir wissen, daß der aus der Regierungszeit König Andreas' I. bekannte *Leodwin* (Bischof von Bihar) Beziehungen zu Namur hatte. Gerhard kam aus Venedig nach Ungarn. Aber um die Mitte des 11. Jahrhunderts gelangte schon jene Generation zur Bischofswürde, die die Schule bereits in Ungarn durchlaufen hatte. Maurus, der 1036 zum Bischof von Fünfkirchen geweiht wurde, war bei den Benediktinern in Martinsberg in die Schule gegangen. Von jener Zeit an gelangten immer häufiger Nachkommen ungarischer Adelsfamilien zu hohen kirchlichen Würden.

Der weltliche Teil der herrschenden Schicht setzte sich im Prinzip ebenfalls aus zwei Gruppen zusammen, aus den ungarischen und den fremden Adligen. Im 13. Jahrhundert wurden in Ungarn unter diesem Gesichtspunkt Listen zusammengestellt. Im ersten Gesetzbuch Stephans wurden die weltlichen Adligen („Großen") nicht nach ethnischen Gesichtspunkten in verschiedene Gruppen eingeteilt. Zur Gruppe der ihrer Herkunft nach Höhergestellten (lat. *maiores natu*) können die Angehörigen des sog. Geburtsadels gerechnet werden, während die der Würde nach höhergestellte Gruppe (lat. *maiores dignitate*) die Würdenträger König Stephans, der Palatin, die Komitatsgespane und andere, bildeten. Die Angehörigen des Geburtsadels waren Ungarn, deren Macht noch auf die Zeit der Stammesorganisation zurückging, zum Dienstadel gehörten sowohl Ungarn (Samuel Aba, Csanád) als auch Fremde (Hont, Otto, Vid). Im Gesetzbuch Stephans wurden die Bezeichnungen „Geburtsadel" und „Dienstadel" nicht als einander ausschließende Begriffe verwendet. Zur herrschenden Schicht gehörten – zumindest in der ersten Hälfte des 11. Jahrhunderts – sicherlich noch sowohl christliche als auch heidnische, die neue Ordnung unterstützende oder sich gegen sie auflehnende Großherren. Levente aus der Arpadendynastie starb um das Jahr 1046 noch als Heide. Bischof Gerhard äußerte sich in seiner *Deliberatio* empört über die ungarischen Großherren, die tagsüber den Lautenschlägern und den Flötenbläsern zuhörten und nachts am gedeckten Tisch saßen. Die von Vatas Sohn Johann vermittelte heidnische Ideenwelt lebte und wirkte in den „Nestern" der heidnischen Großherren sogar um das Jahr 1050 noch weiter. Der ungarische Staat „reinigte" die Gesellschaft im 11. Jahrhundert von den Großherren, deren Macht lediglich auf dem Geburtsvorrecht fußte, in den Stammes- und Sippenverhältnissen wurzelte, und die sich der neuen Gesellschaftsordnung nicht anpassen wollten. Die Stammesfürsten wurden niedergeworfen; die Herren, die einen Diebstahl begingen, die Fahndung nach einem Dieb behinderten oder ungerechte Einwände gegen den Richter vorbrachten, wurden hart bestraft. Herren mit geringem Vermögen wurden in die Knechtschaft gezwungen. Die neue Aristokratie des ausgehenden 11. Jahrhunderts bildete sich teils aus den nach Ungarn eingewanderten und nach einigen Generationen bereits „magyarisierten" Fremden, teils aus den ungarischen Adligen heraus, die ihr Vermögen und ihre Macht in die veränderten gesellschaftlichen Verhältnisse hinüberzuretten vermochten.

Über die untere Ebene der weltlichen herrschenden Schicht des 11. Jahrhunderts verfügen wir über verhältnismäßig geringe Kenntnisse. Der Hauptgrund dafür ist, daß die Trennungslinie der Gesellschaftsschichten im ganzen 11. Jahrhundert vor allem „nach unten", in Richtung der Massen der Gemeinfreien, unscharf war. Stephan strebte in seinem ersten Gesetzbuch offensichtlich die Schaffung der Vasallität, den Aufbau der Lehnspyramide, in Ungarn an. Darauf mußte man in Ungarn aber noch zwei Jahrhunderte warten. Stephans erstes Gesetzbuch liefert den entscheidenden Beweis dafür, daß der Krieger (lat. *miles*) hinsichtlich seiner gesellschaftlichen Position und seiner Vermögenslage dem Gemeinfreien viel näher stand als dem zur herrschenden Schicht gehörenden Gespan. Die Krieger (die leichtbewaffneten Gemeinfreien) hoben sich schon seit der Zeit der Streifzüge allmählich aus der Masse der Gemeinfreien heraus; dieser Prozeß war aber noch längst nicht abgeschlossen. Ein Beweis dafür ist, daß in den König Ladislaus zugeschriebenen Gesetzen (sogar schon im dritten, zeitlich aber frühesten Gesetzbuch) zur Bezeichnung der obersten Schicht der Gesellschaft der Terminus „Adliger" (lat. *nobilis*) auftaucht. Zu dieser Schicht zählte das Gesetz die Bischöfe, die Äbte sowie die Gespane und stellte sie den Nichtadligen (lat. *ignobilis*) gegenüber, die im Gesetz die „Minderen" (lat. *minor*) genannt wurden und zu denen die Krieger und auch die Gemeinfreien gehörten. Das endgültige Ausscheiden der Krieger aus dem immer mehr abnehmenden Lager der Gemeinfreien und ihr offensichtlicher und eindeutiger Aufstieg in die unterste Ebene der herrschenden Schichten erfolgte erst im Ergebnis der gesellschaftlichen Wandlungen des 13. Jahrhunderts.

## Freie und Unfreie

Die grundlegenden Kategorien der sozialen Gliederung unter Stephans Herrschaft waren die Freiheit und die Hörigkeit (Unfreiheit). Dementsprechend gliederte sich die Bevölkerung der damaligen Zeit in Freie (lat. *liber*) und Unfreie (lat. *servus*). In Stephans Gesetzen galt ein jeder als Freier, der noch nicht in Hörigkeit lebte. Das Wergeld eines jeden Freien betrug unabhängig von seiner gesellschaftlichen Stellung und seiner Vermögenslage 110 Goldmünzen. Gleichzeitig aber blieben hinter der rechtlichen Gleichheit der Freien schon in den ersten Jahrzehnten des 11. Jahrhunderts soziale und Vermögensunterschiede verborgen. Die Gesetze Stephans unterschieden einmal zwei, das andere Mal drei Kategorien. Wenn zwei Gruppen erwähnt wurden, so wurden diese bald mit den Wörtern „Mächtige" *(valens)* bzw. „Gemeine" *(vulgaris),* bald mit den Wörtern „Reiche" *(dives)* bzw. „Arme" und „Leute niederen Standes" *(pauper et tenuis)* bezeichnet. Bei der Unterscheidung von drei Schichten wurden die Bezeichnungen „Gespan" *(comes),* „Krieger" *(miles)* und „Gemeiner" *(vulgaris)* verwendet. Mit anderen Worten: Während der Regierungszeit Stephans faßte man unter der Bezeichnung „Freie" alle Bevölkerungsschichten vom Pfalzgrafen und vom Gespan über den

Berufssoldaten des bewaffneten Gefolges bis hin zum armen Gemeinfreien zusammen, die nicht hörig (unfrei) waren. Ein weiterer Artikel in Stephans erstem Gesetzbuch stellt den Hörigen „das Volk des Landes" (*gens* [...] *monarchie*) gegenüber. Die Wurzeln der Freiheit der Stephan-Zeit sind in der „Gemeinfreiheit" der sich auflösenden ursprünglichen Gesellschaft zu suchen, die die Rechte und Pflichten der Teilnahme an öffentlichen (gemeinschaftlichen) Angelegenheiten und der Kriegsführung sowie die persönlichen Freiheitsrechte umfaßte. Diese Gemeinfreiheit sicherte den Freien die Vollwertigkeit in der Gesellschaft.

Anfang des 11. Jahrhunderts kam es zu einer scharfen Trennung zwischen Hörigen *(servus)* und Freien; für die Hörigen galten andere Gesetze. Der Hörige war eine geringgeschätzte, verachtete, kaum als Mensch geltende Person und wurde wie ein Besitzstück oder ein Gegenstand behandelt. Der Hörige dürfte aber zu Stephans Zeiten doch nicht als einfacher „Besitzgegenstand" gegolten haben, denn der Mörder eines Hörigen mußte für seine Tat genauso büßen, als hätte er einen Freien getötet. Trotz jeder scharfen Trennungslinie durften Freie eine Ehe mit Hörigen eingehen, in solchen Fällen verfügte Stephans erstes Gesetzbuch die Hörigkeit des Freien für immer. Auch die dreimal beim Diebstahl ertappte Frau mußte als Unfreie verkauft werden. Der Freie geriet also in bestimmten Fällen in Hörigkeit, der Hörige konnte sich – wenn er befreit wurde – in die Schicht der Freien erheben. Während Stephans Regierungszeit bestand trotz seiner Absicht keine unüberbrückbare Kluft zwischen Freien und Hörigen.

Die in den Jahrzehnten nach Stephans Tod auf die verarmten Freien fallenden Lasten (Steuern, Vertreibung vom eigenen Grundstück) einerseits, die Zurückdrängung ihrer traditionellen Beschäftigungszweige (wie Hirtenwesen, Kriegsgeschäft) andererseits veranlaßten die Gemeinfreien zur Auflehnung gegen das System der Grundherrschaft (durch Diebstähle) bzw. zur Flucht aus der drückenden Umklammerung der Hörigkeit (durch Abwanderung und Landstreicherei). König Ladislaus' Gesetze bestraften diese Freien oft mit Hörigkeit. Bis zu Ladislaus' Regierungszeit löste sich die in Stephans Gesetzen noch vorhandene rechtliche Gleichheit der Freien ohnehin auf, die Adligen erschienen unter neuen Bezeichnungen *(nobiles, optimates)*. Die Bedeutung des Wortes *liber* wurde also bis in die letzten Jahrzehnte des 11. Jahrhunderts enger; es diente nur noch zur Bezeichnung der über ein geringes Vermögen verfügenden bzw. verarmenden oder bereits verarmten Freien. Die Beschlüsse der Synode von Szabolcs im Jahre 1092 zeugen vom Herabsinken der Freien. Die Beschlüsse erwähnen schon die Freien der Äbte. In einem anderen Artikel heißt es: „Die Freien, bei welchem Bischof oder Gespan sie sich auch immer verdungen haben, können von diesem nach Belieben behandelt werden, doch soll ihnen die Freiheit gelassen werden". Es stand im Interesse des Königs, die Freiheit der Freien (wenigstens dem Anschein nach) zu schützen, denn als Freie waren sie ja seine Steuerzahler, durch ihre Abhängigkeit vom Grundherrn wurde ihre tatsächliche Freiheit aber beträchtlich eingeschränkt, und sie kamen den Unfreien immer näher. Gleichzeitig aber kamen auch die Unfreien den Freien näher, d. h. die tiefe Kluft, die sie in Stephans Gesetzen noch trennte, begann sich zumindest allmählich zu schließen. Nach einem Paragraphen der Szabolcser Synodalbeschlüsse wurden bestimmte Unfreie (Hörige) nicht mehr völlig, sondern nur teilweise befreit, und zwar mit der Bedingung, „daß sie der Kirche dienen sollen". Diese erhoben sich zwar aus der Schicht der Unfreien, gewannen aber nicht das Recht, ihren Herrn selber zu wählen, weil sie „für ewig" im Dienst der Kirche bleiben mußten. Unter Ladislaus' Herrschaft galt der Unfreie nicht mehr als einfacher „Gegenstand", es erschien der Unfreie, der bereits über ein eigenes Haus verfügte.

Eine weitere Differenzierung des Begriffes der Freiheit bzw. des Kreises der Freien brachten Kolomans Gesetze. Das Wort *liber* trat in drei Bedeutungen auf: Es bezeichnete einerseits die Gruppe der über einen eigenen Besitz verfügenden Freien, die sich der Zahlung der königlichen Steuern entledigen konnten. Ihre Wohlhabenheit rettete sie vor der grundherrlichen Abhängigkeit. Sie dürften als die Vorläufer der gesellschaftlichen Schicht der königlichen Servienten *(serviens regis)* des angehenden 13. Jahrhunderts gelten, zu der auch die in den Gesetzen des 11. Jahrhunderts erwähnten Krieger *(miles)* gehörten. Die zweite Gruppe der Freien besaß kein eigenes Gut mehr, sondern lebte auf fremdem Landgut. Diese Gruppe der Freien mußte schon Steuern zahlen, verfügte aber noch über das Recht der freien Wahl des Grundherrn. Die dritte Gruppe der Freien bildeten solche, die Steuern zu zahlen hatten und die Möglichkeit zur freien Wahl ihres Grundherrn verloren hatten. In diese Gruppe gehörten die dem König, der Kirche und dem Privatgrundbesitzer (dem Gespan) unterstellten Freien. Diese Freien genossen zwar noch einige persönliche Freiheitsrechte, sie galten aber nicht mehr als „Gemeinfreie", sondern als *liberi* mit beschränkter Freiheit. Faktisch kamen sie den aufsteigenden Unfreien nahe: Laut einem Artikel der Beschlüsse der Synode von Gran um 1100 durften die Diener der Kirche Ochsen halten, was ein weiterer Beweis dafür war, daß sie nicht mehr als „willenlose" Gegenstände galten und sich auf dem Wege des sozialen Aufstieges und der wirtschaftlichen Bereicherung befanden. Bis zum angehenden 12. Jahrhundert veränderte sich das ursprünglich einfache Bild der Gesellschaft der Stephan-Zeit in mancher Hinsicht, doch waren damit die sozialen Umwandlungsprozesse bei weitem noch nicht abgeschlossen.

## Lebensweise und Wirtschaft

Über die Lebensweise der Ungarn im 11. Jahrhundert ist uns in den Quellen ein widerspruchsvolles Bild überliefert. Manche Artikel der Gesetze Kolomans zeugen vom Vorhandensein des Acker- und Weinbaus im Karpatenbecken. In der Stiftungsurkunde der Abtei Tihany aus dem Jahre 1055 werden auf zwanzig Pflüge sechzig unfreie Familien gerechnet, zur Bewirtschaftung der Weinberge werden 20 Winzer (lat. *vinitor*) bestimmt. Durch die archäologischen Forschungen sind uns aus frühen Zeiten stammende Pflugscharen aus Eisen bekannt. Es wurde aber auch der Holzpflug verwendet. Als Abt *Guibert* Ende des 11. Jahrhunderts mit dem ersten Kreuzheer durch Ungarn zog, hob er den Reichtum des Landes an Nahrungsmitteln hervor und erwähnte die zahlreichen Getreideschober, die den Weg säumten. In den Quellen des 11. Jahrhunderts gibt es auch Angaben, die hinsichtlich der Lebensweise nach dem heutigen Stand der Forschung nicht zuverlässig gedeutet werden können. Ein Artikel der Beschlüsse der Szabolcser Synode unter König Ladislaus erwähnt die Dorfbewohner, die „ihre Kirche verlassen und anderswohin ziehen". Das Gesetz zwang diese, in den Ort zurückzukehren, „den sie verlassen haben". Die zweite Synode zu König Kolomans Zeit verfügte, daß die Bewohner eines Dorfes mit Kirche von dieser nicht weit wegziehen sollten, taten sie es dennoch, so sollten sie in ihr Dorf zurückkehren. Nach der einen Auffassung lassen sich die genannten Abwanderungen durch die Erschöpfung des Bodens erklären; durch den Wohnsitzwechsel konnten die Abwanderer nämlich neue Bodenflächen bestellen. Nach dieser Auffassung liefern diese Artikel des Gesetzes einen Beweis für die Verbreitung des Ackerbaus. Andere behaupten, wenn die genannte Auffassung stimmte, hätten die Gesetzgeber wohl kaum Einwände gegen die Abwanderung erhoben, ganz im Gegenteil, sie hätten den Wohnsitzwechsel der Dorfbewohner sogar gefördert. Wenn es sich bei den Abwanderungen aber um Dörfer handelte, deren Bewohner nomadische Viehzucht trieben, so sind die Verbotsbestimmungen verständlich, denn sie zielten ja darauf ab, bei diesen Dorfbewohnern einen Wechsel der Lebensweise zu erreichen, d. h. man wollte, daß sie seßhaft wurden und Ackerbau trieben.

Den Wohnsitzwechsel der Dorfbewohner im 11. und 12. Jahrhundert bestätigen auch die archäologischen Funde. Ein Teil der Siedlungen war nur über zwei bis brei Generationen bewohnt. Tatsache ist jedenfalls, daß sich im 11. Jahrhundert in der ungarischen Siedlungsstruktur ein Wandel vollzogen hat. Neben dem Filzzelt verbreitete sich die in die Erde eingegrabene Behausung, aber wegen ihrer geringen Abmessungen (die Grundfläche betrug etwa 10 m$^2$) und weil sie weder Fenster noch Rauchabzug hatte, diente sie nur zur Winterzeit als Wohnstätte für eine im Durchschnitt fünfköpfige Familie, während man vom Frühjahr bis zum späten Herbst im Freien bzw. in Zelten wohnte. Im Laufe des 11. Jahrhunderts vermehrten sich die Dörfer. Um die Dörfer wurde ein Graben gezogen; bei den Dorfausgrabungen haben die Archäologen Spuren solcher Gräben entdeckt. Die Dorfnamen änderten sich kaum mehr, was auf eine gewisse Stabilität der Dörfer hindeutet, auch wenn sie in einem engeren Umkreis noch „wanderten". Schon seit dem 11. Jahrhundert fand das zweiräumige Wohnhaus Verbreitung. Neben der in die Erde eingegrabenen Behausung erschienen das Wandhaus mit aus Erde oder Lehm gestampften Mauern bzw. der Holz- und im Bergland der Steinbau.

Die größere Gerhard-Legende enthält eine ausführliche Auflistung der Geschenke, die der Bischof von den Gläubigen erhielt. Das Verzeichnis wirft ein helles Licht auf die Vermögensverhältnisse der Bevölkerung der ersten Hälfte des 11. Jahrhunderts. Die Männer brachten Gerhard Pferde, Ochsen, Schafe und Teppiche, die Frauen schenkten ihm Goldringe und goldene Halsketten. Die Liste enthält – vielleicht mit Ausnahme der Ochsen – typisch nomadische Wertsachen. Der vor der Hörigkeit fliehende verarmte Freie hatte außer Pferd und Schafen noch kaum etwas besessen. Der neu entstandene Staat griff im 11. Jahrhundert mit seinen Institutionen jedenfalls mit Gewalt in die Lebensweise der Bevölkerung ein. Die Herausbildung der verschiedenen Typen des Eigentums und die sich allmählich verstärkende lehnsrechtliche Abhängigkeit der großen Massen der Gemeinfreien hatten auf längere Sicht eine radikale Umwandlung der Lebensweise der Ungarn zur Folge und gingen mit der Herausbildung einer ganz neuen Wirtschaftsstruktur einher. Bereits im 11. Jahrhundert war sowohl auf den königlichen Gütern als auch auf dem weltlichen Privatgrundbesitz sowie – und zwar mit einiger Verspätung – auf den kirchlichen Gütern der Ausbau einer wirtschaftlichen Arbeitsorganisation im Gange, für die vor allem die Fronarbeit der unfreien Gesellschaftsschichten bezeichnend war. Die Güter der Grundherren wurden von Unfreien bewirtschaftet, die zu allen Arbeiten verpflichtet werden konnten, weder Haus noch Boden besaßen, weitgehend wie ein Gegenstand be-

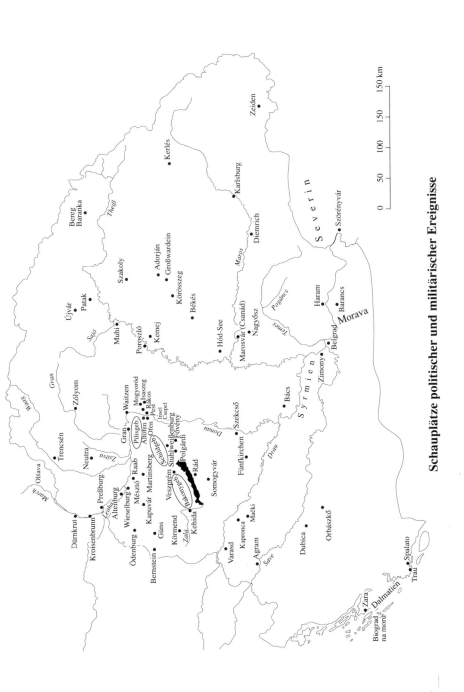

**Schauplätze politischer und militärischer Ereignisse**

handelt wurden und als Knechte *(servi)* galten. Auf diesen Gütern lebten aber auch schon Unfreie, die ein Haus besaßen und über ein Stück Feld verfügten, das sie vom Grundherrn bekamen, an den sie in Form von Naturalrente Abgaben entrichteten. Der Grundherr sorgte auch für die nötigen Arbeitsmittel. Dieses primitive Allod, dieser grundherrliche landwirtschaftliche „Betrieb", wurde in den zeitgenössischen Quellen *predium* genannt; zur Bezeichnung des Zentrums auf dem herrschaftlichen Gut wurden die lateinischen Wörter *curia* und *curtis* (Hof) verwendet, doch kann dieses Zentrum auch eine kleinere Festung gewesen sein.

Neben den zu allen Arbeiten verpflichtbaren Unfreien bildeten (vor allem auf den kirchlichen Gütern) jene Teile der Bevölkerung eine eigenartige Gruppe der Gesellschaft des 11. Jahrhunderts, die nur bestimmte Dienste leisten mußten. Sie wohnten gewöhnlich im selben Ort; manchmal „widerspiegelte" auch der Name des Dorfes die von ihnen geleisteten Dienste. Das Vorhandensein der Schicht des Dienstvolkes bzw. der von Dienstleuten bewohnten Dörfer läßt sich in den schriftlichen Quellen seit dem Ende des 10. Jahrhunderts nachweisen. Die Bewohner solcher Siedlungen waren aber noch keine gelernten Handwerker (mit Gewerbe), deren Tätigkeit nicht mehr mit dem Ackerbau zusammenhing. Unter den Verhältnissen der für das 11. Jahrhundert charakteristischen Naturalwirtschaft haben die zur Leistung der genannten Dienste gezwungenen Unfreien auf einem bestimmten Gebiet zweifellos spezielle handwerkliche Fertigkeiten erworben (der Schmied in der Bearbeitung von Eisen, der Zimmermann in der Holzbearbeitung usw.), so daß der Grundherr von ihnen außer den mit ihrem „Handwerk" zusammenhängenden Dienstleistungen im allgemeinen auch keine weitere Arbeit forderte. Unter den Verhältnissen der Naturalwirtschaft waren sie aber gezwungen, für ihren eigenen Lebensunterhalt und den ihrer Familie zu sorgen, d. h. sie mußten sich auf Selbstversorgung einrichten. Sie waren also Ackerbauer, Viehzüchter und Handwerker zugleich.

Über den Binnenhandel im 11. Jahrhundert wird sowohl in den Gesetzen Ladislaus' und Kolomans als auch in anderen Quellen berichtet. Den zur Zeit des ersten Kreuzzuges (1096) durch das Land ziehenden Kreuzfahrern boten die Ungarn gerne allerlei Produkte zum Kauf an. Der Tauschhandel der Produkte fand auf den Märkten statt. Schon König Stephan schrieb demjenigen, der etwas von seinen eigenen Sachen oder Produkten auf dem Markt verkaufte, die Entrichtung von Zoll vor. Die Erhebung von Zöllen lag zu König Kolomans Zeit in den Händen der eine iranische Sprache sprechenden Mohammedaner, der Ismaeliten. Die natürlichen Zentren des Binnenhandels lagen um die Kirchen: Der Warentausch größerer Regionen wickelte sich in der Residenzstadt des Königs, in den Bistümern und den Gespanschaften ab. Die Märkte wurden ursprünglich sonntags abgehalten. Diesen Zustand spiegelt die althergebrachte Bezeichnung des wöchentlichen Ruhetages in der ungarischen Sprache, *vasárnap* (Markttag), wider. Einige Quellen lassen darauf schließen, daß bereits unter Stephans Herrschaft auch sonnabends Märkte abgehalten wurden. König Béla I. war es, der die Märkte von Sonntag auf Sonnabend verlegte. Béla und Koloman schützten die Käufer vor den Übergriffen der Kaufleute durch die Einführung fester Preise. Im Binnenhandel waren die von den Königen (bzw. Herzögen) im 11. Jahrhundert geprägten Münzen im Umlauf, mancher Herrscher bediente sich auch der Methode der Geldentwertung. Im Ausland bestand eine starke Nachfrage nach ungarischen Unfreien und ungarischem Vieh (besonders nach Pferden), deren Ausfuhr von den Herrschern Ungarns gedrosselt bzw. verboten wurde. Der Außenhandel stand unter königlicher Aufsicht. Ladislaus verfügte, daß die ausländischen Kaufleute vor dem König in der Stadt Gran erscheinen und sich dessen Handelsgenehmigung einholen mußten. Dieser notwendige Weg nach Gran wird wohl zum Aufschwung des dortigen Marktes beigetragen haben, wo die wichtigsten Abnehmer der Waren der königliche und der erzbischöfliche Hof gewesen sein dürften. Nach König Kolomans Verfügung mußten sich auch diejenigen das königliche Siegel einholen, die das Land verlassen wollten.

# IV. Machtkämpfe
## und Stabilisierung (1116–1196)

### Stephan II. und Béla II.

König Koloman starb am 3. Februar des Jahres 1116, er wurde in Stuhlweißenburg beigesetzt. Nach wenigen Tagen folgte ihm sein fünfzehnjähriger Sohn Stephan II. auf dem Thron. Der erste außenpolitische Konflikt, mit dem sich der neue König konfrontiert sah, ergab sich in Dalmatien. Im Jahre 1116 rüstete sich Venedig, unterstützt vom deutschen Kaiser Heinrich V. und dem byzantinischen Kaiser Alexios II., erneut zum Krieg gegen Ungarn. Stephan versuchte, nach Böhmen hin zu öffnen. Zwischen den beiden Nachbarstaaten bestand seit der Verwüstung des westlichen Oberungarn in den Jahren 1108/1109 ein gespanntes Verhältnis. König Stephan II. und der böhmische Fürst *Wladislaw I.* zogen zwar mit ihren Heeren an die Grenze, um Verhandlungen zu führen, doch führten die abweichenden Interessen und die persönlichen Gegensätze statt des Friedensschlusses zum Krieg. Am Bach Olšava kam es zum Sieg der Böhmen über das ungarische Heer, das hauptsächlich aus Einheiten der leichten Reiterei der Szekler und der Petschenegen bestand. Noch im selben Monat trieb der Doge von Venedig an der Adria das Heer des Bans *Kledin* (des Verwesers der dalmatinischen und kroatischen Gebiete Stephans) in die Flucht und eroberte nacheinander die dalmatinischen Städte und Inseln. Stephan unternahm zwar kurz darauf den Versuch, die Venezianer aus Dalmatien zu verdrängen – bei der Belagerung der Stadt Zara im Jahre 1118 fiel dabei sogar der Doge selbst –, dennoch blieben seine diesbezüglichen militärischen Aktionen letzten Endes erfolglos. Der auf fünf Jahre abgeschlossene Waffenstillstand beließ Mitteldalmatien und die Inseln im Besitz von Venedig. Im selben Jahr fielen die Ungarn in Österreich ein, worauf der österreichische Markgraf und der böhmische Fürst ungarische Grenzgebiete verwüsteten. Der Sohn Swjatopolks, des einstigen Verbündeten König Kolomans, *Jaroslaw,* der Feind des Kiewer Großfürsten Wladimir Monomach, floh nach Ungarn und versuchte im Jahre 1123 sein verlorenes Fürstentum Wladimir (Lodomerien) zurückzuerobern. Er wurde neben den polnischen Truppen auch von dem Heer

Stephans II. unterstützt. Da aber Jaroslaw, zu dessen Unterstützung die Ungarn ins Feld zogen, noch vor Beginn der Kriegshandlungen getötet wurde, verweigerten die ungarischen Truppen ihrem Herrscher den Gehorsam. Dem König blieb nichts weiter übrig, als ohne Erfolg aus Rußland zurückzukehren. Nachdem der mit Venedig abgeschlossene fünfjährige Waffenstillstand abgelaufen war, griff Stephan im Jahre 1124 erneut Dalmatien an und eroberte mit Ausnahme von Zara alle dalmatinischen Städte und Inseln, die früher in ungarischen Händen waren. Die aus dem Osten zurückkehrende venezianische Flotte aber entriß dem ungarischen König im Jahre 1125 erneut alle eroberten Gebiete.

Bis zur Mitte der zwanziger Jahre des 12. Jahrhunderts kam es zur beinahe vollkommenen außenpolitischen Isolierung Ungarns. Stephan II. setzte die päpstlich orientierte Politik seines Vaters fort. Seine Frau war die Tochter des normannischen Herzogs *Robert* aus Capua, der im Kampf zwischen Papst und Kaiser ebenfalls auf der päpstlichen Seite stand. Es entstand aber kein festes Bündnis zwischen Ungarn und den Normannen in Süditalien, das für Stephan eine wirksame Hilfe in seinem Kampf gegen Venedig hätte bedeuten können. In der ersten Hälfte der zwanziger Jahre des 12. Jahrhunderts gewährte Stephan böhmischen Adligen Asyl, die vor Herzog Wladislaw geflohen waren, und verschlechterte dadurch die Beziehungen der beiden Länder noch mehr. Um das Jahr 1126 richtete er Verwüstungen im polnischen Grenzgebiet an, was die Abkühlung der ungarisch-polnischen Beziehungen zur Folge hatte. Auf dem Kiewer Thron saß damals Wladimir Monomachs Sohn *Mstislaw,* Onkel von Boris, dem angeblichen Sohn Kolomans. Boris wird wahrscheinlich gerade in jenen Jahren in Kiew geweilt haben. Den Grund der Feindseligkeiten zwischen Venedig und Ungarn bildete der Besitzanspruch auf Dalmatien. Die schweren auswärtigen Sorgen sowie die inneren Spannungen ermutigten um das Jahr 1125 den in der Kirchenprovinz Dömös weilenden blinden Álmos und seine Anhänger zum Aufruhr gegen Stephan II., aber der König fiel über sie her und verhinderte den Aufstand. Álmos floh mit seinen Anhängern nach Byzanz, aber sein Sohn Béla lebte jahrelang im Kloster Pécsvárad verborgen. Die Emigration von Álmos' Anhängern führte zu Spannungen zwischen Ungarn und Byzanz. Es war für Stephan II. lebenswichtig, aus dieser außenpolitischen Isolation auszubrechen. Er wollte wieder nach Böhmen hin öffnen, wo seit dem Frühjahr 1125 *Sobeslaw I.,* der Mann von Álmos' Tochter, auf dem Thron saß. Die beiden Herrscher schlossen bei ihrem Treffen im Herbst des Jahres 1126 ein Bündnis. Stephan versöhnte sich auch mit *Konrad,* dem Erzbischof von Salzburg. Um seine innenpolitische Position zu stärken, nahm er die Führer und die

„Reste" des Heeres auf, das im Jahre 1122 von Byzanz eine schwere Niederlage erlitten hatte und dessen Kernstück Petschenegen bildeten. Da seine Ehe kinderlos geblieben war, regelte er die Frage der Thronfolge so, daß ihm der Sohn seiner Schwester *Sophie, Saul,* auf dem Thron folgen sollte. Mit dieser Entscheidung schloß er sowohl Álmos und dessen Sohn Béla als auch Boris aus der Thronfolge aus.

Stephan fühlte sich von Álmos bedroht und richtete seine Aufmerksamkeit nach 1125 immer mehr auf Byzanz. Kaiser Johannes II. nahm Álmos nämlich sehr freundlich auf und begann mit dem Gedanken zu spielen, Ungarn zu unterwerfen. Neben den ungarisch-byzantinischen Handelsgegensätzen war unmittelbarer Anlaß für den Ausbruch des Krieges, daß Stephan die Auslieferung von Álmos forderte, die der byzantinische Kaiser verweigerte. Daraufhin setzte Stephan im Sommer des Jahres 1127 über die Donau, eroberte eine Reihe von Städten und stieß bis Philippopolis vor. Die Kriegshandlungen wurden trotz Álmos' Tod am 1. September 1127 nicht eingestellt. Im darauffolgenden Jahr ging Kaiser Johannes II. zum Angriff über. Er besiegte das ungarische Heer am linken Ufer der Donau, nahm manche Anführer gefangen, eroberte vorübergehend die Burgen Haram und Zimony an der Donau und zog, nachdem er in Syrmien eine reiche Beute gemacht hatte, aus Ungarn.

Die Kriegserfolge von Byzanz führten zur weiteren Zerrüttung des ohnehin schon im Zerfall begriffenen Lagers Stephans II. Ein Teil der einst noch König Koloman unterstützenden Großen, die von dem sich auf die Petschenegen stützenden und außenpolitisch erfolglosen Stephan enttäuscht waren, wählten den Gespan *Bors* (Boris?) und *Iwan* zum König. Ihr Auftreten war von der Krankheit des Königs begünstigt, aber der König rechnete nach seiner Genesung mit ihnen ab: Iwan wurde enthauptet, Gespan Bors nach Byzanz verbannt. Um seine erschütterte Macht einigermaßen zu stärken, festigte er seine Freundschaftsbande zu den Petschenegen. Gleichzeitig aber sah er sich (nach Álmos' Tod) gezwungen, sein Verhältnis zur bisherigen politischen Gegenkraft, der Partei Álmos', zu regeln. Selbst am königlichen Hof kann es Anhänger der gegnerischen Seite gegeben haben, die König Stephan mitteilten, daß der totgeglaubte Béla (wenn auch geblendet) noch lebte. Der König nahm sich daraufhin seines unglücklichen Neffen an. In seiner Macht einigermaßen gestärkt, griff Stephan II. Byzanz im Jahre 1129 erneut an und eroberte – von seinem böhmischen Verbündeten unterstützt – die Burg Barancs. Das gemeinsame Interesse, das feindliche Verhältnis zu Byzanz, schmiedete das ungarisch-serbische Bündnis zusammen. Der blinde Béla heiratete *Helene,* die Tochter des serbischen Großžupans *Urosch I.* Infolge des

Angriffs des byzantinischen Kaisers verließen die ungarischen Truppen Barancs. Auf den drei Jahre lang währenden Krieg folgte bald ein Friedensvertrag, in dem der vor dem Ausbruch der Feindseligkeiten gültige Zustand sanktioniert wurde.

Ende der zwanziger Jahre des 12. Jahrhunderts wurde Boris in Byzanz von Kaiser Johannes II. freundlich aufgenommen. Er heiratete eine Verwandte des byzantinischen Herrschers, die Prinzessin *Anna Dukaina*, und nahm den griechisch klingenden Namen Kolomanos an, womit er beweisen wollte, daß er Kolomans Sohn war. Aber eine tatsächliche Hilfe zur Verwirklichung seiner gegen Ungarn gerichteten Pläne bekam er von Byzanz nicht. Deshalb ging er um das Jahr 1131 nach Polen, wo noch immer Boleslaw III. (Schiefmund), der ehemalige Verbündete Kolomans, an der Macht war.

Aus der Ehe Herzog Bélas mit Helene wurden nacheinander Söhne geboren: 1130 *Géza*, bald darauf *Ladislaus* und *Stephan*. Stephan II. wurde Anfang des Jahres 1131 wieder krank und starb am 1. März desselben Jahres. Er wurde in Großwardein an der Seite König Ladislaus' oder vielleicht in der von ihm gestifteten Prämonstratenserpropstei Váradhegyfok beigesetzt.

Béla II. (der Blinde) wurde mit etwa zwanzig Jahren am 28. April 1131 zum König gekrönt. Während der seit Stephans II. Tod vergangenen knappen zwei Monate mußte Béla wahrscheinlich den Widerstand des zum Thronfolger designierten Saul und seines Lagers überwinden. Eine späte türkische Quelle erwähnt Sauls Tod kurz nach dem Hinscheiden Stephans II. Auf der Landesversammlung in Arad im Jahre 1131 kam es auf Initiative der Königin Helene zur Abrechnung mit denen, die mitverantwortlich für die Blendung König Bélas waren. Es wurden 68 Adlige getötet, ihr Landbesitz wurde beschlagnahmt. Aus diesen Gütern gründete der Herrscher das Kollegiatkapitel Arad und schenkte ihm auch Ländereien. Eine andere Gruppe der Gegenspieler des Königs entsandte Boten nach Polen, um Boris für den ungarischen Thron zu gewinnen. Boris, der auch die persönliche Unterstützung Boleslaws III. genoß, fiel mit polnischen und russischen Truppen in das Land ein. Béla bekam österreichische Hilfe, seine Schwester war nämlich mit *Adalbert,* dem Sohn des österreichischen Markgrafen *Leopold III.,* verheiratet. Vor der Schlacht lud Béla die Adligen zur Beratung ein, wo seine Anhänger in den Reihen der dem König untreuen Adligen ein furchtbares Blutbad anrichteten. In diesem Gemetzel wurde jener Gespan *Lampert* aus dem Geschlecht Hontpaznan von seinem eigenen Bruder getötet, der etwas früher in Bozók (Komitat Hont) ein Benediktinerkloster gestiftet hatte; sein Sohn Nikolaus wurde enthauptet. Die Parteigänger des Königs versuchten, die polnischen und russischen Heerführer gegen Boris zu hetzen. Die russischen Truppen gerieten ins Wanken, die Polen aber blieben Boris treu. Die entscheidende Schlacht fand am 22. Juli 1132 am Fluß Sajó statt und endete mit dem Sieg Bélas und seiner österreichischen Verbündeten. Nach seiner Niederlage kehrte Boris nach Polen zurück, konnte aber fortan nicht mehr mit Polens Hilfe rechnen.

Nachdem Béla seine Macht im Lande gefestigt hatte, gab er sich maßlosem Weingenuß hin und machte in seinem Rausch große Schenkungen. Im Jahre 1134 schloß er mit dem römisch-deutschen Kaiser *Lothar III.* ein Bündnis. 1136 eroberte er von Venedig Spalato mit den umliegenden Gebieten zurück, 1137 unterwarf er Rama (einen Teil Bosniens). Bosnien unterwarf sich daraufhin freiwillig der Herrschaft des ungarischen Königs. Wahrscheinlich war es schon Béla, der sich den Titel „König von Rama" beilegte; die Verwaltung Bosniens als Herzogtum überließ er seinem zweitgeborenen Sohn Ladislaus. Den Leichnam seines Vaters Álmos ließ er 1137 aus Byzanz nach Ungarn bringen und in Stuhlweißenburg beisetzen. Außer Álmos' Schenkungen erhielt die Propstei Dömös im Jahre 1138 von Béla und Helene noch weitere Schenkungen. Béla anerkannte nicht den von den Normannen unterstützten Papst, sondern *Innozenz II.* als Oberhaupt der katholischen Kirche. In dem nach dem Wormser Konkordat von 1122 zwischen Papst und Kaiser erneut entflammten Kampf zeigte er eine kaiserliche Orientierung. Im Jahre 1139 verlobte der erste staufische Herrscher *Konrad III.* seinen Sohn *Heinrich* mit Bélas Tochter *Sophie.* 1138 mischte sich der ungarische König in die Machtkämpfe in Rußland ein. Er unterstützte den Kiewer Großfürsten *Jaropolk,* der ein Bruder der verstoßenen Frau Kolomans und der Onkel von Boris war.

Béla II. starb am 13. Februar 1141. Er wurde in Stuhlweißenburg an der Seite seines Vaters Álmos beigesetzt. Hier wurden fortan beinahe ein Jahrhundert hindurch – bis auf Stephan III. – alle ungarischen Könige beigesetzt.

## Géza II.

Drei Tage nach Bélas Tod wurde sein erstgeborener Sohn Géza II. zum König gekrönt. Bald darauf kam Belosch, der Bruder des serbischen Großžupans *Urosch II.* und der verwitweten ungarischen Königin Helene, nach Ungarn. Als Herzog, Palatin und Ban war er der Vormund des jungen Königs und spielte lange Zeit eine große Rolle in der Verwaltung des

Landes. Unter seiner Führung zog im Jahre 1144 ein ungarisches Heer nach Rußland, um *Wladimirko,* den Fürsten von Galizien, zu unterstützen. In der ersten Hälfte der vierziger Jahre des 12. Jahrhunderts verschlechterten sich die ungarisch-deutschen bzw. die ungarisch-böhmischen Beziehungen. Die Ehe zwischen Heinrich und Sophie kam nicht zustande. Nach dem Tod Sobeslaws I., der gute Beziehungen zu Béla gepflegt hatte, kam in Böhmen *Wladislaw II.,* ein Vertreter des mit Sobeslaw rivalisierenden dynastischen Zweiges, an die Macht, der enge Beziehungen zum Deutschen Reich aufrechterhielt. In dieser sich für Ungarn ungünstig gestaltenden internationalen Lage ließ Boris erneut von sich hören; er wandte sich an Wladislaw um Hilfe gegen Ungarn. Der böhmische Fürst verwies den Thronprätendenten an Konrad III. Sowohl der deutsche König als auch der Babenberger *Heinrich II.* (Jasomirgott), Herzog von Bayern und Markgraf von Österreich, erlaubten Boris, in ihren Ländern Söldner anzuwerben. Im April 1146 nahm Boris mit seinen Truppen unerwartet Preßburg ein, aber Géza konnte die Festung bald darauf für Geld wiedererwerben. Als Antwort nahm Géza Beziehungen mit Herzog *Welf VI.,* dem Gegner des deutschen Königs und des österreichischen Markgrafen, auf und unterstützte ihn mit Geld bei der Verwirklichung seines Planes, nämlich der Eroberung Bayerns. Im September 1146 kam es an der Leitha zur offenen Schlacht zwischen Heinrich und den Ungarn. Die aus leichtbewaffneten Truppen von Petschenegen und Szeklern bestehende Vorhut ergriff vor der deutschen Panzerreiterei zwar die Flucht, aber die von Géza und Belosch geführten Heere konnten Heinrich besiegen und verfolgten seine Truppen bis zur Fischa.

Boris' Rechnung, mit deutscher Hilfe ins Land einzufallen, ging also nicht auf. Der im Frühjahr 1147 begonnene zweite Kreuzzug bot ihm aber die Möglichkeit zu einem neuen Versuch, wozu er auch von seinen Anhängern in Ungarn ermutigt wurde. Boris wollte zunächst unter Konrads Schutz ins Land einziehen, kam aber dann doch mit den Kreuzfahrern des französischen Königs *Ludwig VII.* heimlich nach Ungarn. Während Konrads Truppen auf ihrem Durchzug wegen der gespannten ungarisch-deutschen Beziehungen beinahe wie ein feindliches Heer empfangen wurden, entstand zwischen Ludwig VII. und Géza II. ein freundliches Verhältnis. Boris mußte zur Kenntnis nehmen, daß das Lager seiner ehemaligen Anhänger stark zusammenschrumpfte; er verließ das Land mit Ludwigs Truppen und ging nach Byzanz.

Auf den Machtzuwachs Ungarns, auf die Einheit der hinter Géza stehenden herrschenden Schicht verweist auch der Umstand, daß das Land vom Jahr 1148 an nahezu ein Jahrzehnt lang eine großangelegte, seine Kräfte beinahe übersteigende Außenpolitik zu betreiben wagte. Ein Faden dieser Außenpolitik war mit der Eheschließung Gézas II. im Jahre 1146 verknüpft: Er heiratete die Russin *Euphrosyne,* deren Bruder *Isjaslaw* (Wladimir Monomachs Enkel) gerade zu jener Zeit den Thron des Kiewer Großfürsten bestieg. Durch seine Ehe geriet Géza in die unter den russischen Fürsten währenden Streitigkeiten hinein, in denen das eine Lager unter der Führung *Jurij Dolgorukijs* (Fürst von Susdal) und Wladimirkos (Fürst von Galizien), das andere unter der Führung Isjaslaws um die Oberherrschaft über das Kiewer Großfürstentum kämpfte. Der andere Faden der ungarischen Außenpolitik war mit dem europäischen Bündnissystem verknüpft, das sich in den vierziger Jahren des 12. Jahrhunderts herausbildete und dessen Entstehung eigentlich auf den Gegensatz zwischen Byzanz und dem das Byzantinische Reich bedrohenden normannischen Königreich in Süditalien zurückging. Auf der byzantinischen Seite standen das Römisch-Deutsche Reich („das Bündnis der zwei Kaiser"), Venedig, Jurij Dolgorukij und Wladimirko, auf der normannischen Seite Herzog Welf VI., der französische König Ludwig VII., der Papst, der serbische Großžupan Urosch, Isjaslaw und Géza II. In den Jahren 1148 bis 1155 führten die Ungarn in raschem Nacheinander sechs Feldzüge nach Rußland und stießen beinahe genauso oft mit dem byzantinischen Heer zusammen.

Den ersten Feldzug gegen Rußland führten die Ungarn im Jahre 1148 zur Unterstützung Isjaslaws. Im Sommer 1149 gewann jedoch Jurij Dolgorukij die Oberhand und vertrieb Isjaslaw aus Kiew, der sich aber wieder an Géza um Hilfe wandte. Da sich aber die Serben zur gleichen Zeit gegen das die Normannen angreifende Byzanz erhoben und von den Ungarn Waffenhilfe bekamen, konnte der ungarische König erst Ende des Jahres ein größeres Heer zur Unterstützung Isjaslaws nach Rußland schikken. Dieser zweite Feldzug an der Jahreswende 1149/1150 blieb erfolglos, die ungarischen Truppen kehrten ohne Kampfhandlungen zurück. Doch schon im Frühherbst des Jahres 1150 kam es – diesmal unter der persönlichen Führung Gézas II. – zum nunmehr dritten Feldzug zur Unterstützung Isjaslaws, der Kiew mittlerweile wieder verloren hatte. Wladimirko bestach aber einige Oberpriester und Adlige, die den König zur Rückkehr nach Ungarn überredeten, so daß sich Isjaslaws Lage im wesentlichen nicht verbesserte.

Im Spätsommer 1150 zog der byzantinische Kaiser *Manuel I. (Komnenos)* gegen die Serben, um deren Aufstand niederzuwerfen. Auch diesmal schickten die Ungarn Truppen zur Unterstützung der Serben. Die am Fluß Tara ausgetragene Schlacht endete mit dem Sieg der Byzantiner.

Daraufhin unterwarf sich Urosch II. Kaiser Manuel, der Ende 1150 und Anfang 1151, als sich Géza II. noch auf dem Heimweg von seinem Feldzug gegen Rußland befand, gegen Ungarn zog, um sich für die ungarischen Angriffe zu rächen. Manuel eroberte und zerstörte Zimony in Syrmien, während ein Teil des byzantinischen Heeres unter der Führung von Boris in den Gebieten an der Temes Verwüstungen anrichtete. Das war die letzte militärische Aktion von Boris, der kurz danach starb. Der Rachefeldzug der Byzantiner gegen Ungarn dauerte noch an, als sich Isjaslaw wieder an Géza um Hilfe wandte. Innerhalb von wenigen Jahren zogen Anfang 1151 die ungarischen Truppen schon das vierte Mal gegen Rußland. Ihre Aktion war diesmal erfolgreich, sie konnten Gézas Schwager zur Wiederbesteigung des Kiewer Throns verhelfen. Mit Isjaslaw zogen auch die Ungarn in Kiew ein, wo sie die Kiewer mit ihren Reitkünsten (Rennen und Springreiten) in Erstaunen versetzten. Aber Isjaslaw fühlte sich auf dem Thron nicht sicher. Kaum daß die Ungarn Rußland verlassen hatten, bat er sie im Frühjahr 1151 wieder um Hilfe. Wladimirko, der Fürst von Galizien, überfiel die ungarischen Truppen jedoch auf ihrem Weg nach Kiew und metzelte den Großteil der betrunkenen Ungarn nieder. 1152 kam es innerhalb von vier Jahren zum nunmehr sechsten Feldzug der Ungarn gegen russische Gebiete, er wurde von Géza selber geführt. Die 73 ungarischen Truppen umfaßten nach der herkömmlichen Interpretation die Einheiten des Kriegsvolkes der 72 Komitate und die königliche „Brigade". In der Nähe der Burg Przemyśl am San besiegten die ungarisch-russischen Truppen das Heer Wladimirkos und rächten sich an ihm für das Blutbad vom Vorjahr. Da aber Wladimirko die ungarischen weltlichen und geistlichen Adligen wieder bestach, konnte Géza den Kriegserfolg nicht in einen wirklichen politischen Erfolg umwandeln.

Im Jahre 1152 wurde Konrad an der Spitze des Deutschen Reiches von *Friedrich I. Barbarossa* abgelöst, der schon auf dem Reichstag vom Juni desselben Jahres einen Plan zum Überfall und zur Unterwerfung Ungarns unterbreitete. 1153 wurde zwischen Byzanz und Ungarn ein für Géza nachteiliger Frieden geschlossen: Der ungarische König mußte für die beim byzantinischen Einfall zwei Jahre zuvor aus Ungarn verschleppten Gefangenen ein Lösegeld zahlen und das Versprechen geben, Freund und Verbündeter von Byzanz zu sein. Géza war mit diesem Vertrag unzufrieden und unterstützte gegen Manuel den Neffen des Kaisers, Andronikos, in dessen Kampf um die byzantinische Krone. *Andronikos* konnte seinen Plan zwar nicht verwirklichen, aber Gézas Ende des Jahres 1154 unternommener Feldzug gegen byzantinische Gebiete endete mit dem Sieg des ungarischen Heeres. Im Frühjahr 1155 wollte sich Kaiser Manuel für die militärische Aktion des Vorjahres an den Ungarn rächen, doch Géza bat ihn um Frieden. Der Friedensschluß brachte keiner der beiden Seiten einen territorialen Gewinn.

Durch die aufeinanderfolgenden Kriege war Ungarn erschöpft, seine außenpolitische Lage verschlechterte sich. Das Bündnis mit den Normannen half auch diesmal nichts. Ohne Erfolg schlug Manuel im Jahre 1156 Friedrich Barbarossa einen gemeinsamen Angriff auf Ungarn vor. 1156 wurde die Markgrafschaft Österreich vom deutschen Herrscher zum Herzogtum erhoben; dieser Schritt Friedrichs war auch gegen Ungarn gerichtet. Auch die Beziehungen Ungarns zum Papsttum verschlechterten sich. Papst *Hadrian IV.* stand im Streit zwischen Ungarn und Venedig um die Herrschaft über Dalmatien auf der Seite Venedigs. Die Einheit der herrschenden Schicht löste sich auf, es bildeten sich Fraktionen. An die Spitze der mit Géza II. unzufriedenen Gruppe von Adligen stellte sich Herzog Stephan, der jüngste Bruder des Königs. Er fühlte sich wahrscheinlich auch deshalb beleidigt, weil er und sein Bruder Ladislaus zwar ein herzogliches Leben führen konnten, aber kein selbständiges Herzogtum vom König bekamen. An der Wende 1156/1157 versuchte Stephan die Herrschaft an sich zu reißen und plante einen Mordanschlag auf Géza. Er rechnete auf die Unterstützung des einflußreichen Belosch. Der König überraschte die Verschwörer, Stephan wurde verbannt und später zum Tode verurteilt. Auch Belosch verschwand vom ungarischen Königshof.

Stephan hielt sich Ende 1157 bei Friedrich Barbarossa auf, von dem er Hilfe zur Verwirklichung seiner Pläne erwartete. Aber gerade zu dieser Zeit – parallel zur Verschlechterung der deutsch-byzantinischen Beziehungen – verbesserten sich die Beziehungen Ungarns zum Deutschen Reich. Géza gab seine Einwilligung dazu, daß Friedrich über die Besteigung des ungarischen Throns entschied, und versprach, den Kaiser auf seinem italienischen Feldzug mit Hilfstruppen zu unterstützen. Auf dem Regensburger Reichstag vom Januar 1158 vertagte Friedrich die Entscheidung über die ungarische Thronbesteigung, was die Ablehnung der Bitte Stephans bedeutete. Daraufhin verließ Stephan Friedrichs Hof und fand bei dem mit Friedrich rivalisierenden byzantinischen Kaiser Manuel Unterstützung, der ihn freundlich aufnahm und ihm seine Nichte *Maria* zur Frau gab. Géza hielt sein Wort, er entsandte im Frühherbst 1158 eine aus etwa einem halben Tausend Ismaeliten bestehende Bogenschützeneinheit zur Unterstützung Friedrichs bei seinen Kampfhandlungen in der Umgebung von Mailand, die mit dem zwischen Papst und Kaiser erneut entflammten Streit zusammenhingen. Im Herbst 1159 starb Papst

Hadrian IV. Die Kardinäle setzten *Alexander III.* auf den Stuhl Petri, der die Politik seines Vorgängers verfolgte. Friedrich ließ in der Person *Viktors IV.* einen Gegenpapst wählen. Auf der Synode in Pavia vom Februar 1160, an der auch Gézas Gesandte teilnahmen, wurde Viktor IV. von den Anhängern Friedrichs in seinem Amt bestätigt und Alexander III. abgesetzt. Das machte dem ungarischen König klar, daß hinter Friedrich bzw. Viktor IV. lediglich eine kleine Gruppe von treuen Vasallen des Deutschen Reiches stand, während sich zur Unterstützung Alexanders III. eine breite europäische Einheitsfront herausbildete, die neben dem normannischen Königreich Süditaliens sowie Venedig und Byzanz auch England und Frankreich umfaßte. Daraufhin schied Géza aus dem Lager Friedrichs aus.

Zur Zeit des genannten Wechsels in der ungarischen Politik, also Ende des Jahres 1160, versuchte Herzog Stephan erneut, die Unterstützung Friedrichs zu gewinnen, aber seine Bemühungen waren erfolglos, so daß er sich gezwungen sah, nach Byzanz zurückzukehren, wohin ihm kurz danach auch sein älterer Bruder, Herzog Ladislaus, folgte. Ladislaus lehnte jedoch Kaiser Manuels Angebot ab und heiratete keine Frau aus der byzantinischen Herrscherfamilie.

Der politische Kurswechsel, dem zufolge Ungarn aus dem kaiserlichen Lager auf die Seite des Papstes gelangte, fand im Jahre 1161 seinen endgültigen Abschluß. Darin, daß in Ungarn die Orientierung am Papst die Oberhand gewinnen konnte, spielte der Erzbischof von Gran, *Lukas,* der von Anfang an auf der Seite Alexanders III. stand, eine bedeutende Rolle. In der neuen Situation anerkannte Géza im Vertrag mit dem Papst vom Jahre 1161 den päpstlichen Standpunkt in der grundsätzlichen Frage der Investitur (d. h. er verzichtete auf die Ab- bzw. Versetzung von Bischöfen ohne päpstliche Genehmigung), nutzte aber die Notlage des Papsttums aus und sicherte dem ungarischen König die Möglichkeit, in manchen kirchlichen Fragen seines Landes mitbestimmen zu dürfen. Außer dem genannten Übertritt vom kaiserlichen zum päpstlichen Lager nahmen Géza gegen Ende seines Lebens seine dalmatinischen und byzantinischen Geschäfte stark in Anspruch. An der adriatischen Küste unterwarfen sich die mit der Herrschaft Venedigs unzufriedenen Bewohner von Zara dem ungarischen König, aber die venezianische Flotte zwang sie im selben Jahr zur Rückkehr unter die Oberhoheit Venedigs. Mit Byzanz, wo sich seine beiden Brüder aufhielten, verlängerte Géza im Jahre 1161 den Friedensvertrag. Um weiteren inneren Streitigkeiten vorzubeugen, betraute er seinen jüngeren Sohn *Béla* mit der Verwaltung Dalmatiens und Kroatiens, die als königliches Herzogtum galten.

Géza II. starb am 31. Mai 1162. Den Thron bestieg – dem Willen Gézas entsprechend – sein erstgeborener Sohn, der fünfzehnjährige *Stephan III.*

## Stephan III. und die Gegenkönige

Die Herrschaft Stephans III. dauerte zunächst lediglich sechs Wochen. Die Lage nach Gézas II. Tod schien dem byzantinischen Kaiser günstig, durch das „Vorschieben" der von ihm unterstützten ungarischen Thronprätendenten Ungarn in Lehnsabhängigkeit zu zwingen und die wertvollen südlichen Gebiete des Landes in Besitz zu nehmen. Byzantinische Gesandte führten in Ungarn Verhandlungen über eine mögliche Thronbesteigung von Gézas Bruder Stephan, auch Kaiser Manuel machte sich mit seinem Heer auf den Weg. Die Verhandlungen zeitigten jedoch keinen Erfolg, weil Herzog Stephan in Ungarn nur wenige Anhänger hatte. Manuel zog von Sofia in Richtung auf die ungarische Grenze weiter und entsandte eine Truppe direkt nach Ungarn. Die Byzantiner bestachen ungarische Adlige, versprachen ihnen goldene Berge, um Stephan zum Thron zu verhelfen, aber sie konnten ihren Plan nicht durchsetzen. Die einen byzantinischen Angriff befürchtenden Ungarn sahen sich jedoch zu einem Kompromiß mit dem östlichen Kaisertum gezwungen: Stephan wollten sie nicht zum König haben, aber die Herrschaft von Ladislaus, dessen Beziehungen zu Byzanz lockerer waren, lehnten sie nicht ab. Da sich Erzbischof Lukas weigerte, wurde der 31jährige Ladislaus von *Mikó,* dem Erzbischof von Kalocsa, Mitte Juli des Jahres 1162 zum König Ungarns gekrönt. Stephan III. war gezwungen, seinen Gegnern bei Kapuvár eine Schlacht zu liefern, dann zog er nach Österreich, kam bald darauf wieder nach Ungarn und zog sich in die Burg Preßburg zurück. Erzbischof Lukas, ein äußerst radikaler Vertreter der päpstlichen Politik, sprach den Bann über *Ladislaus II.* aus, woraufhin ihn der König einkerkern ließ. Durch die Intervention Papst Alexanders III. kam Lukas frei, da er aber die Legitimität von Ladislaus' Herrschaft auch weiterhin nicht anerkannte, wurde er wieder ins Gefängnis geworfen. Ladislaus stellte den sich über ein Drittel des Landes erstreckenden *ducatus* wieder her, setzte seinen Bruder Stephan als Herzog ein und bestimmte ihn auch zum Thronfolger. Nach einer kaum halbjährigen Herrschaft starb Ladislaus am 14. Januar 1163.

Ladislaus II. folgte auf dem Thron sein etwa dreißig Jahre alter Bruder *Stephan IV.* Er wurde am 27. Januar 1163 von Mikó, dem Erzbischof von Kalocsa, zum König gekrönt, weil Lukas die Krönung auch diesmal verweigerte. Seine wenigen Anhänger kamen aus dem engen Kreis der Bischöfe und der Gespane des südlichen Landesteils; auch Belosch, der der Würde des serbischen Großherzogtums entsagte, erschien wieder in Ungarn. Stephan IV. war in Ungarn nicht beliebt, es entfaltete sich im Land eine Bewegung zu seiner Entmachtung. Um dieser Bewegung Einhalt zu gebieten, wandte er sich an Byzanz um Hilfe. Nachdem er aber diese byzantinische Hilfe nicht in Anspruch nahm und das Heer nach Byzanz zurückgekehrt war, verstärkte sich die Empörung gegen Stephan. Die Politik Stephans IV. war durch eine bedingungslose Treue zu Byzanz charakterisiert. In der Münzprägung ahmte er das byzantinische Muster nach: Neben dem herkömmlichen Silbergeld ließ er auch Kupfer- und Goldmünzen prägen.

Im Westen befürchtete man ernstlich, daß sich die ungarische Kirche infolge des griechischen Einflusses von Rom trennen wollte, weil Stephan IV. tatsächlich sämtliche Beziehungen zum Papsttum abbrach. Es lief den Interessen Friedrichs zuwider, daß Byzanz das an der östlichen Grenze des Deutschen Reiches gelegene Ungarn fast zu seinem Vasallen machte. Der deutsche Kaiser plante deshalb im Mai 1163 einen Feldzug gegen Ungarn. Inzwischen versuchte Stephan III. alles Mögliche, um ein entsprechendes Heer gegen seinen Onkel aufzustellen. Er versicherte sich des Wohlwollens Friedrichs, was insofern wichtig war, als sich der deutsche Kaiser für die Abtrünnigkeit seines Vaters Géza II. nicht an ihm rächte. Auf österreichischem Gebiet warb er Söldner an, von denen viele auch später in Ungarn blieben und dort ihre neue Heimat fanden. Er genoß auch die Unterstützung solcher Adliger deutscher Herkunft wie *Heinrich* (Vorfahr der Familie Kőszegi – Günser, d. h. von der Güns –, die sich Ende des 13. Jahrhunderts große Macht verschaffte), der zusammen mit seinem Bruder *Wolfer* etwas früher – unter der Herrschaft Gézas II. – nach Ungarn gekommen war und in den Jahren 1162–1164 Stephans III. Palatin war. Auch die Besatzungen der westungarischen Burgen standen hinter ihm. In der Schlacht bei Stuhlweißenburg am 19. Juni 1163 besiegte Stephan III. seinen – die byzantinische Hilfe entbehrenden – Onkel Stephan IV., womit dessen knapp fünf Monate dauernde Herrschaft ein Ende nahm. Stephan III. konnte den Königsthron wieder besteigen, seine Macht hatte sich aber noch bei weitem nicht konsolidiert.

Stephan IV. floh auf byzantinisches Gebiet und wandte sich sofort an Manuel um Hilfe. Der Kaiser entsandte ein Heer gegen Ungarn und machte sich aus Sofia auch selbst auf den Weg. Die Gesandten Stephans III. trafen Manuel in Nisch an, doch die Verhandlungen mit den Ungarn befriedigten ihn nicht; er zog deshalb nach Norden weiter und erreichte Belgrad. Dort aber forcierte er die Sache Stephans IV. nicht mehr weiter – er wird wohl die Aussichtslosigkeit der Lage seines Schützlings erkannt haben –, sondern bot Béla, dem Bruder Stephans III., die Hand seiner Tochter *Maria* an und verband dieses Angebot mit dem Anspruch auf die Gebiete Dalmatiens und Kroatiens, die Béla seit 1161 als Herzog verwaltete. Als Gegenleistung verzichtete er darauf, Stephan IV. in seinem Kampf um den ungarischen Thron zu unterstützen. Die Vereinbarung wurde sowohl vom Kaiser als auch vom ungarischen König angenommen. Béla kam Ende 1163 nach Konstantinopel. Er bekannte sich zur östlichen Kirche, nahm den Namen Alexios an, verlobte sich mit Maria und erhielt von Manuel den Titel *despotes,* der in der byzantinischen Verwaltungshierarchie den Rang unmittelbar nach dem Kaiser bedeutete.

Die ungarisch-byzantinische Vereinbarung von 1163 erwies sich aber als kurzlebig. Schon an der Wende 1163/1164 zog Ban *Ampud* mit einem großen Heer nach Dalmatien, um zu verhindern, daß das Gebiet in byzantinischen Besitz geriet. Mit dieser militärischen Aktion hing zusammen, daß die Stadt Zara die venezianische Herrschaft abschüttelte und sich Ungarn anschloß. Der Doge versuchte vergeblich, die Stadt zurückzuerobern.

Stephan IV. gab den Kampf um die ungarische Krone nicht auf. Er wandte sich erneut an Friedrich um Hilfe, da ihn der Kaiser aber auch diesmal nicht unterstützte, zog er im Frühjahr 1164 wieder unter byzantinischer Obhut gegen Ungarn. Manuel eilte trotz der genannten Vereinbarung seinem Schützling zu Hilfe, auch Béla schloß sich dem Heer an. Der von böhmischen, galizischen und österreichischen Truppen unterstützte Stephan III. zog gegen den in Ungarn einfallenden Manuel. Der Kaiser stieß bis in die Gegend um Bács vor, aber tief im feindlichen Ungarn ließ er sich auf keine Schlacht ein. Er bat den böhmischen König *Wladislaw II.,* als Friedensrichter im Streit zwischen ihm und Ungarn zu vermitteln. Der Vereinbarung zufolge überließ Stephan III. dem byzantinischen Kaiser Dalmatien, Kroatien und sogar Syrmien. Manuel dagegen bekräftigte sein früheres Versprechen, Stephan IV. künftig nicht mehr zu unterstützen.

Stephan III. seinerseits fühlte sich nicht zur Einhaltung des Vertrages vom Jahre 1164 verpflichtet. Im Frühjahr 1165 eroberte er den Großteil Syrmiens zurück und versuchte Zimony einzunehmen. Daraufhin hielt sich auch Manuel nicht mehr an den Vertrag und unternahm den Versuch, Stephan IV. auf den ungarischen Thron zu bringen. Inzwischen gelang es aber Stephan III., in dem belagerten Zimony einige ungarische Anhänger

Stephans IV. zu bestechen, von denen einer am 11. April 1165 den Thronprätendenten vergiftete. Zimony fiel, und Syrmien geriet wieder unter ungarische Herrschaft. Erst nach mehreren erfolglosen Versuchen gelang es Manuel, die Stadt Zimony zurückzuerobern. Zur gleichen Zeit konnte Byzanz mit venezianischer Hilfe Dalmatien und Bosnien erobern, auch Zara kam wieder unter die Herrschaft Venedigs. Stephan III. bat Byzanz um Frieden und versprach, die Gebiete Syrmiens und Dalmatiens an Byzanz abzutreten.

Obwohl Kaiser Manuel 1166 in seinem Herrschertitel unter anderen auch das Attribut *Ungrikos* (d. h. von Ungarn) führte, und obwohl einige kleinere – zwar wichtige und hochentwickelte – Gebiete des Landes zeitweilig unter byzantinischer Herrschaft standen, konnte der byzantinische Kaiser seinen ursprünglichen Plan, Ungarn in Lehnsabhängigkeit zu zwingen, nicht verwirklichen. 1165 wurde ihm klar, daß er Ungarn nicht unterwerfen konnte. Er forcierte auch nicht die Erhebung Bélas auf den ungarischen Thron, sondern wandte seine Aufmerksamkeit auf Italien. In den Folgejahren kam es zwar noch zu mehreren Kriegen zwischen Ungarn und Byzanz, doch diese gefährdeten die Unabhängigkeit Ungarns nicht mehr. Im Frühjahr 1166 eroberte das Heer Stephans III. bis auf Zimony das ganze Syrmien zurück. Manuel selbst zog zwar nicht mehr in den Krieg, er entsandte aber drei Heere (eines davon stand unter Bélas Führung), um sich an Ungarn für dessen Eroberungsfeldzüge zu rächen. Der Waffenstillstand wurde durch die Vermittlung des österreichischen Herzogs Heinrich abgeschlossen, dessen Tochter *Agnes* Stephan III. kurz davor geheiratet hatte. Der Vereinbarung zufolge fiel Syrmien wieder an Byzanz. Ende 1166 fiel ein ungarisches Heer unter Ban Ampuds Führung in Dalmatien ein und eroberte einige Städte zurück. Während Stephans III. Gesandte im Frühjahr 1167 mit Manuel verhandelten, versuchten die Ungarn Syrmien zu erobern. Kaiser Manuel selber zog auch diesmal nicht ins Feld, sondern entsandte ein starkes Heer unter der Führung eines seiner Verwandten. Das von 37 Gespanen geführte, etwa fünfzehntausend Mann zählende, aus schweren Reitern, Bogenschützen und leichtem Fußvolk bestehende ungarische Heer stand unter dem Oberbefehl des Gespans *Dionysius*. Daraus ist zu schließen, daß die Hälfte der „Streitkräfte" des Landes, das Kriegsvolk von 36 Komitaten und die königlichen Truppen, nach Syrmien gezogen waren (das ganze damalige ungarische Heer dürfte dementsprechend etwa dreißigtausend Mann gezählt haben). Die Schlacht wurde am 8. Juli 1167 bei Zimony unweit der Save geschlagen und endete mit dem Sieg der Byzantiner. Aber Byzanz nutzte die durch den Sieg gegebenen Möglichkeiten nicht aus.

Für Stephan III. bedeutete Byzanz bzw. der dort lebende Béla auch nach 1167 eine potentielle Gefahr. Bélas Lage in Konstantinopel änderte sich mit der Zeit. 1169 bekam Manuel einen Sohn, den er im Jahre 1171 gegen Béla zum Erben seines Reiches machte. Er löste die Verlobung Marias mit Béla und gab ihm seine Schwägerin, die aus Antiochien stammende *Anna (Agnes) de Châtillon,* zur Frau. Béla verlieh er den – im Vergleich zum *despotes* bescheideneren – Titel *kaisar.* All diese Umstände lenkten Bélas Aufmerksamkeit wieder auf Ungarn.

Aus diesem Grunde wurde Stephan III. Byzanz gegenüber äußerst vorsichtig. Er unternahm keinen Versuch mehr zur Zurückeroberung Dalmatiens oder Syrmiens und unterstützte auch die Serben nicht mehr in ihrem Kampf gegen Byzanz. Mit seinen westlichen Nachbarn, dem böhmischen König Wladislaw II. und dem österreichischen Herzog Heinrich Jasomirgott, verknüpften ihn enge Familienbande. Der Entstehung dynastischer Beziehungen im Jahre 1167 war auch der Frieden zwischen Ungarn und Venedig zu verdanken, der den Interessen von Byzanz zuwiderlief. Die Feindseligkeiten zwischen Venedig und Byzanz nutzte Zara dazu, sich von der Herrschaft Venedigs – wenn auch nur für eine kurze Zeit (1171–1172) – wieder frei zu machen.

In den Jahren 1162 bis 1169 kam kein päpstlicher Legat an den ungarischen Hof. Papst Alexander III. mißbilligte, daß der ungarische König das Investiturrecht ausübte, kirchliche Güter enteignete und diese nicht für kirchliche Zwecke verwendete. Bei der Verbesserung der Beziehungen zwischen Papst und König spielte nach 1167 Erzbischof Lukas eine große Rolle. Als Ergebnis der Tätigkeit des 1169 nach Ungarn gesandten päpstlichen Legaten *Manfred* wurde acht Jahre nach dem Abkommen zwischen Géza II. und dem Papsttum ein neuer Vertrag abgeschlossen, der in bestimmten Punkten (z. B. in der Frage der Investitur) die Vereinbarungen von 1161 bekräftigte, in anderen Fällen wieder über diese hinausging. So z. B. verzichtete Stephan III. auf die Einsetzung der königlichen Pröpste und Äbte. Alexander III. mußte in einem päpstlichen Brief die Einführung des Zölibats im Kreise der höheren ungarischen Priester verfügen.

Während seiner knapp zehnjährigen Herrschaft konnte Stephan III. nicht nur die Ungarns Unabhängigkeit unmittelbar bedrohende byzantinische Gefahr abwenden, sondern er tat – besonders nach 1167 – auch sehr viel für die Konsolidierung des Landes. Mit seiner ausgewogenen, Konflikte meidenden Politik trug er zur Verbesserung der internationalen Lage des Landes bei. Der junge König (1172 war er kaum 25 Jahre alt) konnte sich während seiner ganzen Regierungszeit auf die reichen Erfahrungen und die nützlichen Ratschläge seiner Mutter Euphrosyne stützen.

Am 4. März 1172 starb Stephan unerwartet. Er wurde in Gran beigesetzt. Er hinterließ kein Kind. Der von seiner österreichischen Frau im Jahre 1167 geborene Sohn *Béla* starb im frühen Kindesalter. Im Jahre 1172 erwartete Königin Agnes wieder ein Kind. Von diesem Kind Stephans III. wissen wir nichts, bei der Thronfolge konnte es aber auch noch nicht in Frage kommen. Die beiden möglichen Kandidaten waren Stephans Brüder, der in Byzanz lebende Béla und *Géza,* der sich in Ungarn aufhielt.

## Béla III.

Über Gézas Thronanspruch besitzen wir keine Informationen, aber Bélas Anhänger handelten schnell. Sie entsandten Abgesandte zu Manuel, der damals in Sofia weilte, um über Bélas Thronantritt zu verhandeln. Der Plan gefiel dem byzantinischen Herrscher. Er nahm Béla, den er von nun an als ungarischen König betrachtete, den Eid ab, daß dieser künftig immer den byzantinischen Interessen entsprechend handeln würde, und schickte ihn mit seiner Frau nach Ungarn. Um dem Unternehmen Nachdruck zu verleihen, wurde Béla auch von einem byzantinischen Heer begleitet. Manuel sparte nicht mit Geld, um ungarische Adlige zu bestechen. Die Mehrheit des Stephan III. ein Jahrzehnt lang treuen weltlichen Adels schloß sich Béla an. Um die Unterstützung des Papsttums für seine Herrschaft zu gewinnen, wandte sich Béla nicht an den von Friedrich unterstützten Gegenpapst, sondern an Alexander III. und bekräftigte mit seinem Eid das Konkordat zwischen dem Papst und dem ungarischen König vom Jahre 1169. Aber Erzbischof Lukas verweigerte die Krönung Bélas trotz des päpstlichen Befehls, weil er die Verbreitung des östlichen Glaubens in Ungarn befürchtete. So wurde der etwa 24jährige Béla am 13. Januar 1173 mit päpstlicher Genehmigung vom Erzbischof von Kalocsa zum König gekrönt.

Auch das fast ein Jahr lang dauernde Interregnum zeigt, daß Béla III. nicht ohne innere Schwierigkeiten an die oberste Macht kommen konnte. Die größte Schwierigkeit bedeutete Gézas Auftritt; darüber sind uns in den Quellen aber keine konkreten Informationen überliefert. Béla deckte die Verschwörung auf und warf Géza ins Gefängnis. Der Gefangene konnte aber entfliehen und mit seinen Anhängern nach Österreich ziehen, wo ihn Herzog Heinrich II. freundlich aufnahm. Béla fiel deshalb im Sommer 1176 in Österreich ein. Nach Heinrichs II. Tod wollte Géza zu Friedrich ziehen, doch der böhmische Fürst *Sobeslaw II.* lieferte ihn im Jahre 1177 an Béla aus. Der König warf seinen Bruder und seine Mutter Euphrosyne, die an der Verschwörung beteiligt gewesen sein dürfte, ins Gefängnis und ließ einen Parteigänger Gézas blenden.

In den ersten Jahren seiner Regierungszeit betrieb Béla auch weiterhin eine päpstlich orientierte Politik und unterhielt auch mit Byzanz gute Beziehungen. Im August 1176 verhandelte der päpstliche Legat *Walter* in Raab – also in einem neutralen Gebiet – über die kirchlichen Fragen des Deutschen Reiches. Die Vertreter des ungarischen Königs und der ungarischen Kirche nahmen im August 1177 in Venedig an dem Abschluß des Friedens teil, der dem erneut entflammten Streit zwischen Papst und Kaiser ein Ende bereitete. Auf die Bitte des byzantinischen Kaisers nahmen im Jahre 1176 ungarische Hilfstruppen am erfolglosen Krieg des östlichen Kaiserreiches gegen die Seldschuk-Türken in Kleinasien teil. Da Béla seine Macht im Lande bis zum Ende der siebziger Jahre des 12. Jahrhunderts stabilisiert hatte und Manuel im Jahre 1180 starb, wurde die ungarische Außenpolitik auf einen Schlag aktiver, und es kam zu Änderungen in ihren früher eingeschlagenen Richtungen. Ende 1180 oder Anfang 1181 eroberte Béla Dalmatien und vielleicht schon damals auch Syrmien von Byzanz zurück. Die Wiederherstellung der ungarischen Herrschaft in Mitteldalmatien nutzte Zara dazu, sich wieder von Venedig zu trennen und sich Ungarn anzuschließen. Als Manuels Witwe 1182 Béla bat, sich in die innerbyzantinischen Streitigkeiten einzumischen, eroberte der ungarische König die Burgen Barancs und Belgrad. Im Bündnis mit den gegen die byzantinische Herrschaft rebellierenden Serben drang er bis nach Nisch und Sofia vor. Obwohl er 1184 gezwungen war, diese Gebiete zu räumen, gelang es ihm, 1185 wieder bis Nisch und Sofia vorzudringen. Das östliche Kaiserreich wurde gleichzeitig auch von den Normannen ernstlich bedroht. Der neue Kaiser *Isaak II. Angelos* drängte die Normannen zurück, mit den Ungarn traf er eine Vereinbarung. Der byzantinische Herrscher heiratete *Margarete,* die Tochter Bélas III., und erhielt als Heiratsgut die von den Ungarn kurz zuvor eroberten nordbalkanischen Gebiete. Bald darauf aber erhoben sich auch die Bulgaren gegen Byzanz. Serbien und Bulgarien konnten nach einer mehr als anderthalb Jahrhunderte währenden byzantinischen Herrschaft ihre staatliche Selbständigkeit wiedergewinnen.

Um 1184 starb König Bélas Frau Anna de Châtillon, die Mutter der Kinder des ungarischen Königs, auch der beiden Söhne Bélas, *Emmerichs* und *Andreas'.* Der verwitwete Béla dachte zunächst an eine byzantinische Ehe, nachdem aber dieser Plan gescheitert war, heiratete er im Jahre 1186 *Margarete Capet,* die Tochter des französischen Königs Ludwig VII. Diese Ehe war durch politische Erwägungen motiviert, denn sie sicherte Béla das Bündnis mit Frankreich im Rücken Friedrichs. Im ungarischsteirischen Konflikt vom Jahre 1187 trat Friedrich als Schiedsrichter auf. Im selben Jahr versuchte Venedig, die Stadt Zara zurückzuerobern, die Aktion blieb jedoch erfolglos; 1188 schlossen Ungarn und Venedig einen Waffenstillstand auf zwei Jahre ab. Während dieser Zeit mischte sich Béla III. in die russischen Machtkämpfe ein. Da der gestürzte Fürst von Galizien, *Wladimir,* sich an Béla um Hilfe wandte, zog der ungarische König 1188 in Galizien ein, setzte aber nicht Wladimir auf den Thron zurück, sondern machte seinen eigenen Sohn Andreas zum Fürsten. Die Galizier konnten die Mißwirtschaft der Ungarn und die drückenden Steuern Andreas' nur schwer erdulden. Nachdem Wladimir aus der ungarischen Gefangenschaft entflohen war, gelang es ihm mit der Unterstützung des polnischen *Kasimir* im August des Jahres 1189, Andreas und seine Ungarn aus Galizien zu vertreiben.

Die internationale Politik kam durch den Umstand erneut in Bewegung, daß im Jahre 1187 das Heilige Land von den Mohammedanern überfallen wurde und auch Jerusalem dem ägyptischen Sultan in die Hände fiel. 1189 begann der dritte Kreuzzug. Die Mehrheit der Kreuzfahrer wählte den Seeweg, aber Friedrich zog durch Ungarn in den Krieg. Auf die Intervention des Kaisers hin ließ Béla III. seinen Bruder Géza frei, der mit einer ungarischen Truppe, die dem deutschen Kaiser den Weg sicherte, sein Vaterland verließ, wohin er nie wieder zurückkehrte. Er heiratete auf griechischem Boden, seine Kinder wurden dort geboren, er fand dort auch seine neue Heimat; in Byzanz nahm er den Namen Joannes an. Der ungarische König spielte beim Abschluß des Friedensvertrages von Adrianopolis zwischen den beiden Kaisern im Februar 1190 eine wesentliche Rolle. Durch diesen Friedensvertrag war die Byzanz unmittelbar bedrohende Gefahr beseitigt, die Kreuzfahrerscharen konnten ihren Weg ins Heilige Land fortsetzen.

Auf der Balkanhalbinsel, wo die Serben und die Bulgaren – oft miteinander verbündet – gegen Byzanz kämpften und ihre Macht ausbreiteten, trat Béla III. als Eroberer auf. Der im Jahre 1190 abgelaufene Waffenstillstand zwischen Ungarn und Venedig wurde verlängert, so wußte sich König Béla von der Adria her in Sicherheit. An der Wende 1192/1193 eroberte Béla Gebiete von Serbien, die gleichzeitig auch Isaak als seine eigenen betrachtete. Durch das byzantinisch-serbische Bündnis war Béla gezwungen, die eroberten Gebiete abzutreten, andererseits richtete auch der neue Doge von Venedig auf der Adria einen Angriff gegen Ungarn, um Zara zurückzuerobern, und brach damit den Waffenstillstand. Er konnte nur einige Inseln erobern, Zara blieb auch weiterhin in ungarischen Händen. Weil Kaiser Isaak im Jahre 1194 durch die Bulgaren eine Niederlage erlitt, wandte er sich an seinen Schwiegervater Béla um Hilfe. Der ungarische König versprach ihm auch Unterstützung, die versprochene Hilfe blieb jedoch aus. In seinen letzten Lebensjahren plante Béla III. die Aufstellung eines eigenen Kreuzheeres, er konnte sein Vorhaben aber nicht verwirklichen und überließ diese Aufgabe seinem jüngeren Sohn Andreas. König Bélas Außenpolitik in bezug auf Galizien bzw. die Balkanhalbinsel bestimmte auch die Richtungen der Expansionspolitik der späteren ungarischen Könige; durch seine ausgedehnten Beziehungen trug er zur Erhöhung des internationalen Ansehens des Landes bei.

Die Garantie für die expansionistische Außenpolitik Bélas war seine stabile Innenpolitik. Er verfolgte eine Politik der eisernen Hand gegenüber all denen, die auf irgendeine Weise gegen seine Herrschaft auftraten. Auch mit der Geistlichkeit machte er keine Ausnahme. Obwohl ihn der Erzbischof von Kalocsa höchstens mündlich beleidigt haben konnte, enthob ihn der König kurz vor dem Jahr 1179 seines geistlichen Amtes und entzog ihm die bischöflichen Einkünfte. Auch den Propst von Stuhlweißenburg, der für den Erzbischof Partei nahm, setzte er ab. Erzbischof Lukas von Gran, Gegner des Erzbischofs von Kalocsa, spielte in Ungarn um das Jahr 1180, also gegen Ende seines Lebens, erneut eine politische Rolle. Trotz der gelegentlichen Streitigkeiten war der König bestrebt, die Kirche zu unterstützen und ihren Besitz zu vermehren. Um 1190 gründete er die Propstei Hermannstadt (ung. Nagyszeben) in Siebenbürgen und das Johanniterkloster in Gran. Bélas Name war vor allem mit der Stiftung von Zisterzienserklöstern verknüpft: Er stiftete die Klöster Egres, Zirc, Pilisszentkereszt, Szentgotthárd und Pásztó und besiedelte sie mit Mönchen, die direkt aus Frankreich kamen. Im Jahre 1183 stattete er die Zisterzienserklöster mit all den Privilegien aus, die sie in Frankreich genossen. Béla geizte auch nicht mit Schenkungen an die Kirche. Er konnte erreichen, daß das Bistum Bosnien, das bis dahin der – Byzanz treuen – Stadt Ragusa unterstand, dem Erzbistum Spalato unterstellt wurde, das unter der Herrschaft des ungarischen Königs stand. Die ungarische Kirche vertrat gegenüber dem Ostchristentum gegensätzliche Standpunkte. Erzbischof *Hiob* von Gran führte selbst mit dem byzantinischen Kaiser Isaak einen Streit über dogmatische Fragen. Im Jahre 1192 wurde König Ladislaus I. auf Anregung von Béla III. heiliggesprochen. Die Heiligsprechung erfolgte mit päpstlicher Genehmigung, und es fehlten auch die zur Kanonisation nötigen Wundertaten nicht. Béla III. und die ritterliche Kultur seiner Zeit sahen in König Ladislaus dem Heiligen, der für die kirchlichen Interessen kämpfte, ihren geschichtlichen Vorgänger.

Auf die wirtschaftliche Lage von Bélas III. Staat wirft die Aufstellung seiner Einkünfte einiges Licht, deren spätere Abschrift in Paris gefunden wurde. Diese Tatsache verlockte später immer wieder zu der Annahme, daß die Anfertigung der Liste mit Bélas III. französischer Heirat um 1185 zusammenhing; inhaltliche Gesichtspunkte sprechen aber dafür, daß sie möglicherweise erst in den Jahren 1193–1196 aufgestellt worden ist. Die Authentizität der Aufstellung ist bis auf den heutigen Tag umstritten. Die königlichen Einkünfte wurden sehr hoch, die erzbischöflichen und bischöflichen dagegen niedrig angesetzt. Aus diesem Grunde sollte man nicht den in Mark angegebenen Geldwert der Einkünfte für zuverlässig halten, sondern nur das „Gerüst" der Liste, d. h. nur die Posten, aus denen sich die Einkünfte des ungarischen Königs am Ende des 12. Jahrhunderts zusammensetzten. Die jährlichen Geldeinnahmen Bélas III. stammten aus sieben Quellen: aus dem Geldwechsel (der 36% der Einnahmen ausmachte), den Salzsteuern (10%), den Zöllen, dem Fährgeld und den Marktgebühren – die dem König zustanden – (18%), den Steuern der Siebenbürger deutschen „Gäste" (9%), (dem König gebührenden) zwei Dritteln der Einkünfte der zweiundsiebzig Gespane (15%), den Abgaben des Herzogs von Slawonien (6%) und schließlich aus den Geschenken der Gespane (6%). Die Gattin und die Söhne des Königs erhielten als Geschenk Silbergegenstände, Seidenstoffe und Pferde; der königliche Hof wurde vom Landvolk mit allen nötigen Lebensmitteln versorgt.

Die genannte Aufstellung zeigt hinsichtlich der Quellen der Einkünfte eine eigentümliche Dichotomie. Einen nicht geringen Teil der Einkünfte machten Naturalien (Lebensmittel, Edelmetalle usw.) aus. Diese Abgaben wurden von Dienstleuten entrichtet, die unter der Herrschaft des Königs standen. Sie galten als Domanialeinkünfte, weil sie aus der Privatwirtschaft des Königs stammten und ihm deshalb zustanden, weil er der Besitzer, der Herr *(dominus)*, des Gutes war. Den anderen – überraschend großen – Teil der Einkünfte des Königs machten Geldabgaben bzw. ungemünztes Silber aus. Das waren Einkünfte aus den Regalien, die dem König *(rex)* als Herrscher des Landes zustanden.

Die Domanialeinkünfte Bélas III. nahmen infolge der Größe und der Art seiner Donationen merklich ab. Er war es auch, der als erster sämtliche zu einem Komitat – zu Modrus an der Adria – gehörenden Besitztümer verschenkte, wodurch dort die königliche Verwaltung ihr Ende nahm. Die Bedingung dieser Donation war, daß der neue Besitzer innerhalb des Landes zehn, außerhalb der Grenzen des Landes vier gepanzerte Krieger für das königliche Heer zu stellen hatte. Der neue Herr des Gebietes erhielt auch ein Rechtsprechungsprivileg: Die Bewohner von Modrus mußten sich für ihre Taten vor seinem Gericht verantworten. Obwohl König Béla auch Salz- und Zollrechte vergab, tat er das nicht maßlos. Bei alledem verwandte er viel Sorgfalt auf den königlichen Besitz.

Zur Stabilität des Landes trug auch die Regelung der Thronfolge bei. Béla III. ließ seinen erstgeborenen Sohn Emmerich bereits im Jahre 1182 zum König krönen, verlieh ihm aber damals noch keine Territorialmacht; erst in den Jahren 1194–1196 wurde Emmerich in den Quellen als Herzog der Gebiete an der Adria erwähnt. Vor seinem Tod verfügte Béla, daß ihm auf dem Thron sein Sohn Emmerich folgen solle, während sein anderer Sohn, Andreas, Burgen, Landbesitz und viel Geld erhielt, jedoch keine Territorialmacht. Mit dieser Entscheidung wollte der Herrscher die Einheit der königlichen Macht schützen. Diese Verfügung zeigte unmißverständlich, daß die Teilung des Landes im Jahre 1194 zwischen ihm und Emmerich nicht auf seine eigene Initiative, sondern auf Druck der Aristokratie hin erfolgte. Die beinahe ein Vierteljahrhundert währende Herrschaft Bélas III. brachte die Stabilisierung des Landes und die – anfangs noch kaum merkbare – Erstarkung der Schicht der Großgrundbesitzer mit sich.

## Kanzlei und Kultur

Einen organischen Bestandteil der Innenpolitik Bélas bildete die Errichtung der königlichen Kanzlei. Das heißt, Béla trennte die „Schreibstätte" von der königlichen Kapelle und verstärkte dadurch die unmittelbare Abhängigkeit der ersteren vom jeweiligen König. (Solange die Schreibstätte dem Gespan der Hofkapelle unterstellt war, stand sie unter starkem kirchlichem Einfluß, war doch der Gespan immer ein Vertrauensmann des jeweiligen Erzbischofs von Gran.) Aus den ersten vier bis fünf Jahren der Herrschaft Bélas, als sein Verhältnis zu Erzbischof Lukas noch manches zu wünschen übrig ließ, sind uns nur zwei königliche Urkunden überliefert, und es werden damals auch kaum wesentlich mehr Urkunden angefertigt worden sein. Der Streit zwischen dem Erzbischof von Gran und Béla wirkte sich auch auf die königliche Kapelle aus; in Bélas Dienst standen aber keine Priester, die in der Anfertigung von Urkunden bewandert und unmittelbar ihm unterstellt waren. Die Entstehung der königlichen Kanzlei in den achtziger Jahren des 12. Jahrhunderts war das Ergebnis einer längeren Entwicklung. Nachdem Erzbischof Lukas im Jahre 1181 gestorben war, wurde Nikolaus, der unter Géza II. der Gespan der Hofkapelle war, neuer Erzbischof von Gran; Nachfolger des Notars *Vaska* wurde *Kalán* – später Bischof von Fünfkirchen –, der seine Ausbildung vielleicht in Frankreich erhalten hatte und der sich in den Jahren 1181–1183 konsequent Kanzler nannte. Mit dem Ausscheiden Kaláns geriet die Entwicklung zwar für eine kurze Zeit ins Stocken, aber unter dem Nachfolger von Nikolaus, dem Erzbischof Hiob, konnten der in Frankreich geschulte *Hadrian* und später – Anfang der neunziger Jahre des 12. Jahrhunderts – *Katapán* die Reform der Kanzlei zu Ende führen. Die Kanzlei in ihrer entfalteten Form wurde vom Kanzler (lat. *cancellarius*) geleitet, der die Urkunden mit einem Siegel versah. Der Notar *(notarius)* verfaßte die Schriftstücke, der Schreiber *(scriptor)* fertigte die Reinschrift an.

Béla tat viel für die geistige Bildung. Unter seiner Herrschaft stieg die Zahl der jungen Ungarn, die französische Schulen besuchten, rasch an. In den fünfziger Jahren des 12. Jahrhunderts studierte Lukas, der spätere Erzbischof, in Paris. Aus der Zeit Bélas III. sind uns auch Angaben über weitere Personen überliefert, die ihre Schulung in Paris erhielten. Der König hielt es für wichtig, hochgebildete Geistliche an seiner Seite zu wissen. Von den früheren Pariser „Studenten" erhoben sich Hadrian und *Jakob* nach einem zeitweiligen Kanzleidienst zum Bischof. In Frankreich (in Paris oder Orléans) studierte auch ein Notar der königlichen Kanzlei Bélas, von dessen Namen uns nur der Anfangsbuchstabe „P" und der Titel Meister (lat. *magister*) überliefert blieb. Sein Name ist unbekannt, weshalb er Anonymus genannt wird. Er verfaßte um 1210 die legendenhafte Geschichte der ungarischen Landnahme, die *Gesta Hungarorum.*

Die ungarischen Schulen vermittelten eine mittlere Bildung; solche Schulen wurden von den größeren Kapiteln und Klöstern unterhalten. Aus der ersten Hälfte des 12. Jahrhunderts ist sogar ein Schulbuch einer solchen Kapitelschule erhalten geblieben. Eine fördernde Wirkung auf das Schulwesen übte ein Beschluß des dritten Laterankonzils vom Jahre 1179 aus, der jede Kathedrale dazu verpflichtete, einen Meister einzustellen und ihm regelmäßige Einkünfte zu sichern. Das bedeutendste Werk der Klosterschreibstuben war der sog. *Pray-Kodex* vom Ende des 12. Jahrhunderts, der den Text des frühesten zusammenhängenden ungarischen Sprachdenkmals unter dem Titel „Leichenpredigt und Bittgebet" enthält, und in dem uns auch ein frühes dramatisches Denkmal, der Text eines Osterspiels, überliefert ist. Auf das Geistesleben um die Mitte des 12. Jahrhunderts weist hin, daß das Benediktinerkloster in Bakonybél 86 Bücher besaß. Voraussetzung der Gründung von Prämonstratenser- und

Zisterzienserklöstern war, daß sie über eine bestimmte Anzahl von Büchern (im allgemeinen ein Dutzend) verfügten.

Im Laufe des 12. Jahrhunderts wurden in den Schreibstuben der Klöster und Kapitel auch Urkunden angefertigt. Anfangs wurden diese Schriftstücke mit dem königlichen Siegel versehen, unter Béla III. galten die Urkunden auch ohne das Siegel des Königs als authentisch. Damit war die Beurkundungstätigkeit der glaubwürdigen Orte (der Kapitel und der Klosterkonvente) zur Praxis geworden. Unter der Herrschaft Bélas III. entfaltete sich auch die Beurkundungstätigkeit der Oberpriester und der weltlichen Adligen. Das Zentrum des Rechtsschrifttums in Ungarn war der Hof des Königs, zuerst die Hofkapelle, unter Béla III. dann die Kanzlei. Den zahlenmäßigen Anstieg der Schriftstücke zeigt, daß während der etwa 30jährigen Herrschaft Gézas II. und Stephans III. annähernd genausoviel Urkunden angefertigt wurden wie in den von der Herrschaft Stephans des Heiligen bis zu Géza II. verflossenen 140 Jahren. Auffallend ist der französische Einfluß auf die Urkunden der Zeit. Die Hofchronisten des 12. Jahrhunderts, die die im 11. Jahrhundert begonnene lateinischsprachige Geschichtsschreibung mit der Aufzeichnung der Geschehnisse ihrer eigenen Zeit fortsetzten, standen letzten Endes im Dienst des königlichen Hofes bzw. der Hofkapelle. Unter der Herrschaft mehrerer ungarischer Könige des 12. Jahrhunderts wurden Chroniken geschrieben, eben deshalb fällt es auf, daß Béla III., der die Förderung der Kultur für seine Herzenssache hielt und auch die Institution der Kanzlei schuf, keinen Geschichtsschreiber hatte.

Sporadische Belege zeugen von der allmählichen Verbreitung der ritterlichen Kultur in Ungarn. In der zweiten Hälfte des 12. Jahrhunderts wurde in Ungarn (oder von einem aus Ungarn gebürtigen Autor) eine trojanische Geschichte in lateinischer Sprache verfaßt. Wir wissen, daß Anonymus die trojanische Sage auch selber bearbeitet hatte. Während Bélas III. Regierungszeit wird die byzantinische Variante des Alexanderromans nach Ungarn gelangt sein, der schon damals ins Ungarische übersetzt worden sein dürfte. Im 12. Jahrhundert wurde in Ungarn auch das Rolandslied bekannt. Bis ins angehende 13. Jahrhundert sind unter den Personennamen in Ungarn die Namen Achilles, Helena, Paris und Hector aus der Troja-Geschichte sowie die Namen Oliver und Roland aus dem Rolandslied anzutreffen.

In der Kultur Ungarns erschien Ende des 11. Jahrhunderts auf norditalienischen Einfluß hin die Romanik. Von nun an war dieser Stil ein Jahrhundert lang bestimmend für die Baukunst in Ungarn. Die Elemente dieses Stils waren auch für die Klosterkirchen der einzelnen Geschlechter bzw. Familien charakteristisch. Um 1190 erfolgte ein Wechsel im Baustil und in der Ornamentik der Bauten von Gran. Die aus französischen Gebieten kommenden Baumeister führten die Gotik ein. Obwohl die byzantinische Ornamentik vor allem auf die Goldschmiedekunst der Zeit Bélas III. einen starken Einfluß hatte, übte die Gotik in den letzten Lebensjahren Bélas einen nicht geringeren Einfluß auf die Baukunst in Ungarn aus. Neben den Bauten von Gran weisen vor allem die von Béla gegründeten Zisterzienserklöster die Merkmale der Gotik auf.

## Lebensweise und Wirtschaft

Im 12. Jahrhundert kam es zur weiteren Verbreitung des Ackerbaus. Diese Entwicklung bestimmte auch die Lebensweise der Bevölkerung. Nach einem Bericht des Bischofs *Otto von Freising,* der zur Zeit des zweiten Kreuzzuges, 1147, durch Ungarn zog, wohnten die Ungarn während der ganzen Sommer- und Herbstzeit in Zelten. Die Zelte standen nicht auf dem Feld außerhalb der Siedlungen, sondern neben den Häusern. Die Wohnhäuser waren nämlich – so Otto von Freising – armselige Behausungen; in den engen Hütten hätte man in den Sommer- und Herbstmonaten kaum wohnen können. *Odo de Deogilo,* der zur selben Zeit in Ungarn weilte wie Otto von Freising, fiel auf, wie reich das Land an Weideflächen war. Von der weiten Verbreitung des Ackerbaus zeugen viele Urkunden des 12. Jahrhunderts. Obwohl in den Quellen die Bezeichnung „Ackerleute" *(arator)* für das unfreie Dienstvolk verhältnismäßig selten anzutreffen ist, beweist die häufige Erwähnung der zum „Brotgeben" verpflichteten Dienstleute (der ihre Abgaben in Weizenmehl entrichtenden Untertanen, der Bäcker und Müller), daß nicht nur die wenigen *arator,* sondern – unter den Verhältnissen der Naturalwirtschaft – auch die verschiedensten Bevölkerungsschichten zur Deckung ihres eigenen Bedarfs und zur Versorgung ihres Herrn Ackerbau betrieben. Die im 12. Jahrhundert mit eigenen Pferden Fronarbeit leistenden Dienstleute, die Nachkommen der in der zweiten Hälfte des 11. Jahrhunderts von ihren Weideplätzen verdrängten und deshalb umherwandernden freien Hirten, wurden vom Grundherrn vor allem zu Feldarbeiten (Mahd, Ernte) verpflichtet, sie wechselten also zum Ackerbau über. Die wichtigsten „Arbeitsgeräte" waren Pflug und Ochsen. Daß der von acht Ochsen gezogene Gespannpflug und das zum Aufreißen von bindigen, grasigen Böden und Weideflächen dienende Pflugmesser (Sech) bei den Ungarn weit bekannt waren, deutet auf einen intensiven Ackerbau hin. Der Gespannpflug mit zwei Ochsen wird ein leichter Pflug (Holzpflug) gewesen sein. Das herrschende System der Bodennutzung war die sog. wilde Feldgraswirtschaft. Das heißt, es wurden vom Vieh gedüngte Bodenflächen beackert und dann bis zur Erschöpfung genutzt; danach wurden – ohne jede Systemhaftigkeit – wieder andere brachliegende Flächen bebaut, während die erschöpften Felder wieder vergrasten. Neben dem Getreideanbau verbreitete sich auch der Weinbau, man trank den Wein wie Wasser.

Im 12. Jahrhundert spielte die Viehzucht eine beinahe ebenso große Rolle wie der Ackerbau. In der Viehzucht wurde die nomadisierende (natürliche) Viehhaltung zurückgedrängt, und die Stallfütterung des Viehs verbreitete sich immer mehr. Nach einer Untersuchung, die sich auf die Zeitspanne von 1067 bis 1250 bezog und 118 Herrschaftsgüter (sog. Prädien) umfaßte, gab es auf 33 Gütern weidende Herden, auf 63 Gütern dagegen wurden der Pflug, Gespannpflug oder Ackerbau betreibende Dienstleute (Knechte) erwähnt; lediglich auf 4 Gütern konnte das Überwiegen der Viehwirtschaft festgestellt werden. Auf den erwähnten Herrschaftsgütern konnte die sich auf eine Zeit von etwa zweihundert Jahren erstreckende Untersuchung das Vorhandensein von 673 – zumeist ungezähmten – Pferden, 560 Ochsen, 50 Kühen, 1220 Schweinen, 5605 Schafen und 100 Rindern nachweisen. Die hohe Zahl der Ochsen hängt mit dem Vordringen des Ackerbaus zusammen, die große Anzahl von Schafen und Pferden dagegen deutet vielleicht auf eine immer noch starke extensive Viehhaltung. An den Fundorten der frühen Arpadenzeit zeigen die Skelettreste von Haustieren folgende Verteilung: Hornvieh 32%, Pferde 20,5%, Schafe und Ziegen 14,5%, Schweine 17%. Wenn auch in bescheidenem Maße, so sind Hühnerknochenreste dennoch unter allen Funden aus der frühen Zeit der Herrschaft der Arpaden zu finden. Eine ähnliche Vorkommenshäufigkeit stellten die Archäologen bei Hunderesten, eine etwas geringere bei Katzenknochen fest. An den meisten Fundorten machten die Skelettreste von Rindern und Schweinen den größten Prozentanteil (51–58%) aller Knochenfunde aus, was auf eine seßhafte Lebensweise schließen läßt. In Einzelfällen aber konnten in den verschiedenen Gebieten des Landes vom genannten Durchschnitt erheblich abweichende Prozentwerte festgestellt werden.

Im 12. Jahrhundert setzte sich der Aufstieg der zu handwerklichen Diensten verpflichteten Bevölkerungsschichten aus der Masse der Unfreien fort. Der Grundherr konnte sie nicht zu allen beliebigen Dienstarbeiten zwingen; sie leisteten ihrem „Beruf" entsprechende handwerkliche Arbeit. Unter den Verhältnissen der Naturalwirtschaft galten sie aber noch nicht als Handwerker, die eine vom Ackerbau völlig getrennte Tätigkeit ausübten. Als Dienstleute befriedigten sie die speziellen Ansprüche ihres Grundherrn; oft wurden sie auch an einem gemeinsamen Ort angesiedelt. In dem Dorf Csatár (Komitat Zala), benannt nach dem sich mit Waffenherstellung beschäftigenden Dienstvolk, legten die Archäologen eine Werkstatt der namengebenden „Waffenschmiede" frei. Von der land-wirtschaftlichen Tätigkeit konnten sich in erster Linie die für den königlichen Hof arbeitenden „Handwerker" – vor allem die Goldschmiede – lösen. König Béla III. richtete in Gran eine Goldschmiedewerkstatt ein, die den Bedarf des königlichen Hofes zu decken hatte.

Einen Beweis für die fortgeschrittene gesellschaftliche Arbeitsteilung liefert die Entwicklung des ungarischen Innen- und Außenhandels. Einer der levantinischen Handelswege führte durch Ungarn. Ein jüdischer Reisender begegnete in den sechziger Jahren des 12. Jahrhunderts in Konstantinopel ungarischen Kaufleuten. An den wichtigsten Stationen an der von der byzantinischen Kaiserstadt nach Norden führenden Straße, in Plovdiv und Barancs, hatten die ungarischen Kaufleute Niederlassungen. Nach den Berichten arabischer Reisender waren in Ungarn Mitte des 12. Jahrhunderts Getreide, Tiere und tierische Produkte (z. B. Honig) sehr billig. Die von der Kirche zur Abgabe von Fisch und Salz verpflichteten Dienstleute konnten diese Produkte auch auf dem Markt bekommen. Der Salzhandel lag schon damals zum Teil in kirchlichen Händen. Außer in den Verwaltungszentren (den Sitzen der Gespane und der Bischöfe) bildeten sich auch an den Knotenpunkten der geographisch günstig verlaufenden Verkehrsstraßen Marktplätze heraus. Im Laufe des Jahrhunderts erlosch das – von Otto von Freising früher noch bewunderte – ausschließliche Verfügungsrecht des Königs über Zölle und Märkte. Es entstanden die Privatmärkte der Gutsbesitzer. Hemmend für den Handel des 12. Jahr-hunderts war die Wertlosigkeit der ungarischen Geldmünzen. Die un-garischen Könige – besonders Béla II. – bedienten sich immer wieder der Methode der Geldentwertung. Unter den ausländischen Funden des 12. Jahrhunderts sind keine ungarischen Geldmünzen zu finden; seit der Herrschaft Gézas II. galt sogar das ungemünzte Silber als eigentlicher Wertmesser, und ausländische Münzen begannen als Zahlungsmittel im ungarischen Binnenhandel zu fungieren.

Im 12. Jahrhundert erstarkte die Grundherrschaft. Dieser Charakter des Eigentums konnte auch durch die gemeinschaftliche Eigentumsform der Dorffelder (der sog. Allmende), die nur geringe Flächen umfaßte und allmählich an Bedeutung verlor, nicht in Frage gestellt werden. Infolge der königlichen Donationen wurde der Streucharakter zum bestimmenden

Merkmal der Grundherrschaft. Daraus läßt sich erklären, daß die sich im 12. Jahrhundert landesweit verbreitende und die Oberhand gewinnende Prädialwirtschaft (d. h. der auf Fronarbeit beruhende „Agrarbetrieb" der Grundherren) aus verhältnismäßig kleinen Wirtschaftseinheiten bestand. Im allgemeinen wurde ein Prädium von drei („Dienst"-)Familien bewirtschaftet. Auf den Herrschaftsgütern (Prädien) lebten verschiedenen Gruppen von Hörigen mit unterschiedlichem Vermögens- und Rechtsstand nebeneinander. Als auf den Herrschaftsgütern die über Haus und Boden verfügenden Hörigen erschienen und ihre Zahl zunahm, und als um das „Hofhaus" des Grundherrn (lat. *curia* oder *curtis*) weitere Häuser gebaut wurden, begann sich das Prädium zum Dorf zu entwickeln.

## Siedlung und Bevölkerung

Die grundlegende Siedlungseinheit in Ungarn war im 12. Jahrhundert (und auch später lange Jahrhunderte hindurch) das Dorf. Im Inneren des Landes verdichtete sich das Dorfnetz, in den Randgebieten (in den von Bergen gesäumten Flußtälern, an den Hügelhängen) bildete es sich mit der Zeit heraus und verbreitete sich dann allmählich. Im 12. Jahrhundert gab es nur noch wenige unbesiedelte Regionen, im Norden des Landes (das spätere Komitat) Árva, im Nordosten Máramaros, im Osten das Burzenland usw. Wie archäologische Funde beweisen, umfaßte die Einwohnerschaft eines durchschnittlichen Dorfes im 12. und 13. Jahrhundert etwa 20 bis 40 Familien (lat. *mansio*), was etwa 100 bis 200 Einwohner bedeutete. Nach den schriftlichen Quellen war die durchschnittliche Zahl der Dorfhaushalte im Vergleich zum 11. Jahrhundert von 36 auf 21 gesunken. Das bedeutete im 11. Jahrhundert eine durchschnittliche Seelenzahl von 180, im 12. Jahrhundert eine von 105 pro Dorf. Die abnehmende Zahl der Haushalte (Familien) in den Dörfern läßt sich dadurch erklären, daß sich die weit ausgedehnten Siedlungen mit der Zeit auflösten und ein dichteres Dorfnetz mit kleineren Dörfern entstand. Wo es die Geländeverhältnisse ermöglichten, erstreckten sich die Dörfer über ausgedehnte Gebiete. Die Länge eines Dorfes schwankte zwischen 150 und 600, die Breite zwischen 60 und 400 Metern. Die Häuser reihten sich nicht nach einem strengen System aneinander, sondern standen in planloser Anordnung, manchmal sehr weit (sogar 100 Meter) voneinander entfernt. Die zwischen ihnen liegenden Flächen waren mit Wirtschaftsgebäuden (Ställen) bebaut. Nur in wenigen Dörfern stand eine Kirche. Der Friedhof lag neben der Kirche oder, wenn es keine Kirche gab, in der unmittelbaren Nähe des Dorfes. Es kann bis auf

den heutigen Tag keine befriedigende Erklärung dafür gegeben werden,
wie es möglich ist, daß die Ausgrabungen und die Geländebegehungen der
Archäologen wesentlich mehr Dörfer der Arpadenzeit entdecken konnten,
als solche aufgrund der schriftlichen Quellen nachzuweisen sind.

Bei der Entstehung neuer Dörfer spielten sowohl die innere Migration
als auch die Einwanderung fremder ethnischer Gruppen nach Ungarn eine
Rolle. Seit der Landnahme lebten im Karpatenbecken neben den Ungarn
zahlreiche Völkerschaften. Zur Zeit der Landnahme trafen die Ungarn hier
Slawen, Bulgarotürken (Onoguren) und Awaren an; mit den Ungarn kamen verschiedene Turkvölker (Kabaren, Wolgabulgaren) und iranisch
sprechende Kalisen in den Karpatenraum; von den Streifzügen wurden
deutsche, italienische, französische und griechische Gefangene hierher
verschleppt. Im 11. Jahrhundert kamen aus dem Westen Deutsche,
Wallonen, Italiener, Tschechen, aus dem Osten Petschenegen und Usen
oder Torken. Mit der Eroberung Kroatiens, Dalmatiens und Bosniens
wuchs die Zahl der fremden Völkerschaften im mittelalterlichen ungarischen Staat weiter an; es kamen Kroaten, Dalmatiner, Bosniaken und
Serben unter ungarische Herrschaft. Die wichtigste Bevölkerungsbe-
wegung des 12. Jahrhunderts in Ungarn war die Einwanderung von
Wallonen, Italienern, Flamen und Deutschen, die vor den in Westeuropa
immer mehr steigenden Fronlasten nach Ungarn flohen, wo sie günstigere
Lebensbedingungen zu finden hofften. Die Einwanderung von lateinischsprachigen Volksgruppen (Italiener und Wallonen) dauerte das ganze
12. Jahrhundert hindurch an. Das eine Zentrum ihrer Ansiedlung war
Syrmien, das andere die Zips. Die unter Géza II. eingewanderten
Deutschen (Sachsen und Schwaben) sowie die Flamen fanden ihre neue
Heimat im südlichen Siebenbürgen, in der Umgebung von Hermannstadt,
weiter in Nordsiebenbürgen, in der Gegend um Bistritz (ung. Beszterce)
und Rodna (ung. Radna) sowie im Komitat Abaúj und – vielleicht schon
damals – in der Zips. Die meisten Einwanderer waren Ackerbauer oder
Handwerker. Die aus dem Westen kommenden fremden Ansiedler (vor
allem die Wallonen) spielten in der Herausbildung der ungarischen Städte
eine bedeutende Rolle.

Die ungarischen Städte des 12. Jahrhunderts waren aber noch keine
echten Städte, d. h. ihre Bewohnerschaft bestand zu einem großen Teil
nicht aus Handwerkern und Kaufleuten. Nach einem Bericht des arabischen Reisenden *Abū Ḥāmid* gab es in Ungarn Mitte des 12. Jahrhunderts
78 Städte; er zählte also die Verwaltungszentren, vor allem die Komitatssitze, zu den Städten. Damals zeigten diese Siedlungen auch wirklich die
meisten städtischen Merkmale. Hier lebten jene sich mit Verwaltungs-

tätigkeit beschäftigenden Bevölkerungsschichten, die mit Nahrungsmitteln und handwerklichen Produkten versorgt werden mußten; es war also kein Zufall, daß hier auch Märkte abgehalten wurden. Der arabische Reisende *Idrīsī* hob in seinem Bericht konsequent die Märkte der Komitatssitze hervor. Im 12. Jahrhundert standen in Ungarn an der Spitze der städtischen Entwicklung die königlichen Residenzstädte Gran und Stuhlweißenburg. In Gran entfaltete sich ein Warenhandel von landesweiter Bedeutung; dadurch, daß die ausländischen Kaufleute laut einer königlichen Verfügung verpflichtet waren, ihre Waren nach Gran zu bringen, wurde die Stadt zum Zentrum des internationalen Handels in Ungarn; sie besaß sogar das Stapelrecht. Im 12. Jahrhundert wurden nur hier Münzen geprägt, und es gab in der Stadt auch eine Geldwechselstelle. In Gran ließen sich Handel treibende Wallonen nieder. Stuhlweißenburg lag im Schnittpunkt wichtiger Handelsstraßen. Das Stadtrecht für Stuhlweißenburg war das älteste ungarische Stadtprivileg. Dieses Privileg hatten die Latiner der Stadt wahrscheinlich von König Stephan III. erhalten. Die städtische Entwicklung von Stuhlweißenburg begann außerhalb der Burgmauern, in der näheren Umgebung, also räumlich abgesondert vom Verwaltungszentrum in der Burg. Nach Gran und Stuhlweißenburg nahm Ende des 12. Jahrhunderts auch Altofen städtischen Charakter an. Altofen war jedoch weder Komitatssitz noch Bischofssitz, es hatte auch keine „Vorstadt" mit bedeutenderer latinisch-wallonischer Bewohnerschaft, lag aber im Schnittpunkt wichtiger Verkehrsstraßen und Wasserwege.

Aus der Zeit vor dem 12. Jahrhundert stehen uns zur zuverlässigen Bestimmung der Bevölkerungszahl Ungarns nur wenige Angaben zur Verfügung. Wie weit die Meinungen auseinandergehen, zeigt, daß sich die Schätzungen, die sich auf die Zahl der landnehmenden Ungarn beziehen, zwischen hundert- und fünfhunderttausend bewegen. Nach den Ergebnissen der – auch hinsichtlich des 12. Jahrhunderts noch die Gefahr einer hohen Fehlerquote in sich bergenden – Untersuchungen betrug die durchschnittliche Bevölkerungsdichte der damals (im 12. Jahrhundert) bewohnten Gebiete des Landes (etwa 220 000 km²) mindestens 7 Einwohner/km². Dementsprechend dürfte die Bevölkerungszahl des Landes in der zweiten Hälfte des 12. Jahrhunderts – aus diesen Jahrzehnten sind uns die meisten Angaben überliefert – mindestens anderthalb Millionen betragen haben.

## Unterworfene und Gemeinfreie

Die wichtigste Trennungslinie der ungarischen Gesellschaft des 11. Jahrhunderts verlief zwischen den Freien und den Unfreien; vereinzelte Beispiele für die Deklarierung der Unüberschreitbarkeit der Grenze zwischen Freien und Unfreien fanden sich auch im 12. Jahrhundert noch. Die Mehrheit der Angaben zeugt aber davon, daß die Trennungslinie zwischen Freien und Unfreien nicht mehr als unverletzlich galt. In den Quellen kann man oft über die Befreiung von „Knechten" (Unfreien) lesen, der zufolge die Unfreien zumeist eine beschränkte oder – seltener – auch die volle Freiheit (die „Gemeinfreiheit") erwerben konnten. Zum wichtigsten Ordnungsprinzip der gesellschaftlichen Gliederung im 12. Jahrhundert wurden die Vermögensverhältnisse. Die Gliederung der abhängigen („unterworfenen") Bevölkerungsschichten des 12. Jahrhunderts zeigte ein äußerst kompliziertes, zusammengesetztes Bild. In wirtschaftlicher Hinsicht können zwei große Gruppen unterschieden werden. Die Besitzlosen verrichteten verschiedene Arbeiten am Herrenhof, sie leisteten Frondienste auf dem Prädium des Grundherrn und konnten zu allen beliebigen Arbeiten verpflichtet werden. Die Zahl der über Haus und (dem Grundherrn gehörenden) Boden verfügenden Unfreien wuchs allmählich an, sie entrichteten ihrem Grundherrn Abgaben in Form von Naturalien.

Hinsichtlich ihres Rechtsstandes zeigten die abhängigen Schichten der Bevölkerung ein noch komplizierteres Bild. Die breite Palette der Übergangsformen bei dieser Bevölkerungsschicht reichte von der totalen Rechtlosigkeit bis zur Vollfreiheit. Am schlimmsten waren die Lebensbedingungen der als „mit Stimme versehenes Werkzeug" geltenden Unfreien, denen sogar die Gründung einer eigenen Familie untersagt war, während die *hospites,* die ausländischen Gäste, die die volle Freiheit genießen konnten, und die gegen Ende des Jahrhunderts erscheinenden hörigen Bauern *(iobagiones)* unter wesentlich günstigeren Verhältnissen lebten. Die zahlreichste Gruppe der Freien bildeten die „Freien mit beschränkter Rechtsfähigkeit", für die zwar nicht alle Merkmale der Gemeinfreiheit zutrafen, die aber im Vergleich zu den Unfreien rechtlich wesentlich höher standen. Über die Gliederung der „unterworfenen" Bevölkerung stehen uns für die Zeit von 1067 bis 1250 gute statistische Zusammenstellungen zur Verfügung. Während dieser beinahe zwei Jahrhunderte wurden in den Quellen auf 118 Gütern (Prädien) 1286 solche Personen erwähnt, die zu den „Unterworfenen" gezählt werden können. Etwa 45% von ihnen werden in den Quellen *servus, ancilla* usw. genannt, weitere annähernd 45% machten diejenigen aus, die – obwohl rechtlich schon befreit – noch in teilweiser Unfreiheit lebten und sich von der Lebensweise der Unfreien noch nicht völlig gelöst hatten (sie werden in den Quellen mit den Wörtern *mansio, mansus, libertus, libertinus* bezeichnet). Auf den Prädien (Gütern) waren also von je zehn Personen neun im Grunde genommen Unfreie; die in den Quellen *iobagiones* oder „mit Pferdegespann Dienende" genannten, aber rechtsfähigen (persönlich freien) Personen *(liberi)* repräsentierten nur ein Zehntel dieser Bewohnerschaft.

Ein ganz anderes Bild zeigte zur selben Zeit die gesellschaftliche Gliederung der Bevölkerung der Dörfer *(villa)*. Während der genannten beinahe zweihundert Jahre wurden in den Quellen 106 Dörfer mit insgesamt 2447 Bewohnern erwähnt. Von ihnen waren lediglich 9% *servi* und 13% *libertini*, während der Anteil der unbestritten freien Elemente *(iobagiones* und mit Pferdegespann Dienende) über 25% lag.

Den Beweis dafür, daß die abhängige Bevölkerung des 12. Jahrhunderts keineswegs einheitlich gewesen sein kann, liefern vor allem die eigenartige Gruppierung der auf den verschiedenen Besitztypen lebenden Bevölkerungsteile und die zu ihrer Bezeichnung verwendeten Termini. Auf den weltlichen Gütern wurde die „unterworfene" Bevölkerung nach ihrer Rechtsstellung benannt, daher begegnet man in den Quellen am häufigsten den Bezeichnungen *servus, libertinus* und *liber.* Es waren vor allem die Großgrundbesitzer, die ihre Güter nicht ausschließlich von Unfreien bewirtschaften ließen, während das Salland der weniger reichen Grundherren überwiegend von Unfreien bewirtschaftet wurde. Auch die sog. *libertini* gehörten ihrem Rechtsstand nach zur Schicht der Unfreien, weil sie aber über eine eigene Wirtschaft sowie Haus und Vieh verfügten, hatten sie ihrem Grundherrn Naturalien zu entrichten sowie Hand- und Spanndienste zu leisten. Die wenigen *liberi* der weltlichen Güter arbeiteten nicht auf den Prädien, sondern entrichteten dem Grundherrn Naturalien und leisteten handwerkliche, militärische und Gutsverwaltungsdienste.

Die „unterworfene" Bevölkerung der kirchlichen Güter wurde in den meisten Fällen nicht nach der Rechtsstellung, sondern nach den geleisteten Diensten benannt. Auf diesen Gütern war der Begriff der Vollfreiheit eigentlich unbekannt, aber auch der Grad der Rechtlosigkeit erreichte nicht die Stufe, wie sie für die *servi* (Knechte) der weltlichen Privatgüter charakteristisch war. Die oberste Schicht der auf den kirchlichen Gütern lebenden „Unterworfenen" repräsentierten die mit den lateinischen Termini *minister, liber, iobagio* bezeichneten „Freien mit beschränkter Rechtsfähigkeit". Sie leisteten ihre Abgaben vor allem in Form von Naturalien, doch wurden sie mitunter auch mit einer geringen Arbeitsrente belastet. Eine Zwischenstellung nahmen die zur handwerklichen Tätigkeit verpflichteten Schichten ein, denen die Kirche ihrem „Beruf" entsprechende Dienstleistungen abverlangte. Am schlimmsten war die Lage der Acker- und Weinbauern; dieser – in den Quellen mit den lateinischen Wörtern *arator* und *vinitor* bezeichneten – Bevölkerungsschicht fiel der größte Teil der „fronartigen" Lasten zu, die Angehörigen dieser Schicht verfügten aber auch schon über eine Eigenwirtschaft. Die ab und zu auftauchende Bezeichnung *servus* entsprach der Kategorie *libertinus* auf den weltlichen Gütern. Unter allen Besitztypen waren es die territorial verstreut liegenden kirchlichen Güter, auf denen es am frühesten zum Überwechseln von den Frondiensten zu den Naturalabgaben kam, wodurch die Fuhrbelastungen des Dienstvolkes enorm anstiegen. Gleichzeitig damit erfolgte auf den kirchlichen Gütern auch der Wechsel von der „Prädialwirtschaft" zur selbständigen Kleinwirtschaft der „unterworfenen" Bevölkerungsschicht.

Auch die Lage der auf den zwei Typen der königlichen Besitzorganisation lebenden „Unterworfenen" zeigte bestimmte Unterschiede. Das bestimmende Element auf den königlichen Hofgütern (Krongütern) bildeten die ihrem Rechtsstand nach unfreien sog. *udvornici*. Im 12. Jahrhundert vergaben die ungarischen Könige *udvornici* und sog. *udvornici*-Felder, wesentlich mehr Umsicht dagegen zeigten sie bei der Vergebung von „Burggütern" und deren Bevölkerung. Der Grund dafür war, daß die Burgorganisation vor allem Schutzzwecken diente. König Stephan III. schenkte zahlreichen „Burgleuten" (die in den Urkunden mit den lateinischen Wörtern *civis, civilis,* später *castrensis* bezeichnet wurden) die Voll- oder die Halbfreiheit (eigtl. „gebundene Freiheit"). Ein ähnlich differenziertes Bild zeigen auch die Lebensverhältnisse und die Lage der unmittelbaren „Vorgesetzten" der „unterworfenen" Bewohnerschaft (*udvornici* und „Burgleute") auf den genannten zwei Typen der königlichen Güter. Die *comites et centuriones udvornicorum* (d. h. die Vorgesetzten der *udvornici*) sowie die Burgjobagionen waren liberi mit beschränkter Rechtsfähigkeit, d. h. sie verfügten nicht über die sog. Voll- oder Gemeinfreiheit, aber durch ihre führende Position in der königlichen Besitzorganisation standen sie über den anderen *liberi*. Die Vorgesetzten der *udvornici* erlebten das gleiche Schicksal wie die an Grundherren „vergebenen" *udvornici,* sie verschmolzen – trotz ihrer privilegierten Stellung auf den Krongütern – mit den „unterworfenen" Schichten. Etwas anders gestaltete sich die Lage der Burgjobagionen. Die oberste Schicht führte ihr Privileg auf den staatsgründenden heiligen König Stephan zurück, während die aus dem Burgvolk zu Burgjobagionen aufgestiegenen Elemente in den Quellen als befreite *(exemptus)* Burgjobagionen erscheinen. Das weitere Schicksal dieser Elemente der Gesellschaft hing dennoch nicht von dem Gesagten ab, sondern davon, ob sie ein Landgut erwerben konnten. Diejenigen, denen dies gelang, fanden auch den Weg zum Aufstieg in die herrschende Schicht.

Dagegen führte der Weg des Großteils der Gemeinfreien durchaus nicht in die Reihen der herrschenden Schicht. Durch ihre Verarmung gerieten sie trotz ihrer rechtlich freien Stellung in wirtschaftliche Abhängigkeit von einem der grundherrschaftlichen Besitztypen. Anders war es um die Gemeinfreien bestellt, die über Eigentum verfügten. Einige Gruppen von ihnen konnten ihre Freiheit und ihre wirtschaftliche Selbständigkeit Jahrhunderte hindurch bewahren, andere konnten sich erst nach ihrer Befreiung von der Knechtschaft in die Schicht der Gemeinfreien erheben. Es war das Sonderrecht des Königs, jemandem die „Gemeinfreiheit" (die volle Freiheit) zu schenken. Géza II. befreite *Gab* von der kirchlichen Oberhoheit, schenkte ihm die Freiheit sowie einen Acker von fünf Tagewerken und „versetzte" ihn an den königlichen Hof. Gabs Sohn *Botus* leistete Stephan III. wertvolle Dienste, wofür ihm der König die volle Freiheit schenkte, ihn des ewigen Dienstes am königlichen Hof würdigte und ihn im Besitz des genannten Ackers von fünf Tagewerken bestätigte. Botus verkörpert den frühen Vertreter des königlichen Servienten (lat. *serviens regis*). Solche Gemeinfreien stiegen bis zum 13. Jahrhundert in die herrschende Schicht auf.

## Die herrschende Schicht

Bis Anfang des 12. Jahrhunderts hatte sich die Organisation der weltlichen Priesterschaft im wesentlichen herausgebildet. An der Spitze der Hierarchie dieses Teils des Klerus standen die Erzbischöfe, die Bischöfe und die Pröpste. Der bekannteste unter ihnen war der Erzbischof Lukas, der als Sohn einer adligen Familie in den hohen Klerus kam. In der ersten Hälfte des 12. Jahrhunderts unterstanden die Pröpste noch den Bischöfen (oder Erzbischöfen), erst in der zweiten Hälfte des Jahrhunderts begann diese Abhängigkeit allmählich zu schwinden. Der Propst des Kollegiatkapitels von Stuhlweißenburg kam unter Papst Alexander III. unter unmittelbare päpstliche Oberhoheit. Auf einer niedrigeren Stufe der klerikalen Hierarchie standen die Archidiakone, im 12. Jahrhundert waren sie noch nicht Mitglieder des Kapitels, sondern lebten auf ihrem Sitz in der Provinz. Im Kreise der bisher erwähnten leitenden Persönlichkeiten des Priesterstandes fand der Zölibat nur sehr schwer und erst allmählich Verbreitung. Die Zwischenschicht des weltlichen Priesterstandes bildeten die Kanoniker, die Mitglieder der Kapitel. In Fortsetzung der Traditionen des 11. Jahrhunderts führten sie ein mönchisches Leben, aßen in gemeinsamen Speiseräumen und schliefen auch in gemeinsamen Schlafräumen. Für den niederen Klerus bzw. für das Parochialsystem Ungarns war der Ausbau des Netzes von Eigenkirchen bezeichnend. Der Grundherr, d. h. der „Besitzer" der Eigenkirche, konnte mit dem Pfarrer nach Wunsch und Willen umgehen; er konnte den ihm auch materiell ausgelieferten Priester jederzeit entlassen. Nicht selten ließ der Grundherr einen seiner eigenen Knechte zum Priester ausbilden und setzte ihn dann in einer Kirche auf seinem Gut ein. Die Institution der Eigenkirche drang auch in der Klosterorganisation immer mehr vor. Die im 12. Jahrhundert von weltlichen Grundherren gestifteten Benediktinerklöster fungierten als – nach dem System der Eigenkirchen gegründete – Familienklöster (sog. Geschlechtsklöster).

Im 12. Jahrhundert erschienen in Ungarn neue Mönchsorden. Die Mitglieder des Zisterzienserordens spielten bei der Verbreitung der Agrarkultur eine große Rolle. Ihr erstes Kloster in Ungarn wurde in den vierziger Jahren des 12. Jahrhunderts von König Géza II. in der Ortschaft Cikádor (Komitat Tolna) gegründet. Die Prämonstratenser halfen bei der seelsorgerischen Arbeit mit. Ihre erste Propstei wurde von König Stephan II. in Váradhegyfok gegründet. In kurzer Zeit kam es auch in den Gebieten der neuen Mönchsorden zur Gründung von Eigenkirchen. Von den Ritterorden ließ sich in Ungarn unter König Géza II. als erster der Johanniterorden (auch Hospitaliterorden genannt) nieder, dessen bekannteste Ordenshäuser sich in den königlichen Residenzstädten Gran und Stuhlweißenburg befanden. Die Tempelritter kamen unter Stephan III. nach Ungarn, ihre ersten Zentren lagen südlich der Drau. Bereits um das Jahr 1200 stand in Gran das Hospital des Sankt-Lazarus-Ordens, dessen Angehörige sich vor allem der Krankenpflege widmeten.

Die Macht der weltlichen herrschenden Schicht kann vor allem durch ihr Verhältnis zur königlichen Macht verdeutlicht werden. Dabei ergibt sich ein äußerst widerspruchsvolles Bild. Einerseits berichtet Otto von Freising in seinen Aufzeichnungen über die ungarischen Verhältnisse Mitte des 12. Jahrhunderts darüber, daß „alle Untertanen dem König dermaßen gehorsam sind, daß sie es sozusagen schon für eine Sünde halten würden, ihn durch heimliches Geflüster zu beleidigen, geschweige denn, ihn durch offenes Widersprechen zu erregen". Der an die westeuropäischen Verhältnisse gewöhnte Chronist war also erstaunt über die relativ große Autorität des ungarischen Königs. Andererseits aber drohte die ungarische Aristokratie bereits im Jahre 1123, einen Gegenkönig zu wählen, und einige

Jahre später kam es tatsächlich zur Wahl von Gegenkönigen. In den sechziger Jahren des 12. Jahrhunderts fanden sogar die von Byzanz unterstützten Thronprätendenten manche Anhänger in den Reihen des ungarischen Adels. Im Laufe des Jahrhunderts unternahm der Adel mehrere Versuche zur Erschütterung und Spaltung der königlichen Macht, zur Wiederherstellung oder Neugestaltung der Einrichtung des *ducatus,* doch brachten diese Versuche vorläufig nur einen geringen Erfolg.

Die wichtigsten Angelegenheiten des Landes wurden von einer – schon seit der Herrschaftszeit König Stephans des Heiligen existierenden – locker organisierten beratenden Körperschaft, dem sog. königlichen Rat, besprochen. Nach Bischof Otto von Freising zeigten die Ungarn vor ihren Beratungen eine ähnliche Weisheit wie die Griechen, d. h. sie trafen nie eine wichtige Entscheidung, ohne darüber mehrmals und langwierig zu beraten. „Sie versammeln sich", so Otto von Freising, „am Hofe ihres Königs, die Adligen [eigentlich: ‚Vornehmen'] bringen ihren Stuhl mit, und sie versäumen es nicht, über die gemeinschaftlichen Angelegenheiten zu sprechen und zu beraten, dasselbe sie auch während des kalten Winters in ihren Heimen tun". Am reichsten unter den Großgrundbesitzern des 12. Jahrhunderts scheint Gespan Lampert gewesen zu sein, der im Jahre 1132 gerade im königlichen Rat sein Leben lassen mußte. Der von Hont (einem deutschen Ritter Stephans des Heiligen) abstammende Lampert besaß etwa 30 Güter. Im 12. Jahrhundert war es nicht selten, daß die von gemeinsamen Ahnen abstammenden Adligen auch den geerbten Landbesitz gemeinsam besaßen, es gab jedoch auch schon zahlreiche Beispiele für die Aufteilung der Familiengüter. Die königlichen Donationen an weltliche Adlige waren bis zu den sechziger Jahren des 12. Jahrhunderts zunächst nur „mündliche" Schenkungen. Die eingewanderten Vornehmen und Ritter spielten in der Folgezeit eine große Rolle in der Verbreitung der fortgeschrittenen westlichen Kampfweise und Kriegführung mit gepanzerten Truppen.

# V. Die ersten Anzeichen
# für den Rückgang der königlichen Macht
# (1196–1235)

## Emmerich und Ladislaus III.

Nachdem Béla III. am 23. April 1196 gestorben war, folgte ihm auf dem
Thron sein älterer Sohn, der 22jährige Emmerich. Der jüngere Sohn
Andreas vergeudete das ihm vom Vater hinterlassene Geld sehr bald. Um
sich neue Einkünfte zu verschaffen, trat er offen gegen Emmerich auf,
wollte das Land teilen und seine eigene Territorialmacht errichten. Gegen
Ende des Jahres 1197 besiegte er Emmerich bei Mački in Slawonien,
worauf der König an der Wende 1197/1198 seinem Bruder sein ehemaliges
Herzogtum – Kroatien und Dalmatien – überließ. Andreas betrachtete sich
als souveränen Herrscher der adriatischen Gebiete, ließ Münzen prägen,
verfügte über kirchliche Angelegenheiten und führte im Frühjahr 1198
eine erfolgreiche militärische Aktion gegen Bosnien und Hulm (die spätere
Herzegowina) durch. Bald darauf – um die Wende 1198/1199 – versuchte
der Herzog eine Verschwörung anzustiften, um Emmerich vom Thron zu
stoßen. Dabei genoß er vor allem die Unterstützung der Bischöfe.
Emmerich erfuhr von dem Plan; es stellte sich heraus, daß sogar sein eige-
ner Palatin auf Andreas' Seite stand. Der bewaffnete Zusammenstoß zwischen den Brüdern blieb nicht aus. Mitte des Jahres 1199 kam es zwischen
ihnen bei Rád im Komitat Somogy zu einem Gefecht, das mit Emmerichs
Sieg endete. Andreas fand bei seinem Verwandten, dem österreichischen
Herzog *Leopold VI.,* Zuflucht. König Emmerich hatte seinen Erfolg zu
einem großen Teil auch dem Umstand zu verdanken, daß ihm sowohl
Spalato, die Residenzstadt Herzog Andreas', als auch das Bistum Agram
treu geblieben war. Zwischen den zwieträchtigen Brüdern stiftete der päpstliche Gesandte im Sommer des Jahres 1200 Frieden, Andreas bekam das
Herzogtum an der adriatischen Küste zurück. Der Vertragstext enthielt
auch die Verpflichtung zur Teilnahme an einer Kreuzfahrt in das Heilige
Land, die Papst *Innozenz III.* als seine Herzenssache betrachtete. Zwar nahmen im selben Jahr Emmerich und Andreas das Kreuz, sie verfügten auch,
daß in ihrer Abwesenheit Herzog Leopold Sorge für das Land tragen sollte,

dennoch unternahmen sie schließlich keinen Kreuzzug. Statt dessen mischte sich König Emmerich im Jahre 1201 in die inneren Streitigkeiten Serbiens ein, wo die beiden Söhne *Nemanjas,* der über Raschka herrschende *Stephan* und der in Duklja an der Adria regierende *Vukan,* im Kampf miteinander standen. Emmerich unterstützte Vukan, setzte ihn als Großžupan ein und bat den Papst, seinem Schützling die Krone zu übersenden. König Emmerich versuchte ganz offen, Serbien unter ungarische Oberhoheit zu zwingen. Ein Zeichen dafür war auch, daß er sich den Titel „König von Serbien" zulegte.

Die Expansion von Emmerichs Herrschaft nach dem Balkan wurde durch die dortige Ausbreitung der Ketzerbewegung der Bogomilen begünstigt. Das Zentrum dieser Bewegung war um 1200 Bosnien, wo auch Ban *Kulin,* der Fürst des Landes, dem Bogomilenglauben huldigte. Papst Innozenz III. ermahnte König Emmerich bereits im Herbst des Jahres 1200, sowohl in Bosnien als auch in Ungarn gegen die Bogomilen aufzutreten. Emmerichs Auftritt gegen Kulin erfolgte also auf päpstliche Ermächtigung hin. Im Jahre 1202 gelang es zwar dem Anschein nach, die Führer der Bogomilen von der Ketzerei und dem Bruch mit Rom abzubringen und zu erreichen, daß sie die Herrschaft der römischen Kirche über das ganze Christentum anerkannten, dennoch lebte die Bogomilenbewegung in Bosnien auch nach Kulins baldigem Tod immer wieder auf. In diesen Jahren geriet Ungarn auch mit Bulgarien in Konflikt. Der Bulgarenzar, *Kalojan,* dehnte seine Macht auf den nördlichen Teil des Moravatals – auf die Gebiete um Barancs und Nisch – aus, auf die – aufgrund der früheren Eroberungen Bélas III. – auch Emmerich Anspruch erhob. 1202 griff Emmerich zu den Waffen und zog entlang der Morava gegen Bulgarien ins Feld. Aus politischen Erwägungen suchte Kalojan den unmittelbaren Kontakt mit Rom, während Emmerichs Bestrebungen dahin gingen, daß Bulgarien nicht unmittelbar, sondern nur mit ungarischer Vermittlung Beziehungen zum Papst aufnahm. Da aber der Papst die Trennung Bulgariens von Byzanz für wichtig hielt, ließ er Kalojan im Herbst des Jahres 1204 von seinem Gesandten, dem Kardinal *Leo,* den König Emmerich zeitweilig gefangenhielt, zum König krönen. Mit diesem Akt waren die Bulgarien betreffenden Pläne Emmerichs gescheitert.

Im Jahre 1202 begann der vierte Kreuzzug, aber ohne die Teilnahme der Ungarn. Das überwiegend aus Franzosen bestehende Heer nahm auf Anregung Venedigs im Herbst 1202 das unter ungarischer Herrschaft stehende Zara ein, das dann von den Venezianern fast völlig zerstört wurde. Vergeblich verlangte der in dieser Frage auf der Seite Ungarns stehende Papst von den Kreuzfahrern Genugtuung, die Flotte war mit dem Heer schon unterwegs nach Osten. Die Kreuzfahrer eroberten im Jahre 1204 Konstantinopel und gründeten dort das Lateinische Kaiserreich.

In dem zwischen Papst und Kaiser erneut entflammten Streit stand der ungarische König auf der Seite des Papstes Innozenz III. Auf päpstliche Initiative schickte er im Jahre 1203 ein Heer auf deutsches Gebiet, um – im Bündnis mit *Ottokar I. Přemysl* – den päpstlich gesinnten Gegenkönig, *Otto IV.*, in seinem Kampf gegen den deutschen Herrscher *Philipp von Schwaben* zu unterstützen. Emmerich leistete im Jahre 1204 Ottokar Waffenhilfe gegen König Philipp. Der ungarische König war auch dann um die Gunst des Papstes bemüht, als er 1204 anregte, die zahlreichen griechischen Klöster Ungarns entweder in einer Diözese zu vereinigen und direkt dem Papst zu unterstellen oder in diesen Klöstern lateinische Äbte und Pröpste als Vorsteher einzusetzen, deren Aufgabe die Reformierung der griechischen Kirche in Ungarn gewesen wäre. Obwohl dieser Plan Emmerichs nicht in Erfüllung ging, ließ seit dem angehenden 13. Jahrhundert die den griechischen Kirchen gegenüber bis dahin gezeigte Toleranz nach; sie wurden rasch zurückgedrängt und gingen allmählich ein.

Emmerich heiratete um 1200 *Konstanze,* die Tochter des aragonischen Königs *Alfons II.;* mit ihr kamen auch Aragonier nach Ungarn. Etwa gleichzeitig mit Emmerichs Heirat erfolgte auch die Eheschließung Andreas' mit *Gertrud,* der Tochter des Markgrafen von Istrien und Krain, *Bertholds IV.,* der auch den Titel „Herzog von Dalmatien und Kroatien" trug. Mit der „Meraner" Ehe – Bertholds Markgrafschaft wurde wegen ihrer Lage an der Meeresküste „Meranien" genannt – trat Andreas einer europäischen Koalition bei, die dem Bündnis, dem sich Emmerich angeschlossen hatte, gerade entgegengesetzt war, denn Berthold stand auf der Seite des deutschen Königs Philipp, während Emmerich den Papst unterstützte.

Die Gegensätze zwischen Emmerich und Andreas, die vor allem durch innere Probleme, die Fragen der Herrschaft über Ungarn, motiviert waren, lebten nach einem einige Jahre währenden Stillstand wieder auf. Emmerich führte im Oktober 1203 bei Varasd seinen Bruder in die Gefangenschaft; damit war die Gefahr eines bewaffneten Zusammenstoßes beseitigt. Der König warf Andreas in Gran ins Gefängnis, Gertrud schickte er in ihre Heimat zurück. Aber im Frühjahr 1204 entfloh Andreas aus dem Gefängnis. Daraufhin ließ Emmerich am 26. August desselben Jahres mit päpstlicher Genehmigung seinen knapp drei Jahre alten Sohn *Ladislaus* zum König krönen, um zu demonstrieren, daß er seinen Sohn und nicht seinen Bruder als Thronfolger betrachtete. Als Emmerich seinen Tod nahen fühlte, verfügte er, daß Ladislaus die königliche Macht übernehmen sollte; das Kind übergab er der Obhut des zum Regenten (lat. *gubernator*) ernannten Andreas und vertraute ihm auch das Land an. Nach den ungarischen Chroniken starb Emmerich am 30. November 1204, er wurde in der Kathedrale von Erlau beigesetzt.

Kaum hatte Emmerich die Augen für immer geschlossen, rief Andreas seine Frau aus Meranien zurück; die ihn unterstützende „Partei" verstärkte ihre Aktivität, weil sie die Möglichkeit der Machtübernahme im ganzen Land nahe fühlte. Papst Innozenz III. stand auf der Seite des minderjährigen Ladislaus und mahnte Andreas, seinen – dem König geleisteten – Treueid zu halten und den gegen den König gerichteten bösen Aufwiegelungsversuchen gewisser Menschen standzuhalten. Den Ausweg aus der kritischen Lage glaubte die Königinwitwe Konstanze dadurch zu finden, daß sie mit ihrem Sohn, der Krone und mit Emmerichs Parteigängern zum österreichischen Herzog Leopold VI. flüchtete. Trotz seines Versuches gelang es Andreas nicht, den Weg der Flüchtenden an der Grenze zu versperren. Andreas rüstete gerade zum Krieg gegen Österreich, als Anfang Mai des Jahres 1205 König Ladislaus starb. Sein Leichnam wurde nach Ungarn gebracht und in Stuhlweißenburg beigesetzt. Auch die Königskrone gelangte ins Land zurück, so wurde der etwa 28 Jahre alte Andreas II. am 29. Mai 1205 von Johann, dem Erzbischof von Kalocsa, zum ungarischen König gekrönt, weil der Stuhl des Erzbischofs von Gran zeitweilig vakant war.

## Die erste Phase der Regierungszeit Andreas' II.

Die ersten anderthalb Jahrzehnte der Herrschaft Andreas' waren von wiederholten militärischen Aktionen zur Eroberung von Galizien durchwoben. Als Anlaß zu diesen Eingriffen diente der Umstand, daß eine der an den inneren Streitigkeiten in Galizien beteiligten Machtgruppen sich immer wieder an Ungarn um Hilfe wandte. Im Sommer 1205 fiel in einer Schlacht gegen die Polen der über Galizien und Lodomerien (Wolhynien) herrschende *Roman,* der zwei kleine Söhne, *Danilo* und *Wasilko,* hinterließ. Auf die Todesnachricht hin fiel Romans politischer Gegner, *Rurik Rostislawitsch,* in Galizien ein, worauf die Galizier den ungarischen König um Unterstützung baten. Ende 1205 erschien Andreas mit seinem Heer auf russischem Boden, er sicherte die Thronbesteigung Danilos und ließ zu dessen Schutz eine Truppe zurück; er selbst legte sich den Titel „König von Galizien und Lodomerien" bei. Kaum daß Andreas das Gebiet verlassen hatte, fielen *Igors* Söhne in Galizien ein, worauf die Kinder fliehen mußten. Sie wandten sich zuerst an den Fürsten von Krakau, *Leszek den Weißen;* Wasilko blieb auch dort, Danilo kam nach Ungarn. Im Jahre 1206 kam es jedoch nicht zum Krieg, weil der eine Sohn Igors, Wladimir, sowohl Andreas als auch Leszek mit Gold bestechen konnte. Bald danach aber entstanden zwischen Igors Söhnen Gegensätze, *Roman* besiegte seinen Bruder. 1208 mischte sich Andreas erneut in die innerrussischen Machtkämpfe ein. Im Jahre 1210 entsandte er unter dem Oberbefehl des Siebenbürger Wojewoden *Benedikt,* Sohn des *Korlat,* ein Heer in das russische Fürstentum. Der Wojewode nahm Fürst Roman gefangen und übernahm die Herrschaft über Galizien selber. Seine Machtübergriffe und seine unmoralische Lebensführung erregten jedoch das Mißfallen der Galizier. Dem aus der ungarischen Gefangenschaft entflohenen Roman und seinem Bruder Wladimir gelang es letztlich doch, Benedikt Anfang des Jahres 1211 aus Galizien zu vertreiben. Als aber Igors Söhne mit den galizischen Bojaren, die ihrer Macht Schranken zu setzen versuchten, mit Waffengewalt abrechnen wollten, flohen einige von ihnen zu König Andreas und trugen dem beim ungarischen Herrscher weilenden Danilo den Thron von Galizien an.

Im September 1211 entsandte Andreas erneut ein Heer nach Galizien und setzte Danilo auf den galizischen Thron zurück. Statt des zehnjährigen Kindes führte jedoch seine energische Mutter die Staatsgeschäfte, die dann von den Galiziern verbannt wurde. Daraufhin zog Anfang des Jahres 1212 wieder ein ungarisches Heer nach Galizien. Danilos Mutter wurde zwar aus der Verbannung zurückgerufen, aber Danilo und die ihn unterstützenden ungarischen Truppen unterlagen dem gegen Galizien ziehenden Heer des Fürsten von Peresopnica, *Mstislaw.* Danilo suchte wiederholt in Ungarn Zuflucht. Obwohl sich der König 1213 schon wieder auf einem Feldzug gegen Galizien befand, zwang ihn noch im ungarischen Grenzgebiet ein unerwarteter innenpolitischer Zwischenfall – die Königin wurde von Verschwörern getötet – zur Rückkehr. Im darauffolgenden Jahr (1214) kam es auf Anregung des mittlerweile zu Leszek geflüchteten Danilo zu einem polnisch-russischen Angriff gegen Galizien, weil auch Leszek Anspruch auf das russische Fürstentum erhob, was wiederum die Mißbilligung von Andreas hervorrief. Andreas und Leszek trafen sich im Herbst 1214 in der Zips persönlich und vereinbarten, daß Andreas' zweitgeborener Sohn, der sechsjährige *Koloman,* Leszeks dreijährige Tochter, *Salome,* heiraten und Galizien bekommen sollte. Das ungarisch-polnische Heer eroberte Galizien wahrscheinlich noch im Jahre 1214. Koloman wurde mit päpstlicher Genehmigung zum König von Galizien gekrönt, aber bereits im Jahre 1219 von Mstislaw, dem Nowgoroder Fürsten, vertrieben, und Mstislaw wurde selber Fürst von Galizien. Im Herbst 1219 setzte das ungarisch-polnische Heer Koloman und Salome auf den galizischen Thron zurück, doch der von den Kumanen unterstützte Mstislaw eroberte Galizien 1221 erneut. Auch Koloman geriet in Gefangenschaft; er und seine Anhänger konnten einer politischen Übereinkunft zufolge aus der Gefangenschaft befreit werden: Mstislaws Tochter wurde mit König Andreas' drittältestem Sohn, *Andreas*, verlobt. Koloman hatte das Fürstentum Galizien zwar verloren, aber den Königstitel trug er bis zum Ende seines Lebens. Die mehr als anderthalb Jahrzehnte währenden militärischen Aktionen Andreas' II. gegen Galizien führten also zu keinem Erfolg.

Obwohl Königin Gertrud aus dem Deutschen Reich stammte, zeigte der ungarische König Andreas II. für die westlichen Länder geringes Interesse. Seine Aufmerksamkeit galt hauptsächlich der Familie seiner Gattin. Er konnte erreichen, daß Gertruds jüngster Bruder, *Berthold,* zum Erzbischof von Kalocsa gewählt wurde. Bald darauf ernannte er seinen – zum hohen Geistlichen aufgestiegenen – Schwager zum Ban von Dalmatien und Kroatien und erhob ihn etwas später zum Wojewoden von Siebenbürgen.

1208 suchten zwei weitere Brüder Gertruds, *Eckbert,* Bischof von Bamberg, und *Heinrich,* Graf von Istrien, Zuflucht in Ungarn, weil sie in den Verdacht gerieten, an der Ermordung König Philipps von Schwaben beteiligt gewesen zu sein, und weil der neue deutsche Herrscher, Otto IV., die Reichsacht über sie aussprach. Der Parteistellung der Meranier innerhalb des Reiches entsprechend zählte auch Andreas II. zu den Gegnern Ottos IV.; im Jahre 1213 entsandte er ein Heer, um den deutschen Gegenkönig, *Friedrich II.,* und Ottokar I. Přemysl in ihrem Kampf gegen Kaiser Otto zu unterstützen. Gute Beziehungen bestanden zwischen Andreas und seinem Verwandten Herzog Leopold VI. von Österreich bis zu dessen Tode im Jahre 1230.

1211 rief der König den Deutschen Ritterorden ins Land und siedelte ihn in dem damals noch fast unbewohnten Burzenland an, damit der Orden das Land gegen die heidnischen Kumanen schützte und unter ihnen den christlichen Glauben verbreitete. Viel mehr Interesse zeigte Andreas für die Verhältnisse der südlich von Ungarn gelegenen Gebiete, vor allem auf dem Balkan. Nach dem Zusammenbruch des Byzantinischen Reiches wuchs in diesem Raum der Einfluß Venedigs stark an: Zara erkannte bereits 1205 die Oberherrschaft Venedigs an. Gerade zum Ausgleich des venezianischen Einflusses bestätigte Andreas II. in den ersten Jahren seiner Herrschaft die Privilegien der dalmatinischen Städte und des Erzbistums Spalato. Mit der Bekämpfung der bosnischen Ketzerbewegung beauftragte er in erster Linie die Kirchen (vor allem Spalato); er selbst mischte sich mit staatlich-administrativen Mitteln – im Gegensatz zu seinem älteren Bruder, Emmerich – nicht in die inneren Angelegenheiten Bosniens ein. In den ersten Jahren des 13. Jahrhunderts geriet auf dem Balkan Bulgarien in eine bedrängte Lage. *Heinrich,* der Herrscher des Lateinischen Kaiserreiches, begann nach seinem Sieg über die Bulgaren im Jahre 1208 mit der Eroberung bulgarischer Gebiete, an der sich auch Serbien beteiligen wollte. Hinzu kam auch, daß gegen *Boril,* den Nachfolger des energischen Kalojan, eine innere Opposition auftrat. Boril wandte sich daraufhin um Hilfe an Andreas II., der im Jahre 1210 zur Unterstützung Borils aus Siebenbürger Sachsen, Rumänen, Szeklern und Petschenegen bestehende Truppen entsandte. Dieses Heer eroberte die Festung Vidin von den Aufständischen zurück und gab sie Boril zurück. Das ist der erste Beleg, der dafür spricht, daß die im Laufe der Jahrhunderte immer mehr nach Norden dringenden Rumänen vermutlich in Gebieten Ungarns erschienen und dem ungarischen König militärischen Dienst leisteten. Im Laufe des 13. Jahrhunderts passierten allmählich immer neue rumänische – vor allem transhumante Viehzucht treibende (d. h. ihre Herde im Winter auf dem Flachland, im Sommer auf den Almen weidende) – Volksgruppen die Gebirgskette der Karpaten und ließen sich zuerst um Fogaras und Hátszeg, also im südlichen Siebenbürgen, nieder, später auch in nördlichen Gebieten Siebenbürgens. Das Bündnis zwischen Andreas und Boril wurde mit der Verlobung zwischen *Béla,* dem erstgeborenen Sohn Andreas', und Borils Tochter besiegelt. Damit dürfte zusammenhängen, daß kurz vor 1220 die Gebiete um Belgrad und Barancs unter ungarische Herrschaft kamen.

Mit der Balkanpolitik Andreas' II. hing später auch seine zweite Ehe zusammen. Nach der Ermordung Königin Gertruds (1213) holte er sich aus Konstantinopel eine neue Frau, *Jolante.* Nachdem Jolantes Onkel Heinrich, Kaiser des Lateinischen Reiches, im Jahre 1216 gestorben war, kamen als Nachfolger zwei Kandidaten in Frage: Jolantas Vater, *Peter Courtenay,* und Andreas II. Als sich der ungarische König zur Durchführung des fünften Kreuzzuges entschloß, hoffte er auch auf die Erringung der Krone von Konstantinopel; er wollte ursprünglich auf kontinentalem Weg nach Asien ziehen. Da aber Papst *Honorius III.* im Frühjahr 1217 in aller Eile Peter Courtenay, den Schwiegervater von Andreas, zum Kaiser krönte, wählte Andreas den Seeweg. Weil er an ständigem Geldmangel litt, mußte er Anleihen aufnehmen; den Mietpreis für die venezianischen Schiffe glich er mit der Überlassung Zaras aus. Am Feldzug nahmen außer ihm Herzog Leopold VI. von Österreich sowie einige Vertreter des deutschen geistlichen und weltlichen Adels teil. Der Kreuzzug endete aber erfolglos. Andreas II. ließ ohnehin sehr bald von den Kriegshandlungen ab; er machte Besuche und Reisen im Nahen Osten und kaufte verschiedene Reliquien. Auf dem Rückweg geriet Andreas im Kaiserreich Nikäa in eine schwierige Lage. Hier lebte *Géza Alexios*, Sohn des *Géza Joannes*, der auf griechischem Boden seine Heimat gefunden hatte und Bélas III. Bruder war. Géza Alexios griff seinen königlichen Verwandten heftig an. Im übrigen knüpfte der ungarische König auf seinem Heimweg völlig planlos zahlreiche dynastische Beziehungen. In Kleinasien verlobte er seinen drittgeborenen Sohn Andreas mit der Tochter des armenischen Königs *Leo II*. Diese Verlobung wurde aber bald aufgelöst, weil sich Andreas aus politischem Interesse um 1221 mit Mstislaws Tochter verloben mußte. Ebenfalls im kleinasiatischen Kaiserreich Nikäa gewann der König die Tochter des Kaisers *Theodoros Laskaris, Maria,* als Verlobte für seinen erstgeborenen Sohn Béla und brachte Maria nach Ungarn mit. Aus dieser Verlobung wurde im Jahre 1220 eine Ehe. In Bulgarien schließlich versprach er die Hand seiner etwa 13jährigen Tochter *Maria* dem Herrscher *Iwan II. Asen,* der zwischenzeitlich Boril entmachtet hatte.

Die Außenpolitik Andreas' II. in den Jahren 1205 bis 1221 war einerseits eine Eroberungspolitik, andererseits eine unüberlegte, planlose Abenteuerpolitik. Vor allem waren es die endlosen Kriege gegen Galizien, die fast ausschließlich den Interessen der an den Feldzügen beteiligten Großgrundbesitzer dienten: Die militärischen Aktionen boten den Adligen eine günstige Gelegenheit, sich „Verdienste" zu erwerben, die der König unverzüglich zu belohnen bemüht war, und trugen somit mittelbar zur Schwächung der königlichen Macht bei. Die außenpolitischen Aktionen Andreas' dienten zugleich auch dazu, die Aufmerksamkeit von den inneren Schwierigkeiten abzulenken, von denen die ersten anderthalb Jahrzehnte der Herrschaft Andreas' durchaus nicht verschont blieben.

Für die bis etwa 1220 dauernde Zeitspanne seiner Herrschaft war fast durchgehend eine neue Gutspolitik (Donationspolitik) charakteristisch. Der König selbst bezeichnete sie in einer Urkunde vom Jahre 1217 als „neue Einrichtung" (lat. *nove institutiones*). Entsprechend dieser Politik verschenkte Andreas II. mehrere (meist jenseits der Drau liegende) Komitate und eine große Anzahl von königlichen Gütern (vor allem Burgfelder). Während aber die sich bis zum Ende des 12. Jahrhunderts in einem wesentlich bescheideneren Rahmen bewegenden königlichen Donationen durch den tatsächlichen Gebietszuwachs des ungarischen Staates, der sich immer mehr auch auf die Randgebiete des Karpatenbeckens ausdehnte, ausgeglichen werden konnte, beschleunigte sich der Prozeß der Verschenkung königlicher Besitztümer Anfang des 13. Jahrhunderts in einem so großen Maße, daß der König diese Gebietsverluste durch andere Ländereien nicht mehr ersetzen konnte und wohl auch nicht mehr wollte. Es erfolgte eine rapide Abnahme der Krongüter. Dies hatte auch zur Folge, daß die bis dahin die königliche Schatzkammer bereichernden, in Form von Naturalabgaben oder Geldrente erhobenen königlichen Steuern – wie z. B. die sog. *cibriones* (etwa Eimersteuer), der „Schweinezehnt", die „Denare der Freien" *(liberi denarii)* oder Herdsteuer sowie die sog. Gewichtssteuer oder *pondus* – in die Hände der Belehnten übergingen, d. h. den neuen Besitzern der Landgüter zustanden, für den König also verloren waren.

Um die ausgefallenen Steuern zu ersetzen, brauchte der König neue Einkunftsquellen. Die außerordentliche Steuer *(collecta* oder *exactio)* wurde in Ungarn zum ersten Mal im Jahre 1217 erwähnt und war in Form von Geldrente zu entrichten. Ebenfalls 1217 tauchte in den Quellen zum ersten Mal auch das sog. Achtzigstel auf, ein Grenzzoll, der den achtzigsten Teil der im Außenhandel vertriebenen Waren ausmachte und ebenfalls mit Geld zu bezahlen war. Der König erhöhte seine Einkünfte aus dem Münzrecht: Er verordnete einen jährlich ein- oder mehrmaligen Geldtausch. Seine Rechnung ging jedoch nicht auf, weil er wertloses Geld prägen ließ und der Umtausch von wertvollen Münzen in wertlose auf die Umtauschlust nicht gerade fördernd wirkte. Vielleicht schon in der ersten Zeit seiner Herrschaft erlegte Andreas seinen Untertanen eine Steuer auf (in späteren Quellen „Nutzen der Kammer" genannt), die die ausgefallenen Einkünfte des Münztausches ersetzen sollte; gegen Ende seiner Regierungszeit besteuerte er sogar schon diejenigen, die sich weigerten, die ziemlich oft in Umlauf gesetzten neuen Münzen als Zahlungsmittel anzunehmen. Mit der Entwicklung der Geldwirtschaft hing die Herausbildung des Amtes des Schatzmeisters zusammen: Der Bezeichnung Tavernikalmeister *(magister tavernicorum)* begegnet man in den Quellen seit 1214. Seinen Aufgabenbereich machte die früher vom Hofgespan verrichtete Wirtschaftsverwaltungsarbeit aus. In den Jahren 1216 bis 1222 wurde dieses Amt von *Ampods* Sohn *Dionysius* bekleidet, mit seinem Namen war die Ausarbeitung der auf den Geldeinkünften beruhenden Wirtschaftspolitik des Königs verknüpft. Unter ihm verbreitete sich die Verleihung der königlichen Regalien. Auch in der Finanzverwaltung fand das System der Verleihung von Hoheitsrechten Verbreitung. Gran galt nicht mehr als ausschließliches Zentrum der königlichen Münzprägung, es entstanden noch weitere Münzstätten. Die Organisierung und Verpachtung der sog. Salzkammer bedeutete eine schwere Verletzung der kirchlichen Privilegien im Salzhandel. Die königlichen Zollrechte lagen ebenfalls in privaten Händen. Die Inhaber bezahlten den jährlichen „Pachtzins" in einer Summe, sie waren also an der Erzielung eines möglichst hohen Einkommens interessiert, aus dem auch dem König der im voraus vereinbarte Geldbetrag gesichert werden konnte. Die an die Stelle der verschenkten königlichen Güter tretenden Regalieneinkünfte konnten aber die ausgefallenen Domanialeinkünfte nicht ersetzen. Anfang des 13. Jahrhunderts waren die Geldverhältnisse Ungarns nämlich noch nicht so weit entwikkelt, daß ausschließlich die Geldwirtschaft als wirtschaftliche Grundlage der königlichen Macht hätte dienen können.

Andreas erhöhte die Spannungen im Lande auch durch die maßlose Begünstigung der deutschen Verwandtschaft seiner Gattin. Die Unzufriedenheit mit den Fremden mündete 1213 in einer Verschwörung, deren Führer die einst hochgestellten Würdenträger aus Gertruds Hofhaltung, Gespan *Peter* und Palatin *Bánk* (früher und auch später Ban), waren. Der Mordanschlag war direkt gegen Gertrud gerichtet. Am 28. September 1213, als Andreas schon unterwegs nach Galizien war, fielen Peter und Bánks Schwiegersohn *Simon* über die mit einer größeren Gesellschaft in der Nähe des Piliswaldes weilende Königin her und töteten sie in ihrem Zelt mit dem Schwert. Auch zahlreiche Deutsche fielen dem Anschlag zum Opfer, aber Berthold, der Bruder der Königin, und Herzog Leopold VI. von Österreich konnten entfliehen. Der von der Landesgrenze zurückkehrende Andreas übte an den Attentätern eine etwas unschlüssige, mäßige Rache; Peter ließ er zwar pfählen und nahm ihm auch alle seine Besitzungen, Bánk dagegen wurde nur seines Amtes als Palatin enthoben, nicht aber vom königlichen Hof verbannt; auch Bánks Schwiegersohn bekam keine Strafe. All das deutet auf die Schwäche der innenpolitischen Position des Königs hin.

Einige Gruppen der Aristokratie unternahmen in der ersten Zeit von Andreas' II. Herrschaft immer wieder den Versuch, den König zu stürzen oder seine Macht zu schwächen. Um Andreas' Macht zu brechen, versuchten im Jahre 1210 einige ungarische Adlige, ihre Beauftragten zu den Söhnen des in Griechenland lebenden Géza (König Bélas III. jüngerer Bruder) zu entsenden, um ihnen den ungarischen Thron anzubieten. Die Gesandten wurden aber in Spalato gefangengenommen; aufgrund der bei ihnen gefundenen Briefe konnte die Verschwörung aufgedeckt werden. Im Jahre 1214 ließ ein Teil des Adels gegen König Andreas dessen ältesten Sohn, den damals achtjährigen Béla, auftreten. Andreas konnte dieser gegen seine Macht gerichteten Bewegung wahrscheinlich nur Einhalt gebieten, indem er Béla zum König krönen, ihm aber noch keine Territorialmacht zukommen ließ. Immerhin gelang es den machtgierigen Adligen, dadurch zu erreichen, daß sie nunmehr zwischen zwei Fürstenhöfen wählen und in der Hoffnung eines größeren Grundbesitzes oder eines höheren Amtes aus dem Lager des einen Königs ins Lager des anderen übertreten konnten.

Bis zum Jahr 1217, als sich Andreas zum Kreuzzug in das Heilige Land vorbereitete, hatte sich eindeutig herausgestellt, daß die Politik der sog. neuen Einrichtung den an sie geknüpften Hoffnungen des Königs nicht gerecht wurde. Das Scheitern der neuen Gutspolitik bedeutete jedenfalls einen großen Erfolg für die Gegner dieser Einrichtung. Noch größer wurde dieser Erfolg dadurch, daß sich Andreas II. gezwungen sah, für die Zeit seiner Abwesenheit im Heiligen Land die Regierung über das Land dem geschworenen Gegner dieser Politik, dem Erzbischof von Gran, *Johann,* anzuvertrauen. Gleichzeitig aber wandten sich alle diejenigen gegen Johann, die in der „neuen Einrichtung" die Quelle ihrer persönlichen Bereicherung sahen. Sie nahmen dem Erzbischof sein Vermögen und seine Einkünfte, warfen ihn ins Gefängnis und vertrieben ihn schließlich aus dem Land. Während der Abwesenheit des Königs geriet Ungarn in eine jämmerliche Lage.

Nach seiner Rückkehr aus dem Heiligen Land Ende 1218 konnte Andreas die Politik der „neuen Einrichtung" vorläufig nicht fortsetzen. In den Jahren 1218 und 1219 verschenkte er nur maßvoll Besitztümer; die Schenkungen galten ohne Ausnahme kirchlichen Persönlichkeiten. Mit dem wachsenden Einfluß der Kleriker läßt sich erklären, daß 1220 oder kurz davor die Zurücknahme der von den sog. *udvornici* bewirtschafteten Güter, im Jahre 1221 dann die Zurücknahme der Burggüter begann. Diese Maßnahmen widersprachen aber der eigentlichen Absicht Andreas' II. Davon zeugt, daß er von 1220 an erneut eine intensive Donationspolitik zu betreiben begann, die Zurücknahme der gewaltsam eroberten Burggüter dagegen nur langsam, im wesentlichen ergebnislos verlief. Die von den beauftragten Richtern vorgeschriebenen Gottesurteile (Feuerproben) gingen für die Burgleute immer ungünstig aus.

Eine neue Bewegung im innenpolitischen Leben Ungarns bedeutete der Umstand, daß der schon früher zum König gekrönte Béla im Jahre 1220 auch territoriale Macht erlangen konnte. Er bekam das (dalmatinisch-kroatisch-slawonische) Herzogtum südlich der Drau. Um jene Zeit wurde der Terminus „Ganz-Slawonien" geprägt, der fortan zur Bezeichnung des sich vom Draulauf zwischen Varasd und Veröce bis zur Adria erstreckenden riesigen Gebietes diente. Béla wurde also zum Herrscher eines ausgedehnten Landesteils. Daß Béla zu einer selbständigen Territorialmacht kam, entsprach nicht der Absicht Andreas'. Hinzu kam noch, daß sich im Land eine Bewegung zu Bélas Unterstützung entfaltete.

## Barone, Servienten, Burgjobagionen

Die wichtigsten gesellschaftlichen Wandlungen des seit Bélas III. Tod vergangenen Vierteljahrhunderts hingen mit dem starken Vordringen des weltlichen Großgrundbesitzes zusammen. Dieser Vorgang war mit der Werterhöhung von Grund und Boden sowie mit der neuen Donationspolitik von König Andreas II. eng verbunden. Boden, Grundbesitz und Liegenschaften wurden besonders dadurch wertvoll, daß sich der Ackerbau immer mehr verbreitete und die Bodenerträge stiegen. Nach der Einverleibung der freien Felder der alten Feldgemeinschaft und des unbewohnten Ödlandes in den Grenzgebieten des Landes verstärkte sich der Landhunger. Zur Befriedigung dieser Gier nach Grund und Boden verfolgte Andreas – mit dieser wichtigen wirtschaftlichen Grundlage der königlichen Macht auf eine äußerst verschwenderische Art und Weise umgehend – eine solche politische Praxis der Verschenkung königlicher Besitztümer, die übermäßig großzügig war. Ein Beweis für den Wertzuwachs des Bodens war die Vermehrung des An- und Verkaufs sowie des Austausches von Grundbesitz. Dadurch erfuhr auch die Beurkundungstätigkeit einen Aufschwung; anstelle der früheren mündlichen Schenkungen setzte sich allmählich die schriftliche Fixierung der Gutsschenkungen durch. Die an den mittlerweile entstandenen „glaubwürdigen Orten" angefertigten Urkunden fixierten vor allem die im Eigentumsrecht erfolgten Änderungen.

Zu Beginn des 13. Jahrhunderts tauchte zur Bezeichnung der Mitglieder der oberen Schicht der weltlichen herrschenden Schicht der neue Name Baron auf. Eine ebenfalls neue Erscheinung war, daß von nun an die Zugehörigkeit der Mitglieder der herrschenden Elite zu einem Geschlecht meist durch die Hinzufügung des lateinischen Ausdrucks *de genere* (aus dem Geschlecht) zum Namen angegeben wurde. Diese Adelsgeschlechter waren aber nicht mit den Sippen der sich auflösenden Frühgesellschaft identisch, weil die letzteren die ganze Gesellschaft umfaßten, die ersteren dagegen nur einen Teil der herrschenden Elite repräsentierten. Da der Landbesitz der meisten neuen Großgrundbesitzerfamilien urkundlich nicht bestätigt war – der Grundbesitz der Ahnen der Familien von alter Abstammung beruhte nämlich nur auf mündlichen Schenkungen –, dienten die Sippenzugehörigkeit und die nachdrückliche Betonung der Abstammung von namhaften besitzerwerbenden Ahnen zur Rechtfertigung der Legitimität ihres Grundbesitzes, es war also die „alte Vergangenheit", die als Beweis für die Rechtmäßigkeit ihres Grundbesitzes diente. Die Benennungen der Adelsgeschlechter zeigen keine besondere Systematik. Zweifellos wurden nicht selten die besitzerwerbenden Ahnen aus der Zeit Stephans des Heiligen zum Namengeber neuer Adelsgeschlechter, so z. B. wurde das Geschlecht Hontpaznan nach den Brüdern Hont und Paznan benannt, das Geschlecht Csanád erhielt seinen Namen von Csanád. Das von Vezelin abstammende Geschlecht bekam seinen Namen von Vezelins Sohn Rád, der in den ersten Jahrzehnten des 11. Jahrhunderts lebte. Andere Adelsgeschlechter nahmen ihren Namen von späteren Vorfahren. Die Familien Kőszegi und Hédervári (von Hédervár) nannten sich „de genere Héder", der Name verweist auf jenen *Héder,* der – zusammen mit seinem Bruder Wolfer – unter Géza II. nach Ungarn gekommen war. Einer der Namengeber des Geschlechtes Bárkalán (dem auch Ban Bánk angehörte) dürfte Kalán, Bischof von Fünfkirchen am Ende des 12. Jahrhunderts, gewesen sein.

Während also im 12. und 13. Jahrhundert infolge der Besitzverteilung die Herausbildung der Kleinfamilien und ihre Ausscheidung aus dem Großfamilienverband im Gange waren, begann eine Integration der individualisierten Kleinfamilien in eine größere Gemeinschaft, in den Verband eines Adelsgeschlechtes: Die Familien verehrten gemeinsame Ahnen, bestatteten ihre Toten in ihren Familienklöstern. Als Wirtschaftseinheit galt die Kleinfamilie, Rechtsangelegenheiten und die Pflege kultischer Bräuche und Sitten waren Aufgabe des „Geschlechtes".

In der Person des Anonymus fand sich Anfang des 13. Jahrhunderts ein Chronist, der über die Politik der „neuen Einrichtung" und den Aufstieg der weltlichen Großgrundbesitzer, der Barone, berichtete. Anonymus verfaßte die legendenhafte Geschichte der Landnahme der Ungarn, eigentlich schrieb er aber einen Schlüsselroman, in dem sich die Probleme seiner eigenen Zeit widerspiegelten. Die *Gesta Hungarorum* wurden höchstwahrscheinlich um 1210 verfaßt, als gerade „die Römer Ungarns Güter abweiden", was auf die Rolle der sich um Königin Gertrud scharenden Ausländer verweist. Ganz neu bei Anonymus ist der weltliche Ton der Beschreibung. Er wollte beweisen, daß die Ahnen der in seiner Zeit lebenden Familien durch das Vergießen des eigenen Blutes Grund und Boden erwarben. Um das tun zu können, brauchten sie Feinde. Aus diesem Grunde wurden auf den Seiten der Gesta – zumeist aufgrund von Ortsnamen – nie dagewesene Gegner der landnehmenden Ungarn ins

Leben gerufen. Anonymus leitete die Herkunft einiger Adelsgeschlechter seiner eigenen Zeit von landnehmenden ungarischen und kumanischen Fürsten ab: *Kölcse* und *Szemere,* die Namengeber der gleichnamigen Geschlechter, waren um eine Generation älter als Anonymus, Kalán wieder dürfte gleichaltrig mit dem namenlosen Notar gewesen sein. Als Vorbild zur Gestaltung der Figur des landnehmenden Fürsten Árpád diente König Andreas II.: Árpád machte genauso große Schenkungen, entfremdete Ämter, Siedlungen, Besitztümer und sogar Komitate wie Andreas II. zu Anonymus' Zeit.

Im ersten Viertel des 13. Jahrhunderts bildete sich der Stand der königlichen Servienten in seiner aus den späteren Jahrzehnten wohlbekannten Form heraus. Die Mitglieder dieser Gesellschaftsgruppe waren eigentlich begüterte Gemeinfreie, da aber der zahlenmäßig größere Teil der besitzlosen oder ihren Besitz verlierenden Schicht der Gemeinfreien in die Sozialgruppe der „Unterworfenen" herabgesunken war, war der Terminus *liber* nicht mehr zur eindeutigen Bezeichnung der wohlhabenderen Schicht der Gemeinfreien geeignet. Die ältesten Ahnen der königlichen Servienten waren die zu Stephans des Heiligen Zeit Krieger *(miles)* genannten Elemente der Gesellschaft, als ihre unmittelbaren Vorfahren dagegen galten die Freien, die im Dienst des königlichen Hauses (Hofes) standen und Grundbesitz hatten. Nach Gabs Sohn Botus, aus der Zeit König Stephans III., könnte ein solcher Vorfahr auch der Preßburger Burgjobagio (etwa: Burgministeriale, der Kriegsdienst verrichtet) *Zerzowoy* gewesen sein, den König Emmerich für seine Treue im Jahre 1197 mit dem Freiheitsrecht ausstattete, das besagte, daß der Beschenkte nunmehr nicht der Gerichtsbarkeit der Gespane unterstand, und daß sowohl er als auch seine Nachkommen das Recht auf ewige Freiheit am königlichen Hof gewannen. Der Terminus „königlicher Servient" *(serviens regis)* zur Bezeichnung der begüterten Schicht der Gemeinfreien setzte sich nur sehr schwer durch, in einer authentischen, in vollem Umfang bekannten Urkunde tauchte er zum erstenmal im Jahre 1217 auf. König Andreas II. nahm damals *Orosz* (Vruz) für seine Königstreue aus der Reihe der Jobagionen (des heiligen Königs) der Burg Zala heraus und erlaubte ihm und seinen Geschwistern, auf ihren Gütern (Prädien) die ewige „goldene Freiheit" der königlichen Servienten zu genießen. Auch Anonymus erwähnt in den Gesta *servientes:* Der tatsächlichen Lage entsprechend ordnete er die Servienten so in die Gesellschaft ein, daß sie den Bauern (lat. *rustici*) näher standen als den *nobiles* (Adlige) genannten weltlichen „Edlen".

Der königliche Servient – wie das auch aus der lateinischen Bezeichnung *serviens regis* (Diener des Königs) hervorgeht – war verpflichtet, unmittelbar dem König zu dienen. Dieser Dienst war als Überbleibsel der ehemaligen Gemeinfreiheit ein Waffendienst; der Servient zog unter der Führung des Königs und nicht des Komitatsgespans ins Feld. Er war auch nicht der Gerichtsherrschaft des Komitatsgespans untergeordnet, sondern unterstand nur der Gerichtsbarkeit königlicher Foren. Ihr Grundbesitz schützte die königlichen Servienten zwar vor der Gefahr, in das unterworfene Volk abzusinken und dessen Zahl zu erhöhen, aber ihre Stellung am „unteren Rand" der führenden Elite konnte beim zeitgenössischen Chronisten wohl kaum den Eindruck hervorgerufen haben, daß sie derselben sozialen Schicht angehörten wie die mächtigen Barone. Gerade die Barone bedeuteten auch die wirkliche Gefahr für die Servienten. Sie standen nämlich lieber unter der unmittelbaren Oberhoheit des von ihnen weit entfernt residierenden Königs, der seine Macht eben deshalb nur beschränkt zur Geltung bringen konnte, als unter der Herrschaft der in ihrer Nähe lebenden Barone, die sie in ihren eigenen Dienst zwingen wollten. Es lag also im Interesse der *servientes,* daß die Macht der Großgrundbesitzer nicht auf Kosten der königlichen Macht erstarkte, weil ein solcher Machtzuwachs auch sie empfindlich getroffen hätte. Sie wünschten sich also, daß die Politik der „neuen Einrichtung" ihr Ende nahm.

Ein ähnliches Interesse bewog auch die *iobagiones castri* (Burgjobagionen), die ursprünglich abhängige *liberi* (Freie) waren. Eine „edlere" Schicht von ihnen, die ihre Freiheit auf die Zeit Stephans des Heiligen zurückführte, verfügte bereits über einen eigenen Grundbesitz, der zumeist aus den um die Burg liegenden Feldern „herausgerissen" wurde. Dieser Grundbesitz sicherte ihnen die Stellung am „untersten Rand" der führenden Elite. Die aus dem Burgvolk „herausgehobenen" Burgjobagionen *(exemptus)* hatten keine erblichen Besitzungen, die von ihnen bebaute Fläche der Burgfelder war klein, und sie konnten auch ihr Besitzrecht auf diese Felder noch nicht eindeutig nachweisen. Beide genannten Gruppen der Burgjobagionen waren durch die maßlose Verschenkung der Burgfelder empfindlich betroffen, weil dadurch ihr Aufstieg gefährdet war. Sie protestierten mit ihren eigenen Mitteln – vor allem auf dem Gerichtsweg – ständig gegen die Enteignung von Burgfeldern, aber ihre Versuche zur Aufhaltung dieses Prozesses führten meistens zu keinem Ergebnis. Ihre Aktionen und Bewegungen wurden nicht selten auch von den unfreien Elementen des Burgvolkes unterstützt, die durch die Verschenkung von Burggütern in eine – im Vergleich zu ihrer früheren Lage – viel ungünstigere gutsherrliche Abhängigkeit gerieten.

Die von Andreas II. eingeführte neue Donationspolitik führte zur Spaltung der ungarischen Gesellschaft. Die Gegner der maßlosen

Schenkung wandten viele Methoden an, konnten den König jedoch höchstens zur zeitweiligen Mäßigung, nicht aber zur Aufgabe seiner Donationspolitik zwingen. Ebendeshalb wählten sie Anfang 1222 einen neuen Weg: Durch eine Palastrevolution, also einen Putsch am königlichen Hof, verdrängten sie die alten Anhänger Andreas' II., die Unterstützer und Nutznießer der „neuen Einrichtung", aus der Macht und ergriffen das Steuer des Landes selbst. Das waren vor allem weltliche Adlige, die sich einst um König Emmerich geschart hatten, unter Andreas II. aus der Macht verdrängt wurden und trotz der maßlosen Schenkungen keinen Grundbesitz erhielten, die aber die Unterstützung der Massen, der *servientes regis,* der *iobagiones castri* und des Burgvolkes genossen. Diese Barone zwangen Andreas II. in den ersten Monaten des Jahres 1222, die Goldene Bulle zu erlassen.

## Die Goldene Bulle von 1222

Laut dem einleitenden Text der Goldenen Bulle wurde die den Adligen und anderen von König Stephan dem Heiligen gewährte Freiheit „in manchem verletzt". Die Ursache dafür war, daß sich die ungarischen Könige in ihrem Zorn manchmal an den Adligen rächten oder auf den Rat boshafter oder selbstsüchtiger Menschen hörten. Da mit dem Wort Adliger *(nobilis)* in der Goldenen Bulle die obere Schicht der führenden Elite bezeichnet wurde, zeugten schon die einleitenden Zeilen davon, daß die Verschärfung der Gegensätze zwischen den verschiedenen Interessengruppen des Adels zur Erzwingung der Goldenen Bulle führte. Alle Forderungen der eine „Beschwerdepolitik" verfolgenden Adligen wurden in der Goldenen Bulle befriedigt. Andreas II. versprach, künftig keine ganzen Komitate, keine Ämter und Titel als „ewiges Erbe" zu verschenken; gleichzeitig versicherte er, daß niemandem ein mit ehrlichem Dienst erworbener Grundbesitz genommen werden dürfe. Das Gesetz verbot auch die Häufung von Ämtern. Die gegen die „mächtigen Fremden" gerichteten Paragraphen dürften wohl wegen der bitteren Erfahrungen der „Meranier"-Zeit in die Goldene Bulle aufgenommen worden sein. Einer dieser Artikel besagte, daß die ins Land kommenden Gäste *(hospes)* ohne die Genehmigung des sog. Landrates (d. h. des königlichen Rates) nicht mit einem Amt betraut werden sollten. Ein weiterer Paragraph verbot die Verschenkung von Gütern an Ausländer; sollte das aber schon geschehen sein, so sollten die Einwohner des Landes diese Besitzungen zurückkaufen können. Im offenen Gegensatz zur früheren Wirtschaftspolitik Andreas' II. stand der

Paragraph des Gesetzes, der besagte, daß keine Ismaeliten und Juden, sondern nur die Adligen des Landes als „Kammergespane" (etwa: Kämmerer), Münzer, Salzbeamte und Zolleinnehmer eingesetzt werden durften. In einem Artikel wurde verfügt, daß das neue Geld ein Jahr lang im Umlauf bleiben mußte, und daß die Qualität der Denare den Wert der Münzen Bélas III. zu erreichen hatte. Ein anderer Artikel regelte die Salzlagerung im Land. Die Goldene Bulle sicherte dem König die ihm als Herrscher gebührenden Steuern zu, sie enthielt Maßnahmen gegen Machtübergriffe und Willkür. Mehrere Paragraphen behandelten Fragen der Rechtspflege. Es wurde z. B. vorgeschrieben, daß der König – im Verhinderungsfalle der Palatin – am 20. August jedes Jahres in Stuhlweißenburg einen Gerichtstag abzuhalten (eigentlich: sich über die gerade laufenden Prozesse zu informieren) hatte. Die Rolle des Palatins in der Rechtsprechung des ganzen Landes war gewachsen. Der Hofgespan hatte die Gerichtsbarkeit über den ganzen königlichen Hof inne; in Prozessen, die am königlichen Hof eröffnet worden waren, durfte er das Urteil dort fällen, wo es ihm beliebte, wenn er sich aber auf seinem Privatgut aufhielt, durfte er kein Gerichtsverfahren einleiten. Die Gerichtsherrschaft der Hofgespane der Komitate bezog sich – laut der Goldenen Bulle – nur auf das Volk der Burgen.

Von den 31 Paragraphen der Goldenen Bulle beschäftigten sich 11 so oder so mit den *servientes regis*. Schon das war ein Beweis dafür, daß die Servienten die Massenbasis der Palastrevolution der Emmerich unterstützenden Adligen bildeten. Alle diese Artikel räumten ihnen irgendein Sonderrecht ein. Unter diesen Privilegien gab es auch solche, die von geringerer Bedeutung waren und gelegentlichen Charakter zu tragen schienen. So erhielten z. B. die Servienten das Recht zur Teilnahme am Gerichtstag in Stuhlweißenburg am 20. August (Tag Stephans des Heiligen), oder es wurde ihnen gewährt, ohne den Verlust ihrer Güter aus dem Dienst des Königs auf die Seite seines Sohnes überzugehen; wenn aber gegen den Servienten ein gerichtliches Verfahren im Gang war, so durfte ihn der andere König nicht vor dem Abschluß des Prozesses aufnehmen. Vier Paragraphen gestanden den Servienten Immunität zu, die später zu den fundamentalen Rechten des Adels zählte: Die *servientes regis* genossen Steuerfreiheit, erhielten das Recht zur freien Testierung, unterstanden – Finanzfragen und Zehntrecht ausgenommen – nicht mehr der Gerichtsbarkeit der Komitatsgespane, konnten zur Teilnahme an den Kriegszügen jenseits der Landesgrenze nur auf Kosten des Königs verpflichtet werden; eine Ausnahme bildeten diejenigen, die „über ein Komitat oder unser Geld verfügen". Im Falle eines fremden Angriffs auf das Land aber waren alle Servienten verpflichtet, in den Krieg zu ziehen.

Die Goldene Bulle befaßte sich auch kurz mit den Burgjobagionen *(iobagiones castri)* und den Gästen *(hospes)* verschiedener Nationalität. Beide Schichten wurden in ihren von König Stephan dem Heiligen verliehenen oder etwas später erhaltenen Freiheitsrechten bestätigt. In zwei Artikeln wurden Verordnungen fixiert, die für die Kirche ausgesprochen nachteilig waren. Die eine verbot die Erhebung des Zehnten „in Geld" (Silber). Das war eigentlich eine Reaktion auf die Praxis der „neuen Einrichtung", als auch die Kirche bestrebt war, die ihr zustehenden Abgaben an Stelle der früheren – mit erheblichen Transportschwierigkeiten verbundenen – Naturalrente in Form von Geldrente (Silber) zu erheben. Auch der andere, sich auf die Salzlagerung beziehende Artikel, der den Ansprüchen des unter königlichem Hoheitsrecht stehenden Außenhandels (Salzexport) genügen sollte, bedeutete eine Verletzung der kirchlichen Privilegien. Der letzte Artikel der Goldenen Bulle sicherte für einen engen Kreis der obersten Geistlichen und des weltlichen Adels das Recht, in dem Falle, wenn König Andreas II. oder seine Nachfolger diesem Erlaß zuwiderhandeln sollten, dem jeweiligen Herrscher widerstehen und widersprechen zu dürfen, ohne dafür des Hochverrats bezichtigt zu werden.

Die die Goldene Bulle erzwingenden, unter Andreas II. aus der Macht verdrängten Adligen der Emmerich-Partei wollten sich mit diesem Artikel (der sog. Widerstandsklausel) ein Widerstandsrecht gegenüber den Rechtsverletzungen des jeweiligen Königs sichern. Die Goldene Bulle ist auf spezifisch ungarischem Boden, aus den ungarischen Verhältnissen der ersten Jahrzehnte des 13. Jahrhunderts erwachsen; die in ihr enthaltenen Gesetze können in keinen unmittelbaren Zusammenhang mit – von einigen Forschern vermuteten – aragonischen oder englischen Mustern gebracht werden. Gleichzeitig aber fügte sich die Goldene Bulle in die große europäische Welle der Gesetzgebung ein, die mit dem Laterankonzil von 1215 ihren Anfang nahm und der zufolge die weltlichen Rechte der einzelnen Länder nach der römisch-kanonischen Terminologie festgehalten wurden.

Kurz nach dem Erscheinen der Goldenen Bulle in sieben Exemplaren kam es zu einer Umstrukturierung am königlichen Hof. König Andreas entließ die Anhänger Emmerichs, die den Erlaß der Goldenen Bulle erzwungen hatten und für ein paar Monate an der Macht waren, aus ihren Ämtern und gab die Macht wieder in die Hände der Gruppe von Adligen, deren Mitglieder durch die Palastrevolution Anfang des Jahres 1222 von den Anhängern Emmerichs aus der unmittelbaren Nähe des Königs vertrieben worden waren.

Nach dem Erscheinen der Goldenen Bulle setzte Andreas seine frühere Politik der Verschenkung von Burggütern fort. Er setzte auch der Häufung von Ämtern keine Grenzen. Gegen Ende des Jahres 1222 traten die auf Emmerichs Seite stehenden Adligen – indem sie von ihrem in der Goldenen Bulle gesicherten Widerstandsrecht Gebrauch machten – gegen den König auf, wobei sie auch von einer breiten Masse königlicher Servienten und von „vornehmeren Elementen" der Burgvölker unterstützt wurden. Sie beschlossen, zweimal jährlich eine Volksversammlung mit der Teilnahme des Königs einzuberufen, und es verlautete auch die Forderung, „daß die Magnaten und Adligen des Landes, die eines Übergriffs beschuldigt wurden, ihrer Würden und Ämter entkleidet und des Landes verwiesen werden sollen; ihre Güter sollen unter dem Volk verteilt werden". *Papst Honorius III.* empfahl dem Volk, das Recht einzuhalten und nichts gegen den König, die Krone, die hohen Adligen und deren Güter zu unternehmen.

Andreas II. mußte einen Kompromiß eingehen: Er verteilte die Funktionen unter seinen Anhängern neu und bezog auch einen Adligen von Emmerichs Anhängern in die neue „Regierung" ein. Nach 1222 verzichtete er auf die Verschenkung ganzer Komitate und zeigte auch eine gewisse Zurückhaltung bei der Verschenkung von Burggütern und königlichen Besitztümern schlechthin. Die Goldene Bulle vom Jahre 1222 sowie die ihr vorangehenden und auf sie folgenden – mit den Machtkämpfen des Adels verflochtenen – Massenbewegungen hatten also gewisse Erfolge in der Bremsung des Verfalls der königlichen Macht zu verzeichnen.

## Die Wiederaneignung von Ländereien durch Herzog Béla

In der Reihe der königlichen Schenkungsurkunden der Jahre nach dem Erlaß der Goldenen Bulle gilt als bedeutendste die Schenkungsurkunde vom Jahre 1224 (das *Andreanum*), die den im südlichen Siebenbürgen angesiedelten (Sachsen genannten) deutschen Gästen *(hospes)* umfangreiche Rechte gewährte und ihnen auch Grundbesitz zukommen ließ. Die früher über weite Gebiete verstreut lebenden, unter der Herrschaft verschiedener Gespane stehenden deutschen Ansiedler kamen jetzt alle unter die Herrschaft des Gespans von Hermannstadt. Andreas II. zwang alle Schichten der Bevölkerung zum Verlassen der sich von Broos (ung. Szászváros) bis Barót erstreckenden Gebiete, wenn sie sich weigerten, die Gerichtshoheit des Gespans von Hermannstadt anzuerkennen.

So kamen nach 1224 jene Szekler (eine ihrer Rechtsstellung nach freie Volksgruppe, deren Angehörige vor allem leichte Reiter im Grenzschutzdienst waren) in das Háromszéker Becken in der südöstlichen Ecke

Siebenbürgens, die zur Zeit des Erlasses des Andreanums noch in dem dort beschriebenen „Sachsenland", in der Umgebung von Mühlbach (Sebes), Keisd (Kézd) und Urwegen (Orbó), lebten und auf deren ehemaliges Wohngebiet im „Sachsenland" auch ihre spätere Bezeichnung, Mühlbacher, Keisder und Urwegener (ung. *sepsi, kézdi, orbai*) Szekler, hinweist. Mit dem allmählichen Vordringen der Szekler nach Osten wurde in der ersten Hälfte des 13. Jahrhunderts auch das östliche Randgebiet des sich bis zu den Karpaten erstreckenden Siebenbürgen besiedelt.

Der seit 1211 im Burzenland herrschende Deutsche Ritterorden begann, seine Herrschaft über das Gebiet jenseits der Karpaten, über die Walachei *(terra Transalpina)*, auszudehnen. 1222 schenkte Andreas II. dem Ritterorden das Gebiet zwischen den Karpaten und dem Unterlauf der Donau und gestand dem Orden auch wichtige Sonderrechte in bezug auf Steuerzahlung und Gerichtsbarkeit zu. In der Folgezeit bestimmte der Papst immer selbständiger und unabhängiger vom ungarischen König über den Ritterorden. Im Jahre 1223 entzog er den Orden der Oberhoheit der ungarischen Kirchenorganisation und unterstellte ihn der unmittelbaren Oberherrschaft Roms. Durch die enorm angewachsenen Privilegien des Ritterordens sowie seine territoriale Abgelegenheit von anderen Teilen Ungarns drohte die Gefahr der Trennung der im Besitz des Ordens befindlichen Ländereien vom Land und somit die Verletzung der territorialen Integrität Ungarns. Weil Andreas mit den Rittern keine Einigung erzielen konnte, griff er zu den Waffen und vertrieb die Kreuzritter in den ersten Monaten des Jahres 1225 aus dem Burzenland und aus Kumanien. Von nun an ermahnten die Päpste (Honorius III. und *Gregor IX.)* Andreas ein Jahrzehnt lang zur Wiederaufnahme des Ritterordens, jedoch vergebens. Der aus Ungarn vertriebene Orden ließ sich 1226 bzw. 1231 auf Einladung des polnischen Fürsten von Masowien im Kulmerland nieder, wo er einen selbständigen Staat gründete und das Land der Prussen eroberte.

In den Jahren nach dem Erlaß der Goldenen Bulle verschärften sich die Gegensätze zwischen Andreas und Béla. Béla sah sich gegen Ende des Jahres 1223 gezwungen, vor dem Zorn seines Vaters nach Österreich zu fliehen. Auf Intervention des Papstes gestattete ihm Andreas in der ersten Hälfte des Jahres 1224 die Rückkehr in das Land und gab ihm das Fürstentum Slawonien wieder. Die Schlichtung der an der adriatischen Küste gerade damals währenden Binnenzwiste stärkte die Position Bélas in seinem Fürstentum, wo sich um ihn ein wirklicher königlicher Hof („Partei") mit dem Erzbischof von Spalato, dem Banus und den Gespanen herausbildete. Der auf die Macht und den Einfluß seines Sohnes neidische Andreas setzte Béla 1226 als Fürsten von Siebenbürgen ein, wo die bereits seit zwei Jahrhunderten bestehende Autonomie der Woiwodschaft die Möglichkeit zur Errichtung der herzoglichen Macht geradezu leicht-machte. In Slawonien, das sich von der Drau bis zur Adria erstreckte, setzte Andreas seinen mittleren Sohn Koloman als Herzog ein, der zur Erinne-rung an die Eroberung in Galizien ebenfalls den Königstitel trug. Andreas hoffte, daß Koloman ihm als gefügiges Werkzeug im Kampf gegen Béla dienen würde, doch wurde er in seinen Erwartungen enttäuscht. Koloman richtete seine Schritte in den folgenden anderthalb Jahrzehnten beharrlich nach Bélas Politik und nicht nach der seines Vaters. Um den in Siebenbürgen noch „wurzellosen" Béla bildeten sich alsbald ein Hof und eine „Partei" heraus, weil ihm mehrere Angehörige seines slawonischen Hofes folgten.

Gerade der dem ungarischen Herrscher wegen der Vertreibung des Deutschen Ritterordens grollende Papst Honorius III. war es, der die Zurücknahme von Ländereien erneut zu forcieren begann. Seine ersten diesbezüglichen Briefe an Béla und die Bischöfe der Kalocsaer Kirchenprovinz datieren vom Sommer des Jahres 1225. Béla wurde gera-dezu ermutigt, beinahe schon dazu befugt, in seinem Landesteil mit der Zurücknahme der verschenkten Ländereien zu beginnen, doch kam es damals noch nicht zu diesem Schritt. Der Papst warf auch die Frage der Amtsausübung von Juden und Heiden (Ismaeliten) in Ungarn auf. Er drückte seine Mißbilligung darüber aus, daß die Lage der Sarazenen (Ismaeliten) in Ungarn besser war als die der Christen. Auch wenn Honorius dabei übertrieb, war dieser Vorwurf nicht ohne Grund, weil ja die Juden und die Ismaeliten als Pächter trotz der Verbotsmaßnahmen der Goldenen Bulle auch weiterhin eine wichtige Rolle in der Wirtschafts-politik Andreas' II. spielten; vielen von ihnen gelang sogar der Aufstieg in die herrschende Schicht Ungarns.

Herzog Béla begann im Jahre 1228 landesweit und nicht nur in seinem Herrschaftsgebiet mit der Wiederaneignung verschenkter Ländereien. Bei der Wahl des Zeitpunktes spielten zahlreiche Umstände eine Rolle. Als bestimmender Faktor galt vor allem, daß die Domänenrestauration ihre Aktualität auch nach 1222 nicht verloren hatte, weil – wenn auch im Vergleich zu der Zeit vor 1222 in geringerem Maße – die Verschenkung königlicher Domänen fortgesetzt wurde. Hinzu kam noch, daß 1227 in das Amt des Palatins gerade Ampods Sohn Dionysius eingesetzt wurde, der seit 1215 lange Jahre hindurch Tavernikalmeister am Hof gewesen und dessen Name in besonderem Maße mit den wirtschaftlichen Maßnahmen der „neuen Einrichtung" verbunden war. Bis 1228 konnte Béla seine Macht in Siebenbürgen stabilisieren; außer der Hilfe seiner Anhänger genoß er auch die Unterstützung des Papstes. Deshalb war Andreas nicht in der Lage, offen gegen die Politik der Wiederaneignung von Ländereien aufzutreten. Er taktierte klug und tat so, als wäre er selbst der eigentliche Vertreter dieser Politik; in Wirklichkeit aber versuchte er die erfolgreiche Durchführung dieser Politik zu verhindern, wo es nur möglich war. Herzog Bélas Domänenrestauration zielte auf die Wiederaneignung der von Emmerich und Andreas II. verschenkten Burggüter ab und diente somit der Wiederherstellung der zur Regierungszeit König Bélas III. bestehenden Besitzverhältnisse, als die zur Untergrabung der königlichen Macht beitragende systematische Verschenkung von Domänen noch nicht im Gange war. Der Herzog griff nur nach dem Erbbesitz, der sich in den Händen weltlicher Adliger befand; die im Besitz der Kirche befindlichen Ländereien wurden nicht in die Domänenrestauration einbezogen. Béla streckte seine Hand aber nach den Ländereien der treuesten adligen Anhänger Andreas' II., der Nutznießer der Politik der „neuen Einrichtung", aus.

Nach den ersten Erfolgen der Domänenrestaurationspolitik wurde Palatin Ampods Sohn Dionysius bereits 1228 gestürzt, wodurch sich die Chancen (der konsequenten Verwirklichung) dieser Politik weiter verbesserten. Eine stark hemmende Wirkung allerdings ging davon aus, daß Andreas II. sich auch weiterhin nicht zur Domänenrestauration verpflichtet fühlte, ganz im Gegenteil, er setzte die Verschenkung königlicher Domänen und Burggüter – wenn auch etwas gemäßigt – fort. Neben dem König waren auch bedeutende Gesellschaftsgruppen mit Herzog Bélas Politik unzufrieden: Die eine Beschwerdepolitik betreibenden Adligen hielten die Wiederaneignung von Ländereien für zu weitgehend, das Burgvolk dagegen für zu gering. Vor allem die Burgjobagionen nahmen jede Gelegenheit wahr, um bei der Domänenrestauration zu eigenem Bodenbesitz zu kommen und sich dadurch den Aufstieg in die untere Schicht der Adligen zu sichern. Béla aber wies jeden Versuch eines Besitzerwerbs der Burgjobagionen (unabhängig davon, ob für sich oder für die Burg) entschieden zurück und schmälerte dadurch eigentlich die gesellschaftliche Basis seiner eigenen Domänenrestaurationspolitik.

1231 standen alle diejenigen geschlossen hinter Andreas II., denen Bélas Besitzrestaurationspolitik mißfiel. Am königlichen Hof kam es zu bedeutenden Veränderungen. Die alten, erprobten Anhänger von Andreas kehrten zurück, mit dem Amt des Palatins wurde wieder Ampods Sohn Dionysius betraut. Sofort begann die Rückgabe der durch Béla enteigneten Erbbesitztümer an die betroffenen Adligen. In dieser Lage konnte er seine Politik einfach nicht mehr fortsetzen.

Die Domänenrestaurationspolitik, die auf die Verbesserung der Domanialeinkünfte abzielte, scheiterte im Jahre 1231. Die erneute Wende der ungarischen Innenpolitik zog die Verstärkung der Aktivität des Klerus nach sich. Die Kirche erhob beim Papst Beschwerde dagegen, daß die sog. Sarazenen und die Juden in Ungarn eine zu große Macht hatten und die Christen unterdrückten, daß die Weltlichen sogar von der Kirche und selbst von den kirchlichen Persönlichkeiten Steuern erhoben, die Geistlichen vor das weltliche Gericht luden und ihnen den alten geistlichen Besitz und die Einkünfte nahmen. Papst Gregor IX. bat König Andreas um ein energisches Auftreten gegen diese Übertretungen und gab dem Erzbischof von Gran, *Robert,* die Befugnis zur Verhängung von Kirchenstrafen und weltlichen Sanktionen über diejenigen, die gegen die Kirche intrigierten.

## Die politischen Erfolge der Kirche

In dieser politischen Situation wurde 1231 die neun Jahre zuvor erlassene Goldene Bulle, deren Gesetze im wesentlichen aber nie in Kraft getreten sind, in neuer Fassung herausgegeben. Da aber die Gesetze der ersten Goldenen Bulle rechtskräftig niemals aufgehoben wurden, blieben ihre antiklerikalen Artikel – zumindest im Prinzip – auch weiterhin gültig. Die aus 35 Artikeln bestehende Neufassung brachte in mancher Hinsicht Veränderungen. Es wurden zahlreiche neue Artikel aufgenommen; gleichzeitig wurden von den 31 Artikeln der Goldenen Bulle von 1222 zwölf gar nicht in die neue Ausgabe von 1231 aufgenommen. Auch mehrere der übernommenen Artikel hatten einen veränderten Wortlaut. Die Änderungen dienten vor allem den Interessen der Kirche. Weggelassen wurden die die Rechte der Kirche verletzenden Artikel, z. B. das Verbot der Erhebung von Steuern in Geldform (Papst Honorius III. forderte die Bevölkerung des Landes bereits im Frühjahr 1223 auf, die Steuern in Münzen zu entrichten) und der Artikel, der die Salzlagerung regelte. Die neue Goldene Bulle räumte der Kirche zahlreiche neue Privilegien ein: Die Dörfer wurden von der Gerichtsbarkeit des Komitatsgespans, die Menschen (eigentlich das Kirchenvolk) von der Arbeit auf den Burgen bzw. in den Gebäuden und Werkstätten des königlichen Hofes befreit. Kirchliche und Kleriker wurden von der allgemeinen Gerichtsbarkeit des Palatins befreit, ebenso wurden Eheschließungs-, sog. Treulohn- und andere kirchliche Angelegenheiten der Gerichtsherrschaft der Kirche unterstellt. Den schon seit Jahrzehnten bestehenden „glaubwürdigen Orten" *(loca credibilia)* – Kapiteln und Konventen – kam in der Rechtsprechung bzw. in der weiteren

Entwicklung der Schriftlichkeit des Rechtswesens eine bedeutende Rolle zu. Nicht aufgenommen wurde in die Neufassung das Widerstandsrecht der geistlichen und weltlichen Adligen, dafür aber dem Erzbischof von Gran das Recht zur Verhängung des Kirchenbanns über Könige zugesprochen, sollten diese gegen die in der Neufassung fixierten Freiheitsrechte verstoßen.

Die Lage und die Rechtsstellung der königlichen Servienten hatte sich im Vergleich zu 1222 nicht geändert. Während sie aber die Verbriefung ihrer Privilegien im Jahre 1222 im Bündnis mit dem weltlichen Adel der Emmerich-Partei erzwungen hatten, standen sie 1231 auf der Seite der geistlichen Großgrundbesitzer. Das provisorische Bündnis, das die Servienten und die sog. Burgelemente aufgrund der zeitweiligen Übereinstimmung ihrer Interessen im Jahre 1222 in einem Lager vereinte, löste sich auf. Auch den Burgjobagionen wurde die ihnen vom heiligen König versprochene Freiheit gewährt, es gab aber keinen Artikel mehr, der das Burgvolk gegen die Übergriffe der Gespane schützte. Überhaupt fehlten in der Neufassung Gesetzesartikel, die gegen Machtmißbrauch und Ausbeutung schützten. Es wurde nicht mehr erwähnt, daß die mächtigsten „Großen" die Armen nicht unterdrücken sollten oder daß das neue und qualitativ gute Geld ein Jahr lang im Umlauf sein sollte. Auch das Verbot der Ämterhäufung wurde weggelassen.

Die Neufassung von 1231 zeugte von der weiteren Zurückdrängung der königlichen Macht und war ein Zeichen dafür, daß die Beschwerdepolitik der Kirche nach 1222 in den meisten Fällen den Interessen des Königs zuwiderlief. Der sich mit den Fremden befassende Textteil der Bulle von 1222 wurde an manchen Stellen modifiziert. Neben dem Rückkauf der in den Händen von Fremden befindlichen Ländereien erlaubte das Gesetz von nun an auch die entschädigungslose Enteignung der fremden Gutsbesitzer. Als Bedingung zur Einsetzung von adligen „Gästen" *(hospes)* in ungarische Ämter galt nun, daß sie in Ungarn wohnten. Die Kirche erreichte die gesetzliche Fixierung dessen, daß der Palatin, wenn er „die Angelegenheiten des Königs und des Staates ungenügend erledigt", vom König auf die Bitte seiner Untertanen abgesetzt werden konnte. Der König mußte erklären, unbefugt keinerlei Steuern oder Kammergewinn zu erheben und keine Eintreibungen durchführen zu lassen. Die Kirche wollte Andreas zwingen, von denen, die große Schenkungen bekommen hatten, Waffendienst zu verlangen.

Trotz alledem änderten sich die Verhältnisse in Ungarn nicht; die Lage der Kirche verbesserte sich nicht, sie verschlechterte sich sogar. Die Ismaeliten behielten auch weiterhin ihre führenden Positionen in der

Kammer für Münzprägung und anderen öffentlichen Ämtern. Auch weiterhin traten Christen zur Religion der Sarazenen über. Diese nahmen – aufgehetzt von den Ismaeliten und den Ratgebern des Königs – der Kirche manche Güter und Einkünfte. Als Reaktion darauf verhängte Robert, Erzbischof von Gran, vom 25. Februar 1232 an das Interdikt (Kirchenstrafe) über ganz Ungarn und sprach den Kirchenbann über die Berater des Königs aus. Unter ihnen befanden sich auch Ampods Sohn Dionysius und der ehemalige Kammergespan *Samuel*. Auf die Vermittlung von Andreas hin hob der Erzbischof den Kirchenbann bis zum 20. August vorübergehend auf, ebenfalls auf Intervention des Königs wies der Papst den Erzbischof im Juli an, das Interdikt aufzuheben, und er schickte zur Untersuchung der ungarischen Verhältnisse den Bischof von Praeneste, *Jakob von Pecoraria,* als päpstlichen Legaten ins Land.

Jakob kam Ende 1232 nach Ungarn, aber Andreas mied das Treffen mit ihm. Er hatte einen triftigen Grund dafür, denn an der Spitze der königlichen Finanzverwaltung des Landes standen immer noch Pächter, und auch der Salzhandel war in den Händen der Juden und Ismaeliten. Jakob verhandelte also mit dem Beauftragten des ungarischen Königs, und weil sich diese Besprechungen zu sehr in die Länge zogen, kümmerte er sich auch um weitere Angelegenheiten (so z. B. beauftragte er Dominikanermönche mit der Niederwerfung der erneut erstarkten Ketzerbewegung in Bosnien). Im Laufe der Verhandlungen verfaßte der Notar des päpstlichen Legaten den Text des kirchlichen Diktats, das als „Bereger Abkommen" bekannt und Andreas II. in Bereg, dem Grenzgebiet des Landes, überreicht wurde, als er gerade gegen Galizien zog. (Der Text wurde nicht nach den Regierungsjahren von Andreas II., sondern nach der Amtszeit des Papstes Gregor IX. datiert.) Andreas war gezwungen, die Einhaltung des Abkommens durch einen Eid zu bekräftigen.

Das Bereger Abkommen sollte den Beschwerden der ungarischen Kirche in drei Fragen Abhilfe schaffen: Rechtsprechung und Steuerwesen, Rechte der Juden und Ismaeliten, Fragen des Salzhandels. Die Kirche erhielt die Befugnis, über Fragen der „Morgengabe" und der Eheschließung zu entscheiden; ebenso erhielt das kirchliche Gericht die Zuständigkeit für Rechtsangelegenheiten von Klerikern mit Ausnahme von Besitzstreitigkeiten. Der König sicherte den Klerikern die volle Steuerfreiheit zu. Als seinen eigenen Erfolg konnte Andreas verzeichnen, daß über die von Ungarn zu entrichtenden Steuern in den Verhandlungen mit dem Legaten nicht entschieden wurde, sondern daß man die Entscheidung dieser Frage vom Rat des Papstes abhängig machte. Einen wesentlich geringeren Erfolg konnte Andreas in der Frage der Juden und Ismaeliten erzielen. Er mußte sich verpflichten, keine Juden und Ismaeliten mit führenden Ämtern in der Münzprägung, im Salzhandel und im Steuerwesen sowie anderen öffentlichen Ämtern zu betreuen, damit sie die Christen nicht unterdrücken konnten. Zur Unterscheidung von den Christen mußten die Genannten ein Zeichen tragen. Juden und Sarazenen durften keine christlichen Knechte haben. Die wichtigste und aktuellste Aufgabe war die Regelung des Salzhandels: Das Abkommen von Bereg stellte die diesbezüglichen früheren Rechte der Kirche wieder her. Die Kirche erhielt auch das Privileg, das für den Außenhandel bestimmte Salz bis zur Grenze zu transportieren.

Da die einzelnen Kirchen infolge der neuen Wirtschaftspolitik Andreas' II. und der Verpachtung der Regalien seit vielen Jahren auf den Salzgewinn verzichten mußten, wurde als Ersatz dafür verlangt, daß der König in den folgenden fünf Jahren insgesamt zehntausend Mark als Schadenersatz an die Kirchen entrichtete. Andreas verpflichtete sich am 20. August 1233, Herzog Béla erst zwei Tage später zur Einhaltung dieser Verträge. Bélas Urkunde, die diese Abmachungen bekräftigte, wurde nicht von seiner eigenen Kanzlei, sondern vom Schreiber des päpstlichen Legaten ausgefertigt. Von Herzog Koloman und den weltlichen Aristokraten wurde das Bereger Abkommen erst später anerkannt.

Aber Andreas II. hielt sich nicht wirklich an das Bereger Abkommen: In seinem Brief vom September 1233 an den päpstlichen Gesandten Jakob erkannte er zwar die Oberhoheit der römischen Kirche über Ungarn an. Da aber der König die Entrichtung des Schadenersatzes an die Kirche versäumte, verhängte der nach der Abreise des päpstlichen Gesandten dazu befugte Bischof von Bosnien, *Johann,* im Sommer 1234 erneut das Interdikt über Ungarn. In der Zwischenzeit flammte in Bosnien die Ketzerbewegung wieder auf, was dem Bischof weitere Schwierigkeiten bereitete. Auch Papst Gregor IX. griff in den Streit ein und bewilligte König Andreas im August 1235, den Schadenersatz an die Kirche statt innerhalb der vereinbarten fünf Jahre innerhalb von zehn Jahren zu entrichten.

Während in der „hohen Politik" Ungarns die genannten Fragen im Mittelpunkt standen, erschien im Jahre 1232 ein neuartiges und damals noch einmaliges Schriftstück: Alle dies- und jenseits des Flusses Zala ansässigen königlichen Servienten ließen gemeinsam eine Urkunde ausfertigen. Die Gerichtsbarkeit in ihrem Komitat wurde ihnen vom König zugesprochen; im Jahre 1232 suchte *Bartholomäus,* Bischof von Veszprém, bei ihnen sein Recht gegen den Ban *Atyusz,* der die Ländereien der Kirche in Muraköz (Gebiet zwischen den Flüssen Drau und Mur) eroberte. Die

Entstehung des neuen Gerichtsforums bedeutete das Eingeständnis dessen, daß die königliche Rechtsprechung die Interessen der Servienten nicht mehr wirksam zu verteidigen vermochte. So kamen die Servienten, die 1222 mit den „Vornehmen" der Emmerich-Partei und dann 1231 mit den kirchlichen Großgrundbesitzern ein einstweiliges Bündnis geschlossen hatten, alsbald zum selbständigen Auftreten, das notgedrungen auf dem – der Wirtschaft entfernten – Gebiet des Rechtswesens erfolgte, wo sich die Schwäche ihrer wirtschaftlichen Basis nicht besonders offenbarte, wo sie von den Massen unterstützt wurden und auch das Wohlwollen des Königs genossen. Die Rechtsprechungsurkunde der Servienten des Komitats Zala vom Jahre 1232 ist das erste Dokument dafür, daß sich anstelle der infolge von Gutsschenkungen geschwächten und langsam absterbenden königlichen Komitate eine neue Verwaltungsform herauszubilden begann, in der den königlichen Servienten (dem späteren niederen Adel) eine bedeutende Rolle zukam. Das war der erste Schritt zur Herausbildung der „adligen Komitate".

## Die Außenpolitik in der zweiten Phase der Regierungszeit Andreas' II.

Für die Außenpolitik in den Jahren zwischen 1222 und 1235 war im großen und ganzen die Fortsetzung der von Andreas II. in der ersten Hälfte seiner Regierungszeit eingeschlagenen Richtung charakteristisch, weiterhin der Umstand, daß sich auch Herzog Béla aktiv in die Gestaltung der ungarischen Außenpolitik einschaltete. Andreas zeigte auch weiterhin wenig Interesse gegenüber den westlichen Staaten. In den ungarisch-österreichischen Beziehungen brachte der Tod Herzog Leopolds VI. eine Wende. Unter seinem Nachfolger Herzog *Friedrich II.* begannen die militärischen Aktionen gegen ungarische Gebiete bereits im Jahre 1230. Daraufhin fiel Herzog Béla in Österreich ein. 1233 richteten ungarische Truppen Verwüstungen in der Steiermark an. Gegen Ende des Jahres 1233 unternahmen Andreas und Béla einen gemeinsamen Angriff gegen Österreich, es konnte aber ohne Schlacht ein Frieden geschlossen werden. Im Sommer 1235 fiel Friedrich in Westungarn ein, doch die Ungarn drängten den österreichischen Herzog bis Wien zurück; er mußte sich den Frieden mit Geld erkaufen.

Im Mittelpunkt der ungarischen Außenpolitik standen auch weiterhin die Eroberungspläne gegen das Fürstentum Galizien. 1224/1225 übergab Mstislaw, Fürst von Galizien, dem drittgeborenen Sohn König Andreas' II.

die Stadt Przemyśl. Diese Machtteilung nutzten die Galizier, um die Zwietracht zwischen Mstislaw und Andreas zu schüren. König Andreas II. zog Anfang 1227 ins Feld, um seinem Sohn Andreas zu helfen; er nahm anfangs manche Burgen des galizischen Fürstentums ein, wurde aber in der Schlacht bei Kremjanec in seinem Vormarsch aufgehalten und später von Mstislaw vor der Burg Halitsch geschlagen. Trotz alledem konnten die ungarnfreundlichen galizischen Bojaren erreichen, daß Mstislaw abdankte und Galizien dem Verlobten seiner Tochter, Herzog Andreas, überließ. Herzog Andreas saß nur knappe drei Jahre auf dem galizischen Thron, weil ihn Anfang des Jahres 1230 Danilo mit polnischer Unterstützung vertrieb und den Thron von Galizien bestieg. Die nächste Aktion gegen Galizien unternahm Herzog Béla im Sommer 1230, doch bei diesem Feldzug erlitten die Ungarn erhebliche Verluste. Im Jahre 1231 zog wieder ein ungarisches Heer gegen Rußland: Am Feldzug beteiligten sich König Andreas II. und auch seine beiden Söhne Béla und Andreas. Sie eroberten nacheinander die Burgen in Westrußland, darunter auch die Burgen Halitsch und Wladimir. Auf den Vorschlag der galizischen Bojaren setzte König Andreas II. erneut seinen Sohn Andreas als Fürsten von Galizien ein. 1233 versuchte Danilo wieder, Andreas vom Fürstenthron zu stürzen. Damals blieb dieser Versuch noch ohne Erfolg, doch gelang es Danilo mit der Unterstützung des Kumanen *Kuthen,* die Ungarn zu besiegen. Die Position von Andreas verschlechterte sich weiter: Die Einnahme der Burg Halitsch stand vor der Tür, als Andreas gegen Anfang des Jahres 1234 starb. Die Tore zu Halitsch waren für Danilo nun geöffnet, und er konnte die Macht übernehmen. Damit fanden die Machtkämpfe zwischen Ungarn und Galizien, die mit dem Einfall Bélas III. im Jahre 1188 begonnen hatten und beinahe ein halbes Jahrhundert dauerten, ihren endgültigen Abschluß. Nach 1234 hörte die ungarische militärische Expansionspolitik gegen Galizien auf.

Das Aufleben der ungarischen Politik nach Süden war mit Bélas Erscheinen in Siebenbürgen verbunden. Das damals zum großen Teil bereits von Rumänen bewohnte Gebiet Severin (ung. Szörénység) kam etwa in der zweiten Hälfte der zwanziger Jahre des 13. Jahrhunderts unter die beschränkte Oberherrschaft Ungarns, wo bald das Severiner Banat entstand, das an den siebenbürgischen Landesteil Bélas grenzte. Béla versuchte, seinen Einfluß auch auf bulgarische Gebiete auszudehnen. 1228 belagerte er die Burg von Vidin, jedoch ohne Erfolg. Unter Andreas II. kam es zu einem Wandel in der kirchlichen Oberhoheit in Bosnien. Während das Bistum Bosnien in den ersten zwei Jahrzehnten seiner Herrschaft dem Erzbistum Spalato unterstand, verschenkte der König nun Bosnien, Ozora und Só, also das Gebiet südlich der Save, an *Ugrin,* den Erzbischof von Kalocsa. Die Missionsarbeit der Dominikaner in Bosnien wurde dadurch erschwert, daß sich der Herrscher Bosniens, *Ninoslaw,* scheinbar der katholischen Kirche näherte. Jedenfalls strahlten die bosnischen Ketzerbewegungen auch auf Slawonien, das Fürstentum Kolomans, aus.

Ein großes Problem für Ungarn bedeuteten die im östlichen Grenzgebiet lebenden Kumanen. Bei ihrer Bekehrung zum Christentum hatte der Deutsche Ritterorden einige Erfolge zu verzeichnen. Nach der Aussiedlung des Ritterordens übernahmen diese Aufgabe die neu entstandenen Bettelorden. Die ersten Dominikanermönche begannen ihre Missionsarbeit bei den Kumanen in den Jahren 1221 bis 1223, doch zeitigten diese Bekehrungsversuche keinen Erfolg. Auf der zweiten Missionsfahrt konnten einige Dominikaner das Siedlungsgebiet der Kumanen am Fluß Dnjepr erreichen und mit dem Bekehren beginnen. Einen Einfluß auf die Lage der Kumanen übte der Umstand aus, daß sie zusammen mit den Heeren der russischen Fürsten im Jahre 1223 am Fluß Kalka eine Niederlage durch die Mongolen (Tataren) erlitten und weiter nach Westen, zu den östlichen Karpaten hin, gedrängt wurden. Die Mission der Dominikaner erweckte das Interesse Bélas, der im benachbarten Siebenbürgen regierte. Der vom Papst beauftragte Erzbischof von Gran, Robert, erreichte 1227 mit Bélas Unterstützung große Erfolge im Bekehren der Kumanen zum Christentum: Die Kumanenführer *Barc* und *Membrok* bekannten sich zusammen mit ihrem ganzen Volk zum Christentum. Es entstand das kumanische Bistum mit dem Sitz Milko in der südlichen Moldau, als erster Bischof wurde *Theodorik,* der Provinzial der Dominikaner in Ungarn, eingesetzt. Der Papst aber entzog dem Erzbischof von Gran das Verwaltungsrecht über das neu gegründete Bistum, das außer Kumanien auch Kronstadt (ung. Brassó) im Burzenland umfaßte, und stellte es unter seine eigene Oberhoheit. Hinsichtlich der weltlichen Verwaltung betrachtete Ungarn Kumanien (die Walachei und die Moldau) als sein eigenes Gebiet. Der Kumanenführer Barc nahm 1230 am Feldzug Bélas gegen Galizien teil. Die Kirche begann in Kumanien den Zehnt zu erheben, auch Béla erlegte den Kumanen Steuern auf. Neben den Kumanen und den dort lebenden Rumänen ließen sich in Kumanien auch Ungarn und Deutsche nieder.

Mit der Missionierung der Kumanen dürfte es zusammenhängen, daß die Ungarn um die Wende der zwanziger und dreißiger Jahre des 13. Jahrhunderts ihre Aufmerksamkeit auf die irgendwo im Osten (in „Magna Hungaria" – in Baschkirien) zurückgebliebenen Magyaren richteten, von deren Existenz sie höchstens noch undeutliche Erinnerungsbilder haben konnten. Die erste Dominkanermission machte șich um 1232 auf den Weg, um nach den Ungarn im Osten zu suchen. Die Suche blieb drei Jahre lang erfolglos, und nur einem der vier Dominikanermönche, *Otto,* gelang es, die Spuren der Ungarn aufzufinden. Aufgrund der Hinweise Ottos brachen 1235 wieder vier Mönche, unter ihnen Frater *Julianus,* auf, um die Verwandten im Osten zu suchen. Für Begleitung und Finanzierung der Expedition sorgte Herzog Béla.

Den etwa 60jährigen König Andreas II. trafen gegen Ende seines Lebens manch harte Schicksalsschläge. Neben seinem Sohn Andreas verlor er 1233 auch seine zweite Gattin, Jolante. Ihre gemeinsame Tochter *Jolante* heiratete 1235 den König von Aragonien. 1234 schloß König Andreas eine dritte Ehe, er heiratete die Tochter eines italienischen Markgrafen, *Beatrix d'Este.* Seine junge Gemahlin war bereits schwanger – angeblich aber nicht vom König, sondern von Ampods Sohn Dionysius –, als Andreas am 21. September 1235 starb. Er wurde an der Seite seiner zweiten Frau, Jolante, im Zisterzienserkloster von Egres beigesetzt. (Beatrix brachte ihren Sohn *Stephan,* den späteren Vater des letzten Königs der Arpadendynastie, *Andreas' III.,* in Deutschland zur Welt.)

# VI. Die Schwächung
## der königlichen Macht,
## der Vorstoß der Großgrundbesitzer
## (1235–1301)

### Die ersten Jahre der Herrschaft Bélas IV.

Béla IV. wurde am 14. Oktober 1235 mit 29 Jahren zum König gekrönt. Sofort begann er, mit den Anhängern seines Vaters abzurechnen. Angeblich entdeckte er eine Verschwörung: Gewisse Adlige hatten zu ermitteln versucht, wie sie die Krone des Landes Kaiser Friedrich II. anbieten könnten. Béla ließ Ampods Sohn Dionysius blenden, *Gyula* aus dem Geschlecht Kán warf er ins Gefängnis, andere Adlige entflohen seiner Rache. Die des Treubruchs (der Felonie) und der Verschwendung der Güter des Landes beschuldigten Adligen wurden enteignet. Um die Autorität der königlichen Macht zu stärken, verbot Béla allen Untertanen – mit Ausnahme der Herzöge, Erzbischöfe und Bischöfe –, sich in Gegenwart des Königs zu setzen. Anstelle der bis dahin praktizierten persönlichen Audienz waren die Eingaben von nun an schriftlich zu machen. Mit den Gesuchen beschäftigte sich das sog. Vizehofrichterforum, das seinen ständigen Sitz in Altofen hatte. Später – im letzten Drittel des 13. Jahrhunderts – wurde der Vizehofrichter Leiter des Hofgerichts, des „Gerichts in Anwesenheit des Königs" *(personalis presentia regia)*. Den „Grundstock" von König Bélas Hof bildeten diejenigen, die ihre Treue schon in den vergangenen schweren Jahren erwiesen hatten. Mit diesem erprobten „Stab" machte sich Béla – nunmehr als König – an die Fortsetzung seiner im Jahre 1231 zwangsweise unterbrochenen Besitzrestaurationspolitik. Er strebte auch weiterhin die Wiederherstellung der Besitzverhältnisse an, wie sie unter Béla III. gewesen waren, bezog in seinen Restaurationsplan neben den erblichen Domänen diesmal aber auch die Wiederaneignung des Grundbesitzes der Servienten, des Burgvolkes, der *udvornici* und weiterer Grundbesitzer von verschiedener Rechtsstellung sowie des Landbesitzes der Kirchen mit ein. Letztere Entscheidung löste natürlich heftigen Protest bei der ungarischen Kirche und bei Papst Gregor IX. aus. Im Vergleich zur

früheren Periode wurde die Besitzrestauration auch von den Burgjobagionen weniger unterstützt, weil sie in der Zwischenzeit zum Teil auch
selbst in den Besitz von eigenem Grund und Boden gekommen waren.
1238 geriet die Besitzrestaurationspolitik Bélas ins Stocken (allmählich
bekamen die Kirchen ihre enteigeneten Besitzungen wieder zurück), und
1239 gab der König seine Politik der Wiederaneignung von Ländereien
auf. Die Adligen beklagten sich nämlich immer mehr über diese Politik.
Nach Abschluß seiner Besitzrestaurationspolitik begann Béla den Status
zweier wichtiger Besitzergruppen, nämlich den der Burgelemente und der
*udvornici* der königlichen Güter, zu regeln. Sein Hauptziel dabei war die
Klärung der Verpflichtungen und die Festlegung der Abgaben. All diese
Bemühungen Bélas IV. sollten zur Wiederherstellung der königlichen
Wirtschaft dienen, aus der die Domanialeinkünfte stammten. Das gleiche
Ziel verfolgte Béla mit der Organisierung der sog. Waldgespanschaften
(eigentlich Privatgüter des Königs), was den Anstoß dazu gab, daß sich
diese Güter später zu eigenständigen königlichen Komitaten entwickelten
(wie z. B. Zólyom sowie Bereg und Sáros).

Von den vier Dominikanermönchen, die sich 1235 auf die Suche nach
den Ungarn im Osten begeben hatten, gelangte nur Frater Julianus ans Ziel;
in der Wolgagegend (in Magna Hungaria) gelang es ihm, die im Osten
zurückgebliebene Gruppe des im Karpatenbecken ansässigen ungarischen
Volkes zu finden, und er konnte sich mit ihnen einwandfrei in ungarischer
Sprache verständigen. Frater Julianus war der erste Ungar, der mit zuverlässigen Informationen über die Mongolen, die Osteuropa bedrohten, zurückkehrte. Die weiteren Aktionen der Dominikaner nach Osten schei-
terten daran, daß im Frühjahr 1236 unter der Führung von *Batu-Khan*
(Enkel *Dschingis-Khans,* des Gründers des mongolischen Weltreiches) ein
großer Eroberungsfeldzug gegen Europa begann, der auch die bis dahin
mit den Mongolen verbündeten Ungarn in der Wolgagegend nicht ver-
schonte. Die Dominikanermönche kehrten von Susdal um und brachten
genaue Informationen über die bevorstehende mongolische Invasion mit.

Béla IV. nahm die seinem Land drohende Gefahr jedoch vorläufig nicht
zur Kenntnis. Er mischte sich zwar nicht direkt in den Streit zwischen
Papst und Kaiser ein, verpflichtete sich aber in Worten für Kaiser Friedrich II. Bei dieser seiner Entscheidung spielte das gespannte Verhältnis
zwischen Kaiser Friedrich und dem ungarnfeindlichen österreichischen
Herzog Friedrich II. eine wichtige Rolle. In den Jahren 1237 und 1238 verstärkte sich Ungarns Interesse am Geschehen auf dem Balkan. Herzog
Koloman unternahm 1237 einen Feldzug gegen das von Häresie geprägte
Bosnien; er eroberte neben Bosnien auch das benachbarte Hulm (Her-

zegowina), und der dortige Fürst Ninoslaw nahm scheinbar den katholischen Glauben an. Béla wäre bereit gewesen, mit seinem Heer gegen Bulgarien zu ziehen, wenn er vom Papst die Machtbefugnis eines Legaten erhalten hätte, wodurch er dort in weltlichen Angelegenheiten freie Hand hätte haben können. Weil ihm diese Befugnis aber nicht zuerkannt wurde, kam es nicht zu einer militärischen Aktion gegen Bulgarien. Auch gegen Rußland führte Béla keinen Eroberungsfeldzug durch, obwohl die gegeneinander kämpfenden russischen Fürsten oft an Bélas Hof verkehrten – Fürst Danilo sogar schon bei der Krönung Bélas im Jahre 1235 –, um bei ihm Schutz oder Unterstützung zu finden.

Es gab immer mehr Zeichen für die heraufziehende mongolische Gefahr. Der von den Mongolen geschlagene Kumanenfürst Kuthen bat Béla im Jahre 1239 um Aufnahme in Ungarn und versprach ihm für den Fall, daß Béla die Freiheit der Kumanen garantieren würde, sich zum Christentum zu bekennen und dem ungarischen König militärische Hilfe zu leisten. In den Kumanen erkannte der König die Möglichkeit der Stärkung seiner Militärmacht, und er versprach sich von ihnen die Vermehrung seiner Anhängerzahl, auf die er sich stützen konnte; ebendeshalb erfüllte er die Bitte Kuthens mit Freude und begab sich im Herbst 1239 sogar selbst an die östliche Grenze des Landes, wo er die Kumanen mit großen Festlichkeiten empfing, bei denen sie auch getauft wurden. Die Aufnahme der nomadischen Kumanen ins Land führte aber zur Verschärfung der Gegensätze zwischen dem König und dem Adel. Nach Verhandlungen mit den Adligen entschloß sich König Béla, die Kumanen im Land verstreut anzusiedeln, damit die kleinen kumanischen Gruppen den Ungarn nicht schaden konnten; trotzdem warfen die Barone dem König vor, daß er die Kumanen bevorzugt behandelte. Am 6. Dezember 1240 nahmen die Mongolen Kiew ein. Gerade als der Zusammenhalt der Kräfte in Ungarn am nötigsten gewesen wäre, verbreitete sich im Land Zwietracht. Ein Teil des hohen Adels glaubte die Nachrichten über die sich nähernde Mongolengefahr ganz einfach nicht. Andere Adlige betrachteten diese Nachrichten als Vorwand dafür, daß die Kirchenfürsten Ungarns dem Konzil in Rom fernbleiben konnten. Wieder andere hegten den Argwohn, die Kumanen seien nach Ungarn gekommen, um die hiesigen Verhältnisse zu erkunden und danach das Land zu überfallen. König Béla begann erst nach dem Fall Kiews, die östliche Grenze zu befestigen. Er ordnete Kriegsbereitschaft für die Adligen, die königlichen Servienten, die Burgjobagionen und das Burgvolk an. Der mit der Verteidigung des „Tores zu Rußland", des Verecke-Passes in den Karpaten, beauftragte Palatin *Dionysius* aus dem Geschlecht Tomaj trug am 12. März 1241 eine Schlacht

## Die Mongolen in Mitteleuropa (1241–1242)

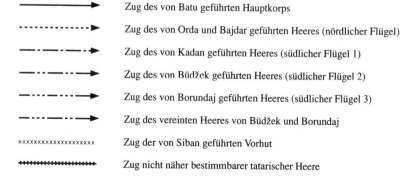

| | |
|---|---|
| → | Zug des von Batu geführten Hauptkorps |
| ---------▶ | Zug des von Orda und Bajdar geführten Heeres (nördlicher Flügel) |
| — — — ▶ | Zug des von Kadan geführten Heeres (südlicher Flügel 1) |
| — ·· — ·· ▶ | Zug des von Büdžek geführten Heeres (südlicher Flügel 2) |
| — ·· — ·· ▶ | Zug des von Borundaj geführten Heeres (südlicher Flügel 3) |
| — ·· — ·· ▶ | Zug des vereinten Heeres von Büdžek und Borundaj |
| xxxxxxxxxxxxxxxxx | Zug der von Siban geführten Vorhut |
| +++++++++++++ | Zug nicht näher bestimmbarer tatarischer Heere |

gegen die einfallenden Mongolen aus, wurde aber besiegt und verlor fast alle seine Krieger. Durch den Gebirgspaß begann nun das Eindringen der Mongolenscharen in das Karpatenbecken.

## Der Einfall der Mongolen in Ungarn

Béla IV. erhielt die Nachricht von der Niederlage am „Tor zu Rußland" am 15. März 1241 und eilte sofort nach Pest, das er zum Versammlungsort der ungarischen Heere bestimmte. Während Béla auf das Eintreffen seiner Heere und der Truppen des österreichischen Herzogs Friedrich II. wartete, den er um Hilfe gebeten hatte, waren die mongolischen Vorhuten am selben Tag, dem 15. März, nur noch eine halbe Tagesreise von Pest entfernt; sie eroberten und plünderten am 17. März die Stadt Waitzen und vernichteten das Heer Erzbischof Ugrins von Kalocsa fast völlig. Herzog Friedrich von Österreich traf mit seinem kleinen Gefolge im Pester Lager ein und nahm den Kampf gegen die auf Pest ziehenden mongolischen Vorhuten auf. Die raschen Kriegserfolge der Mongolen nährten bei den Ungarn den unbegründeten Argwohn, daß die Kumanen mit den Mongolen paktierten. Béla stellte sich umsonst vor den Kumanenführer Kuthen und sein Gefolge, sie wurden von den unzufriedenen Ungarn ermordet. Es begann ein Pogrom gegen die Kumanen, die daraufhin das Kriegslager der Ungarn verließen und die Gegend verwüstend über Syrmien aus dem Land zogen. Gleichzeitig mit den Kumanen verließ auch Herzog Friedrich das Pester Lager.

Das ungarische Heer, dem sich noch nicht alle Kriegseinheiten, mit denen man für die Schlacht rechnete, angeschlossen hatten, begann sich langsam nach Osten zu bewegen. In der Zwischenzeit eroberten und plünderten die Tataren nach Waitzen noch einen weiteren Bischofssitz, die Stadt Erlau. Die umherstreifenden mongolischen Truppen hinderten die Ungarn nicht an ihrem Vormarsch nach Osten. Von dem aus drei mächtigen Einheiten bestehenden mongolischen Heer war zu dem Zeitpunkt erst das von Batu geführte Hauptkorps in Ungarn eingetroffen, d. h. höchstens sechzigtausend Mann von den etwa hundertfünfzigtausend Kriegern des gesamten Mongolenheeres. Ein so starkes Heer konnten die Ungarn nicht aufstellen. Das vorgeschobene Mongolenheer zog sich hinter den Fluß Sajó zurück, das ungarische Heer dagegen schlug sein Lager am rechten, also am westlichen, Ufer des Flusses auf. Das ungarische Heer wählte für sein Lager ein recht ungünstiges Gelände: Die ungarischen Truppen standen auf flachem Gelände, die Mongolen konnten den Feind von der kleinen Anhöhe am anderen Ufer aus beobachten. Außerdem war das ungarische Lager in der improvisierten Wagenburg sehr eng, die Zeltleinen machten den Verkehr im Lager fast unmöglich. Batu, der die Kriegsvorbereitungen der Ungarn beobachtete, stellte mit Recht fest: Der Feind stellte seine Truppen recht ungünstig auf, „wie eine Herde schlossen sie sich in eine enge Hürde ein".

Der ungehinderte Vormarsch bis zum Fluß Sajó wiegte die Ungarn in Sicherheit und machte sie überheblich. In der Nacht vom 10. zum 11. April 1241 versuchte eine mongolische Vorhut, über die Brücke, die in ihren Händen war, ans andere Ufer zu gelangen, doch sie wurde von Erzbischof Ugrin von Kalocsa und dem slawonischen Herzog Koloman zurückgedrängt. Nachdem der Großteil der Ungarn damit die Schlacht gegen die Mongolen gewonnen zu haben glaubte und zur Ruhe gegangen war, begann das Hauptkorps des Mongolenheeres das westliche Ufer des Flusses Sajó von zwei Seiten zu überfluten. Die gegen die Massen von Mongolen tapfer kämpfenden Truppen des slawonischen Herzogs, des Erzbischofs von Kalocsa und der Tempelritter vermochten das Übersetzen zum rechten Ufer nicht zu verhindern. In den frühen Morgenstunden war der Ring Batu-Khans und *Sübeetejs* um das ungarische Lager geschlossen, und die Tataren überschütteten das ungarische Lager mit einem Hagel von Pfeilen. Zu einer wirklichen Schlacht konnte es eigentlich gar nicht kommen, weil die Ungarn, die sich selber in ihrer engen Wagenburg verschanzt und daher keinen freien Bewegungsraum hatten, kaum noch an Widerstand, höchstens noch an Flucht denken konnten. Einander zertretend versuchten sie, sich aus dem Lager zu retten, aber auch dort warteten Tataren mit ihren Pfeilen, Speeren und Säbeln auf sie. König Béla konnte mit Hilfe seiner Anhänger aus dem umschlossenen Lager gerettet werden. Er flüchtete über Nordungarn nach Preßburg. Dem verletzten Herzog Koloman gelang es, in südlicher Richtung auszubrechen; er zog über Pest nach Segesd im Komitat Somogy. Die Erzbischöfe von Gran und Kalocsa, der Bischof von Raab, der Palatin, der sog. Hofrichter und weitere führende Gestalten des weltlichen und kirchlichen Adels dagegen ließen in der Schlacht ihr Leben.

Bei dem Dorf Muhi, in der Gegend der Mündung des Flusses Sajó, richteten die Mongolen ein grausames Blutbad an. Das war die schwerste Niederlage der Ungarn seit dem 250jährigen Bestehen ihres Staates. Die Ursachen dieser Niederlage waren – neben den eng mit der Kriegsführung und der Strategie zusammenhängenden Fehlern und Versäumnissen – auch politischer und gesellschaftlicher Natur. Der Mongolenangriff traf das Land zu einer Zeit, als einerseits das System der königlichen Komitate, das früher den Großteil der ungarischen Streitkräfte stellte, bereits in Auflösung begriffen war, andererseits aber die sich erst herausbildenden „Privatheere" noch nicht stark genug waren. Der Gegensatz, der zwischen dem die Besitzrestauration forcierenden König Béla und den Adligen bestand, die einen immer größeren Teil der königlichen Güter erwerben wollten, fand im Jahre 1241 seinen Niederschlag darin, daß zahlreiche Adlige geradezu auf die Niederlage ihres Königs bedacht waren. Die schwere Niederlage bei Muhi zeigte also auch die politische und wirtschaftliche Krise Ungarns.

Nach der Schlacht bei Muhi war für die Mongolen der Weg nach Pest frei, das sie nach einer dreitägigen Belagerung (durch Pfeilhagel) auch einnahmen. Der Hauptteil des Mongolenheeres stand nun Mitte April, kaum einen Monat nach dem Einfall in das Karpatenbecken, bereits an der Donau. In der Zwischenzeit ging Béla auf Einladung Herzog Friedrichs von Österreich von Preßburg nach Hainburg, wo er aber von Friedrich, der seine bedrängte Lage ausnutzte, erpreßt wurde: Als Gegenwert für den im Jahre 1235 mit Geld erkauften Frieden nahm er dem ungarischen König alle Wertgegenstände und legte seine Hand auch noch auf drei Komitate Westungarns. Von Hainburg ging Béla nach Segesd und zog dann mit seiner Frau und seinem schwerverletzten jüngeren Bruder weiter nach Agram. Herzog Koloman erlag bald darauf den Folgen seiner schweren Verletzung.

Der linke Flügel des Mongolenheeres begann am 31. März 1241 unter der Führung *Kadans* von zwei Seiten aus mit der Eroberung Siebenbürgens. Nacheinander gerieten die siebenbürgischen Städte in die Hände der Mongolen, während sie im Burzenland auch das Heer des siebenbürgischen Woiwoden besiegten. Die zwei Einheiten der Mongolen vereinigten sich bei Csanád. Der rechte Flügel des Mongolenheeres fiel nach einigen Streifzügen durch Polen und Mähren in den östlichen Teil Österreichs ein. Herzog Friedrich und seine Verbündeten vertrieben die Tataren jedoch aus dem Land. Danach unternahm Friedrich eine militärische Aktion gegen ungarische Gebiete, sein Heer drang bis Raab vor und nahm die Stadt auch ein. (Später wurden die österreichischen Truppen von den Ungarn aus dem westlichen Teil des Landes verdrängt.) Dank des Widerstandes der Burgsoldaten gerieten in Oberungarn etliche Burgen nicht in die Hände der Mongolen.

Von Agram aus unternahm König Béla verzweifelte Versuche, die Unterstützung der europäischen Mächte für das in äußerste Gefahr geratene Ungarn zu gewinnen. Er schrieb Papst Gregor IX. einen Brief und schickte sogar einen Gesandten zu ihm. Auch an den französischen König *Ludwig IX.* wandte er sich in einem Brief um Unterstützung. In der

Hoffnung auf Hilfe bot er in letzter Verzweiflung Kaiser Friedrich II. Ungarn als Lehnsgut an. Europa aber rührte sich nicht. Von Ludwig IX. erhielt der ungarische König eine Antwort, die sich in Allgemeinheiten erschöpfte. Der Papst und der Kaiser waren mit ihrem Kampf gegeneinander beschäftigt. In Deutschland wurde zwar mit der Aufstellung eines Kreuzheeres begonnen, selbst *Konrad,* Sohn Friedrichs II., nahm das Kreuz. Nachdem aber die Nachricht eintraf, daß die Mongolen an der Donau stehengeblieben waren (weil sie nicht über den Fluß setzen konnten), stand deutsche Hilfe für Ungarn nicht mehr auf der Tagesordnung. Inzwischen hatten sich die Mongolen in den eroberten Gebieten des Landes eingerichtet. Die Dörfer wurden von tatarischen Vorstehern verwaltet, die Steuern erhoben und auch die Gerichtsbarkeit ausübten.

Mitte Januar 1242 konnten die Mongolen über die zugefrorene Donau setzen. Von Pest ausgehend steckten sie zuerst Altofen am anderen Ufer der Donau in Brand und nahmen danach die Stadt Gran ein, aber die Festung auf dem Berg konnten die Bogenschützen erfolgreich verteidigen. Um Stuhlweißenburg zerstörten die Mongolen nur die Randsiedlungen, die Stadt selbst gelangte nicht in ihre Hände, weil das plötzlich eingetretene Tauwetter das Eindringen in die von Sümpfen umgebene Stadt praktisch unmöglich machte. Das Hauptziel der Tataren war die Festnahme König Bélas IV., der sich nach Spalato zurückzog und später nach Trau ging, das sich auf einer Insel befand. Die Mongolen aber begannen nicht mit der Belagerung von Trau, sondern zogen unerwartet, aber planmäßig aus Ungarn ab. Der rasche Rückzug hatte mehrere Gründe. Ende 1241 starb in Innerasien Großkhan *Ögödej,* und die Dschingis-Enkel, die die mongolischen Truppen in Ungarn führten, waren an der Thronfolge interessiert. Andererseits gehörte es zur Kriegsführungstaktik der Mongolen, daß sie das Land, das sie erobern wollten, nicht beim ersten Angriff einnahmen (das Ziel war nur die Aufklärung des Geländes und die Einschüchterung der Einwohner). Ein zweiter Angriff, zu dem es dann aber doch nicht kam, wäre dazu bestimmt gewesen, das Land zu erobern und in das Mongolenreich einzugliedern.

## Die Innenpolitik Bélas IV. nach dem Mongoleneinfall

In den Jahren nach dem Abzug des Mongolenheeres – 1243 und 1247 – kam das Gerücht einer bevorstehenden erneuten mongolischen Invasion gegen Ungarn auf, was als Grund dafür angesehen werden kann, daß die weitere Regierungszeit König Bélas IV. von der Furcht vor einem solchen

Überfall bzw. von der intensiven Vorbereitung auf den vermutlichen Angriff geprägt war. Béla machte sich mit äußerster Entschlossenheit an die Heilung der Wunden, die der Mongolenüberfall dem Land zugefügt hatte. Die ein Jahr lang dauernde Mongolenherrschaft hat dem Land schwer geschadet. Vor allem auf dem wenig Schutz bietenden Flachland wurden zahlreiche Dörfer verwüstet. Zehntausende von Menschen starben, Landwirtschaft und Viehbestand erlitten empfindliche Verluste.

Béla ernannte bereits im Herbst 1241 *Paul* aus dem Geschlecht Geregye zum Hofrichter und beauftragte ihn bald mit dem Wiederaufbau des östlich der Donau liegenden Landesteils, der am meisten gelitten hatte. Paul sollte die wie Aasgeier alles auffressenden Wegelagerer und Räuber liquidieren, die verstreute Bevölkerung wieder sammeln, die eine bedeutende Einkunftsquelle darstellenden Salzbergwerke in Siebenbürgen wieder eröffnen. Nach 1242 wandte sich Béla an diejenigen, bei denen er auf Unterstützung hoffen konnte: Zwei seiner Töchter verheiratete er mit russischen Fürsten, die dritte mit einem polnischen Herzog; seinen Sohn *Stephan* verheiratete er mit einer Kumanin und nahm die Kumanen wieder ins Land auf. Mit Recht schrieb Béla: „Nun lassen wir unser Land durch Heiden verteidigen und lassen die Feinde der Kirche von Heiden vernichten." In einem Gesetz vom Jahre 1251 regelte er den Status der Juden in Ungarn auf eine für sie günstige Weise.

Béla hörte mit seiner vor dem Mongolenüberfall praktizierten Politik der Wiederaneignung königlicher Landgüter auf und begann sogar selbst mit dem Verschenken von königlichem Landbesitz. Nacheinander verschenkte er Burggespanschaften an kirchliche und weltliche Adlige und machte 1247 eine bedeutende Stiftung an die Johanniter. Die Kreuzritter erhielten unter anderem das Gebiet des Severiner Banats sowie Kumanien jenseits des Flusses Olt – wo schon damals rumänische Knesate existierten, die von Wojewoden verwaltet wurden – unter der Bedingung, daß sich die Johanniter verpflichteten, dort Burgen zu bauen und für die Verteidigung der Gebiete zu sorgen. In zahlreichen Fällen war die Gutsschenkung an die Bedingung gebunden, daß die Beschenkten eine bestimmte Anzahl von Kriegern zu stellen hatten.

Die befestigten Städte spielten in Bélas Vorstellung schon aus rein militärischen Erwägungen eine wichtige Rolle. Als er Ende 1242 auf dem Berg Gréc (Gradec) das neue Agram gründete, drängte er darauf, daß sich dort Ansiedler niederließen, damit dieser Teil des Landes befestigt und die Sicherheit der Grenze gewährleistet würde. Auf die Nachricht eines Mongolenangriffs hin wurde 1247 mit dem Bau der Ofener Burg begonnen, gleichzeitig ließen sich auf dem Ofener Burgberg Pester Bürger

**210**
*Die Schwächung der königlichen Macht,
der Vorstoß der Großgrundbesitzer (1235–1301)*

nieder. Aus Angst vor der Rückkehr der Tataren siedelte Béla die Bewohner der Stadt Gran in die Burg um und wies den Bürgern innerhalb des Burgwalls Wohnplätze zu. Um die genannte Zeit verfügte er auch die Umsiedlung der Bürger von Stuhlweißenburg in die Burg. Der König war ein ausgesprochener Initiator und Unterstützer des Burgbaus. Während bis zu den zwanziger Jahren des 13. Jahrhunderts in Ungarn ausschließlich der König berechtigt war, Burgen zu bauen, und sehr wenig Steinburgen errichtet wurden, nahm der Burgenbau – vor allem auf den Anstoß des weltlichen Adels hin – nach dem Abzug der Tataren einen gewaltigen Aufschwung. In den letzten zehn Jahren der Herrschaft Bélas IV. (1261–1270) wurden im Land neunundzwanzig Burgen errichtet, mehr als in den Jahrzehnten von 1222 bis 1260 insgesamt. Kaum ein Fünftel dieser Festungen ließ der König selbst bauen. Die steigende Zahl der Steinburgen brachte im Grenzschutz einen großen Wandel mit sich. In der Zeit um 1270 wurden mehrere Grenzabschnitte bereits von Burgen aus gesichert, die im Besitz einzelner Großgrundbesitzerfamilien waren. Die in Privatbesitz befindlichen Burgen spielten als Zentren des Großgrundbesitzes bei der Herausbildung der Territorialherrschaft der Adligen eine nicht zu unterschätzende Rolle.

Sobald es die Umstände ermöglichten, begann Béla mit der Rückeroberung der gesetzwidrig enteigneten Burggüter. Die Rückeroberung von Landgütern begann 1248 in Slawonien und nahm 1254 ein landesweites Ausmaß an. Im Herbst jenes Jahres hielt Béla in Waitzen eine Versammlung (Kongregation) ab, auf der über verlassene Landgüter in drei Komitaten (Nógrád, Hont und Gömör) beraten wurde; auf dieser Versammlung machte er sein Programm der Wiederaneignung königlicher Landgüter bekannt. Gleichzeitig beauftragte er den Palatin mit der Wiederaneignung der nach dem Mongolenüberfall rechtswidrig enteigneten Burggüter, den Truchseß dagegen mit der Wiederaneignung der ebenso enteigneten Güter der *udvornici*. Die Wiederinbesitznahme von Ländereien ging mit der genauen Festlegung der Grenzen der adligen Grundbesitztümer und der Trennung des Grundbesitzes der Burgjobagionen von den Feldern des Burgvolkes einher. Als Grundprinzip dieser Regelung galt die unmittelbar vor dem Mongolenüberfall bestehende Lage (also nicht mehr die der Herrschaftszeit Bélas III.). Diese politische Regelung der Besitzverhältnisse dauerte bis zum Jahr 1258.

Ernsthafte Spannungen entstanden zwischen Béla IV. und seinem Sohn Stephan. Als Stephan 1257 achtzehn Jahre alt wurde, setzte ihn der Vater in Siebenbürgen als Herzog ein; nachdem Stephan eine kurze Zeit Herzog in der Steiermark war, regierte er von 1260 bis 1270 wieder in

Siebenbürgen. *Béla,* der jüngere Sohn des Königs, war von 1260 bis zu seinem Tode im Jahre 1269 Herzog von Slawonien; im Gegensatz zu Stephan war er aber ein treuer Anhänger der Politik des Vaters und unterstützte ihn auch. Im Streit zwischen Béla IV. und Stephan spielten die „Parteizerrissenheit" des Adels, der sich an der Macht beteiligen wollte, und die offene Konfrontation mit den abweichenden Interessen der Adligen eine entscheidende Rolle. Es standen einander nicht durch scharfe Grenzen voneinander getrennte Lager gegenüber, sondern „Parteien", die sich der momentanen Lage entsprechend bildeten und deren Zusammensetzung sich in raschem Wechsel ständig änderte. Übertritte von der königlichen Seite zu anderen Parteien und umgekehrt waren gang und gäbe. Der bewaffnete Zusammenstoß zwischen Béla und Stephan konnte in den Jahren 1262 und 1263 noch durch Abkommen aufgeschoben werden. Im Herbst 1262 trafen sie in Preßburg ein Abkommen. Die westliche Hälfte des Landes blieb in Bélas Besitz, den östlichen Teil erhielt Stephan. Stephan nahm den Titel „Der jüngere König Ungarns" (lat. *rex iunior Hungarie*) an, das heißt, er wurde eigentlich zum Mitregenten neben dem Vater. Am 5. Dezember 1262 wurde das Abkommen in Poroszló (Komitat Heves) erneuert. Stephan gab das Versprechen, sich mit dem Besitz und den Einkünften zu begnügen, die ihm im Preßburger Abkommen zugesprochen worden waren, nicht nach der Krone des Vaters und dem Herzogtum Slawonien seines Bruders Béla zu greifen und auch alle Güter, die im Besitz der Barone und Servienten König Bélas gewesen waren, zurückzugeben. Es wurde vereinbart, daß sie sich nicht gegenseitig ihre Anhänger abspenstig machen wollten. Am 3. Mai 1263 ergänzten sie ihre Vereinbarung im Kloster von Szakoly (Komitat Szabolcs) mit weiteren Punkten. In diesem Abkommen drängte Stephan auf ein energisches Auftreten gegen die von einem König zum anderen geflüchteten gemeinen Verbrecher und versprach, daß er die ins Lager seines Vaters übertretenden Abtrünnigen nicht verfolgen, gegen sie und ihre Güter keinen Krieg führen würde; er sprach auch seine Hoffnung aus, daß König Béla mit seinen, Stephans, Abtrünnigen genauso umgehen würde.

Die genannten Abkommen konnten den bewaffneten Zusammenstoß aber nur aufschieben. Stephan verhielt sich in seinem Landesteil als souveräner Herrscher: Er ließ Münzen prägen, hielt einen eigenen Hof, hatte seinen eigenen Palatin und führte eine selbständige Außenpolitik. Es waren vor allem die Adligen, die die beiden Herrscher gegeneinander hetzten, weil sie aus diesem Kampf Nutzen ziehen wollten. Der bewaffnete Zusammenstoß wurde von den Anhängern Bélas ausgelöst: Im Herbst des Jahres 1264 fiel das Heer des Königs in Siebenbürgen ein, wurde aber in der Schlacht bei Diemrich (ung. Déva) von den herzoglichen Truppen unter der Führung *Peters* aus dem Geschlecht Csák besiegt. Die im Norden angreifenden königlichen Truppen nahmen Patak ein und nahmen Stephans Frau, die Kumanin *Elisabeth,* und ihre Kinder gefangen. Die Truppen stießen bis zu den Karpaten vor und nahmen in Bereg die Burg Baranka ein. Durch Bélas Erfolge verringerte sich die Zahl der Anhänger Stephans, von denen manche in das königliche Lager übertraten. Die Folge davon war, daß beinahe der ganze Landesteil Stephans unter Bélas Herrschaft kam und der Herzog in die Burg Zeiden (ung. Feketehalom) im Burzenland zurückgedrängt wurde. Es traf aber ein Anhänger Stephans mit einer starken Truppeneinheit ein, so daß die Verteidiger aus der belagerten Burg ausbrechen konnten, und das durch diesen Erfolg wieder anwachsende herzogliche Heer drängte Bélas Truppen bis zur Donau zurück.

In der entscheidenden Schlacht Anfang März 1265 bei Isaszeg im Komitat Pest siegte Stephan; der Führer des königlichen Heeres, Heinrich Kőszegi (Günser), und seine beiden Söhne gerieten in Gefangenschaft. Nach der Schlacht konnte der Frieden zwischen dem König und seinem Sohn durch die Vermittlung der Erzbischöfe wiederhergestellt werden; Béla erkannte Stephans Recht auf den östlichen Teil des Landes an, die Gefangenen auf beiden Seiten bekamen ihre Freiheit zurück. Die bewaffneten Auseinandersetzungen wurden durch das Abkommen vom März 1266 auf der „Insel der Hasen" (die heutige Margareteninsel in Budapest) abgeschlossen. Das Abkommen wiederholte zumeist die Punkte früherer Verträge: Beide Seiten versprachen, die Anhänger der anderen Seite nicht aufzunehmen und diesen auch keine Steuern und andere Abgaben aufzuerlegen. Sie verpflichteten sich zur Respektierung der Rechte des anderen und zur jeweiligen Rückgabe gesetzwidrig enteigneter Güter.

Das erste selbständige Auftreten des sich herausbildenden niederen Adels fiel in das Jahr 1267. Seine Vertreter aus den einzelnen Komitaten versammelten sich bei Gran und unterbreiteten König Béla IV. sowie seinen Söhnen Stephan und Béla eine Bittschrift mit ihren Forderungen. Der König und seine Söhne berieten über diese Forderungen des niederen Adels mit dem Hochadel und gaben als königlichen Erlaß jene aus zehn Punkten bestehende Urkunde heraus, die wir von ihrem Inhalt und Charakter her als die dritte Goldene Bulle betrachten können. Sieben der zehn Artikel stellen eine modernisierte Fassung der Verordnungen der Goldenen Bulle von 1222 dar, die restlichen drei enthalten neue Forderungen. In dem Erlaß fanden nicht einfach die Forderungen des niederen Adels ihren Ausdruck, und es wurden nicht nur ihre früheren

Freiheitsrechte bestätigt, sondern es kam all jenes Unrecht zur Sprache, das der niedere Adel infolge der Politik Bélas IV. nach dem Tatarenüberfall erlitten hatte. Wenn der Erlaß das Gesinde der Adligen der Freisprechung von königlichen Steuern und von der königlichen Einquartierungspflicht (lat. *descensus*) versicherte, so wurde damit eigentlich die Praxis verurteilt, die der König nach 1242 ausgeübt hatte; er hatte den königlichen Servienten nämlich regelmäßig Steuern auferlegt und *descensus* von ihnen verlangt. 1267 wehrten sich die Adligen nicht mehr dagegen, daß sie verpflichtet waren, sich an Verteidigungskriegen zu beteiligen, dagegen baten sie den König um die Versicherung, daß er sie gegen ihren Willen nicht zur Teilnahme an Eroberungskriegen zwingen würde und daß sie sich an solchen Kriegen nur freiwillig oder gegen Geld zu beteiligen brauchten. Das Dekret schränkte das ausgedehnte Heimfallsrecht des Königs (das nach dem Mongolenüberfall wohl sehr weit verbreitet gewesen sein dürfte) ein und erweiterte dafür das Erbrecht des Adels.

Auf eigenartige Weise spiegelten sich in dem Erlaß die Parteistreitigkeiten zwischen König Béla und Stephan wider. Ein Artikel besagte, daß Adlige von keinem Herrscher aus Böswilligkeit und ohne gerichtliches Verfahren gefangengenommen und ins Gefängnis geworfen werden durften, in einem anderen Artikel wurde den Adligen – nach Genehmigung – das Recht zum freien Übertreten aus der Partei des Königs in die seiner Söhne und umgekehrt zugesprochen. In dem Erlaß fand auch die Besitzwiederherstellungspolitik König Bélas IV. ihren Ausdruck. Auf der einen Seite forcierte der König die Wiederherstellung der Burg- und Hofbesitzorganisation, um dadurch die Vorrechte der sog. freien Ansiedler (lat. *hospites liberi*) zu beschränken, die wegen ihrer Freiheit eine gewisse Anziehungskraft auf das Volk der Adligen ausübten, auf der anderen Seite wurde in dem Erlaß der Wunsch des Adels laut, daß sich die Besitzrestauration eindeutig nur auf die Wiederherstellung von solchen adligen Gütern beziehen sollte, die von königlichen Völkern in Besitz genommen worden waren. Der Erlaß kam den Forderungen des Adels auch dort nach, wo verfügt wurde, daß an den Gerichtstagen in Stuhlweißenburg aus allen Komitaten je zwei oder drei Adlige teilzunehmen hatten. Zum Schluß wurde in dem Erlaß die Verfügung aufgehoben, daß die Adligen ihre Angelegenheiten nur auf schriftlichem Weg unterbreiten konnten.

Zur Durchführung der Verfügungen des Erlasses wurden im ganzen Land Besitzregelungskommissionen gebildet. Aus einem Beispiel vom Jahre 1268 aus dem Komitat Somogy ist uns bekannt, daß diese vom König ernannte Kommission nur aus dem Gespan und den Stuhlrichtern des Komitats bestand. Da zeigte sich eigentlich schon das Modell der sog. adligen Komitate, in denen der Gespan die Macht repräsentierte und die Stuhlrichter die adlige „Basis" verkörperten. Die ungarische Form der – für das adlige Komitat so charakteristischen – Bezeichnung „Stuhlrichter" (*szolgabíró* – etwa: Richter der Diener) erinnert an die Zeit, als die Adligen noch Servienten genannt wurden; der lateinische Terminus *iudices nobilium* dagegen bedeutet bereits „Richter der Adligen". Die erste Aufzeichnung davon, daß die Gerichtsbarkeit nicht mehr von einer Besitzregelungskommission, sondern vom Komitatsgespan und den vier Stuhlrichtern ausgeübt wurde, stammt vom Jahr 1268 aus dem Komitat Zala. Dort wurde das erste – uns bekannte – Urteil in einem adligen Komitat gesprochen. Im Jahre 1269 führten die Adligen des Komitats Zala auf königlichen Befehl eine Untersuchung über ein Verbrechen durch, und der Vorstand des Komitats berichtete davon in einer Urkunde mit dem Siegel des Gespans. Das ist die erste bekannte schriftliche Mitteilung aus einem adligen Komitat. Bis gegen Ende der sechziger Jahre des 13. Jahrhunderts setzte sich die Verwaltungsform des adligen Komitats in einigen Teilen des Landes (vor allem in Transdanubien) endgültig durch.

## Die Außenpolitik Bélas IV. nach dem Mongoleneinfall

Als summarisches Urteil über Bélas IV. Außenpolitik kann die kurze Charakterisierung des Königs in der Chronikzusammenstellung aus dem 14. Jahrhundert gelten: „Er war ein friedliebender Mensch, in Kriegszügen und Schlachten hatte er niemals Glück." Zwar konnte er unmittelbar nach dem Abzug der Mongolen noch 1242 Güns (ung. Kőszeg) und Ödenburg (ung. Sopron) sowie die drei westungarischen Komitate von Friedrich von Österreich zurückerobern, aber er verlor bereits 1243 Zara und gab die Stadt an der Adria in einem Abkommen mit Venedig vom Jahre 1244 auch offiziell auf. In den Jahren 1246 bis 1261 waren seine Kräfte in Österreich in Anspruch genommen. Die seit langem dauernden Streitigkeiten zwischen Herzog Friedrich und den Ungarn führten 1246 im österreichischungarischen Grenzgebiet zum bewaffneten Zusammenstoß. Die Schlacht endete mit dem Sieg der Österreicher, obwohl Béla IV. von den damals schon wieder im Land aufgenommenen Kumanen sowie dem vor den Tataren 1243 nach Ungarn geflüchteten russischen Fürsten *Rostislaw,* dem Sohn des Herzogs von Tschernigow und Schwiegersohn Bélas, unterstützt wurde. Aber in der Schlacht fiel Herzog Friedrich, mit dessen Tod das in Österreich regierende Geschlecht der Babenberger im Mannesstamm erlosch. Damit nahm der langwierige Kampf um das Babenberger Erbe, um

Österreich und die Steiermark, seinen Anfang. Papst *Innozenz IV.*, der im Streit mit Kaiser Friedrich II. lag, neigte anfangs dazu, den Plan Bélas IV. zur Eroberung dieser Gebiete zu unterstützen, aber später zog er doch die Unterstützung des deutschen Grafen *Hermann* vor, der so das Babenberger Erbe auch erhielt.

Ungarn schaltete sich erst 1250 in den Kampf um den Besitz der Herzogtümer ein. Im Frühjahr desselben Jahres unternahm Béla IV., um für die Verheerungen der in westungarische Gebiete einfallenden österreichischen und steirischen Adligen Rache zu nehmen, einen Feldzug gegen Österreich und richtete Verwüstungen im östlichen Teil des Herzogtums an. 1250 starben sowohl Kaiser Friedrich II. als auch Graf Hermann. An die Spitze der Herzogtümer kam der Sohn des böhmischen Königs *Wenzel, Ottokar Přemysl*, der im nächsten Jahr *Margarete von Babenberg*, Herzog Friedrichs ältere Schwester, heiratete. Auf Wunsch einer anderen Frau aus dem Geschlecht der Babenberger, *Gertrud*, fiel Béla IV. im Sommer 1252 in Österreich ein und verwüstete die Umgebung von Wien, die Kumanen dagegen richteten Verwüstungen in Mähren an. Um seinen Kämpfen um die Eroberung der östlichen Herzogtümer des Deutschen Reiches auch mit seiner Familien- und Bündnispolitik Nachdruck zu verleihen, verheiratete er Gertrud mit *Roman*, dem Sohn seines Verbündeten, des galizischen Fürsten Danilo. Um sich für Ottokars militärische Aktion gegen die Steiermark zu rächen, fielen König Béla und Herzog Stephan im Sommer 1253 in Mähren ein und belagerten Olmütz, ihre russischen und polnischen Verbündeten verwüsteten währenddessen den nördlichen Teil Mährens. Papst Innozenz IV. forderte nachdrücklich den Friedensschluß zwischen dem ungarischen König und dem mährischen Markgrafen Ottokar (der nach dem Tod seines Vaters noch im selben Jahr als Ottokar II. den böhmischen Thron bestieg). Der Friedensvertrag wurde im Frühjahr 1254 geschlossen. Dem Vertrag zufolge wurde das Babenberger Erbe aufgeteilt: Ottokar II. bekam Österreich und den nördlich des Semmerings liegenden Teil der Steiermark, der südliche Teil der Steiermark fiel König Béla IV. zu.

Aber Anfang 1258 erhoben sich die Steiermärker gegen die ungarische Herrschaft, der diese Herrschaft verkörpernde steirische Hauptmann *Stephan* aus dem Geschlecht Gutkeled mußte aus der Steiermark fliehen. Im Ergebnis des Feldzuges König Bélas und Stephans wurde die ungarische Herrschaft südlich vom Semmering im Sommer desselben Jahres wiederhergestellt; Béla ernannte seinen Sohn Stephan zum Herzog der Steiermark. Der Herzog richtete seinen Hof in Pettau ein. 1259 richtete Stephan mit seinem vorwiegend aus Kumanen bestehenden Heer Angriffe gegen Kärnten. Aber gegen Ende des Jahres kam es in der Steiermark erneut zu einem Aufstand gegen die ungarische Herrschaft. Die Steiermärker wurden dabei auch von Ottokar II. unterstützt, der die Herrschaft über die ganze Steiermark anstrebte. Die Steiermärker drängten die Ungarn bis nach Pettau und Umgebung zurück und unterstellten sich dem böhmischen König.

Zum bewaffneten Zusammenstoß zwischen dem böhmischen und dem ungarischen Heer, der über den Verbleib der Gebiete der Babenberger entscheiden sollte, kam es am 12. Juli 1260 bei Kroisenbrunn auf dem Marchfeld. Obwohl das ungarische Heer auch von den galizischen russischen sowie den Krakauer und masowischen polnischen Verbündeten unterstützt wurde, endete die Schlacht mit dem Sieg Ottokars II. Der Frieden wurde am 31. März 1261 in Wien geschlossen: Béla IV. verzichtete auf die Herrschaft in der Steiermark; so konnte auch Stephan, der bereits 1260 den steirischen Herzogtitel abgelegt hatte, das Regierungsamt in Siebenbürgen wieder antreten. Bélas IV. jüngerer Sohn, Herzog Béla, heiratete eine Verwandte des böhmischen Königs, und ebenfalls im Jahr 1261 schloß Ottokar II. eine Ehe mit Bélas IV. Enkelin, *Kunigunde.* Damit war der Frieden zwischen Ungarn und Böhmen wiederhergestellt. Dieser Abschnitt des Kampfes um das Erbe der Babenberger endete mit dem Sieg Böhmens, Ottokar II. wurde zum mächtigsten Herrscher Mitteleuropas.

Im Vergleich zu den Jahrzehnten vor dem Mongolenangriff widmete Béla IV. seinen derzeitigen Interessen in Rußland eine wesentlich geringere Aufmerksamkeit. 1243 oder 1245 nahm Rostislaw mit ungarischer Hilfe die Burg Przemyśl in Galizien ein, doch konnte er sich gegen den galizischen Fürsten Danilo nicht halten und kehrte so nach Ungarn zurück. Einige Jahre später (1245 oder 1249) versuchte Rostislaw noch einmal, Galizien zu erobern, aber er wurde in der Schlacht bei Jaroslaw am Fluß San von Danilo geschlagen. Rostislaw gab die weiteren Versuche auf, so konnte Béla IV. 1250 in Zólyom mit Danilo ein Bündnis gegen die Mongolen schließen, das auch durch Familienbande bekräftigt wurde: Lew, Danilos zweitgeborener Sohn, heiratete Bélas Tochter *Konstanze.*

Die Interessen Ungarns im Süden des Landes hingen damit zusammen, daß Béla IV. im Jahre 1254 Rostislaw an die Spitze des Banats Macsó, südlich der Save, gestellt hatte. Von hier aus eroberte Rostislaw noch im selben Jahr Bosnien, und 1255 dehnte er seine Herrschaft auf den westlichen Teil Bulgariens aus. (Eben dadurch läßt sich erklären, daß unter den Titeln König Bélas IV. von nun an ab und zu auch der Titel „König von Bulgarien" auftauchte, der dann unter Stephans V. Herrschaft ständig gebraucht wurde.) 1257 mischte sich Rostislaw in die innerbulgarischen

Streitigkeiten ein, drang bis Tirnovo, der damaligen Hauptstadt Bulgariens, vor und nahm den Titel „Zar Bulgariens" an, hinter dem aber keine tatsächliche Macht über einen großen Teil Bulgariens stand. 1259 bekam Rostislaw gegen den die wirkliche Herrschaft in Bulgarien ausübenden Zaren *Konstantin* Hilfe von Ungarn: Damit gelang es ihm, seine Herrschaft in Nordwestbulgarien aufrechtzuerhalten. In das Gebiet des Severiner Banats, das von den Ordensrittern Ende der fünfziger Jahre des 13. Jahrhunderts verlassen worden war, fielen 1260 die Bulgaren ein. 1261 führten Béla IV. und Herzog Stephan einen gemeinsamen Feldzug gegen Bulgarien und besiegten die Bulgaren bei Vidin; Stephan drang weiter nach Osten vor und gewann eine weitere Schlacht.

Im Jahre 1262 starb Rostislaw, in Bosnien und Macsó traten seine Söhne *Michael* und *Béla,* in Nordwestbulgarien *Jakob Swentslaw,* der russischer Abstammung war, das Erbe an. 1263 zog ein ungarisches Heer zur Unterstützung Jakobs ins Feld und schlug im Süden der Balkanhalbinsel sogar das Heer des byzantinischen Kaisers *Michael VIII.,* der mit Zar Konstantin verbündet war. Aber Jakob nutzte den inländischen Streit zwischen Béla IV. und Stephan aus, verbündete sich mit seinen gestrigen Feinden, dem bulgarischen Zaren und dem byzantinischen Kaiser, und fiel in das Gebiet Severin ein. Nach dem im Frühjahr 1266 auf der „Insel der Hasen" abgeschlossenen Abkommen unternahm Stephan im Sommer einen Feldzug gegen Bulgarien, um sich für die Aktion Jakobs zu rächen. Nach der Einnahme der Städte Vidin und Plewen drang er bis Tirnovo vor, worauf Jakob die Herrschaft Stephans anerkannte. 1268 standen die Ungarn mit dem serbischen König *Urosch I.* im Krieg, der das Banat Macsó verwüstete. Die Serben wurden besiegt, Urosch wurde gefangengenommen. Die ungarisch-serbische Vereinbarung schloß mit einem dynastischen Akt: Uroschs Sohn, *Stephan Dragutin,* heiratete Herzog Stephans Tochter *Katharina.*

Das vor allem in seinen Konsequenzen wichtige ungarisch-neapolitanische Bündnis wurde im Jahre 1269 geschlossen. *Karl I. von Anjou,* Bruder des französischen Königs Ludwig IX., konnte 1268 mit päpstlicher Unterstützung die tatsächliche Macht über Süditalien an sich reißen. Da Karl I. die Alleinherrschaft über das östliche Becken des Mittelmeeres anstrebte, wurde das erst kurz zuvor wiederhergestellte Byzantinische Reich zu seinem größten Gegner. Von neapolitanischer Seite ging die Initiative aus, mit dem als Sprungbrett nach Byzanz dienenden Ungarn ein politisches Bündnis zu schließen. Da sich Béla IV. gegen Ende seines Lebens im Kampf gegen seinen Sohn Stephan bei seinem ehemaligen Rivalen, Ottokar Přemysl, dem Gatten seiner Enkeltochter, nach Unterstützung umsah, diente das mit Neapel sich anbietende Bündnis (und die päpstliche Unterstützung durch das Haus Anjou in Neapel) ausgesprochen den Interessen Stephans. Im September 1269 wurde die Vereinbarung zwischen Karl, König von Neapel, und dem jüngeren ungarischen König Stephan mit päpstlicher Billigung abgeschlossen: Es wurde eine Doppelehe beschlossen. *Karl,* Sohn Karls I., heiratete Stephans Tochter *Maria,* während Stephans Sohn, Herzog *Ladislaus,* mit Karls Tochter *Isabella* eine Ehe einging. Zu den Eheschließungen kam es im Jahre 1270. Anfang Frühjahr 1270 übergab der schwer erkrankte Béla IV. – für den Fall, daß er sterben würde – seine Gattin Maria, seine Tochter *Anna* (Ottokars Schwiegermutter) und die ihm treuen Barone der Obhut des böhmischen Königs Ottokar II., weil er mit Recht Angst vor der Rache seines Sohnes Stephan hatte. Am 3. Mai 1270 verstarb König Béla IV., noch im Sommer desselben Jahres folgte ihm Maria. Sie wurden in der Franziskanerkirche zu Gran beigesetzt.

## Stephan V.

Den Thron bestieg in der ersten Maihälfte 1270 der 31jährige Stephan V. Es begann eine kleinere Wallfahrt der ungarischen Adligen zu Ottokar II. Die Reihe eröffnete Herzogin Anna. Rostislaws Witwe hätte an der Spitze des Landes anstelle von Stephan V. lieber ihren eigenen Sohn Béla, den Herzog von Macsó, gesehen. Herzogin Anna nahm auch königliche Schätze mit nach Böhmen. Auch die treuesten Barone Bélas IV. – wie z. B. Heinrich Kőszegi aus dem Geschlecht Héder und mehrere Barone aus dem Geschlecht Geregye – fanden Zuflucht in Böhmen. Sie überließen ihre Burgen in Westungarn – in den Komitaten Zala, Eisenburg (Vas) und Ödenburg (Sopron) – dem böhmischen König. Das erste, was Stephan nach seiner Thronbesteigung tat, war, daß er die Anhänger seines Vaters ihrer Ämter enthob und seine eigenen Vertrauensleute einsetzte. Während der Vorbereitungen auf einen Krieg gegen Böhmen ging Stephan V. Ende August 1270 in Krakau ein Bündnis mit seinem Schwager *Boleslaw V.* ein; im Oktober trafen sich der ungarische und der böhmische König in der Nähe von Preßburg persönlich und schlossen einen Waffenstillstand für zwei Jahre ab.

Aber keine der beiden Seiten nahm die Vereinbarung ernst. Ungarische Heerestruppen richteten bereits im Dezember Angriffe gegen die Steiermark und Österreich, worauf Ottokar im April 1271 mit seinem Heer gegen Ungarn zog. Er eroberte einen bedeutenden Teil des westlichen

Oberungarn und stieß bis zum Fluß Gran vor. Am rechten Ufer der Donau gerieten Altenburg (ung. Óvár) und Wieselburg in die Hände der Böhmen. Stephan konnte Ottokars Heer erst im Gebiet zwischen den Flüssen Rabnitz und Raab aufhalten, aber das brachte einen Wendepunkt im Kriegsverlauf. Die Ungarn vertrieben die Böhmen aus dem Land und verfolgten sie noch bis in Gebiete Österreichs und Mährens. Den Abschluß der Kriegshandlungen bedeutete der am 2. Juli 1271 in Preßburg abgeschlossenen Friedensvertrag. In dem Vertrag wurde der Status quo der Regierungszeit Bélas IV. anerkannt: Ottokar erhielt keine Gebiete auf Kosten Ungarns und durfte auch nicht die Burgen der zu ihm geflüchteten ungarischen Barone an der westlichen Grenze Ungarns behalten, aber auch Stephan mußte seinen Rechtsanspruch auf die Steiermark aufgeben. Der ungarische König verzichtete auf die Rückgabe der zu Ottokar gelangten ungarischen königlichen Schätze. Ein wichtiger Punkt des Abkommens war der, in dem Ottokar veboten wurde, die ungarischen Barone – unter anderen die aus dem Geschlecht Kőszegi – zu unterstützen, die vor Stephan V. nach Böhmen geflüchtet waren. Kurz nach dem Friedensschluß nahmen die Anhänger Stephans V. die Burgen Henrik Kőszegis im Komitat Eisenburg ein.

Unter der Herrschaft Stephans V. wurde die Chronik Meister *Ákos'* angefertigt. Der Verfasser setzte nicht die in der zweiten Hälfte des 12. Jahrhunderts (mit der Beschreibung der Geschichte des Álmos-Geschlechtes) abgebrochene Tradition der Chronistik fort, sondern beschritt den von Anonymus eingeschlagenen Weg der Geschichtsschreibung. Die von Meister Ákos geschriebenen Chronikteile beziehen sich vor allem auf frühere Epochen und dienten der Rechtfertigung der alten Abstammung der einzelnen Adelsgeschlechter. Seine Arbeit ist ein Beweis dafür, daß er als der Geschichtsschreiber der sich allmählich zu Territorialherren erhebenden Barone betrachtet werden kann, der mit der historischen Gestaltung des in der weit zurückliegenden Vergangenheit verwurzelten (zumeist falschen) geschichtlichen Bewußtseins des weltlichen Adels und der historischen Fundierung der Emanzipation der Adligen gegenüber dem König die Territorialherrschaft der Adligen auf ideologischer Ebene vorbereitete.

Als sich Stephan V. im Sommer 1272 mit seinem Sohn, dem noch minderjährigen Ladislaus, und seinen Baronen an die Meeresküste begab, um den König von Sizilien, Karl von Anjou, zu besuchen, wurde Ladislaus unterwegs von einem führenden Vertrauensmann Stephans, dem slawonischen Ban *Joachim* aus dem Geschlecht Gutkeled, gefangengenommen und in die Burg Kapronca an der Drau gebracht. Herzog Ladislaus war ein

*Opfer* der Verschwörung der Adligen, die ihn als Mittel dazu verwenden wollten, vom König gewisse Vergünstigungen zu erzwingen. Sie konnten aber Stephan V., der in seiner Politik von der seines Vaters und Großvaters unter anderem auch darin abwich, daß er das Land nicht unter den Herzögen aufteilte, sondern als Alleinherrscher regierte, zu keinem Kompromiß zwingen. Der König enthob die Aufständischen ihres Amtes und führte auch am königlichen Hof personelle Veränderungen durch. Er belagerte mit seinem Heer die Burg Kapronca, konnte sie aber nicht einnehmen.

Stephan kehrte von seinem Feldzug zurück und starb am 6. August 1272 auf der Insel Csepel. Er wurde in der Kirche der Dominikanerinnen auf der „Insel der Hasen" an der Seite seiner Schwester *Margarete* beigesetzt. Der zehnjährige Ladislaus wurde von seinen Entführern, Ban Joachim und seinen Helfern, nach Stuhlweißenburg gebracht und einige Wochen später zum König gekrönt.

## Die Wirtschaft im 13. Jahrhundert

Im 13. Jahrhundert gewann der Ackerbau in seiner Bedeutung und Wichtigkeit die Oberhand über die Viehzucht. Der Wert des Ackerlandes stieg im Vergleich zum Weideland und zum bewaldeten Land. Der höhere Wert der gedüngten Felder (lat. *terra fimata*) gegenüber den Grasfeldern *(terra campestris)* ist ein Beweis dafür, daß sich im Laufe des Jahrhunderts in bestimmten Gebieten und Gutstypen des Landes der Wechsel von der wilden Einfelderwirtschaft zur geregelten Felderwirtschaft vollzog. In diesem Bodennutzungssystem wurde die Fruchtbarkeit des Bodens nicht mehr aufs äußerste erschöpft, sondern mit der Verkürzung der Zeit der Bodennutzung (auf drei bis fünf Jahre) wurden neue Bodenflächen nutzbar gemacht, und nach einer bestimmten Zeit bebaute man wieder die ehedem genutzten Felder, die mittlerweile von Gras überwuchert waren, ihre Fruchtbarkeit jedoch nicht verloren hatten. Damit eröffnete sich die Möglichkeit des Übergangs zur Mehrfelderwirtschaft: Die Bodenbestellung erfolgte Jahr für Jahr auf denselben, endgültig zur landwirtschaftlichen Nutzung bestimmten Feldern, die man von Zeit zu Zeit bewußt ruhen ließ.

Die Landwirtschaft erfuhr nicht nur eine Intensivierung, sondern breitete sich auch flächenmäßig immer mehr aus. Im Inneren des Landes war die Rodung der Wälder und die landwirtschaftliche Nutzung des gewonnenen Bodens im Gange. An den Rodungen beteiligten sich neben den abhängigen Bevölkerungsschichten und den gewissermaßen bevorrechtigten „Gästen" *(hospes)* auch die in Gebieten dichter Bewaldung gelegenen Zisterzienserabteien (Pilis, Pásztó, Szentgotthárd usw.) recht intensiv. Die Landwirtschaft breitete sich allmählich auch in den Randgebieten des Karpatenbeckens aus. Dort konnte zumeist nur nach der Rodung der Wälder des früheren Grenzlandes Ackerboden gewonnen werden.

Im Laufe des Jahrhunderts gibt es immer mehr Angaben, die von der Verwendung asymmetrischer Pflüge und des Sechs zeugen. Das lateinische Wort *aratrum,* das „Pflug" bedeutete, wurde immer häufiger im Sinne einer Flächeneinheit gebraucht; mit dem Wort wurde eine Ackerfläche bezeichnet, die an einem Tag mit einem Achtergespann bearbeitet werden konnte (etwa Tagewerk) und etwa 120 sogenannte kleine Joch, d. h. 65 Katastraljoch, umfaßte. Von der allgemeinen Verbreitung des Getreidebaus zeugt die Brotabgabepflicht der abhängigen Schichten.

Fast alle Bevölkerungsschichten betrieben Landwirtschaft. Die Zahl der Wassermühlen stieg, und vereinzelt erschienen auch schon Walzenmühlen. Auch der – hohe Fachkenntnisse erfordernde – Anbau von Wein, Obst und Gemüse verbreitete sich weiter. Die auf der Insel Helemba bei Gran durchgeführten Ausgrabungen lieferten den Beweis dafür, daß dort Erzbischof Robert von Gran Haus und Garten hatte. Die historische Pflanzenkunde konnte durch die Analyse von überlieferten Kern-, Körner- und Pflanzenfunden nachweisen, daß in der letzten Zeit der Herrschaft der Arpadendynastie in Ungarn bereits Obst (Äpfel, Kirschen, Sauerkirschen, Pfirsiche), Schalenobst (Walnüsse, Haselnüsse) sowie Erbsen, Bohnen, Linsen, Buchweizen und Wassermelonen angebaut wurden.

Wenn die Viehzucht im Vergleich zum Ackerbau auch an Bedeutung verlor, so blieb ihr Anteil an der Agrarproduktion doch auch weiterhin bedeutend. Die unterworfenen Schichten verfügten mit der Zeit über einen eigenen Viehbestand. Neben der Verbreitung der Stallfütterung spielte auch die nomadisierende (natürliche) Viehhaltung – vor allem bei Pferden und Schafen – noch eine nicht zu unterschätzende Rolle. Auf die Kleinviehzucht der Zeit kann vor allem aus der Abgabepflicht (Abgabe von Hühnern, Gänsen an den Grundherrn) der abhängigen Bevölkerung geschlossen werden. Im ganzen Land verbreitete sich die Bienenzucht. Auch Fischfang und Jagd verloren ihre frühere Bedeutung nicht.

Eine der wichtigsten wirtschaftlichen Veränderungen des 13. Jahrhunderts war, daß sich die auf der freien adligen Grundherrschaft *(predium)* aufbauende wirtschaftliche Arbeitsorganisation auflöste. Parallel dazu entstanden selbständige Bauernhöfe, die in der ersten Hälfte des 13. Jahrhunderts zu einem großen Teil noch keine eigentlichen Frongüter waren,

weil ja der „eigene" Grund und Boden der unterworfenen Schichten im
Besitz des jeweiligen Gutsherrn war; es stand in seiner uneingeschränkten
Macht, Grund und Boden samt dem dort wohnenden Gesinde nach
Belieben zu verschenken. Demzufolge konnte der „eigene" Bodenbesitz
noch nicht vererbt werden, d. h. es kam noch keine untrennbare Verbindung zwischen dem Boden und dem das Land selbständig bewirtschaften-
den „Benutzer" zustande. Gleichzeitig aber gibt es seit dem Anfang des
13. Jahrhunderts auch Angaben, die von der Entstehung von Fronhöfen
zeugen, vor allem im Westen des Landes. 1214 wurden dort schon vier-
zehn „Hofstellen" (lat. *loca curiarum*= eigtl. „Curtis-Plätze") erwähnt, die
– wie es in der Urkunde heißt – mit dem Wort *lechnu* bezeichnet wurden,
das dem deutschen Wort Lehen entspricht.

In dem Maße, wie die Bedeutung des lateinischen Wortes *curia* zur
Bezeichnung des Gutszentrums des Feudalherrn mit dem Rückgang der
adligen Grundherrschaft *(predium)* verblaßte, wurde das Wort *curia* bzw.
die lateinische Bezeichnung *loca curiarum* immer häufiger im Sinne von
„Fronhof" verwendet. Auch das lateinische Wort *mansus* bedeutete
„Fronhof, Frongut". Bereits in der ersten Hälfte des 13. Jahrhunderts
(1227) tauchte auch das zur Bezeichnung des Fronhofes später am meisten
gebrauchte lateinische Wort *sessio* auf. Der Fronhof wurde von der zweiten Hälfte des 13. Jahrhunderts an zur verbreitetsten Form der agrar-
wirtschaftlichen Arbeitsorganisation, er galt nur noch als virtuelles Eigentum des Grundherrn, im Normalfall konnte der Gutsherr den Bauern ihren
Hof nicht nehmen. Mit der Zeit wurde das Frongut in der Familie des
Bauern vererbbar, und es bildete sich allmählich eine aus späteren Zeiten
wohlbekannte Doppelkonstruktion heraus: im Dorf das Haus mit Garten,
auf der Flur das Ackerfeld mit anderen Grundstücken.

Die allmähliche Auflösung der Grundherrschaft (des Prädiums) zeugte
letzten Endes von den Rissen, die in der Naturalwirtschaft entstanden
waren, auch wenn diese Wirtschaftsform zunächst nur sehr langsam
zurückgedrängt wurde. Ein Beweis für das Unvermögen der Grundherrschaft zur Erneuerung war das Schicksal der ihre Feudalrente in Form von
handwerklichen Erzeugnissen entrichtenden Gesellschaftsschicht – auf
welchem Gutstyp der feudalen Besitzorganisation sie auch immer lebte. In
den ersten Jahrzehnten des 13. Jahrhunderts verlangsamte sich der
wirtschaftlich-gesellschaftliche Aufstieg dieser Schicht. Da das sog.
Prädium auf ein enges Gebiet, d. h. auf die Umgebung des Gutshofes des
Grundherrn, zurückgedrängt wurde, arbeiteten die zu handwerklichen
Diensten verpflichteten Unterworfenen in dessen Zentrum in den Werkstätten des Fronherrn. Die Krise dieser Wirtschaftsform versuchten die

Grundherren je nach Gutstyp auf verschiedene Arten zu lösen. Auf den kirchlichen Gütern wurden den auch handwerklich tätigen Bauern immer mehr Feudallasten auferlegt, die nicht mit ihrer gewerblichen Tätigkeit zusammenhingen, sie sogar daran hinderten: Sie mußten oft Fuhren leisten und zahlten nach der Menge der in ihrer Eigenwirtschaft erzeugten landwirtschaftlichen Produkte eine Geldrente. Mit der Verschenkung von Landgütern der Burgorganisation durch den König fielen oft auch die auf solchen Burggütern lebenden Handwerker in fremde Hände. Ihr weiteres Schicksal eröffnete ihnen nicht die Möglichkeit, sich von der Agrartätigkeit zu lösen und auf handwerkliche Tätigkeit zu spezialisieren. Von dem Prädium des Grundherrn führte kein Weg zur freien Ausübung eines Handwerks; die Trennung des Handwerks von der Landwirtschaft erfolgte nicht auf den Prädien. In den Urkunden aus der Zeit nach dem Mongolenüberfall kann man oft über entvölkerte Handwerkersiedlungen lesen. Die Ursache dafür dürfte nur zu einem geringen Teil der Mongolensturm gewesen sein, vielmehr waren es die steigenden Frondienste und die wachsenden landwirtschaftlichen Produktenrenten, durch die sich die Handwerker gezwungen sahen, das Prädium zu verlassen und sich dort niederzulassen, wo sie eine Möglichkeit zur Fortsetzung ihrer handwerklichen Tätigkeit fanden.

Während es im Warenaustausch mit dem Ausland zu keiner bedeutenden Veränderung kam, erfolgte im Binnenhandel eine wesentliche Erweiterung. Besonders in der zweiten Hälfte des 13. Jahrhunderts erschienen an den Handelswegen neben den gewerblichen Kaufleuten auch die nunmehr warenerzeugenden und ihre eigenen Produkte auf den Markt bringenden Bauern. Immer häufiger wurden Märkte auf den Privatgütern der Grundherren abgehalten, weil der König auf solchen freien Märkten (lat. *forum liberum*) keinen Marktzoll erhob. Ein Teil der Zölle kam nämlich durch königliche Schenkungen in private Hände, und die am Handel interessierten Grundherren erwirkten beim König die Zollfreiheit. Auf den Märkten wurden vorwiegend Agrarprodukte (Getreide und Vieh wie Schweine, Pferde, Schafe) getauscht. Ein ausgedehnter Handel wurde mit Wein, Fisch und Salz getrieben. Im 13. Jahrhundert wurden auch Knechte *(servus* und *libertinus)* sowie – immer häufiger – Bodenbesitz an- und verkauft.

Mit der Verbreitung der Geldwirtschaft kam die Verpfändung von Landbesitz in Mode. In der zweiten Hälfte des Jahrhunderts wurden bereits mehrere Produktionsabgaben in Form von Geldrente erhoben. Infolge der Verbreitung der Geldwirtschaft wurde der Gebrauch der Silberbarren und der Friesacher Pfennige aus dem Binnenhandel verdrängt. In den ersten

Jahrzehnten des 13. Jahrhunderts wurden in Ungarn Münzen von geringem Wert geprägt, erst unter Béla IV. und seinen Nachfolgern (vor allem Andreas III.) wurden wertvollere und wertbeständigere Silbermünzen in Umlauf gebracht. Aber das System, daß jedes Jahr neue Münzen geprägt wurden, blieb auch weiterhin bestehen, was unter der Herrschaft Stephans V. und Ladislaus' IV. zu einer beträchtlichen Entwertung des königlichen Geldes führte. Mit der Entstehung der Münzstätten im Laufe des 13. Jahrhunderts wurden außer in Gran auch an verschiedenen anderen Orten des Landes Münzen geprägt. 1255 begann man auch im Banat Slawonien, Münzen zu prägen.

## Rechtlicher Ausgleich bei der hörigen Bauernschaft

In der Zeit vor dem Mongolenüberfall vollzog sich unter den verschiedenen Schichten der unterworfenen Bevölkerung ein gewisser wirtschaftlicher Ausgleich: Obwohl diese Bevölkerungsschichten weiterhin hierarchisch markant gegliedert waren, wuchs die Zahl der über Grund und Boden verfügenden Bauern im Vergleich zu der Zahl der Besitzlosen. Das bedeutete, daß das Lager der besitzlosen Knechte zwar kleiner wurde, aber nicht völlig schwand. Sie besaßen nicht einmal ein Haus, geschweige denn Grund und Boden. Sie wurden als „echte Knechte" *(veri servi)* bezeichnet, als bloße Gegenstände behandelt, an- und verkauft; sie lebten gewöhnlich allein, außerhalb von Familienbanden. Ihnen am nächsten stand die Schicht der Unfreien, die mit den lateinischen Termini *mansio, mansus* bezeichnet wurden. Ein von solchen Unfreien bewohntes Haus war nicht ihr Eigentum, ihre Familienbande konnte der Grundherr willkürlich zerstören, indem er ein beliebiges Mitglied der Familie verschenkte. Boden, Pflug und Vieh wurden ihnen nur zur Nutzung überlassen.

Von den obengenannten zwei Gruppen der Unfreien hob sich in der Rechtsstellung die Schicht der *libertini,* die früher als *liberti* bezeichnet wurden, etwas deutlicher ab. Diese Bevölkerungsschicht lebte vor allem auf den Privatgütern weltlicher Grundherren. Ihrer Rechtsstellung nach waren sie Unfreie: Der Grundherr konnte sie verkaufen oder verschenken, nicht aber ihre Familienbande zerstören. Sie besaßen ein bestimmtes bewegliches und unbewegliches Vermögen: Das Haus war schon in ihrem Besitz, oder es ging mit der Zeit in ihren Besitz über; ähnliches galt auch für den von ihnen bewirtschafteten Boden, den sie immer mehr als ihr Eigentum betrachteten. Es wurde ihnen das Recht zuerkannt, sich freizukaufen, d. h. sie konnten gegen Bezahlung größerer Geldsummen aus der

Knechtschaft in die Schicht der Freien aufsteigen. Der *libertinus* verfügte schon über eine eigene Wirtschaft: Er entrichtete den Zehnten und die Steuer, die als „Denare der Freien" (manchmal auch als „Denare der *libertini*") bezeichnet wurde. Eine in ihrer Rechtsstellung von den *libertini* abweichende Gesellschaftsschicht bildeten die *conditionarii*. Dieser Gruppe der Unterworfenen wurde eine *conditio* gewährt, d. h. sie konnten sich eine gewisse Rechtsstellung und die Festlegung ihrer Abgabepflichten sichern. Sie durften – im Gegensatz zu den *libertini* – nicht mehr veräußert werden, auch ihre Verschenkung erfolgte zumeist mit ihrem Boden zusammen, was ein Beweis dafür war, daß der Boden eng an sie „gebunden" war und schon als ihr Eigentum galt. Die *conditionarii* lebten vor allem auf königlichen und kirchlichen Gütern in großen Massen. Die abhängige Bevölkerung der Abtei Martinsberg unternahm in den Jahren 1226 bis 1240 verschiedene Aktionen gegen den Abt zur Verbesserung ihrer *conditio* und zur Herabsetzung ihrer Abgaben. Das war der „Martinsberger Rechtsstreit", der dann von König Béla IV. im Jahre 1240 beendet wurde.

Die Freien *(liberi)* verfügten natürlich über eine eigene Wirtschaft. Einige Gruppen dieser Schicht waren aber wirtschaftlich nicht mehr unabhängig. In den zahlreichen Statusprozessen im ersten Drittel des 13. Jahrhunderts, bei denen es um die Gemeinfreiheit ging, verteidigten diese Gruppen hartnäckig ihre rechtliche Freiheit und betonten nachdrücklich ihre volle Freiheit *(omnino liber)*. Aber die Erlangung der Gemeinfreiheit bedeutete an sich noch nicht die Aufhebung der Hörigkeit. Bedingung für die Erlangung der vollen Freiheit war Mitte des 13. Jahrhunderts vor allem der eigene Bodenbesitz. So ist es zu verstehen, daß die Burgjobagionen, die ihrer Rechtsstellung nach „bedingte" Freie waren, d. h. die Gemeinfreiheit noch nicht genossen, durch ihren Bodenbesitz in die herrschende Schicht aufsteigen konnten; dagegen sind die anderen Gemeinfreien, die keinen eigenen Boden besaßen, zur Gruppe der Unterworfenen zu rechnen. Während die unfreien Bevölkerungsschichten in den ersten Jahrzehnten des 13. Jahrhunderts nicht selten von ihrem Grundherrn flohen, um sich günstigere Lebensbedingungen zu verschaffen, sicherten sich die Freien schon damals das Freizügigkeitsrecht. Zum Wohnsitzwechsel mußten die *liberi* eine Genehmigung haben, sie durften ihre Mobilien mitnehmen, mußten aber *terragium* (Pachtgeld) bezahlen.

Während sich in der wirtschaftlichen Lage der unterworfenen Bevölkerungsschichten ein gewisser Ausgleich vollzog (es stieg die Zahl derjenigen, die über Haus und Eigenwirtschaft verfügten), war ihre Rechtsstellung in den Jahrzehnten vor dem Mongolenüberfall auch weiterhin ziemlich undurchsichtig. Einen entscheidenden Anstoß zur Schaffung rechtlicher Einheitlichkeit stellte der Mongolenüberfall dar, dessen Verwüstungen zur Beschleunigung der sich bereits früher abzeichnenden Entwicklungstendenzen beitrugen. Im ganzen Land trat ein Mangel an Arbeitskräften ein. Der Wert der bäuerlichen Arbeitskraft stieg. Nach dem Abzug der Mongolen nahm die Bewirtschaftung der Grenzgebiete und der gebirgigen Landschaften einen großen Aufschwung. Viele Prädien wurden nach dem Mongolenzug auch nicht mehr wiederhergestellt, ihre am Leben gebliebene ehemalige Bevölkerung zerstreute sich. Der Weg der Flüchtigen führte von den königlichen (Burg-)Gütern und den kirchlichen Besitzungen auf die sich vermehrenden und sich immer mehr ausdehnenden grundherrlichen Eigenwirtschaften, wo sie von den Grundherren auch um den Preis verschiedener Vergünstigungen erwartet und aufgenommen wurden. Das Ziel der großen Massen der unterworfenen Schichten war die Erlangung der verbrieften Freiheitsrechte, wie sie die „Gäste" *(hospites)* genossen und in denen auch das Freizügigkeitsrecht (als ein Element der früheren Gemeinfreiheit) mit einbegriffen war. Das genannte Ziel konnte man – anfangs erst wenige – auf verschiedenen Wegen erreichen: Teils mischten sich Gruppen von herumziehenden flüchtigen Unterworfenen unter die „Gäste", teils ließen sich „Gäste" in den Siedlungen solcher Unterworfener nieder. Nicht wenige aus den unfreien Bevölkerungsschichten konnten an ihrem ursprünglichen Wohnort aus der Knechtschaft in die Schicht der Freien aufsteigen; dieser Prozeß war aber oft mit Aufständen und der Verweigerung der Abgaben verbunden.

In den letzten Jahrzehnten des 13. Jahrhunderts kam es im Ergebnis der wirtschaftlich-gesellschaftlichen Umwandlungen zu einer grundsätzlichen Umschichtung der abhängigen Bevölkerung. Bis gegen Ende des Jahrhunderts waren sowohl die *veri liberi* als auch die *libertini* im Grunde genommen verschwunden. Auch die Zahl der *conditionarii* nahm rasch ab; sie flüchteten von ihren Feldern oder wurden – falls sie ihren Wohnort nicht verließen – mit der Zeit als Hörige betrachtet. Den Großteil der bäuerlichen Bevölkerung Ungarns bildeten im letzten Drittel des 13. Jahrhunderts schon die Hörigen, die in den Quellen als Jobagionen (lat. *iobagiones,* ung. *jobbágy*) bezeichnet werden. Das in den zu besiedelnden Gebieten erschienene Volk wurde zur Gruppe der hörigen Bauern gezählt, eigentlich unabhängig von der Rechtsstellung der Schicht, der es früher angehört hatte. Dieser Begriff der Hörigen bezeichnete einen vom Grundherrn abhängigen Bauern, der bereits bestimmte Rechte besaß (vor allem wurde ihm die Freizügigkeit gewährt, er durfte sein Frongut weitervererben, frei über sein Vermögen verfügen usw.), der aber gleichzeitig auch bestimmten Verpflichtungen nachzukommen hatte, die sich aller-

dings nicht mehr auf seine Person, sondern auf den von ihm bewirtschafteten – und allmählich als sein Eigentum geltenden – Boden bezogen. Im Laufe des 13. Jahrhunderts gab es noch keine volle Übereinstimmung zwischen der Freiheit der „Gäste" und der der hörigen Bauern.
Die Freiheitsrechte der ersteren waren schriftlich genau fixiert und konnten
nur von einer schmalen Elite der Bauern genossen werden, den breiten
Schichten der Bauernschaft dagegen wurde vorerst die Freiheit der Hörigen zuteil, die der „*hospes*-Freiheit" immer näher kam. Eine undatierte
Urkunde der ungarischen Gesetzgebung, die aus der Zeit Andreas' III. oder
aus dem angehenden 14. Jahrhundert stammt, erhob das Freizügigkeitsrecht der Hörigen zum Gesetz.

## Die Entwicklung der Städte

Die Entwicklung der ungarischen Städte im 13. Jahrhundert folgte in
manchem nicht dem im 12. Jahrhundert eingeschlagenen Entwicklungs-
weg. Das typische Kennzeichen der echten Städte – die im 13. Jahrhundert
entstanden – war nicht mehr (oder nicht mehr in erster Linie) der Umstand,
daß sie als Verwaltungszentren galten, sondern es waren die Funktionen,
die ihnen mit der Entwicklung der gesellschaftlichen Arbeitsteilung zuka-
men. Zahlreiche Verwaltungszentren, vor allem Komitatssitze, wurden
während des Mongolenfeldzuges zerstört, oder sie erlebten aus anderen
Gründen ihren Niedergang. Einen eigenartigen Status unter den
Siedlungen hatten diejenigen, in denen es ein kirchliches Verwaltungszentrum gab oder die unter kirchliche Herrschaft kamen.

In Gran verstärkte sich der Einfluß der Kirche. 1239 bewilligte König
Béla IV. die Gründung einer erzbischöflichen Stadt am Fuße des Burg-
berges und stattete sie mit dem Marktrecht aus. Auch der Stadtteil der *udvornici* kam allmählich unter die Herrschaft des Graner Kapitels, seine
Bevölkerung wurde der Kirche unterstellt. Eine führende Rolle in der
städtischen Entwicklung Grans spielte der königliche Stadtteil, d. h. die
Siedlung der sog. Lateiner (*vicus Latinorum;* „Lateiner" nannte man die
Italiener, Franzosen und Wallonen, die sich in Ungarn niederließen), der
seine Privilegien auch gegen den immer stärkeren kirchlichen Einfluß
verteidigen konnte und wo später auf einer kleinen Fläche eine freie
königliche Stadt entstand. Die Graner Lateiner waren größtenteils
Kaufleute.

Die Stadt Großwardein – wo es ebenfalls eine sog. Lateiner-Siedlung
(mit dem Namen Olaszi) mit selbständigem Stadtrecht gab – entstand

schon in einem Gebiet, das sich im Besitz eines Kapitels befand. Als eine im Schnittpunkt wichtiger Handelswege gelegene Stadt übte Großwardein (vor allem durch seine Kaufleute) wirtschaftlich wichtige Funktionen aus, aber die Rechtsstellung seiner Bürger hing in großem Maße vom Ausgang ihrer Auseinandersetzung mit dem geistlichen Grundherrn ab.

Ein Teil der Stadt Raab unterstand auch nach der urkundlichen Verleihung des Stadtrechts im Jahre 1271 der Gerichtsbarkeit des Kapitels; auf die Bewohner dieses Stadtteils bezogen sich die Privilegien nicht. Die städtische Entwicklung von Altofen geriet schon früh ins Stocken. Mit der Verschenkung Altofens durch Emmerich und Andreas II. kamen seine Bewohner unter die gutsherrliche Herrschaft der Altofener Propstei, was ungünstig für die weitere städtische Entwicklung war und keine Anziehungskraft auf die Kaufleute und die Handwerker ausübte.

Die städtische Entwicklung von Stuhlweißenburg begann bereits im 12. Jahrhundert in einer nördlich der Burg gelegenen Vorstadt, wo sich Lateiner niedergelassen hatten. 1237 verlieh König Béla IV. den Bürgern *(cives)* von Stuhlweißenburg das Privileg, das sie in allen ihren – ihnen wahrscheinlich von König Stephan III. erteilten – Freiheiten bekräftigte: Es wurde ihnen im ganzen Land und an den Grenzübergängen Zollfreiheit gewährt. Auch die zugezogenen „Gäste" erhielten Vorrechte: Sie durften ihren Richter und die zwölf Schöffen frei wählen, der Richter besaß in allen Rechtsfällen die Entscheidungsbefugnis. Die ursprünglich nur den Stuhlweißenburger Lateinern verliehenen Privilegien fanden damit eine größere Verbreitung, wobei die Lateiner die führende Schicht der wachsenden Bürgerschaft bildeten. In den im 13. Jahrhundert verliehenen Stadtprivilegien beriefen sich die Könige bei manchen Freiheitsrechten oft auf das Beispiel der Stuhlweißenburger Bürger (ad *instar civium Albensium*). Eine in mancher Hinsicht neue Situation entstand nach dem Abzug des Mongolenheeres, als Béla IV. 1249 die Bürger von Stuhlweißenburg nach innerhalb der Stadtmauer (in die Innenstadt) umsiedelte. Sie konnten ihre Selbstverwaltung in eigenen Angelegenheiten zwar bewahren, aber am neuen Wohnort galten die Vorrechte des geistlichen Grundherrn.

Im Laufe des 13. Jahrhunderts entstanden weitere neue Städte, so z. B. Pest, das auch Anfang des Jahrhunderts noch von Ismaeliten bewohnt war, die sich mit Handel beschäftigten und Pächter königlicher Regalien waren. Dank der günstigen geographischen Lage der Stadt und der Nähe der Übergangsstelle über die Donau bildete sich hier ein lebhafter, vielbesuchter Markt heraus. Einen großen Entwicklungsschub erfuhr die Stadt mit der Ansiedlung der Deutschen in den Jahren 1218 bis 1225. Sie wurden von dem Wiener Patrizier *Werner* aus Österreich umgesiedelt. Die Deutschen schalteten sich in den Fernhandel ein, schufen ein metallverarbeitendes Handwerk (sie gossen Glocken) und begannen auf der Ofener Seite mit dem Weinbau. Meister *Rogerius* erwähnt in seinem Werk über den Mongolensturm, *Carmen miserabile,* die Siedlung Pest zwar als ein großes und sehr reiches deutsches Dorf *(villa),* aber die Bewohner bezeichnete er als Bürger *(burgenses).* Pest erhielt noch vor dem Mongolenüberfall – vermutlich im Jahre 1231 – Vorrechte, wie sie die Stuhlweißenburger Bürger schon genossen. Diese Freiheiten wurden auch den Ismaeliten zuerkannt, die aus der Nähe der Pester Burg (dem römischen Kastell) in den Stadtteil Neuwien (ung. Újbécs) verdrängt wurden. 1244 erneuerte Béla IV. das Privileg der Pester „Gäste". Als sich 1247 in Ungarn das Gerücht über einen erneuten Angriff der Mongolen verbreitete, begann man auf dem Ofener Burgberg mit dem Bau einer Burg, und auch die Pester Bürger zogen nach Ofen um. Die neue Stadt Ofen erhielt die Privilegien, die der Stadt Pest im Jahre 1244 verliehen worden waren.

Eine neue Stadt war Tyrnau (ung. Nagyszombat), in deren Namen das Wort *szombat* (Samstag) darauf verweist, daß die Stadt ein Marktort war, wo sich um 1220 deutsche Kaufleute niedergelassen hatten. 1238 wurde der Siedlung Tyrnau eines der frühesten Stadtprivilegien verliehen.

Als neue Stadt kann auch Kaschau (ung. Kassa) betrachtet werden, das vor dem Mongolenfeldzug keine bedeutende Siedlung war, wo aber die dort in der Zeit von 1230 bis 1249 – wahrscheinlich nach dem Abzug der Mongolen – angesiedelte deutsche Bevölkerung planmäßig eine Stadt gründete. Auch Neusohl (ung. Besztercebánya), dem das Stadtrecht 1255 verliehen wurde, haben deutsche Ansiedler gegründet.

Die Privilegien der Städte wurzelten in dem Recht der „Gäste". Unabhängig von ihrem Beruf erhielten bzw. erwarben sich diese Ansiedler („Gäste") von den ungarischen Königen das alte Recht, der Gerichtsbarkeit ihrer eigenen Richter zu unterstehen und andere Bevölkerungsgruppen aufnehmen zu dürfen. Aber die Rechte der „Gäste" und das Stadtrecht zeigten schon verhältnismäßig früh voneinander abweichende Entwicklungstendenzen: Der Kompetenzbereich der städtischen Rechtsprechung war umfangreicher als der, den das „*hospes*-Recht" sicherte. Während der Richter einer Stadt in allen Rechtsangelegenheiten der Stadt kompetent war, konnte der Richter der „Gäste" nur in weniger bedeutenden Fällen Recht sprechen. Die Städte waren dem König unterstellt, die „Gäste" dagegen konnten nur bei dem Beauftragten des Königs oder bei ihrem Grundherrn Berufung einlegen. Weder die den „Gästen" zugesicherten Rechte noch die Verleihung des Stadtprivilegs bedeuteten für sich den

Beginn der Stadtwerdung bzw. die Fortsetzung der städtischen Entwicklung. Die im 13. Jahrhundert verliehenen Stadtrechte umfaßten im allgemeinen die Freiheit in drei Bereichen. Die wirtschaftlichen Privilegien zeigen ganz deutlich, daß in den damaligen Städten vor allem Kaufleute und nur zu einem geringeren Teil Handwerker (Gewerbetreibende) lebten. Einerseits enthielt ein jedes Stadtrecht irgendwelche Freiheitsrechte hinsichtlich der Handelstätigkeit, andererseits aber fehlte in den Urkunden das Verbot der Ausübung handwerklicher Tätigkeit in einem bestimmten Umkreis der Stadt („Bannmeile"). Nahezu alle Städte hatten ihren Wochenmarkt. Der Jahrmarkt, der sich in der zweiten Hälfte des Jahrhunderts in Stuhlweißenburg und Ofen (den Vorreitern der Entwicklung des ungarischen Städtewesens) herausbildete, war schon ein Beweis dafür, daß die Steuerung des Handels aus den Händen des Königs in die der Städte übergegangen war. Die bedeutendsten Städte entstanden an wichtigen Verkehrswegen, in der Nähe von Grenzgebieten, in Gebieten, wo unterschiedliche Landschaften aneinander grenzten: Es war also kein Zufall, daß auf Stuhlweißenburg und Ofen in der Reihe der Städte Ödenburg, Preßburg und Kaschau folgten.

In der zweiten Hälfte des Jahrhunderts wurden die Städte der Zahlungspflicht des *terragium* (Grundzins) enthoben, sie wurden Nutznießer bestimmter grundherrlicher Abgaben und übten mit der Zeit selber die grundherrlichen Rechte in ihren Gebieten aus. Ein entscheidender Schritt war, daß die Gerichtsbarkeit der Komitatsgespane über die Städte abgeschafft wurde. Die unter königlicher Herrschaft stehenden Städte genossen den Vorteil, daß der König sie nicht wie ein Grundherr behandelte, sondern als der Herrscher des gesamten Landes, im Gegensatz z. B. zu den Städten, die unter kirchliche Grundherrschaft kamen oder ihr auch schon früher unterstanden. Was die Privilegien auf dem Gebiet der Gerichtsbarkeit anbelangt, so waren die beiden grundlegenden Vorrechte der Städte – die freie Richterwahl und die herrschaftsunabhängige Rechtsprechung – seit der urkundlichen Verleihung des Stadtrechts an Sathmar (ung. Szatmárnémeti) im Jahre 1230 in allen Stadtrechten zu finden. Die kirchliche Freiheit bedeutete in erster Linie das Recht zur freien Priesterwahl.

Die Städtepolitik der ungarischen Könige in den Jahrzehnten vor dem Mongolenüberfall war widersprüchlich. Einerseits gefährdeten oder behinderten die Herrscher durch ihre Schenkungspolitik den schon begonnenen oder erst beginnenden Prozeß der Stadtwerdung, andererseits aber nahm die Verleihung von Stadtprivilegien gerade in diesen Jahrzehnten einen großen Aufschwung. In der Zeit nach dem Mongolensturm sah Béla IV. in den Städten politische Verbündete und verlieh deshalb immer mehr Siedlungen (und den dort wohnenden „Gästen" und Bürgern) die städtischen Privilegien. Aber gegen Ende des Jahrhunderts übten manche Umstände eine hemmende Wirkung auf die städtische Entwicklung aus. So z. B. schenkte Ladislaus IV. die Siedlung Neutra im Jahre 1288 dem dortigen Bischof, was die weitere städtische Entwicklung unmöglich machte. Gleichzeitig machten die gegen Ende des Jahrhunderts immer mehr vordringenden weltlichen Adligen verstärkte Anstrengungen, um die in ihrem Machtbereich liegenden Städte unter ihre Herrschaft zu zwingen. In der Epoche der politischen Anarchie, d. h. in den Jahrzehnten der Herrschaft der Territorialherren, gerieten die Errungenschaften der städtischen Entwicklung früherer Jahrzehnte wieder in Gefahr.

## Die Herausbildung des niederen Adels

Eines der wichtigsten Ergebnisse der gesellschaftlichen Entwicklung im 13. Jahrhundert war die Herausbildung des niederen Adels (oder „Landesadels", lat. *nobiles regni*). Sie erfolgte nicht auf einspurige, geradlinige Weise. Den stärksten Zweig des sich herausbildenden niederen Adels repräsentierten die königlichen Servienten, die sich aufgrund ihres Besitzes aus der Schicht der Gemeinfreien herausgehoben hatten. Auf ihren ehemaligen Status als *liber* verweist die terminologische Vielfalt in den Urkunden und Schriftstücken des 13. Jahrhunderts (so z. B. *liber et serviens regis* „freier und königlicher Servient", *liber et nobilis* „Freier und Adliger" oder *liber nobilis regni* „freier Landesadliger"). Der Servient konnte eigentlich auf zwei Wegen die Rechtsstellung eines Adligen *(nobilis)* erreichen. Einerseits auf einem spontanen Weg, d. h. der Adelstitel wurde ihm ohne besonderen königlichen Eingriff – sozusagen von der Gesellschaft – zuerkannt. Am frühesten gelang das selbstverständlich der wohlhabendsten, dem Hochadel am nächsten stehenden Schicht der Servienten. Die weniger wohlhabenden Gruppen der Servienten wieder verliehen ihrem Wunsch nach dem Adelstitel dadurch Ausdruck, daß sie sich – von den vierziger Jahren des 13. Jahrhunderts an – als adlige Servienten *(nobiles servientes)* zu bezeichnen begannen. „Adliger" und „Servient" wurden allmählich zu gleichwertigen Begriffen. Diese Entwicklung fand ihren Abschluß in der Erneuerung der Goldenen Bulle im Jahre 1267, in der die Angehörigen des Landesadels und die „königlichen Servienten" einander auch auf begrifflicher Ebene schon gleichgesetzt wurden (*nobiles regni Ungarie universi, qui servientes regales dicuntur* „alle Adligen Ungarns, die königliche Servienten genannt werden"). Andere Angehörige des niederen Adels (Burgjobagionen, verschiedene königliche Dienstvölker, z. B. Wachleute) konnten im allgemeinen durch königlichen Eingriff, d. h. die Verleihung des Adelstitels, in den niederen Adelsstand aufsteigen. Vor allem aus der Regierungszeit Bélas IV., Stephans V. und Ladislaus' IV. sind uns viele Adelsurkunden überliefert. Auch die Burgjobagionen meldeten nach 1250 ihren Anspruch auf den Adelstitel dadurch an, daß sie vor die Bezeichnung für ihren gesellschaftlichen Stand das Attribut „adelig" (*nobiles iobagiones castri*) setzten. So gibt es auch Beispiele dafür, daß Burgjobagionen ohne Adelsurkunde – sozusagen auf natürlichem Wege – in die Schicht der Adligen aufsteigen konnten.

Die Vereinheitlichung des sich auf verschiedenen Wegen herausbildenden niederen Adels erfolgte selbstverständlich nicht innerhalb von wenigen Jahrzehnten. Neben dem Landesadel existierte auch ein örtlicher oder konditionaler Adel (Landadel), der über eine beschränkte Freiheit verfügte und zu bestimmten Diensten verpflichtet war. Zu dieser Schicht gehörten *iobagiones* auf kirchlichen Gütern, die für ihren Kriegsdienst von ihrem geistlichen Grundherrn Land (Prädium) erhielten; deshalb wurden sie im Lateinischen mit dem Wort *predialis* bezeichnet. Als solche galten die in den Randgebieten des Landes lebenden königlichen Völker und Grenzwächter, die Zipser *decem lanceati,* die Turzer und Liptauer *filii iobagionum.* Der Adelstitel der auf einem herzoglichen Besitz lebenden Adligen hatte nur regionale Bedeutung und galt nicht auf Landesebene. Die Adligen in Siebenbürgen entrichteten eine Geldrente und waren verpflichtet, dem Woiwoden jederzeit Unterkunft zu geben; die Adligen in Slawonien dagegen entrichteten ihre Rente in Form von Marderfellen. Es gibt auch zahlreiche Beispiele dafür, daß der konditionale oder „partikulare" Adel den Erwerb des Landesadelstitels anstrebte, aber der Großteil der zwischen den beiden Adelsschichten bestehenden Unterschiede schwand erst im Laufe des 14. Jahrhunderts.

Mehrere ungarische Könige des 13. Jahrhunderts sahen in dem sich herausbildenden niederen Adel eine Stütze der königlichen Politik. Die Besitzregelungsmaßnahmen Bélas IV. nach dem Mongolenüberfall dienten auch den Interessen des Adels. Auch Andreas III. unterstützte die örtlichen Organisierungsbestrebungen des Komitatsadels und strebte die Machterweiterung dieser Schicht an. Die Angehörigen des sich herausbildenden niederen Adels kämpften im Laufe des ganzen 13. Jahrhunderts für den Fortbestand ihrer unmittelbaren Abhängigkeit vom König bzw.

gegen eine privatrechtliche Abhängigkeit von dem mächtigen Hochadel. Dieses privatrechtliche Abhängigkeitssystem – die Institution *propria familia* (etwa: selbständige Familie) – bildete sich in Ungarn ziemlich spät, erst nach Mitte des 13. Jahrhunderts, heraus. Damit entstand im wesentlichen die Lehnsbeziehung, die aber bei weitem nicht so ausgeprägt, beengend und starr war wie in Westeuropa und die auch rechtlich weniger geregelt war. Viele Angehörige des niederen Adels oder Personen und Familien mit ähnlicher Rechtsstellung unterwarfen sich freiwillig der Herrschaft der mächtigen Lehnsherren und verpflichteten sich zu verschiedenen Diensten in deren *propria familia*. Es kam aber auch oft vor, daß der Lehnsherr (eigtl. „Edelmann") seine *propria familia* durch Gewalt zu vergrößern suchte. Mehrere weltliche Kongregationsbeschlüsse, Gesetzestexte und andere schriftliche Stellungnahmen vom Ende des 13. und Anfang des 14. Jahrhunderts sicherten den Adligen das Recht, sich frei zu entscheiden, wem sie dienen wollten. Aus dem 13. Jahrhundert sind uns allerdings nur wenige „Familiares-Verträge" bekannt; über die Bedingungen der vielen mit Gewalt konstituierten „Familiares-Beziehungen" nämlich wurden keine schriftlichen Vereinbarungen getroffen. Aus den Urkunden geht hervor, daß die in die *propria familia* des Grundherrn *(dominus terre)* übergeführten Vasallen Gutsverwaltungsarbeiten verrichteten (in solchen Fällen wurden sie als *officiales* – Beamte – bezeichnet); sie vertraten ihren Lehnsherrn sowohl in öffentlichen als auch privaten Rechtsangelegenheiten, vor allem aber leisteten sie Kriegsdienst. Die Eigenheere der Grundherren, die in den Jahrzehnten nach dem Mongolenangriff aufgestellt wurden, basierten vorwiegend auf dem Militärdienst der *familiares*. Gleichzeitig mit der Herausbildung des niederen Adels bzw. der Bezeichnung dieser Gesellschaftsgruppe als Adlige *(nobiles)* kam es in der ungarischen Gesellschaft zu einer weiteren terminologischen Änderung. Die mächtigsten weltlichen Adligen, denen allein zu Anfang des 13. Jahrhunderts der Adelstitel zugestanden hatte, wurden allmählich – von den dreißiger Jahren des 13. Jahrhunderts an immer öfter – als Baron *(baro)* bezeichnet. Somit setzte sich der weltliche Teil der herrschenden Schicht aus zwei Gruppen zusammen, aus Baronen und niederen Adligen, die die zwei Komponenten der späteren Städteordnung Ungarns repräsentierten.

## Kirche und Bildungswesen

Im 13. Jahrhundert wurde die Organisation der Kirche weiter ausgebaut. Papst Innozenz III. willigte im Jahre 1211 nicht ein, daß in Siebenbürgen ein neues Bistum mit dem Sitz Hermannstadt gegründet wurde, aber Papst

Gregor IX. erlaubte 1229 die Gründung des Bistums Syrmien. In den Randgebieten Ungarns entstanden weitere Archidiakonate. Die Archidiakone verließen Anfang des Jahrhunderts ihren Amtssitz und zogen in die bischöfliche Residenzstadt um; dadurch wurden sie Mitglieder von Domkapiteln. Gleichzeitig damit hörte in den Kapiteln das ständige Zusammenleben der Kanoniker auf, sie wohnten in abgetrennten Häusern und teilten auch die Einkünfte untereinander. Die Angehörigen der Kapitel sicherten sich im Laufe des Jahrhunderts auf Kosten der niederen Geistlichkeit einen immer größeren Teil vom Zehnten. Im 13. Jahrhundert wurden die Bischöfe tatsächlich von den Kanonikern gewählt, die als souveräne Rechtspersonen galten, was zum Wachsen des Gewichts und der Autorität der Kapitel innerhalb der Kirche beitrug.

Noch tiefere Wandlungen charakterisierten das Mönchtum. Im 13. Jahrhundert wurden in Ungarn nur noch verhältnismäßig wenige Benediktinerklöster gestiftet. Das bekannteste unter ihnen ist die in Ják – von dem Geschlecht Ják – gegründete Abtei, deren Kirche als eines der hervorragendsten Denkmäler der ungarischen Baukunst gilt. Sie wurde ursprünglich im Stil der späten Romanik konzipiert, bei der Ausführung kam auch der Baustil der Gotik ein wenig zum Tragen. Die ausstrahlende Wirkung der Jáker Bauhütte hinterließ ihre Spuren an manchen kleineren Bauwerken der Zeit. Das von dem Geschlecht Győr um 1208 gestiftete Benediktinerkloster in Lébény ist ebenfalls ein wertvolles Denkmal der späten Romanik in Ungarn. Im Laufe des Jahrhunderts gründeten sowohl die Könige als auch die weltlichen Adligen hauptsächlich Zisterzienser- und Prämonstratenserklöster. Die intensive Beteiligung der Grundherren an der Gründung von eigenen Klöstern und ihre Rolle bei deren Erhaltung zeigten prägnant die Verbreitung der Institution der Eigenkirche in Ungarn. Die Prämonstratenserpropstei in dem Dorf Zsámbék sowie die unmittelbar vor dem Mongolenüberfall erbaute Zisterzienserabtei in dem Dorf Bélháromkút (Komitat Borsod) tragen bereits unverkennbare Züge der frühen Gotik. Von den Bettelorden erschienen in Ungarn 1221 die Dominikaner, 1229 die Franziskaner. Die Klosterbrüder früherer Mönchsorden zogen sich in ihre Klöster zurück, befaßten sich nur beschränkt mit aktuellen Fragen und hielten kaum Kontakt mit dem Volk, weshalb ihr Auftreten gegen die Ketzer schon von vornherein nicht erfolgreich sein konnte. Die Bettelmönche legten das Gelöbnis der Armut ab, sie gingen unter das Volk und lebten von Arbeit und Betteln. Sie bemühten sich um die Verbreitung der Wissenschaften und waren beharrliche Verkünder des christlichen Glaubens. Unter den Königen war es vor allem Béla IV., der die Bettelorden – zuerst die Dominikaner, später die Franziskaner – mit besonderer

Vorliebe unterstützte. Kurz vor dem Mongoleneinfall (1238) erschienen in Ungarn (im verlassenen Benediktinerkloster Ercsi im Komitat Fejér) für eine kurze Zeit manche Angehörige des Kartäuserordens; nach einer Zeit von mehreren Jahrzehnten begann dann die Einbürgerung des Ordens in Ungarn mit der Stiftung eines Klosters in der Zips im Jahre 1299. Im 13. Jahrhundert gründeten die Pauliner – der einzige Mönchsorden ungarischer Stiftung – ihre Klöster im Mecsek- und im Pilisgebirge (in den Ortschaften Ürög und Szentkereszt). Um die Wende zum 14. Jahrhundert bauten die Pauliner ihr Hauptkloster in Szent Lőrinc im Ofener Gebirge in gotischem Stil. Die Basiliten der Ostkirche wurden in Ungarn zurückgedrängt. Papst Honorius III. verfügte 1221 eindeutig, in der Stadt Visegrád anstelle der griechischen Klosterbrüder Mönche der römischen Kirche einzusetzen.

Das Ofener Konzil im Jahre 1279 zeichnete ein im wesentlichen treffendes, gleichzeitig aber trauriges Bild von der Hierarchie der katholischen Kirche Ungarns. Die Beschlüsse des Konzils verboten den hohen Klerikern jeden weltlichen Luxus und das Tragen prunkvoller, reichverzierter Kleidung. Das Konzil untersagte den Geistlichen, in ihrem Haus einen Ausschank zu unterhalten, sich an Prügeleien, Raub, Brandstiftung und Handel zu beteiligen, Todesurteile auszusprechen und zu vollziehen, das Schwert zu führen, einen Stellvertreter einzusetzen und mit einer Frau zusammenzuwohnen. Auch die Lebensführung der Mönche wurde auf dem Konzil streng geregelt: Es wurde ihnen vorgeschrieben, sich einfach zu kleiden, im Orden gleiche Kleidung zu tragen, das Kloster nicht zu verlassen, keinen weltlichen Passionen wie Jagd und Vogelfang nachzugehen, ihre Mönchspflichten (Fasten, Beten usw.) aber gewissenhaft zu erfüllen. Im Vergleich zu früheren Zeiten wurden an die Geistlichen höhere geistige Anforderungen gestellt. Während das Ofener Konzil von den Priestern nur verlangte, über mindestens ein liturgisches Handbuch zu verfügen, wurde von den Archidiakonen schon erwartet, daß sie im kanonischen Recht und in den Sieben Freien Künsten *(septem artes liberales)* bewandert waren, zu denen auf der niederen Ebene *(trivium)* Grammatik, Rhetorik und Logik, auf der höheren Ebene *(quadrivium)* Arithmetik („Rechenkunst"), Astronomie (Sternkunde), Geometrie und Musik gehörten.

Die führende Rolle in der ungarischen Schulbildung kam auch im 13. Jahrhundert den Kapitel- und Klosterschulen zu, die eine Grundausbildung gaben. Als Ausnahme galt damals noch die – 1276 einer wandalischen Verwüstung anheimgefallene – Schule in Veszprém, wo auch schon Recht unterrichtet wurde. Der steigende Wert der geistigen Bildung kann daraus erkannt werden, daß in den Kapiteln diejenigen Geistlichen *(ma-*

*gistri* oder *rectores)* „Kapellen-Einkünfte" erhielten, die im Ausland studierten. Zur Deckung der Studienkosten dienten die Einkünfte der Kapitel *(stallum)* sowie ein Teil des Zehnten, der – zur Unterstützung der Studierenden – den in der Seelsorge arbeitenden Priestern genommen wurde. Neben und – besonders in der zweiten Hälfte des Jahrhunderts – statt in Paris studierten die ungarischen Kanoniker in Bologna, und zwar vor allem die Rechte. In den Jahrzehnten nach 1260 konnte beobachtet werden, daß am königlichen Hof rechtskundige Kleriker tätig waren, die in den von ihnen geschriebenen Urkunden und geschichtlichen Werken ihre Bewandertheit im römischen und im kanonischen Recht bewiesen.

Sehr unterschiedlich war der Bildungsstand der Bischöfe und Erzbischöfe. Nur die hervorragendsten Kleriker übten auch eine literarische Tätigkeit aus. Erzbischof *Bernhard von Spalato,* König Emmerichs Erzieher, stellte Anfang des 13. Jahrhunderts eine Sammlung mit Schriften gegen die Ketzer und eine Postille (Sammlung von Predigten) zusammen. *Paul von Ungarn,* der erste Vorsteher der Dominikanerprovinz in Ungarn, verfaßte einen Beichtspiegel. Unter den Geschichtsschreibern war Rogerius Archidiakon von Großwardein, *Thomas* Archidiakon von Spalato, Meister Ákos Propst und Kanzler der Königin und *Simon Kézai* (von Kéza) Kleriker am Hof König Ladislaus' IV. Unbekannt ist der Verfasser des Gedichtes „Klagelied über das von den Tataren verwüstete Ungarn" *(Planctus destructionis regni Ungarie per Tartaros),* das unmittelbar nach dem Mongolenfeldzug 1241/1242 entstand und eines der schönsten Werke der lateinischen Lyrik in Ungarn ist. Um 1288 verfaßte ein Augustinermönch im Auftrag des Erzbischofs *Lodomér* von Gran die Reimchronik über das Leben König Stephans des Heiligen. Auch Legenden wurden im 13. Jahrhundert geschrieben. In den ersten Jahren des Jahrhunderts wurde die Legende über den im Jahre 1192 heiliggesprochenen König Ladislaus in zwei Versionen niedergeschrieben. Aus der Zeit um 1271 stammt die erste, noch in lateinischer Sprache abgefaßte Margaretenlegende, die die heilige Lebensführung der 1270 auf der „Insel der Hasen" verstorbenen Dominikanerin, der Tochter König Bélas IV., beweisen sollte. In der Frage der Heiligsprechung Margaretes nahmen in Ungarn 1276 päpstliche Beauftragte Zeugenaussagen auf, deren Protokolle uns nur unvollständig überliefert sind. Die Kanonisierung Margaretes fand aber damals noch nicht statt, sie wurde erst 1943 heiliggesprochen. Die in Thüringen verheiratete Tochter Andreas' II., *Elisabeth von Ungarn,* oder Elisabeth von Thüringen, wurde im Jahre 1235 von Papst Gregor IX. heiliggesprochen.

Im Laufe des Jahrhunderts erlangte die Ausfertigung von Urkunden eine starke Verbreitung. Davon zeugt allein schon die Zahl der Urkunden.

Während uns aus Bélas III. 24jähriger Herrschaft fünfzig königliche Urkundentexte bzw. deren Erwähnung bekannt sind, wissen wir aus der dreißigjährigen Herrschaft Andreas' II. von 350, aus der 35jährigen Herrschaft Bélas IV. von etwa 1150 und aus der 18jährigen Regierungszeit Ladislaus' IV. von annähernd 1350 königlichen Urkunden. Zum Aufschwung des Urkundenwesens trugen in großem Maße die inzwischen aufgestellten sog. glaubwürdigen Orte sowie der Umstand bei, daß im Vergleich zu früheren Zeiten auch andere Instanzen (kirchliche und weltliche Behörden, Komitatsverwaltungen, Städte usw.) Urkunden ausstellten. Auch die Korrespondenz nahm einen raschen Aufschwung, die Zahl der Briefe stieg sprunghaft an. Der erste Versuch zur Einsetzung eines Vizekanzlers im Jahre 1209 war mit dem Namen Roberts (des späteren Bischofs von Veszprém) verbunden; dieses Amt konnte aber erst in den letzten Jahren der Herrschaft Andreas' II. eingeführt werden, als Ugrin, Erzbischof von Kalocsa, Kanzler wurde und durch sein hohes kirchliches Amt daran gehindert war, die Arbeit der Kanzlei selbst zu leiten. Eine weitere Änderung war, daß in der königlichen Kanzlei um 1267 ein neues Amt aufgestellt wurde, das Amt des „geheimen Kanzlers" *(notarius secretarius),* der für das königliche Siegel verantwortlich war. Diese Funktion bekleidete der Gespan der königlichen Kapelle *(comes capelle).*

Das Bildungsmonopol lag auch weiterhin fast ausschließlich in kirchlichen Händen; auf die Verweltlichung von Kultur und Bildung deutete die Verbreitung von Elementen der ritterlichen Kultur hin; den allmählichen Übergang zur muttersprachlichen Kultur zeigten die – vorerst nur in geringer Zahl entstandenen – Übersetzungen aus dem Lateinischen. Im 13. Jahrhundert kam es in Ungarn zur allmählichen Verbreitung der ritterlichen Rüstung und Kampfweise, es wurden auch Ritterkampfspiele veranstaltet. Aus dem 13. Jahrhundert sind uns nur wenige literarische Belege der ritterlichen Kultur überliefert. Mit König Emmerichs aragonischer Gattin weilten damals zwei namhafte Minnesänger – *Peire Vidal* und *Gaucelm Faidit* – in Ungarn. Als erste Ritterdichtung erschien in Ungarn die mündliche epische Dichtung, bei deren Verbreitung und Überlieferung die Spielleute *(ioculatores)* eine Rolle gespielt haben dürften. Außer dem vielleicht schon zu Bélas III. Zeit ins Ungarische übersetzten Alexanderroman dürfte wohl auch die – uns nicht überlieferte – ungarische Übersetzung des lateinischsprachigen Troja-Romans aus den ersten Jahrzehnten des 13. Jahrhunderts stammen. Die aus dem Ungarischen übersetzte südslawische Version des Troja-Romans spricht dafür, daß die ungarische Übersetzung von einer einzigen Person (vielleicht sogar von dem Chronisten Anonymus) stammte, die über eine klassische Bildung verfügte und eine gute ausländische Schulung erhalten hatte. In gewisser Hinsicht wurde in Ungarn die Funktion der Ritterdichtung von den Gesta des Anonymus und der uns in zwei Fassungen überlieferten Ladislaus-Legende übernommen, in der auch die Kriegserfolge des „Ritterkönigs" geschildert wurden.

Einen Beweis für die schriftliche Verbreitung der Muttersprache liefern die bereits zusammenhängende Texte enthaltenden Sprachdenkmäler, deren Zahl beständig stieg. Der Originaltext von „Leichenpredigt und Bittgebet" stammt aus dem letzten Viertel des 12. Jahrhunderts, eine Abschrift aus der Zeit um 1195 blieb im *Pray-Kodex* erhalten. In dem als „Königsberger Bruchstück und seine Verszeilenfragmente" bezeichneten Sprachdenkmal sind uns Fragmente eines Gedichts überliefert, das um die Wende zum 13. Jahrhundert entstand, uns aber nur in einer Abschrift aus der Zeit um 1350 überliefert ist. Ebenfalls einen Gedichttext – und zwar tiefe menschliche Gefühle ausdrückende lyrische Zeilen – repräsentiert die „Altungarische Marienklage", die um die Mitte des 13. Jahrhunderts aufgezeichnet worden (und vielleicht auch entstanden) sein dürfte.

In den ersten sieben Jahrzehnten des 13. Jahrhunderts konnte die ungarische Kirche trotz des ihr zugefügten Unrechts ihre Macht, ihren Einfluß verstärken und sich eine immer wichtigere Position in der Hierarchie der ungarischen Gesellschaft verschaffen. Eine Urkunde von Andreas II. aus dem Jahre 1222 bestätigte die Privilegien der Kirchen und sicherte dem Klerus sozusagen ständische Rechte. Auf dieser Grundlage beschritten die mächtigsten Repräsentanten der Kirche – vor allem das Erzbistum von Gran und von den Bistümern besonders das Bistum Agram – den Weg zur Unabhängigkeit, von der königlichen Macht zu selbständiger Territorialmacht. Unverkennbar zeigt sich diese Tendenz in Bélas IV. Privileg aus dem Jahre 1262 für die Kirche von Gran. In dieser Urkunde befreite der König das Volk, die sog. *conditionarii* und die Adligen der Graner Kirche von der Gerichtsbarkeit des königlichen Hofrichters, der Komitatsgespane sowie anderer Richter und unterstellte sie der Gerichtsbarkeit der Richter des Erzbischofs, d. h. dem Palatin, dem Hofrichter und dem Gespan der Kirche von Gran.

Das Erzbistum Gran genoß Steuerfreiheit. Es bestand die Möglichkeit, daß die Adligen des Landes ihre Güter dem Erzbistum vererbten und sich unter dessen Herrschaft stellten. 1270 schenkte König Stephan V. das Komitat Gran (ung. Esztergom) dem Erzbischof und dem Erzbistum, und von nun an führten die Erzbischöfe den Titel „Erbgespan des Komitats Gran". 1272 willigte Stephan darin ein, daß die Graner Kirche ihren eigenen Palatin hatte, der befugt war, die Gerichtsbarkeit über alle Adligen der

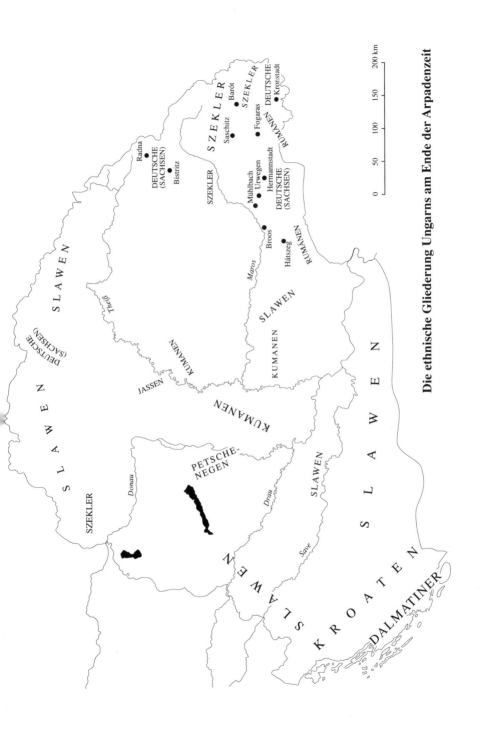

**Die ethnische Gliederung Ungarns am Ende der Arpadenzeit**

Kirche auszuüben und die im Erzbistum festgenommenen Diebe und Straßenräuber erhängen zu lassen. Der Erzbischof besaß auch das Privileg, die Rechtsstellung von Einzelpersonen zu ändern. Es kann in gewisser Hinsicht als historisch notwendig erscheinen, daß Mitte des 13. Jahrhunderts vor allem der führende Repräsentant des kirchlichen Großgrundbesitzes, der Erzbischof von Gran – infolge des höheren Entwicklungsstandes im Vergleich zum weltlichen Großgrundbesitz –, den ersten Versuch zum Aufbau der Territorialherrschaft in Ungarn unternahm. Aber die gesellschaftliche und politische Entwicklung im letzten Viertel des 13. Jahrhunderts hatte letztlich doch zur Folge, daß der genannte Versuch der kirchlichen Großgrundbesitzer erfolglos blieb; innerhalb von wenigen Jahrzehnten war der weltliche Großgrundbesitz dem geistlichen überlegen, und es waren die weltlichen Lehnsherren, die die Territorialherrschaft in Ungarn aufbauten.

## Ladislaus IV.

Während König Ladislaus' IV. 18jähriger Herrschaft kam es in der politischen Entwicklung zu früher unbekannten Tendenzen: Es setzten sich anarchische Zustände durch, die königliche Macht wurde in raschem Tempo zurückgedrängt, während die weltlichen Grundherren zu immer größerer Macht kamen. Die Vermehrung der inneren Streitigkeiten läßt sich auch nicht dadurch erklären, daß der König 1272 im Alter von nur zehn Jahren den Thron bestieg und die tatsächliche Herrschaft über das Land erst 1277 von der Königinmutter Elisabeth übernahm, weil in den anarchischen Zuständen auch nach 1277 keine Wende eintrat.

Nach Stephans V. Tod kehrten aus Böhmen die 1270 dorthin geflüchteten ungarischen Grundherren – unter ihnen Heinrich Kőszegi aus dem Geschlecht Héder – ins Land zurück. In den ersten Jahren der Herrschaft Ladislaus' IV. waren die inneren Verhältnisse des Landes durch das Gegeneinander und den Kampf von zwei Gruppierungen von Magnaten bestimmt. An der Spitze der einen Gruppe standen Heinrich Kőszegi und Joachim aus dem Geschlecht Gutkeled, an der Spitze der anderen Peter und *Matthäus* aus dem Geschlecht Csák, die ihren Landbesitz im westlichen Oberland Ungarns hatten. Ein Ausdruck der Labilität der neuen Verhältnisse war, daß Heinrich Kőszegi im Herbst 1272 auf der „Insel der Hasen" den Enkel König Bélas IV., Béla, Herzog von Macsó und Bosnien, ermordete. Das Besitztum des Ermordeten im Süden Ungarns teilten die Magnaten untereinander auf (Heinrich bekam die Banate Ozora und Só).

Zu allen inneren Kämpfen verschärften sich erneut die Ende 1272 durch den Abschluß eines Waffenstillstandes beigelegten Streitigkeiten zwischen Ungarn und Böhmen. Anfang 1273 fielen ungarische Truppen in die südlichen Gebiete Ottokars in der Steiermark und in Kärnten ein, ein anderes Heer drang in Österreich und Mähren ein. Der Vergeltungsschlag ließ nicht lange auf sich warten. Im April 1273 fielen österreichische und mährische Truppen in Ungarn ein und drangen bis zur Linie Neutra–Raab–Bakony–Körmend–Agram vor. Den Ungarn gelang es zwar, Raab zurückzuerobern, aber im Sommer desselben Jahres nahmen die Feindlichkeiten ein noch größeres Ausmaß an. In dem neu entflammten Krieg trugen die Ungarn anfänglich einige Erfolge davon, doch bald darauf ging Ottokar zum Angriff über, verwüstete die ungarischen Gebiete bis zum Fluß Waag und drang am rechten Donauufer – nach Eroberung der Burgen Altenburg und Raab – bis Martinsberg vor. Den Großteil der eroberten Gebiete – unter anderen so wichtige Grenzburgen wie Preßburg, Ödenburg, Altenburg und Wieselburg – behielt Ottokar bis zum Jahr 1277.

Die inneren Zwistigkeiten kamen weder zur Zeit der nach außen geführten Kriege noch danach zur Ruhe. 1273 erhoben sich die Kumanen gegen den König. Ladislaus IV. konnte den Aufstand nur mit Waffengewalt niederschlagen. Im Sommer 1274 nahmen Heinrich und Joachim den König und die Königinmutter Elisabeth gefangen. Nachdem diese aber von dem Führer der Gegenpartei, Peter Csák, aus der Gefangenschaft befreit worden waren, brachten wiederum Heinrich und Joachim König Ladislaus' jüngeren Bruder, Herzog *Andreas,* in ihre Gewalt. Ende September kam es bei Polgárdi im Komitat Fejér zum bewaffneten Zusammenstoß zwischen den beiden adligen Lagern, der mit dem Sieg der von Peter Csák geführten Partei endete. Heinrich Kőszegi, der später Heinrich der Große genannt wurde, ließ in dieser Schlacht sein Leben. Der König zog mit einem Heer gegen die Burgen der Kőszegis in Westungarn, konnte sie aber nicht einnehmen.

Am 1. Oktober 1273 wählten die deutschen Fürsten nicht den überaus mächtigen Ottokar II. zu ihrem König, sondern *Rudolf von Habsburg,* der über eine wesentlich geringere Macht verfügte. Dieser Schritt ließ schon den späteren Zusammenstoß zwischen Rudolf und Ottokar um die deutsche Krone ahnen. Da es in diesen Jahren am königlichen Hof zu ständigen Änderungen in Abhängigkeit davon kam, welche „Partei" gerade die Oberhand gewinnen konnte, änderte sich oft auch der Standpunkt Ungarns in der Frage des Bündnisses mit den Habsburgern oder den Přemysliden. Ende 1274 schloß Ladislaus ein Bündnis mit Rudolf von Habsburg, doch bereits im Frühjahr 1275 zeichneten sich die Grundrisse eines gegen Rudolf gerichteten ungarisch-böhmischen Bündnisses ab. Infolge eines erneuten Wechsels am ungarischen Königshof aber unterstützte Ladislaus IV. schließlich doch Rudolf in dessen Krieg gegen Ottokar im Jahre 1276. Der Krieg endete mit Rudolfs Sieg, Ottokar sah sich gezwungen, auf die Herrschaft über die österreichischen und steirischen Gebiete zu verzichten, 1277 gab er Ladislaus IV. auch die seit Jahren besetzten ungarischen Grenzgebiete zurück.

In der Zwischenzeit gab es in Ungarn fast ständig Machtkämpfe. Im Sommer 1275 versuchte eine von der Macht verdrängte Gruppe von Baronen, einen Angriff gegen den König zu richten, aber ihre Aktion blieb erfolglos. Infolge eines neuerlichen Machtwechsels brach in Transdanubien Ende 1275 ein mehrere Monate währender Bürgerkrieg aus. In diesem Krieg verwüstete Peter Csák die Stadt Veszprém, deren Bischof *Peter* war, Sohn von Henrik Kőszegi „dem Großen", der durch seine Familienbande zum Gegenlager gehörte. (Diesem wandalischen Angriff fiel auch die berühmte Veszprémer Schule zum Opfer.) Im Laufe des Jahres 1277 führten die inneren Machtkämpfe in mehreren Gebieten des Landes zu bewaffneten Zusammenstößen. Die Siebenbürger Sachsen bestürmten die Stadt Karlsburg und steckten den Dom in Brand. Im Gebiet an der Save kämpften die von den Deutschen unterstützten Babonić gegen die Kőszegis. Der den Kőszegis zu Hilfe eilende Joachim fiel in der Schlacht. Im selben Jahr kam es auch in den nördlichen und jenseits der Theiß liegenden Gebieten des Landes zu Unruhen und Zusammenstößen. Mit Joachims Tod verstärkte sich der Einfluß der Csáks am Hof des Königs. Das war der Grund dafür, daß Ladislaus IV. mit einem Heer wieder gegen die Kőszegis in Westungarn zog. Die militärische Aktion endete mit einem Friedensschluß zwischen dem König und den Kőszegis, aber der Frieden dauerte nicht lange. Im Frühjahr 1278 rief *Iwan* Kőszegi Herzog Andreas (den späteren König Andreas III.) aus Venedig ins Land und stellte damit ganz offen einen Thronanwärter gegen König Ladislaus, aber Andreas konnte mit seinem Gefolge nur bis zu der Ortschaft Kehida im Komitat Zala vordringen. Etwa zur gleichen Zeit schlossen im slawonischen Dubica die Familie Babonić und die Kőszegis einen Friedensvertrag. Das war das erste politische Abkommen zwischen zwei die Territorialherrschaft anstrebenden Familien; die Vermittlerrolle übernahmen die Beauftragten Karls I. von Anjou.

Im Streit zwischen Rudolf und Ottokar unterstützte Ladislaus IV. immer mehr Rudolf. Im Sommer 1277 erneuerten sie ihr Bündnis und bekräftigten es noch bei ihrer persönlichen Begegnung im November desselben Jahres.

Im Krieg, der 1278 zwischen Rudolf und Ottokar ausgebrochen war, standen die Ungarn auf Rudolfs Seite. In der entscheidenden Schlacht bei Dürnkrut auf dem Marchfeld am 26. August verdankte Rudolf seinen Erfolg größtenteils dem ungarischen Heer, vor allem den aus Bogenschützen bestehenden kumanischen Reitertruppen. Ottokar fiel in der Schlacht. Die jahrzehntelangen Kämpfe um das Erbe der Babenberger endeten schließlich mit dem Erfolg der Habsburger.

Ladislaus IV. schickte 1278 den Dürnkruter Sieger, Matthäus Csák, mit königlicher Ermächtigung in die Komitate mit dem Auftrag, die Diebe und Straßenräuber zu bestrafen sowie den rechtswidrig enteigneten Besitz der Adligen, der Burgjobagionen, der Burgen, der Kirchen, der *udvornici* und anderer dem rechtmäßigen Besitzer zurückzugeben. Die anarchischen Zustände, die Ausschreitungen der Grundherren fügten der Kirche großen Schaden zu. Papst Nikolaus III. schickte Anfang des Jahres 1279 *Philipp,* den Bischof von Fermo, als Legaten nach Ungarn. Das Ergebnis der Tätigkeit des päpstlichen Gesandten war, daß sich Ladislaus IV. gezwungen sah, am 23. Juni und am 10. August 1279 zwei Gesetze zur Regelung der Lage der Kumanen zu erlassen, die auf die Einstellung der Gewalttätigkeiten von in einer sich auflösenden Gentilordnung lebenden Kumanen gegen die Ungarn (vor allem gegen die Adligen und die Kirche) abzielten. Die Gesetze schrieben vor, daß alle noch ungetauften Kumanen getauft und das gesamte Kumanenvolk seßhaft gemacht werden sollten. Als Gebiete für die endgültige Ansiedlung der Kumanen wurden im Osten Ungarns das Flachland zwischen Donau und Theiß oder das Gebiet zwischen den Flüssen Maros und Körös bzw. das Land zwischen Temes und Maros sowie die umliegenden Gebiete bestimmt, wo die Mongolen 1241–1242 besonders große Verwüstungen angerichtet hatten. In den genannten Gebieten verteilte der König den Landbesitz der Dienstvölker und der ohne Erben verstorbenen Adligen sowie die seit dem Abzug der Mongolen verlassenen Landgüter von Adligen und Burgjobagionen an die Kumanen. Die kumanischen „Großen" und Landesadligen erhielten Freiheiten, wie sie den Adligen zustanden, sie wurden von der „Einquartierungspflicht" *(descensus)* freigesprochen, waren aber zu persönlichem Kriegsdienst verpflichtet. Diese Maßnahmen beschleunigten den Verfall der Gentilgesellschaft der Kumanen, was ja vor allem den Interessen der Kirche und des weltlichen Adels entsprach. Diese Entwicklung widersprach aber den Interessen des Königs, der die Kumanen als politischen und militärischen Faktor nur für seine eigenen Ziele benutzen konnte, solange sie nicht zu Untertanen der kirchlichen und weltlichen Grundherren herabsanken.

Nach seinem Versuch zur Regelung der Lage der Kumanen berief Bischof Philipp im September 1279 ein Konzil nach Ofen ein. Die Konzilbeschlüsse enthielten Maßnahmen gegen die Lockerung der Moral der Geistlichen in ihrer Lebensführung und ihrem Verhalten. Die Beschlüsse verfügten den Schutz des durch Angriffe gefährdeten kirchlichen Vermögens und schrieben vor, die enteigneten kirchlichen Landgüter innerhalb von kurzer Zeit an die Kirche zurückzugeben. Anfang Oktober entschloß sich Bischof Philipp zu einem strengen Auftreten gegen Ladislaus IV., der den Gesetzen über die Kumanen nicht Folge leistete, die Einberufung des Konzils zu verhindern versuchte und ein unsittliches Leben führte: Der Bischof verbannte Ladislaus IV. aus der Kirche und verhängte das Interdikt über das Land. Als Gegenschlag ließ der König Anfang 1280 den päpstlichen Legaten verhaften und lieferte ihn den Kumanen aus. Daraufhin nahm der Siebenbürger Woiwode *Finta* (aus dem Geschlecht Aba) den König gefangen. Bald danach aber wurden beide aus der Gefangenschaft entlassen; der König versprach erneut, die sich auf die Kumanen beziehenden Gesetzesvorschriften einzuhalten. Die Folge davon war, daß sich nun die (von dem Verhalten des Königs) enttäuschten Kumanen erhoben und Gebiete an den Flüssen Theiß, Maros und Körös zu verwüsten begannen. Der König zog mit einem Heer gegen die plündernden Kumanen, schlug die von *Oldamir* geführten Aufständischen im Herbst 1280 am Hód-See (am Zusammenfluß von Theiß und Maros) und vertrieb die kumanischen Truppen aus dem Land. (Andere Forscher setzen die Schlacht am Hód-See auf das Frühjahr 1282 an.)

Der päpstliche Gesandte Philipp verließ Ungarn im Jahre 1281. Im Sommer desselben Jahres warf der König den Aufstand des abgesetzten Palatins Finta Aba in den Komitaten Abaúj und Gömör nieder; um die Wende 1283/1284 belagerte er die Burg Bernstein (ung. Borostyánkő) der Familie Kőszegi im Komitat Eisenburg, konnte sie aber nicht einnehmen.

In den Jahren 1282 bis 1285 schrieb Simon Kézai, Ladislaus' IV. treuer Kleriker, seine bekannte Chronik. Er war es auch, der die – geschichtlich übrigens falsche – These der Identität von Hunnen und Ungarn aufstellte. Kézai machte damit die Geschichte Attilas und des hunnischen Volkes zum organischen Bestandteil der ungarischen Geschichte und zeichnete mit Attila, dem heidnischen Fürsten der Hunnen, das geschichtliche Vorbild Ladislaus' IV. Er zeigte ein starkes Interesse an gesellschaftlichen Fragen. Verstärkt wurde dieses Interesse durch seine Studien in Westeuropa, wo er sich mit den modernsten Ideen bekannt machen konnte. In seiner Chronik vertrat er in erster Linie die Interessen des niederen Adels, aber er behandelte im Anhang des geschichtlichen Werkes auch die Frage der Entstehung der unterworfenen Schichten auf eine für seine Epoche beispiellose Weise.

Anfang 1285 fielen mongolische Truppen in Ostungarn ein. Nach Vermutung zeitgenössischer Chronisten soll der König selbst die Mongolen ins Land gerufen haben, was aber nicht bewiesen werden kann. Jedenfalls verließen nach dem Einfall nicht alle Mongolen das Land, sondern einzelne Heeresgruppen – ung. *nyögér* genannt – blieben im Land und bildeten später einen Teil des königlichen Heeres. Erzbischof Lodomér schrieb 1288 über König Ladislaus IV.: „Er verbündete sich mit den Tataren und ist auch selber wie ein Tatar geworden". Der König verstieß mehrmals seine Frau *Isabella* (aus dem Hause Anjou), die in Ungarn *Elisabeth* genannt wurde. Er ließ sie 1286 ins Gefängnis werfen und lebte mit kumanischen Konkubinen zusammen. 1287 wurde Ladislaus IV. von Erzbischof Lodomér exkommuniziert. Das dürfte wohl der Grund dafür gewesen sein, daß König Ladislaus 1288 auf die Bedingungen des Erzbischofs einging und das Versprechen gab, kein Bündnis mehr mit den Tataren einzugehen, keine Sakrilege zu begehen, von heidnischen Bräuchen Abstand zu nehmen, mit Staatsämtern nur Christen zu bekleiden, die Vorrechte und Freiheiten der Kirche wiederherzustellen, seine Frau wieder aufzunehmen und ihr die der Königin gebührenden Rechte wieder zu gewähren. Daraufhin sprach Lodomér den König vom Kirchenbann frei. Aber Ladislaus meinte es mit seinem Gelöbnis nicht so ernst und brach ein Versprechen nach dem anderen. Den bei ihm erscheinenden Beauftragten und Gesandten des Erzbischofs gab er gewöhnlich folgende Antwort: „Für mich [...] bin ich selber das Gesetz, und daß mir die Gesetze irgendwelcher Pfarrer Beschränkungen auferlegen, werde ich nicht dulden". Erzbischof Lodomér ersuchte den Papst, einen Kreuzzug gegen die Tataren und den König anzukündigen.

In der zweiten Hälfte der achtziger Jahre des 13. Jahrhunderts drohte dem Land der Verfall. 1285 brach in der Zips ein Aufstand gegen den König aus, bei dessen Niederwerfung die im Land gebliebenen Tataren eine große Rolle spielten. 1288 wurde König Ladislaus in der Zips gefangengenommen. 1286 zog der König mit seinem Heer wieder gegen die Kőszegis in Westungarn, wurde aber im Frühjahr des Jahres 1287 am Fluß Zsitva geschlagen. Die Kőszegis betonten ihre volle Unabhängigkeit vom König immer eindeutiger. 1285 schloß Iwan Kőszegi ein Bündnis mit *Albrecht von Habsburg,* Herzog von Österreich und der Steiermark, dem späteren König Albrecht I. Aber bereits im Jahre 1289 kam es zu mehreren bewaffneten Zusammenstößen zwischen Albrecht und den Kőszegis, in deren Verlauf Dutzende von Burgen im Westen Transdanubiens in

Albrechts Hände gerieten. Bei diesem Kampf hoffte der König auf den Erfolg Albrechts gegen die ihm untreuen Kőszegis und trat trotz der Kriegserfolge Albrechts nicht für die Verteidigung der Integrität seines eigenen Landes gegen den österreichischen Herzog ein.

Vergeblich hielt er Versammlungen mit den Prälaten, Baronen und Adligen (so z. B. 1286 in Rákos, 1289 bei Föveny im Komitat Fejér) ab, vergebens machte er auch verschiedene Versprechungen zur Verbesserung der Lage im Lande, er hatte weder die erforderliche Macht noch die nötige Entschlossenheit zur Erfüllung dieser seiner Versprechungen. In den Quellen tauchen 1289 in Ungarn zwei Palatine auf (der eine übte sein Amt westlich der Donau aus, der andere waltete in dem östlich der Donau liegenden Landesteil), was als unfehlbares Zeichen für die Schwäche der staatlichen Macht zu bewerten sein dürfte. Im Frühjahr 1290 ernannte König Ladislaus *Mizse* zum Palatin, der erst kurz zuvor vom islamischen Glauben zum Christentum übergetreten war.

Anfang 1290 erschien Herzog Andreas (der spätere König) wieder als Thronprätendent auf der ungarischen Bühne. Im selben Jahr brachen im Land erneut Aufstände gegen den König aus: Im nordöstlichen Teil des Landes erhoben sich Adlige aus dem Geschlecht Baksa und *Amadé* aus dem Geschlecht Aba gegen den König.

Daraufhin machte sich Ladislaus im Frühjahr 1290 – wie immer – auf den Weg zu seinen beliebten Bundesgenossen, den Kumanen, wurde von ihnen aber am 10. Juli bei der Burg Körösszeg (Komitat Bihar) umgebracht. Eine Erklärung für diesen Vorfall können wir nicht geben. Später kam die Vermutung auf, daß an dem Attentat auch der Herr der Burg Körösszeg, *Kopasz* aus dem Geschlecht Borsa, beteiligt war, dessen Familienmitglieder im Frühjahr 1287 in der Schlacht am Fluß Zsitva gegen Ladislaus IV. gekämpft hatten. Es kann also nicht ausgeschlossen (aber auch nicht bewiesen) werden, daß es sich um einen politischen Mord handelte, das heißt, daß die Ermordung des Königs von den ihm feindlich gesonnenen Baronen geplant worden war. Der ohne Kinder verstorbene König Ladislaus wurde in der Nähe der kumanischen Siedlungsgebiete in Csanád beigesetzt.

## Andreas III.

Erzbischof Lodomér krönte den – damals etwa 25jährigen – angeblichen Enkel König Andreas' II. am 23. Juli 1290 zum König Ungarns. Die Thronübernahme ging nicht problemlos vonstatten. Noch im Spätsommer des Jahres 1290 schenkte der deutsche König Rudolf von Habsburg das ohne Herrscher gebliebene Reichslehen Ungarn seinem Sohn Albrecht, dem Herzog von Österreich und der Steiermark, mit der Begründung, daß König Béla IV. etwa 50 Jahre zuvor, im Jahre 1241, bereit gewesen wäre, Ungarn Kaiser Friedrich II. als Lehen zu überlassen, wenn er vom Deutschen Reich Hilfe gegen die Mongolen bekommen hätte. Gegen den Rechtsanspruch der Habsburger auf Ungarn trat auch Papst *Nikolaus IV.* auf, der die Abstammung Andreas' III. von der Arpadendynastie zwar ebenfalls bezweifelte und somit dessen Herrschaft über Ungarn für rechtswidrig hielt, aber der Meinung war, daß das Land als Erbe dem Heiligen Stuhl zustand. Im Herbst 1290 kam ein junger Mann aus Polen nach Ungarn, der behauptete, daß er Herzog Andreas, der bereits 1278 verstorbene jüngere Bruder König Ladislaus' IV., sei. Der rätselhaft gebliebene Thronprätendent wurde von *Georg Baksa* wieder nach Polen vertrieben. 1291 schalteten sich die neapolitanischen Anjous ein, nach deren Auffassung die Arpadendynastie mit Ladislaus IV. im Mannesstamm erloschen war und so das Recht auf den ungarischen Thron der Schwester Ladislaus', Königin Maria, bzw. ihrem von Karl II., dem König von Neapel, stammenden Sohn, *Karl Martell,* zustand.

Andreas erließ nach seiner Krönung zum König Ungarns ein aus 35 Artikeln bestehendes Dekret, das auf einer Versammlung in Altofen von den Prälaten, Baronen und Adligen angenommen wurde. In diesem Gesetz ließ der König die Freiheitsrechte der Adligen verbriefen: Er befreite die Adligen und die über einen Besitz Verfügenden, also die den Adligen rechtlich gleichgestellten Siebenbürger Sachsen, von allen Steuern und der „Einquartierungspflicht" *(descensus),* verpflichtete sie zum Kriegsdienst nur im Falle von Verteidiungskriegen bzw. inneren Kämpfen und sicherte ihnen freies Verfügungsrecht zu. Andreas III. verstärkte das Mitbestimmungsrecht der Adligen in allen Angelegenheiten des Landes. Auf dem jährlich einberufenen Landtag erhielten auch die Adligen das Recht, über die Zustände im Land zu verhandeln und die Taten der Barone zu beurteilen. Andreas III. bestimmte auch den Tätigkeitsbereich des aus Prälaten und Adligen neu gebildeten königlichen Rates. Er unterstützte die sich herausbildenden adligen Komitate und versuchte, ihren Kompetenzbereich zu erweitern. Er verfügte, daß der Komitatsgespan nur in Gegenwart der vier gewählten Adligen, d. h. der Stuhlrichter, Recht sprechen durfte. Zahlreiche Artikel des Gesetzes enthielten Bestimmungen gegen Machtwillkür und Gewalttätigkeit. Der König sicherte der Kirche ihre früheren Privilegien, die Bediensteten der Kirche genossen Zollfreiheit, in weltlichen Angelegenheiten unterstanden die Kirchen der

**Die Verwaltungseinheiten Ungarns
am Ende der Arpadenzeit**

——— Gebietsgrenzen

——— Komitatsgrenzen

0     50     100     150     200 km

ausschließlichen Gerichtsbarkeit des Herrschers. Mehrere Artikel dienten der Festigung der königlichen Macht.

Vor allem die Kirche stand Andreas III. in seiner schweren Lage zur Seite, gleichzeitig aber meldete sie im neuen königlichen Rat ihren Anspruch auf Macht an, war jedoch bereit, die Macht mit den Adligen zu teilen. In Ungarn kam in kürzester Zeit die Verwirklichung des Regierungsmodells des Ständestaates auf die Tagesordnung; dieses Modell übernahmen die führenden Geistlichen von dem Patriarchat von Aquileia im norditalienischen Friaul. Auch das Vorbild für die Versammlung des ungarischen ständischen Landtages und die Institution des gewählten königlichen Rates unter Andreas III. war in Friaul zu finden, wo die auf dem Prinzip der Ständevertretung beruhende Staatsform in Mitteleuropa am frühesten entstanden war. Dem ungarischen System lagen Ideen von am königlichen Hof wirkenden Rechtskundigen des römischen und des kanonischen Rechts zugrunde, die ihre Bildung und ihr Wissen im Ausland (vor allem in Italien) erworben hatten. Die Idee der Einführung des genannten Systems der Ständevertretung fand freilich nur bei einem engen Kreis – am Hof und bei den engsten Beratern des Königs – Anklang. Die wirkliche Macht zur Durchsetzung der Gesetze von 1290 fehlte aber. In den Urkunden vermehrten sich die Hinweise auf die Gefahren an Verkehrsstraßen und auf die Untaten der friedlosen Zeit. Alltäglich für das Land waren die mit großen Schäden verbundenen Verwüstungen und Verheerungen.

Die ohnehin schwierige Lage des Landes wurde durch einige außenpolitische Komplikationen noch verschlimmert. Da Albrecht von Habsburg nicht bereit war, die Ende der achtziger Jahre des 13. Jahrhunderts eroberten westungarischen Burgen zurückzugeben, rief Andreas III. im Sommer 1291 zu den Waffen. Seine militärische Aktion war erfolgreich, er verwüstete österreichische Gebiete und besiegte vor Wien Albrechts Heer. Im Hainburger Frieden konnte Albrecht erreichen, daß er nur wenige ungarische Burgen zurückgeben mußte, die anderen mußte er im Interesse seiner eigenen Sicherheit zerstören. Das war von Nachteil für die Kőszegis, denn es waren zu einem Großteil ihre Burgen, die zerstört werden sollten. Sie schieden deshalb aus dem Lager Andreas' III. aus und schlossen sich den neapolitanischen Anjous an, die bis dahin schon die mächtigen Magnaten an der Meeresküste und in Slawonien (die Šubićs, die Babonićs und die Frangepans) für ihre Sache gewonnen hatten. Die Anjous wurden immer aktiver, sie agitierten für einen Krieg gegen Andreas III. und riefen zur Anerkennung Karl Martells auf.

Von 1292 bis zum Ende des Jahrhunderts verging kaum ein Jahr ohne bewaffnete Aufstände in verschiedenen Gebieten des Landes gegen Andreas III. Die Kőszegis waren die ersten, die sich auf den Aufruf ihrer neapolitanischen Verbündeten hin gegen den König erhoben. Sie nahmen die Festung von Preßburg ein, die aber später von *Matthäus Csák* (dem Sohn des zwei Jahrzehnte zuvor zur landesweiten Macht gelangten Peter Csák und Neffen des Matthäus) zurückerobert wurde. Während der Machtkämpfe geriet der König für einige Monate in die Gefangenschaft der Kőszegis. 1293 übernahm Andreas' Mutter, *Tomasina Morosini,* als Herzogin Slawoniens die Herrschaft über das sich von der Donau bis zur Adria erstreckende riesige Gebiet des gegen den König rebellierenden Herzogtums. Damit kam es wieder zur dynastischen Aufteilung des Landes. 1294 rebellierten die Borsas im Gebiet jenseits der Theiß; ihre wichtigste Festung, die Burg Adorján, wurde vom königlichen Heer erobert. Mit der Niederwerfung des Aufstandes des früheren Palatins Mizse zeichnete sich Tomasina Morosini aus, indem sie die Burg Szekcső im Komitat Baranya von Mizse zurückeroberte. Auch der Aufstand der Babonićs im Jahre 1295 konnte mit Hilfe Tomasina Morosinis niedergeworfen werden, deren Truppen die jenseits des Flusses Save liegende Burg der Babonićs, Orbászkő, eroberten. 1296 beendete der König den Aufstand der Kőszegis mit der Einnahme der Burg von Güns. Bei dieser Aktion wurde er von seinem früheren Feind Albrecht von Habsburg unterstützt, dessen Tochter *Agnes* er gerade im selben Jahr geheiratet hatte. 1297 erhob sich der bis dahin königstreue Matthäus Csák gegen den Herrscher. 1298 galt Matthäus Csák bereits als Hauptfeind Andreas' III., der König verbündete sich daher ausschließlich mit solchen ungarischen Baronen, die an der Beschränkung der Macht Matthäus' interessiert waren. In diesem Jahr gab es in Ungarn wieder zwei Palatine (einen diesseits, einen anderen jenseits der Donau). Zur Stärkung der königlichen Macht erweiterte der Herrscher die Amtsbefugnis des Vizehofrichters.

Einen schweren Verlust für König Andreas bedeutete der Tod Lodomérs, des Erzbischofs von Gran, weil dessen vom Domkapitel von Gran gewählter Nachfolger *Gregor Bicskei* ganz offen auf der Seite der Anjous stand. Das vorerst nur in den Plänen der Prälaten existierende frühe Ständewesen Ungarns blieb auch nach Erzbischof Lodomérs Tod bestehen. Gerade aus dem Jahre 1298 sind uns Beweise dafür überliefert. Im Juli des Jahres 1298 wurde *Albertino Morosini,* Onkel Andreas' III., in den Adelsstand erhoben. Zu den zur Ausstellung von Urkunden berechtigten Istanzen kam – neben den Bischöfen und Baronen – das lateinisch *universitas nobilium* genannte Gremium der ungarischen, szeklerischen, Siebenbürger sächsischen und kumanischen Adligen hinzu. Die *universitas nobilium* übte in diesem Fall ein Recht aus, das früher nur dem König zustand. In der Urkunde wurden Albertino Privilegien verliehen, „wie sie sämtliche Barone und Adlige Ungarns schon seit langem genossen". Das bedeutete die Verwirklichung jenes Grundsatzes, der in utopischer Form bereits in Simon Kézais Chronik formuliert worden war, nämlich der Gleichheit der Rechte und Privilegien der Barone und der Adligen, d. h. des Prinzips der adligen Gleichberechtigung.

Einen weiteren Beweis für das Vorhandensein einer Ständeordnung lieferten die Beschlüsse des Pester Landtages vom Jahre 1298, die – in Abwesenheit Andreas' III. und unter Ausschluß einiger Barone – vom hohen Klerus, den Adligen, den Siebenbürger Sachsen und den Kumanen gefaßt worden waren. In einem Abschnitt des aus 43 Artikeln bestehenden Gesetzes wurde das Ständevertretungsprinzip präzisiert: Für den bereits 1290 erwähnten neuen königlichen Rat wurde festgelegt, daß der König verpflichtet sei, in vierteljährlichem Wechsel je zwei Bischöfe und Adlige am Hofe zu haben, wobei die zwei Adligen den ganzen Adelsstand des Landes vertreten sollten. Die charakteristischen Züge der Ständeordnung offenbarten sich auch darin, daß der Landtag – als die „Universität" des Landes – Gesetze (sog. Statuten) beschließen konnte, die erst nach ihrer Bestätigung durch den König und die Magnaten in Kraft traten. Das Gesetz vom Jahre 1298 spiegelte wahrheitsgetreu den bedrückenden inneren Zustand Ungarns am Ende des 13. Jahrhunderts wider. Schon in der Einleitung wurde festgestellt, daß die Bestimmungen des Gesetzes vom Jahre 1290 „wegen der Boshaftigkeit übelgesinnter und durch Leidenschaft verblendeter Menschen" sowie „infolge der Unschlüssigkeit des Königs" nicht verwirklicht wurden. Als wichtige Zielsetzung des neuen Gesetzes galt die Stärkung der königlichen Macht. Das Dekret verfügte die Wiederaneignung rechtswidrig enteigneter Landgüter des Königs und der Königin. Es bestimmte, daß der König im Falle von inneren Aufständen ausländische Hilfe in Anspruch nehmen könne. Auch die Stärkung des königlichen Heeres aus inländischen Quellen war im Gesetz vorgesehen.

Besondere Aufmerksamkeit wurde in dem Dekret der Lage der Kirchen und der Adligen geschenkt. Ihre beschnittenen Rechte wurden wiederhergestellt, ihre Dienstleute von allen Steuern und der „Einquartierungspflicht" *(descensus)* freigesprochen. Auch die Herausbildung der adligen Komitate wurde unterstützt. Das Gesetz spiegelte die Angliederung der Adligen an die „Eigenfamilien" *(propria familia)* wider; es verfügte, daß „die Adligen aus eigenem Willen dem Herrn dienen können, dem sie wollen", es verbot den Großherren aber, die Adligen mit Gewalt in ihren eigenen Dienst zu zwingen. Ein bedeutender Teil der Artikel des Gesetzes enthielt Bestimmungen gegen das der Kirche zugefügte Unrecht: gegen Machtüberschreitungen, Verwüstungen, rechtswidrige Besitzergreifungen, gewaltsame Einquartierungen und die rechtswidrige Erhebung von Steuern. Auch der König wurde verpflichtet, den Kirchen und den Adligen sämtliche Güter und Einkünfte zurückzugeben, die einst ihnen gehört hatten. Die Terminologie der Ständeordnung erschien auch in dem Artikel, der König Andreas vorschrieb, das Recht der Krone in von früheren Königen eventuell verschenkten Teilen des Landes wiederherzustellen, damit sich Ungarn als gewisses rechtliches Ganzes *(quasi quoddam ius totum)* der territorialen Integrität seiner Teile erfreuen konnte.

Das Gesetz vom Jahre 1298 war gegen die Macht der Barone gerichtet. Es verfügte die Zerstörung ihrer ohne königliche Genehmigung erbauten neuen Burgen und Festungen. Es wurde ihnen auch die Häufung von Ämtern verboten. Von einem frommen Wunsch ließen sich die Gesetzgeber leiten, als sie die Barone und andere Machthaber aufforderten, von Verwüstungen und Plünderungen Abstand zu nehmen und „sich zur Vergebung ihrer Sünden an ihre königliche Majestät zu wenden". Die meisten Artikel des Gesetzes vom Jahre 1298 bestanden nur auf dem Papier. Die mächtigen Barone bemühten sich gar nicht um die Gunst des Königs. 1299 mußte der König Truppen gegen den rebellierenden Matthäus Csák schicken. Die diplomatische Tätigkeit der Neapolitaner Anjous gegen Andreas III. verstärkte sich. Im August 1300 landete der zwölfjährige *Karl Robert,* Sohn Karl Martells, unterstützt von den im Küstengebiet herrschenden Familien Šubić, Frangepan und Babonić mit seinen Truppen bei Spalato. Andreas III. mußte in diesen Monaten wieder einen Feldzug gegen Matthäus Csák führen. Die sich allmählich herausbildende Territorialherrschaft geriet notgedrungen mit der königlichen Macht in Konflikt.

## Die Territorialherrschaft

Zur Entstehung von echten, der königlichen Zentralgewalt gegenüber separatistische Tendenzen aufweisenden Grundherrschaften (sog. Territorialherrschaften) kam es in Ungarn frühestens in den letzten Jahren des 13. Jahrhunderts; sie lösten sich nach einem Bestehen von zwei bis knapp drei Jahrzehnten im zweiten und dritten Jahrzehnt des 14. Jahrhunderts auf. Diese Jahrzehnte der ungarischen Geschichte betrachten wir als die Epoche der Macht der Territorialherren. Die eigentlichen Ursachen für die

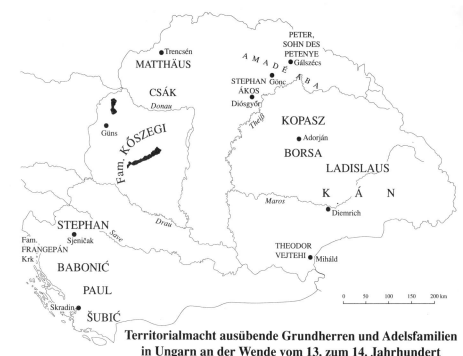

**Territorialmacht ausübende Grundherren und Adelsfamilien in Ungarn an der Wende vom 13. zum 14. Jahrhundert**

Herausbildung der territorialen Macht machten sich aber bereits Jahrzehnte zuvor, nämlich seit der Wende zum 13. Jahrhundert, bemerkbar. Die wichtigste unter diesen Ursachen war eine gewisse Verschiebung in den ungarischen Besitzverhältnissen.

Bis zur Herrschaftszeit Bélas III. stand der überwiegende Teil des Landes auf irgendeine Weise unter königlicher Herrschaft. Nach vorsichtigen Schätzungen umfaßte der königliche Grundbesitz etwa drei Viertel der Gesamtfläche des Landes. Besonders Andreas II. verschenkte massenhaft königliche Landgüter; nicht selten wurden ganze Komitate an Adlige verschenkt. Diese Art des Besitzerwechsels bedeutete nicht nur das Verschenken königlicher Komitatsgüter, sondern auch das Verschenken der den Komitatsgespanen zustehenden Rechte und Privilegien (wie z. B. Erhebung königlicher Steuern und Ausübung der Gerichtsbarkeit). Im Laufe des 13. Jahrhunderts kam es zu einem beträchtlichen Anwachsen der in den Händen geistlicher und vor allem weltlicher Grundherren befindlichen Ländereien. Der weltliche Adel begann in raschem Tempo mit dem Bau von Burganlagen. Eine große Hilfe für die Adligen bedeutete die sich landesweit verbreitende Wanderbewegung der für ihre Freizügigkeit kämpfenden leibeigenen Bauern, wodurch für die ausgedehnten Besitzungen Arbeitskräfte zur Verfügung standen. Gleichzeitig beanspruchten die Grundherren auf ihren Gütern immer mehr – früher dem König zustehende – Rechte für sich, wo sie nunmehr nicht nur als Eigentümer, sondern auch als Vertreter des Königs auftraten. Bestärkt wurden sie in diesen Bestrebungen dadurch, daß die Mächtigsten unter ihnen vom König gewöhnlich mit der Verwaltung von Territorialherrschaften oder Komitaten beauftragt, zum Woiwoden, zum Ban oder zum Gespan ernannt wurden. Ein Grundherr wurde für die königliche Macht besonders dann gefährlich, wenn das Gebiet seiner Privatgüter dem Zuständigkeitsbereich seiner Amtstätigkeit entsprach. Eine wichtige Voraussetzung für die Herausbildung der Territorialherrschaft war die Entstehung der „Eigenfamilie" *(propria familia)*. Mit dem wirtschaftlichen und politischen Machtzuwachs der Aristokratie hatte der niedere Adel immer geringere Chancen zur Bewahrung seiner unmittelbaren – und, wie von ihm gewünscht, lockeren – Abhängigkeit vom König und sah sich immer mehr gezwungen, die tatsächliche Abhängigkeit vom Lehnsherrn in seiner unmittelbaren Nähe anzuerkennen. In Ungarn verbreitete sich die Institution der propria familia – im Vergleich zu Frankreich und Deutschland mit jahrhundertelanger Verspätung – erst um die Mitte des 13. Jahrhunderts; sie schuf letzten Endes die gesellschaftliche Basis für die Territorialherrschaft und sicherte dem Grundherrn gleichzeitig ein Privatheer von früher unvorstellbarer Größe.

Der erste Versuch in Ungarn, der auf die Errichtung einer vom König unabhängigen Territorialherrschaft abzielte, wurde vom Erzbistum Gran unternommen. Dieser Versuch scheiterte jedoch, weil der weltliche Großgrundbesitz in den letzten Jahrzehnten des 13. Jahrhunderts – vor allem in militärischer Hinsicht – die Oberhand über den kirchlichen gewonnen hatte. Zu diesem Erfolg verhalfen den weltlichen Adligen in nicht geringem Maße gerade ihre hemmungslosen und moralisch unkontrollierten Verstöße gegen das Gesetz. Gewalttaten und gesetzwidrige Besitzeroberungen durch das Kriegsvolk der *propria familia* waren gang und gäbe; oft wurden auch Adlige gegen ihren Willen in die „Eigenfamilien" gezwungen. Adlige mit kleinem Grundbesitz, die Widerstand leisteten, wurden nicht selten ins Gefängnis geworfen, manchmal sogar ermordet; über auf diese Art rechtswidrig enteignete Güter wurden falsche Urkunden ausgefertigt.

Einen großen Aufschwung gab der vom weltlichen Adel organisierten Grundherrschaft der Umstand, daß die königliche Macht seit dem Anfang des 13. Jahrhunderts allmählich – in der zweiten Hälfte des Jahrhunderts dann zeitweise mit stürmischer Geschwindigkeit – schwächer wurde bzw. an Geltung verlor. Angehörige von mächtigen Adelsgeschlechtern, die über lange Zeit – manchmal sogar über Generationen – an der Spitze der politischen Macht gestanden hatten, hielten Könige unter ihrem Einfluß, wodurch in der Innen- und Außenpolitik des jeweiligen Herrschers eine eindeutig grundherrliche Richtung zur Geltung kam.

Auch um die Mitte des 13. Jahrhunderts war noch keineswegs klar zu erkennen, welche Adelsfamilien durch den weiteren Ausbau ihrer Macht in den kommenden Jahrzehnten imstande sein würden, eine starke Territorialherrschaft zu errichten. (Zu den Kandidaten zählten damals auch noch die Geschlechter Geregye und Gutkeled.) Der Kampf um die Territorialmacht wurde in den letzten Jahrzehnten des 13. oder in den ersten Jahren des 14. Jahrhunderts unter den einzelnen Adelsfamilien durch die fast pausenlosen Machtkämpfe und das Verhältnis dieser Familien zur jeweiligen königlichen Macht (wie dauerhafter Besitz von königlichen Gütern und Ausübung von Hofämtern über längere Zeit) entschieden. Die Territorialherren dieser Epoche lassen sich im wesentlichen lediglich durch ein einziges Merkmal von anderen – ebenfalls die Errichtung unabhängiger Partikularstaaten anstrebenden – Großgrundbesitzern unterscheiden: Dieses Unterscheidungskriterium ist das Verhältnis zur *propria familia*. Als Territorialherr kann nur der Großgrundbesitzer betrachtet werden, der an der Spitze einer starken *propria familia* stand, selbst aber keiner anderen *familia* angehörte. Mit anderen Worten: ein Territorialherr, der im Sinne des öffentlichen Rechts zwar als Untertan des Königs galt (auch wenn er mit seinen Taten gerade das Gegenteil bewies), zivilrechtlich aber keinem anderen Lehnsherrn unterstand.

In diesem Sinne können um die Wende zum 14. Jahrhundert elf Oligarchen als Territorialherren bezeichnet werden. Im nordwestlichen Teil des mittelalterlichen Ungarn – nördlich der Donau – Matthäus aus dem Geschlecht Csák, im Nordosten des Landes Amadé aus dem Geschlecht Aba, ungefähr im Gebiet des Komitats Borsod *Stephan* aus dem Geschlecht Ákos, im Komitat Zemplén *Peter,* Sohn des Petenye, im Großteil Transdanubiens sowie im westlichen Teil des Gebietes zwischen Drau und Save mehrere Generationen der Familie Kőszegi aus dem Geschlecht Héder, im nördlichen und mittleren Teil des Gebietes östlich der Theiß Kopasz Borsa, in Siebenbürgen *Ladislaus Kán,* in der südlichen Hälfte des Banats *Theodor Vejtehi* aus dem Geschlecht Csanád, im nördlichen Küstengebiet der Adria und auf den umliegenden Inseln die Familie Frangepán, südlich der Save *Stephan Babonić,* an der dalmatinischen Küste und in einem bedeutenden Gebiet Kroatiens und Bosniens *Paul Šubić.*

Mit dem Tod König Andreas' III. am 14. Januar 1301 war die in Ungarn seit 895 herrschende Dynastie Árpáds im Mannesstamm erloschen, und das Land stand am Rande des Verfalls. Über die Entwicklung in den darauffolgenden Jahrzehnten – eigentlich über die Zukunft Ungarns – sollten die Kämpfe zwischen den genannten elf Territorialherren und dem einzigen Thronanwärter, Karl Robert von Anjou, entscheiden. König Karl Robert konnte die schwere Lage bewältigen und machte Ungarn im Ergebnis einer etwa ein Vierteljahrhundert lang verfolgten zielgerichteten Politik wieder zu einem starken Staat.

# *Anhang*

## ZUR ORIENTIERUNG IN DER FACHLITERATUR

Das – überwiegend in lateinischer Sprache überlieferte – Quellenmaterial der ungarischen Geschichte aus der Herrschaftszeit der Arpadendynastie ist, zumindest im osteuropäischen Vergleich, ziemlich reich und vielfältig. Eine bündige und geraffte Charakterisierung dieses Quellenmaterials bietet uns ELEMÉR MÁLYUSZ: A magyar medievisztika forráskérdései [Quellenfragen der ungarischen Mediävistik]. Mit einem Resümee in französischer Sprache (les Questions des sources de l'histoire médiévale hongroise). In: Levéltári Közlemények 38 (1967), 3–29; DERS.: 1526 előtti okleveleink forrásértéke [Der Quellenwert unserer Urkunden aus der Zeit vor 1526]. Mit französischer Zusammenfassung (la Valeur documentaire de nos chartes d'avant 1526). In: Történelmi Szemle 10 (1967), 416–429. Gegenwärtig wird an der kritischen Ausgabe der in kurzer Form überlieferten Gesetzestexte gearbeitet; sie sollen in der Reihe „Decreta regni Hungariae" erscheinen. Erschienen sind bisher nur die Gesetze des 11. und des angehenden 12. Jahrhunderts: LEVENTE ZÁVODSZKY: A Szent István, Szent László és Kálmán korabeli törvények és zsinati határozatok forrásai [Die Quellen der Gesetze und Konzilbeschlüsse aus der Zeit Stephans des Heiligen, Ladislaus' des Heiligen und Kolomans]. Im Anhang: A törvények szövege [Die Texte der Gesetze]. Budapest 1904, 141–209; Reprintausgabe in: GYÖRGY GYÖRFFY: Wirtschaft und Gesellschaft der Ungarn um die Jahrtausendwende. Studia Historica Academiae Scientiarum Hungaricae. Budapest 1983, 263–331; sowie die textkritische Ausgabe der Goldenen Bulle vom Jahre 1222: GÉZA ÉRSZEGI: Az Aranybulla. A hétszázötvenedik évfordulóján. (Deutsche Zusammenfassung: Die Goldene Bulle zum siebenhundertfünfzigsten Jahrestag). In: Fejér Megyei Történeti Évkönyv 6 (1972), 14–19; zweisprachige (lateinisch-ungarische) Ausgabe: DERS.: Az Aranybulla (Die Goldene Bulle). Budapest 1990. Die kritisch bearbeiteten Texte der in Ungarn entstandenen epischen Quellen wurden von EMERICUS SZENTPÉTERY (Scriptores rerum Hungaricarum tempore ducum regumque stirpis Arpadianae gestarum. Bd. 1–2. Budapestini 1937–1938), das Anspruch auf Vollständigkeit erhebende lateinische Textkorpus der Arpadenzeit von FRANCISCUS ALBINUS GOMBOS (Catalogus fontium historiae

Hungaricae aevo ducum et regum ex stirpe Arpad descendentium. Bd. 1–3. Budapestini 1937–1938; Bd. 4: Index. Composuit CSABA CSAPODI. Budapestini 1943) veröffentlicht. Die in griechischer Sprache überlieferten Quellen wurden von GYULA MORAVCSIK (Az Árpád-kori magyar történet bizánci forrásai. Fontes Byzantini historiae Hungaricae aevo ducum et regum ex stirpe Árpád descendentium. Budapest 1984) bearbeitet, die in russischer Sprache vorliegenden Texte wurden von ANTAL HODINKA in einer zweisprachigen Quellenausgabe (Az orosz évkönyvek magyar vonatkozásai [Ungarische Bezüge in den russischen Chroniken]. Budapest 1916) veröffentlicht. Die Originale bzw. die Kopien der etwa zehntausend überlieferten Urkunden aus der Arpadenzeit werden in Budapest im Urkundenarchiv des Ungarischen Landesarchivs aufbewahrt. Der größte Teil der Schriftstücke wurde in Publikationen von verschiedener Qualität veröffentlicht. Die meisten Urkunden der genannten Epoche sind in den Urkundensammlungen von GEORGIUS FEJÉR (Codex diplomaticus Hungariae ecclesiasticus ac civilis. Bd. 1–11. Budae 1829–1844) und von GUSZTÁV WENZEL (Árpádkori új okmánytár [Neue Urkundensammlung aus der Arpadenzeit]. Bd. 1–12. Pest 1860–Budapest 1874) zu finden. Bisher steht uns eine mit textkritischen Vermerken versehene Regesten-Sammlung der königlichen Urkunden bis 1301 zur Verfügung (IMRE SZENTPÉTERY, IVÁN BORSA: Az Árpád-házi királyok okleveleinek kritikai jegyzéke [Kritisch bearbeitetes Verzeichnis königlicher Urkunden der Arpadendynastie]. Bd. 1–2. Budapest 1923–1987).

In deutscher Übersetzung sind von den Quellen der ungarischen Geschichte der Arpadenzeit vor allem die erschienen, die größtenteils Quellen der deutschen Geschichte sind. Die spezifisch ungarischen Quellen erscheinen in der Reihe „Ungarns Geschichtsschreiber" (hrsg. von TH. v. BOGYAY). Bisher sind erschienen: Die heiligen Könige. Übersetzt, eingeleitet und erklärt von THOMAS von BOGYAY, JÁNOS BAK und GABRIEL SILAGI. Graz, Wien, Köln 1976; Der Mongolensturm. Berichte von Augenzeugen und Zeitgenossen 1235–1250. Übersetzt, eingeleitet und erläutert von HANSGERD GÖCKENJAN und JAMES R. SWEENEY. Graz, Wien, Köln 1985; Die „Gesta Hungarorum" des anonymen Notars. Die älteste Darstellung der ungarischen Geschichte. Unter Mitarbeit von LÁSZLÓ VESZPRÉMY, hrsg. von GABRIEL SILAGI. Sigmaringen 1991 (eine kritische Ausgabe mit deutscher Übersetzung). Ein deutschsprachiges Werk über den Mongoleneinfall ist: MAGISTER ROGERIUS: Carmen miserabile. Lateinisch-deutsch. Burgenländische Bibliothek, Eisenstadt 1979.

Über die Herrschaftszeit der Arpadendynastie sind in verschiedenen Sprachen folgende zusammenfassende Darstellungen erschienen:
HÓMAN, BÁLINT: Geschichte des ungarischen Mittelalters. Bd. 1–2. Berlin 1940–1943.
MACARTNEY, C. A.: Hungary. A Short History. Edinburgh 1962.
FERDINANDY, MIHÁLY: Historia de Hungría. Madrid 1967.
ШУШАРИН, В. П. (Red.): История Венгрия в трех томах I. Москва 1971.
PAMLÉNYI, ERVIN (Hrsg.): Die Geschichte Ungarns. Budapest 1971.
BOGYAY, THOMAS von: Grundzüge der Geschichte Ungarns. Darmstadt [4]1990.

Auf einige Teile der ehemaligen ungarischen Gebiete der Arpadendynastie beziehen sich Darstellungen, die in den Nachbarländern verfaßt worden sind und die Geschichte der – infolge des Friedensvertrages von Trianon im Jahre 1920 – von Ungarn abgetrennten sog. Nachfolgestaaten behandeln:
KLAIĆ, NADA: Povijest Hrvata u ranom srednjem vijeku [Die Geschichte Kroatiens im frühen Mittelalter]. Zagreb 1971, [2]1975.
TIBENSKY, JÁN (Red.): Slovensko. Dejiny [Die Slowakei. Geschichte]. Bratislava 1971, [2]1978. (Der Teil über die Arpadenzeit wurde von RICHARD MARSINA geschrieben.)
PASCU, ŞTEFAN: Voievodatul Transilvaniei I., III. Cluj-Napoca 1971–1986. (Deutsche Zusammenfassung: Die Wojewodschaft Transsilvanien, Bd. 1, 501–514, Bd. 3, 591–601.)
KUČERA, MATÚŠ: Slovensko po páde Vel'kej Moravy. Bratislava 1974. (Deutsche Zusammenfassung: Die Slowakei nach dem Fall des Großmährischen Reiches, 393–402).
KLAIĆ, NADA: Povijest Hrvata u razvijenom srednjem vijeku [Die Geschichte Kroatiens im Hochmittelalter]. Zagreb 1976.

Gegen die genannten Arbeiten bzw. die in ihnen vertretenen Auffassungen polemisiert die ungarische Geschichtsschreibung in mancher Hinsicht. Die allgemeine Kritik gilt der Methode, die die politischen und ethnischen Verhältnisse der Gegenwart in die Vergangenheit zu projizieren versucht. Nicht selten werden auch Einwände gegen die unbefriedigende Handhabung und Verwendung geschichtlicher Quellen erhoben.

Von den zusammenfassenden Darstellungen in ungarischer Sprache seien hier folgende erwähnt:

SZILÁGYI, SÁNDOR (Red.): A magyar nemzet története [Die Geschichte der ungarischen Nation]. Bd. 1–2. Budapest 1895–1896. (Die Geschichte der Arpadenzeit wurde von HENRIK MARCZALI geschrieben.)

PAULER, GYULA: A magyar nemzet története az Árpád-házi királyok alatt [Die Geschichte der ungarischen Nation unter den Arpadenkönigen]. Bd. 1–2. Budapest ²1899. (Reprintausgabe: Budapest 1984)

HÓMAN, BÁLINT – SZEKFŰ, GYULA: Magyar történet [Ungarische Geschichte]. Bd. 1. Budapest ²1935. (Das Kapitel über die Herrschaftszeit der Arpadendynastie wurde von BÁLINT HÓMAN geschrieben.)

SZÉKELY, GYÖRGY (Red.): Magyarország története. Előzmények és magyar történet 1242-ig [Die Geschichte Ungarns. Vorgeschichte und ungarische Geschichte bis 1242]. Bd. 1–2. Budapest 1984. (Der Teil über die Arpadenzeit wurde von GYÖRGY GYÖRFFY und GYULA KRISTÓ geschrieben.)

ENGEL, PÁL: Beilleszkedés Európába, a kezdetektől 1440-ig [Integration in Europa, von den Anfängen bis 1440]. Budapest 1990.

KRISTÓ, GYULA: A Kárpát-medence és a magyarság régmúltja (1301-ig) [Die Vorgeschichte des Karpatenbeckens und des Ungartums (bis 1301)]. Szeged 1993.

Monographische Darstellungen über die Geschichte der Arpadendynastie sind folgende Arbeiten:

WERTNER, MÓR: Az Árpádok családi története [Familiengeschichte der Arpadendynastie]. Nagy-Becskerek 1892.

HÓMAN, BÁLINT: Magyar pénztörténet 1000–1325 [Die Geschichte des ungarischen Geldes 1000–1325]. Budapest 1912.

GEREVICH, TIBOR: Magyarország románkori emlékei [Die romanischen Denkmäler Ungarns]. Budapest 1938.

GYÖRFFY, GYÖRGY: Az Árpád-kori Magyarország történeti földrajza [Die historische Geographie Ungarns in der Arpadenzeit]. Bd. 1–3. Budapest 1963–1987.

MÁLYUSZ, ELEMÉR: A Thuróczy-krónika és forrásai [Die Thuróczy-Chronik und ihre Quellen]. Budapest 1967.

MEZEY, LÁSZLÓ: Deákság és Európa. Irodalmi műveltségünk alapvetésének vázlata [Latinität und Europa. Abriß der Grundlagen unserer literarischen Kultur]. Budapest 1979.

BENKŐ, LORÁND: Az Árpád-kor magyar nyelvű szövegemlékei [Die Schriftdenkmäler der Arpadenzeit in ungarischer Sprache]. Budapest 1980.

MÉSZÁROS, ISTVÁN: Az iskolaügy története Magyarországon 996–1777 között [Die Geschichte des Schulwesens in Ungarn 996–1777]. Budapest 1981.

SOLYMOSI, LÁSZLÓ (Red.): Magyarország történeti kronológiája I. A kezdetektől 1526-ig [Die historische Chronologie Ungarns. Bd. 1: Von den Anfängen bis 1526]. Budapest 1981. (Der Teil über die Geschichte der Arpadenzeit wurde von GÉZA ÉRSZEGI und LÁSZLÓ SOLYMOSI geschrieben.)

KRISTÓ, GYULA: Az Árpád-kor háborúi [Kriege in der Arpadenzeit]. Budapest 1986.

KRISTÓ, GYULA – MAKK, FERENC: Az Árpád-házi uralkodók [Die Könige der Arpadendynastie]. Budapest 1988.

MAKK, FERENC: Magyar külpolitika (896–1196) [Ungarische Außenpolitik (896–1196)]. Szeged 1993.

Die von uns für wichtig gehaltene Fachliteratur zu den einzelnen Fragen führen wir im weiteren der Reihenfolge der einzelnen Kapitel entsprechend in thematischer Gliederung an. Die einzelnen Titel werden nur einmal angegeben.

# I. Der Weg der Ungarn bis zur Staatsgründung

### Vorgeschichte und Landnahme

MARQUART, J.: Osteuropäische und ostasiatische Streifzüge. Leipzig 1903, Darmstadt [2]1968.

MACARTNEY, C. A.: The Magyars in the Ninth Century. Cambridge 1930, [2]1968.

GRÉGOIRE, HENRI: le Nom et l'origine des Hongrois. In: Zeitschrift der Deutschen Morgenländischen Gesellschaft 91 (1937), 630–642.

DEÉR, JOSEPH: le Problème du chapitre 38 du De Administrando Imperio. In: Annuaire de l'Institut de Philologie et d'Histoire Orientales et Slaves 12 (1952), 93–121.

VERNADSKY, GEORGE – FERDINANDY, MICHAEL de: Studien zur ungarischen Frühgeschichte. I. Lebedia. II. Álmos. Südosteuropäische Arbeiten 47. München 1957.

ШУШАРИ, В. П.: Русско-венгерские отношения в IX. в. In: Международные связи России до XVII. в Москва. 1961,131-180.

BOBA, IMRE: Nomads, Northmen and Slavs. Eastern Europe in the Ninth Century. Slavo-Orientalia II. The Hague, Wiesbaden 1967.

HAJDÚ, PÉTER: Finnougrische Urheimatforschung. In: Ural-Altaische Jahrbücher 41 (1969), 252–264.

BOBA, IMRE: Moravia's History Reconsidered. A Reinterpretation of Medieval Sources. The Hague 1971.

BARTHA, ANTAL: Hungarian Society in the IX. and X. Centuries. Studia Historica Academiae Scientiarum Hungaricae 85. Budapest 1975.

GYÖRFFY, GYÖRGY: The Original Landtaking of the Hungarians. Budapest 1975.

KRISTÓ, GYULA: Konstantinos Porphyrogennetos und die Herausbildung des ungarischen Stämmebundes. In: Acta Universitatis de Attila József nominatae. Acta Antiqua et Archaeologica 23 (1981), Nr. 1, 77–89.

FODOR, ISTVÁN: Die große Wanderung der Ungarn vom Ural nach Pannonien. Budapest 1982.

SENGA, Toru: la Situation géographique de la Grande-Moravie et les Hongrois conquérants. In: Jahrbücher für Geschichte Osteuropas 30 (1982), 533-540.

CZEGLÉDY, KÁROLY: Magyar őstörténeti tanulmányok [Studien zur ungarischen Urgeschichte]. Oriental Reprints. Series A 2, Budapest 1983.

LIGETI, Lajos: A magyar nyelv török kapcsolatai a honfoglalás előtt és az Árpád-korban [Die Beziehungen zwischen dem Ungarischen und dem Türkischen vor der Landnahme und in der Arpadenzeit]. Budapest 1986.

Popoli delle steppe: Unni, Avari, Ungari. Bd. 1–2. Settimane di Studio del Centro Italiano di Studi sull'alto medioevo XXXV. Spoleto 1988.

BARTHA, ANTAL: A magyar nép őstörténete [Frühgeschichte des ungarischen Volkes]. Budapest 1988.

RÓNA-TAS, ANDRÁS: Ethnogenese und Staatsgründung. Die türkische Komponente in der Ethnogenese des Ungartums. In: Studien zur Ethnogenese II. Rheinisch-Westfälische Akademie der Wissenschaften 78. Düsseldorf 1988, 107–142.

BÁLINT, CSANÁD: Die Archäologie der Steppe. Steppenvölker zwischen Wolga und Donau vom 6. bis zum 10. Jahrhundert. Wien, Köln 1989.

NÉMETH, GYULA: A honfoglaló magyarság kialakulása [Die Entstehung des landnehmenden Ungartums]. Budapest ²1991.

## Die Streifzüge

PAULER, GYULA: A magyar nemzet története Szent Istvánig [Die Geschichte der ungarischen Nation bis zur Herrschaft Stephans des Heiligen]. Budapest 1900.

LÜTTICH, RUDOLF: Ungarnzüge in Europa im 10. Jahrhundert. Historische Studien 84. Berlin 1910, Vaduz ²1965.

FASOLI, GINA: Le incursioni ungare in Europa nel secolo X. Firenze 1945.

BOGYAY, THOMAS von: Lechfeld. Ende und Anfang. Geschichtliche Hintergründe, ideeller Inhalt und Folgen der Ungarnzüge. München 1955.

EBERL, BARTHEL: Die Ungarnschlacht auf dem Lechfeld (Gunzenlê) im Jahre 955. Augsburg, Basel 1955.

BÜTTNER, H.: Die Ungarn, das Reich und Europa bis zur Lechfeldschlacht des Jahres 955. In: Zeitschrift für bayerische Landeskunde 19 (1956), 433–458.

FASOLI, GINA: Points de vue sur les incursions hongroises en Europe au Xᵉ siècle. In: Cahiers de Civilisation Médiévale 2 (1959), 17–35.

MUSSET, LUCIEN: les Invasions: le second assaut contre l'Europe chrétienne (VIIᵉ-XIᵉ siècles). «Nouvelle Clio». L'Histoire et ses problèmes, N° 12 bis. Paris 1965.

LEYSER, KARL: The Battle at the Lech, 955. A Study in Tenth-Century Warfare. In: History 50 (1965), 1–25.

BOGYAY, THOMAS de: l'Homme de l'Occident en face des incursions hongroises. In: Miscellanea di Studi dedicati a Emerico Várady. Modena 1966, 21–36.

VAJAY, SZABOLCS de: Der Eintritt des ungarischen Stämmebundes in die europäische Geschichte (862–933). Mainz 1968.

KRISTÓ, GYULA: Levedi törzsszövetségétől Szent István államáig [Vom Stämmebund des Levedi bis zum Staat Stephans des Heiligen]. Budapest 1980.

SCHULZE, MECHTHILD: Das ungarische Kriegergrab von Aspres-lès-Corps. Untersuchungen zu den Ungarneinfällen nach Mittel-, West- und

Südeuropa (899–955 n. Chr.). In: Jahrbuch des Römisch-Germanischen Zentralmuseums (Mainz) 31 (1984), 473–514.

GYÖRFFY, GYÖRGY: Landnahme, Ansiedlung und Streifzüge der Ungarn. In: Acta Historica Academiae Scientiarum Hungaricae 31 (1985), 231–270.

KRISTÓ, GYULA: Az augsburgi csata [Die Schlacht bei Augsburg]. Budapest 1985.

BOGYAY, THOMAS von: Ungarnzüge gegen und für Byzanz: Bemerkungen zu neueren Forschungen. In: Ural-Altaische Jahrbücher 60 (1988), 27–38.

## Die inneren Verhältnisse Ungarns im 10. Jahrhundert

LÁSZLÓ, GYULA: A honfoglaló magyar nép élete [Das Leben der landnehmenden Ungarn]. Budapest 1944.

GYÖRFFY, GYÖRGY: A magyar nemzetségtől a vármegyéig, a törzstől az országig (Resümee in französischer Sprache: Du clan hongrois au comitat, de la tribu au pays). In: Századok 92 (1958), 12–87, 549–552, 565–615, 950–952.

GÖCKENJAN, HANSGERD: Hilfsvölker und Grenzwächter im mittelalterlichen Ungarn. Quellen und Studien zur Geschichte des östlichen Europa 5. Wiesbaden 1972.

DIENES, ISTVÁN: Die Ungarn um die Zeit der Landnahme. Budapest 1972.

GYÖRFFY, GYÖRGY: Autour de l'État des semi-nomades : le cas de la Hongrie. Studia Historica Academiae Scientiarum Hungaricae 95. Budapest 1975.

GYÖRFFY, GYÖRGY: Système des résidences d'hiver et d'été chez les nomades et les chefs hongrois du $X^e$ siècle. In: Archivum Eurasiae Medii Aevi 1 (1975), 42–153.

ZIMMERMANN, FRITZ: Urheimatfragen im Karpatenbecken. In: Der Donauraum 21 (1976), 186–194.

BÁLINT, CSANÁD: A magyarság és az ún. Bjelo Brdoi kultúra. (Deutsches Resümee: Die Ungarn und die sogenannte Bielo Brdoer Kultur). In: Cumania 4 (1976), 225–254.

MESTERHÁZY, KÁROLY: Nemzetségi szervezet és az osztályviszonyok kialakulása a honfoglaló magyarságnál [Gentilordnung und die Herausbildung der Klassenverhältnisse bei den landnehmenden Ungarn]. Budapest 1980.

GIESLER, JOCHEN: Untersuchungen zur Chronologie der Bijelo Brdo-Kultur. Ein Beitrag zur Archäologie des 10. und 11. Jahrhunderts im Karpatenbecken. In: Praehistorische Zeitschrift 56 (1981), Heft 1.

KRISTÓ, GYULA: A X. század közepi magyarság „nomadizmusának" kérdéséhez (Englisches Resümee: On the Question of the „Nomadism" of Hungarians of the Middle of the 10th Century). In: Ethnographia 93 (1982), 463–474.

GYÖRFFY, GYÖRGY: Wirtschaft und Gesellschaft der Ungarn um die Jahrtausendwende. Studia Historica Academiae Scientiarum Hungaricae 186. Budapest 1983.

KISS, ATTILA: Studien zur Archäologie der Ungarn im 10. und 11. Jahrhundert. In: Die Bayern und ihre Nachbarn. 2. Österreichische Akademie der Wissenschaften. Philosophisch-historische Klasse. Denkschriften 180. Wien 1985, 217–387.

KOVÁCS, LÁSZLÓ: Die Münzen der ungarischen Landnahmezeit. Fontes Archaeologici Hungariae. Budapest 1986.

# II. Die Entstehung des ungarischen Staates (um 970 bis 1038)

### Großfürst Géza

VAJAY, SZABOLCS de: Großfürst Geysa von Ungarn. Familie und Verwandtschaft. In: Südost-Forschungen 21 (1962) 45–101.

### König Stephan I.

KARÁCSONYI, JÁNOS: Szent István király élete [Das Leben König Stephans des Heiligen]. Budapest 1904.

DEÉR, JOSEF: Heidnisches und Christliches in der altungarischen Monarchie. Szeged 1934. (Neudruck: Darmstadt 1969.)

VÁCZY, Peter v.: Die erste Epoche des ungarischen Königtums. Pécs/Fünfkirchen 1935.

SERÉDI, JUSZTINIÁN (Red.): Emlékkönyv Szent István király halálának kilencszázadik évfordulóján [Festschrift zum neunhundertsten Jahrestag des Todes König Stephans des Heiligen]. Bd. 1–3. Budapest 1938.

DEÉR, JOSEF: Die Entstehung des ungarischen Königtums. In: Archivum Europae Centro-Orientalis 8 (1942), 52–148.

BÓNIS, GYÖRGY: István király [König Stephan]. Budapest 1956.

DEÉR, JOSEF: Die heilige Krone Ungarns. Österreichische Akademie der Wissenschaften, Philosophisch-historische Klasse 91. Wien 1966.

GYÖRFFY, GYÖRGY: Zu den Anfängen der ungarischen Kirchenorganisation aufgrund neuer quellenkritischer Ergebnisse. In: Archivum Historiae Pontificiae 7 (1969), 79–113.

GYÖRFFY, GYÖRGY: Der Aufstand von Koppány. In: Studia Turcica. Budapest 1971, 175–212.

SZŰCS, JENŐ: König Stephan in der Sicht der modernen ungarischen Geschichtsforschung. In: Südost-Forschungen 31 (1972), 17–40.

BOGYAY, THOMAS von: Stephanus rex. Versuch einer Biographie. Wien 1975.

GYÖRFFY, GYÖRGY: Die Entstehung der ungarischen Burgorganisation. In: Acta Archaeologica Academiae Scientiarum Hungaricae 28 (1976), 323–358.

BAKAY, KORNÉL: A magyar államalapítás [Die ungarische Staatsgründung]. Budapest 1978.

KRISTÓ, GYULA: Ajtony and Vidin. In: Studia Turco-Hungarica V. Turkic-Bulgarian-Hungarian Relations (VIth-XIth Centuries). Budapest 1981, 129–135.

Insignia regni Hungariae I. Studien zur Machtsymbolik des mittelalterlichen Ungarn. Budapest 1983.

GEDAI, ISTVÁN: A magyar pénzverés kezdete [Die Anfänge der ungarischen Münzprägung]. Budapest 1986.

GYÖRFFY, GYÖRGY: König Stephan der Heilige. Budapest 1988.

KRISTÓ, GYULA: A vármegyék kialakulása Magyarországon [Die Herausbildung der Komitate in Ungarn]. Budapest 1988.

KRISTÓ, GYULA (Red.): Az államalapító [Der Staatsgründer]. Budapest 1988.

GLATZ, FERENC – KARDOS, JÓZSEF (Red.): Szent István és kora [Stephan der Heilige und seine Epoche]. Budapest 1988.

KRISTÓ, GYULA: Die Entstehung der Komitatsorganisation unter Stephan dem Heiligen. In: Settlement and Society in Hungary. Études Historiques Hongroises 1990. Bd. 1. Ed. by FERENC GLATZ. Budapest 1990, 13–25.

GERICS, JÓZSEF: An der Grenze zwischen West und Ost. Der Staatsgründer und Gesetzgeber Stephan der Heilige. In: European Intellectual

Trends and Hungary. Études Historiques Hongroises 1990. Bd. 4. Ed. by
FERENC GLATZ. Budapest 1990, 1–10.

## III. Krise und Festigung des jungen Staates (1038–1116)

BÜDINGER, MAX: Ein Buch ungarischer Geschichte 1058–1100.
Leipzig 1866.

GOMBOS, F. ALBIN: Történetünk első századaiból [Zu den ersten Jahrhunderten unserer Geschichte]. In: Századok 45 (1911), 507–512,
569–585.

KRISTÓ, GYULA: Megjegyzések az ún. „pogánylázadások" kora történetéhez (Französisches Resümee: Remarques au sujet des révoltes dites
«païennes»). In: Acta Universitatis Szegediensis de Attila József nominatae. Acta Historica 18 (1965).

SILAGI, GABRIEL: Untersuchungen zur „Deliberatio supra hymnum tri-
um puerorum" des Gerhard von Csanád. Münchener Beiträge zur
Mediävalistik und Renaissance-Forschung 1. München 1967.

SZEGFŰ, LÁSZLÓ: La missione politica ed ideologica di San Gerardo in
Ungheria. In: Venezia e Ungheria nel Rinascimento. Atti del I convegno di
studi italo–ungheresi. Firenze 1973, 23–36.

KRISTÓ, GYULA: A XI. századi hercegség története Magyarországon
(Französisches Resümee: l'Histoire de l'institution de duché en Hongrie au
XIᵉ siècle). Budapest 1974.

SZEGFŰ, LÁSZLÓ: Vata népe (Französisches Resümee: le Peuple de Vata). In: Acta Universitatis Szegediensis de Attila József nominatae. Acta
Historica 67 (1980), 11–19.

KOSZTOLNYIK, ZOLTÁN J.: Five Eleventh-Century Hungarian Kings:
Their Policies and Their Relations with Rome. East European Monographs
LXXIX. New York 1981.

GERICS, JÓZSEF: Az 1040-es évek magyar történetére vonatkozó egyes
források kritikája (Resümee in französischer Sprache: À la critique des
sources se rapportant à l'histoire hongroise des années 1040). In: Magyar
Könyvszemle 98 (1982), 186–197, 299–313.

KRISTÓ, GYULA: Források kritikája és kritikus források az 1040-es évek
magyar történetére vonatkozóan (Zusammenfassung in französischer
Sprache: la Critique des sources et des sources critiques se rapportant à

l'histoire hongroise des années 1040). In: Magyar Könyvszemle 100 (1984), 159–175, 285–299.

MAKK, FERENC: Megjegyzések Salamon és I. Géza történetéhez (Resümee in französischer Sprache: Remarques sur l'histoire de Salamon et Géza 1ᵉʳ). In: Acta Universitatis Szegediensis de Attila József nominatae. Acta Historica 84 (1987), 31–44.

MAKK, FERENC: Megjegyzések I. András történetéhez (Resümee in französischer Sprache: Remarques sur l'histoire d'André 1ᵉʳ). In: Acta Universitatis Szegediensis de Attila József nominatae. Acta Historica 90 (1990), 23–41.

## Ladislaus I. und Koloman

RADEMACHER, O.: Ungarn und das Deutsche Reich unter Heinrich IV. In: Dom-Gymnasium zu Merseburg 1885, Nr. 2, 3–31.

DEÉR, JÓZSEF: Die Anfänge der ungarisch-kroatischen Staatsgemeinschaft. In: Archivum Europae Centro-Orientalis 2 (1936), 5–45.

КАЛИЋ, ЈОВАНКА: Подаци Алберта Ахенског о угарско-византијіским олносима крајем XI. века.(Zusammenfassung in französischer Sprache: les Données d'Albert d'Aix sur l'histoire des relations byzantino-hongroises vers la fin du XIᵉ siècle). In: Зборник философског факултета (Београд) 10 (1968), 183–191.

GYÖRFFY, GYÖRGY: Die Nordwestgrenze des Byzantinischen Reiches im 11. Jahrhundert und die Ausbildung des „ducatus Sclavoniae". In: Mélanges offerts à Szabolcs de Vajay. Braga 1971, 295–313.

GYÖRFFY, GYÖRGY: Structures ecclésiastiques de la Hongrie médiévale. In: Miscellanea Historiae Ecclesiasticae V. Bibliothèque de la Revue d'Histoire Ecclésiastique 61. Louvain 1974, 159–167.

KRISTÓ, GYULA: les Saints de la dynastie des Árpád et leurs légendes. In: le Prince Lazar. Symposium de Kruševac. Beograd 1975, 415–420.

GYÖRFFY, GYÖRGY: A „lovagszent" uralkodása (1077–1095) [Die Herrschaft des „heiligen Ritterkönigs" (1077–1095)]. In: Történelmi Szemle 20 (1977), 533–564.

SZEGFŰ, LÁSZLÓ: I. László alakja a középkori forrásokban (Resümee in deutscher Sprache: Die Gestalt König László I. [sic!] in den mittelalterlichen Quellen). In: A Juhász Gyula Tanárképző Főiskola Tudományos Közleményei. Szeged 1978, 37–46.

KAPITÁNFFY, ISTVÁN: König Ladislaus und Byzanz. In: Homonoia 1 (1979), 73–96.

MAKK, FERENC: Megjegyzések Kálmán külpolitikájához (Resümee in französischer Sprache: Remarques sur la politique extérieure de Coloman). In: Acta Universitatis Szegediensis de Attila József nominatae. Acta Historica 67 (1980), 21–31.

MEZEY, LÁSZLÓ (Red.): Athleta patriae. Tanulmányok Szent László történetéhez [Studien zur Geschichte Ladislaus' des Heiligen]. Hungaria sacra 1. Budapest 1980.

GYÖRFFY, GYÖRGY: Le relazioni bizantino-ungheresi e la Dalmazia all'inizio del secolo XII. In: Acta Universitatis Szegediensis de Attila József nominatae. Acta Antiqua et Archaeologica 23 (1981), Nr. 1, 65–75.

KOSZTOLNYIK, ZOLTÁN J.: The Church and the Hungarian Court Under Coloman the Learned. In: East European Quarterly 18 (1984), 129–141.

### Zu den inneren Verhältnissen Ungarns im 11. Jahrhundert

HORVÁTH, JÁNOS: Árpád-kori latin nyelvű irodalmunk stílusproblémái [Die stilistischen Probleme der lateinischsprachigen Literatur aus der Arpadenzeit]. Budapest 1954.

VÁCZY, PÉTER: A korai magyar történet néhány kérdéséről [Zu einigen Fragen der ungarischen Frühgeschichte]. In: Századok 92 (1958), 265–345.

LEDERER, EMMA: la Structure de la société hongroise du début du Moyen Age. Studia Historica Academiae Scientiarum Hungaricae 45. Budapest 1960.

SZABÓ, ISTVÁN: A falurendszer kialakulása Magyarországon (X–XV. század) [Die Herausbildung des Dorfsystems in Ungarn (10.–15. Jahrhundert)]. Budapest 1966.

HOFFMANN, TAMÁS: Vor- und Frühgeschichte der ungarischen Landwirtschaft. In: Agrártörténeti Szemle 10 (1968), Supplementum, 1–35.

MAKKAI, LÁSZLÓ: les Caractères originaux de l'histoire économique et sociale de l'Europe orientale pendant le Moyen Age. In: Acta Historica Academiae Scientiarum Hungaricae 16 (1970), 261–287.

HECKENAST, GUSZTÁV: Fejedelmi (királyi) szolgálónépek a korai Árpád-korban [Fürstliche (königliche) Dienstvölker in der frühen Arpadenzeit]. Értekezések a történeti tudományok köréből. Új sorozat [Abhandlungen aus dem Bereich der Geschichtswissenschaften. Neue Reihe] 53. Budapest 1970.

KUČERA, MATÚŠ: Anmerkungen zur Dienstorganisation im frühmittelalterlichen Ungarn. In: Zborník Filozofickej Fakulty Univerzity Komenského. Historica 21 (1970), 113–127.

MAKKAI, LÁSZLÓ: Östliches Erbe und westliche Leihe in der ungarischen Landwirtschaft der frühfeudalen Zeit (10.–13. Jahrhundert). In: Agrártörténeti Szemle 16 (1974), Supplementum, 1–53.

G. BOLLA, ILONA: Das Dienstvolk der königlichen und kirchlichen Güter zur Zeit des frühen Feudalismus. In: Annales Universitatis Scientiarum Budapestinensis de Rolando Eötvös nominatae. Sectio Historica 17 (1976), 15–43.

GYÖRFFY, GYÖRGY: Zur Frage der Herkunft der ungarländischen Dienstleute. In: Studia Slavica Academiae Scientiarum Hungaricae 22 (1976), 39–83, 311–337.

# IV. Machtkämpfe und Stabilisierung (1116–1196)

HOLTZMANN, WALTHER: Papst Alexander III. und Ungarn. In: Ungarische Jahrbücher 6 (1926), 397–426. (Reprint in: Bonner Historische Forschungen 8. Beiträge zur Reichs- und Papstgeschichte des hohen Mittelalters. Bonn 1957, 139–167.)

DÖLGER, FRANZ: Ungarn in der byzantinischen Reichspolitik. In: Archivum Europae Centro-Orientalis 8 (1942), 315–342.

MORAVCSIK, GYULA: Byzantium and the Magyars. Budapest 1970.

FERLUGA, JADRAN: La Dalmazia fra Bisanzio, Venezia e l'Ungheria ai tempi di Manuele Comneno. In: Studi Veneziani 12 (1970), 63–83.

КАЛИЋ, ЈОВАНКА: Земун у XII. веку (Resümee in französischer Sprache: la Ville de Zemun au cours du XIIᵉ siècle). In: Зборник Радова Византолошког Института 13 (1971) 27–56.

ФНРЛУГА, ЈАДРАН: Византијске војне операције против Угарские утоку 1166 године (Deutsches Resümee: Die byzantinische Kriegsführung gegen Ungarn im Jahre 1166). In: Зборник Радова Византолошког Института 19 (1980), 157–165.

KERBL, RAJMUND: Byzantinische Prinzessin in Ungarn zwischen 1050–1200 und ihr Einfluß auf das Arpadenkönigreich. Dissertationen der Universität Wien 143. Wien 1979.

MAKK, FERENC: Contributions à la chronologie des conflits hungaro-byzantins au milieu du XIIᵉ siècle. In: Зборник Радова Византолошког Института 20 (1981), 25–40.

MAKK, FERENC: Contributions à l'histoire des relations hungaro-byzantines au XII<sup>e</sup> siècle. In: Acta Antiqua Academiae Scientiarum Hungaricae 29 (1981), 445–456.

ФОНТ, М.: Геза II. и Изяскав Киевский. In: Acta Universitatis Szegediensis de Attila József nominatae. Dissertationes Slavicae 15 (1982), 79–87.

MAKK, Ф.: К оценке венгерско-русских XII. в. In: Acta Universitatis Szegediensis de Attila József nominatae. Dissertationes Slavicae 16 (1984), 201–209.

KOSZTOLNYIK, ZOLTÁN J.: From Coloman the Learned to Bela III: Hungarian Domestic Policies and Their Impact upon Foreign Affairs. East European Monographs CCXX. New York 1987.

F. FONT, MARTHA: Politische Beziehungen zwischen Ungarn und der Kiever Rus' im 12. Jahrhundert. In: Ungarn-Jahrbuch 18 (1990), 1–18.

MAKK, FERENC: Boris, un prétendant du XII<sup>e</sup> siècle. In: Acta Universitatis Szegediensis de Attila József nominatae. Dissertationes Slavicae 21 (1990), 43–53.

### Béla III., Kanzlei und Kultur

FORSTER, GYULA (Red.): III. Béla magyar király emlékezete [Zum Gedächtnis des ungarischen Königs Béla III.]. Budapest 1900.

MORAVCSIK, GYULA: III. Béla és a bizánci birodalom Mánuel halála után [Béla III. und das Byzantinische Reich nach Manuels Tod]. In: Századok 68 (1933), 518–528.

LAURENT, V.: la Serbie entre Byzance et la Hongrie à la veille de la quatrième croisade. In: Revue Historique du Sud-Est Européen 18 (1941), 109–130.

BOGYAY, THOMAS: l'Iconographie de la «Porta speciosa» d'Esztergom et ses sources d'inspiration. In: Revue des Études Byzantines 8 (1950), 85–129.

KUMOROVITZ, L. BERNÁT: Die erste Epoche der ungarischen privatrechtlichen Schriftlichkeit im Mittelalter (XI.–XII. Jahrhundert). Studia Historica Academiae Scientiarum Hungaricae 21. Budapest 1960.

MORAVCSIK, GYULA: Studia Byzantina. Budapestini 1967.

URBANSKY, ANDREW B.: Byzantium and the Danube Frontier. A study of the relations between Byzantium, Hungary and the Balkans during the period of the Comneni. New York 1968.

MEZEY, LÁSZLÓ: Entre Byzance et Paris. Les lettrés hongrois au XII$^e$ siècle. In: Acta Litteraria Academiae Scientiarum Hungaricae 13 (1971), 425–431.

KUBINYI, ANDRÁS: Königliche Kanzlei und Hofkapelle in Ungarn um die Mitte des 12. Jahrhunderts. In: Festschrift Friedrich Hausmann. Graz 1977, 299–324.

KOSZTOLNYIK, ZOLTAN J.: The Church and Béla III of Hungary (1172–1196): The Role of Archbishop Lukács of Esztergom. In: Church History 49 (1980), 375–386.

MAROSI, ERNŐ: Magyarországi művészet a 12–13. században. Historiográfiai vázlat és kutatási helyzetkép [Kunst in Ungarn im 12. und 13. Jahrhundert. Eine historiographische Skizze und der Stand der Forschung]. In: Történelmi Szemle 23 (1980), 124–149.

KRISTÓ, GYULA – MAKK, FERENC: Bevezető (Einführung). In: III. Béla emlékezete [Zum Gedächtnis Bélas III.]. Budapest 1981, 5–34.

MAKK, FERENC: Relations hungaro-byzantines à l'époque de Béla III. Acta Historica Academiae Scientiarum Hungaricae 31 (1985), 3–32.

MAKK, FERENC: The Árpáds and the Comneni. Political Relations between Hungary and Byzantium in the 12th Century. Budapest 1989.

**Die inneren Verhältnisse Ungarns im 12. Jahrhundert**

SCHÜNEMANN, KONRAD: Die Deutschen in Ungarn bis zum 12. Jahrhundert. Berlin, Leipzig 1923.

KNIEZSA, ISTVÁN: Ungarns Völkerschaften im 11. Jahrhundert. In: Archivum Europae Centro-Orientalis 4 (1938), 241–412.

LEDERER, EMMA: A feudalizmus kialakulása Magyarországon [Die Herausbildung des Feudalismus in Ungarn]. Budapest 1959.

GYÖRFFY, GYÖRGY: Einwohnerzahl und Bevölkerungsdichte in Ungarn bis zum Anfang des XIV. Jahrhunderts. Studia Historica Academiae Scientiarum Hungaricae 42. Budapest 1960.

SZABÓ, ISTVÁN: A prédium. Vizsgálódások a korai magyar gazdaság- és településtörténelem körében. (Zusammenfassung in deutscher Sprache: Das Predium. Betrachtungen im Kreise der frühzeitigen ungarischen Wirtschafts- und Siedlungsgeschichte). In: Agrártörténeti Szemle 5 (1963), 1–49, 301–337.

SZÉKELY, GYÖRGY: Wallons et Italiens en Europe Centrale aux XI$^e$-XVI$^e$ siècles. In: Annales Universitatis Scientiarum Budapestinensis de Rolando Eötvös nominatae. Sectio Historica 6 (1964), 3–71.

MÁLYUSZ, ELEMÉR: Die Eigenkirche in Ungarn. In: Wiener Archiv für Geschichte des Slawentums und Osteuropas V. Studien zur Geschichte Osteuropas III. Graz, Köln 1966, 76–95.

GYÖRFFY, GYÖRGY: les Débuts de l'évolution urbaine en Hongrie. In : Cahiers de Civilisation Médiévale 12 (1969), 127–146, 253–264.

SZABÓ, ISTVÁN: A középkori magyar falu [Das ungarische Dorf im Mittelalter]. Budapest 1969.

FÜGEDI, ERIK: Die Entstehung des Städtewesens in Ungarn. In: Alba Regia 10 (1969), 101–118. Zur Rechts- und Siedlungsgeschichte der Siebenbürger Sachsen. Siebenbürgisches Archiv. Archiv des Vereins für Siebenbürgische Landeskunde. Dritte Folge 8. Köln, Wien 1971.

FÜGEDI, ERIK: Das mittelalterliche Königreich Ungarn als Gastland. In: Die deutsche Ostsiedlung des Mittelalters als Problem der europäischen Geschichte. Vorträge und Forschungen XVIII. Sigmaringen 1974, 471–507.

SZÉKELY, GYÖRGY: les Contacts entre Hongrois et Musulmans aux IX$^e$-XII$^e$ siècles. In: The Muslim East. Studies in Honour of Julius Germanus. Budapest 1974, 53–74.

MAKK, FERENC: A XII. századi főúri csoportharcok értékeléséhez (Resümee in französischer Sprache: À l'appréciation des luttes de groupes seigneuriaux au XII$^e$ siècle). In: Acta Universitatis Szegediensis de Attila József nominatae. Acta Historica 71 (1981), 29–35.

GYÖRFFY, GYÖRGY: A magyarság keleti elemei [Die östlichen Elemente des Ungartums]. Budapest 1990.

# V. Die ersten Anzeichen für den Rückgang der königlichen Macht

## 1196–1221

HUBER, ALFONS: Studien über die Geschichte Ungarns im Zeitalter der Arpaden. In: Archiv für österreichische Geschichte 65 (1883), 153–230.

RÖHRICHT, R.: Studien zur Geschichte des fünften Kreuzzuges. Innsbruck 1891.

KLAIĆ, VJEKOSLAV: O hercegu Andriji [Herzog Andreas] (1197–1204). In: Rad Jugoslavenske Akademije Znanosti i Umjetnosti 136 (1898), 200–222.

VÁCZY, PÉTER: A királyi serviensek és a patrimoniális királyság [Die königlichen Servienten und das patrimoniale Königreich]. In: Századok 61–62 (1927–1928), 243–290, 351–414.

GROUSSET, RENÉ: la Hongrie et la Syrie chrétienne au XIII$^e$ siècle. In: Nouvelle Revue de Hongrie 66 (1937), 232–237.

DEÉR, JÓZSEF: Der Weg zur Goldenen Bulle Andreas' II. von 1222. In: Schweizer Beiträge zur Allgemeinen Geschichte 10 (1952), 104–138.

G. BOLLA, ILONA: Az Aranybulla-kori társadalmi mozgalmak a Váradi Regestrum megvilágításában. (Deutsches Resümee: Die sozialen Bewegungen zur Zeit der Goldenen Bulle im Lichte des Regestrums von Wardein). In: Annales Universitatis Scientiarum Budapestinensis de Rolando Eötvös nominatae. Sectio Historica 1 (1957), 84–102.

GYÖRFFY, GYÖRGY: Szlavónia kialakulásának oklevél-kritikai vizsgálata (Resümee in französischer Sprache: Étude critique des chartes concernant la formation de la Slavonie). In: Levéltári Közlemények 41 (1970), 223–240.

HORVÁTH, JÁNOS: Die Persönlichkeit des Meisters P. und die politische Tendenz seines Werkes. In: Acta Antiqua Academiae Scientiarum Hungaricae 19 (1971), 347–382.

GYÖRFFY, GYÖRGY: Abfassungszeit, Autorschaft und Glaubwürdigkeit der Gesta Hungarorum des anonymen Notars. In: Acta Antiqua Academiae Scientiarum Hungaricae 20 (1972), 209–229.

SWEENEY, JAMES ROSS: Innocent III, Hungary and the Bulgarian Coronation: A Study in Medieval Papal Diplomacy. In: Church History 42 (1973).

ÉRSZEGI, GÉZA: Eine neue Quelle zur Geschichte der bulgarisch-ungarischen Beziehungen während der Herrschaft Borils. Bulgarian Historical Review 3 (1975), 91–97.

KRISTÓ, GYULA: Néhány megjegyzés a magyar nemzetségekről [Einige Bemerkungen über die ungarischen Adelsgeschlechter]. Századok 109 (1975), 953–967.

HINTNER, DIETMAR: Die Ungarn und das byzantinische Christentum der Bulgaren im Spiegel der Register Papst Innozenz' III. Erfurter theologische Studien 35, Leipzig 1976.

SWEENEY, JAMES ROSS: Magyarország és a keresztes hadjáratok a 12–13. században [Ungarn und die Kreuzzüge im 12. und 13. Jahrhundert]. In: Századok 118 (1984), 114–124.

**1222–1235**

KARÁCSONYI, JÁNOS: Az Aranybulla keletkezése és első sorsa [Die Entstehung der Goldenen Bulle und ihr erstes Schicksal]. Értekezések a történelmi tudományok köréből [Abhandlungen aus dem Bereich der Geschichtswissenschaften] XVIII. 7. Budapest 1899.

PFEIFFER, NIKOLAUS: Die ungarische Dominikanerordensprovinz von ihrer Gründung 1221 bis zur Tatarenverwüstung 1241–1242. Zürich 1913.

PAULINYI, OSZKÁR: A sóregále kialakulása Magyarországon [Die Entstehung des Salzregals in Ungarn]. In: Századok 57–58 (1923–1924), 627–647.

MAKKAI, LÁSZLÓ: A milkói (kun) püspökség és népei [Das (kumanische) Bistum Milko und seine Bewohner]. Debrecen 1936.

BÓNIS, GYÖRGY: Decretalis Intellecto (III. Honorius a koronajavak elidegeníthetetlenségéről) [Papst Honorius III. über die Unveräußerlichkeit der Krongüter]. In: Történelmi Szemle 17 (1974), 24–31.

PÁLÓCZI-HORVÁTH, ANDRÁS: A kunok megtelepedése Magyarországon (Französisches Resümee: l'Établissement des Comans en Hongrie). In: Archaeologiai Értesítő 101 (1974), 244–259.

RÁKOS, ISTVÁN: IV. Béla birtokrestaurációs politikája (Mit deutschem Resümee: Die Güterrestaurationspolitik Bélas IV.) In: Acta Universitatis Szegediensis de Attila József nominatae. Acta Historica 47 (1974).

Album Elemér Mályusz. Études présentées à la Commission Internationale pour l'Histoire des Assemblées d'États. Bruxelles 1976. Darin die Aufsätze von JAMES ROSS SWEENEY (89–96), JÓZSEF GERICS (97–108) und HERBERT HELBIG (109–121).

GERICS, JÓZSEF: Az Aranybulla ellenállási záradékának értelmezéséhez [Zur Interpretation der Widerstandsklausel der Goldenen Bulle]. In: Ünnepi tanulmányok Sinkovics István 70. születésnapjára [Aufsätze zum 70. Geburtstag von István Sinkovics]. Red. von IVÁN BERTÉNYI. Budapest 1980, 99–108.

# VI. Die Schwächung der königlichen Macht, der Vorstoß der Großgrundbesitzer

## Béla IV. und Stephan V.

WERTNER, MORITZ: Boris und Rostislav. Beitrag zur Geschichte der russisch-polnisch-ungarischen Beziehungen. Berlin 1889.

PAULER, GYULA: V. István bolgár hadjáratai [Die bulgarischen Feldzüge Stephans V.]. In: Hunfalvy-album. Hunfalvy Pál félszázados akadémiai tagsága emlékére [Festschrift zur fünfzigjährigen akademischen Mitgliedschaft Pál Hunfalvys]. Budapest 1891, 165–174.

STRAKOSCH-GRASSMANN, GUSTAV: Der Einfall der Mongolen in Mitteleuropa in den Jahren 1241 und 1242. Innsbruck 1893.

SZENTPÉTERY, EMERICH: Das Banat von Machow. In: Ungarische Rundschau für historische und soziale Wissenschaften 4 (1915), 872–883.

SZENTPÉTERY, IMRE: V. István ifjabbkirálysága [Stephan V. als Rex iunior]. In: Századok 55 (1921), 77–87.

BENDEFY, LÁSZLÓ: Az ismeretlen Juliánusz. A legelső magyar ázsiakutató életrajza és kritikai méltatása [Der unbekannte Julianus. Lebenslauf und kritische Würdigung des ersten ungarischen Asienforschers]. Budapest 1936.

MOLNÁR, JÓZSEF: A királyi megye katonai szervezete a tatárjárás korában [Die militärische Organisation des königlichen Komitats in der Zeit des Mongoleneinfalls]. In: Hadtörténelmi Közlemények. Új folyam [Militärgeschichtliche Mitteilungen. Neue Reihe] 6 (1959), Nr. 2, 222–252.

ЛЕДЕРЕР, Е.: Венгерско-русски отношения и татвро-монголвское нашествие. In: Международные связи России до XVII. в. Москва 1961, 181–262.

MÁLYUSZ, ELEMÉR: Az V. István-kori gesta [Die Gesta aus der Zeit Stephans V.] Értekezések a történeti tudományok köréből. Új sorozat [Abhandlungen aus dem Bereich der Geschichtswissenschaften. Neue Reihe] 58. Budapest 1971.

GYÖRFFY, GYÖRGY: Bevezetés [Einführung]. In: Napkelet felfedezése. Julianus, Plano Carpini és Rubruk útijelentései [Die Entdeckung des Orients. Die Reisebeschreibungen von Julianus, Plano Carpini und Rubruk]. Budapest 1965, 5–35.

S. KISS, ERZSÉBET: A királyi generális kongregáció kialakulásának történetéhez (Resümee in deutscher Sprache: Zur Geschichte der Entwicklung der königlichen Generalkongregation). In: Acta Universitatis Szegediensis de Attila József nominatae. Acta Historica 39 (1971).

БЕРТЕНИ, ИВАН.: К вопросу о международном положении Венгрии после татарского нашествия. In: Annales Universitatis Scientiarum Budapestinensis de Rolando Eötvös nominatae. Sectio Historica 19 (1978), 241–249.

GYÖRFFY, GYÖRGY: Bevezető [Einleitung]. In: A tatárjárás emlékezete [Zum Gedächtnis an den Mongoleneinfall]. Red. von TAMÁS KATONA. Budapest 1981, 5–31.

SENGA, TORU: Megjegyzések IV. Béla tatárjárás utáni külpolitikájáról [Bemerkungen zur Außenpolitik Bélas IV. nach dem Abzug des Mongolenheeres]. (Resümee in japanischer Sprache) In: Uralica. Journal of the Uralic Society of Japan 6 (1983), 17–29.

SZŰCS, JENŐ: Az 1267. évi dekrétum és háttere. Szempontok a köznemesség kialakulásához [Das Dekret vom Jahre 1267 und sein Hintergrund. Überlegungen zur Herausbildung des niederen Adels]. In: Mályusz Elemér Emlékkönyv [Festschrift für Elemér Mályusz]. Red. von ÉVA H. BALÁZS, ERIK FÜGEDI und FERENC MAKSAY. Budapest 1984, 341–394.

FÜGEDI, ERIK: Castle and Society in Medieval Hungary (1000–1437). Studia Historica Academiae Scientiarum Hungaricae 188. Budapest 1985.

## Zu den inneren Verhältnissen Ungarns im 13. Jahrhunert

SZEKFŰ, GYULA: Serviensek és familiárisok [Servienten und Familiares]. Értekezések a történeti tudományok köréből [Abhandlungen aus dem Bereich der Geschichtswissenschaften] XXIII. 3. Budapest 1912.

LEDERER, EMMA: A legrégibb magyar iparososztály kialakulása [Die Herausbildung der ältesten ungarischen Handwerkerschicht]. In: Századok 61–62 (1927–1928), 492–528, 633–645.

MÁLYUSZ, ELEMÉR: Geschichte des Bürgertums in Ungarn. In: Vierteljahrschrift für Sozial- und Wirtschaftsgeschichte 20 (1928), 356–407.

MOÓR, ELEMÉR: Die Anfänge der höfischen Kultur in Ungarn. In: Ungarische Jahrbücher 17 (1937), 57–86.

MÁLYUSZ, ELEMÉR: A magyar köznemesség kialakulása [Die Herausbildung des ungarischen niederen Adels]. In: Századok 76 (1942), 272–305, 407–434.

BOLLA, ILONA: A jobbágytelek kialakulásának kérdéséhez. A „curia" és „mansio" terminusok jelentésváltozása az Árpád-korban (Resümee in deutscher Sprache: Zur Frage der Entstehung des Fronhofes in Ungarn. Bedeutungswandel der Wörter „curia" und „mansio" in der Arpadenzeit). In: Annales Universitatis Scientiarum Budapestinensis de Rolando Eötvös nominatae. Sectio Historica 3 (1961), 97–120.

FUGEDI, ERIC: La formation des villes et les ordres mendiants en Hongrie. In: Annales. Économies, Sociétés, Civilisations 25 (1970), 966–987.

MÁLYUSZ, ELEMÉR: Egyházi társadalom a középkori Magyarországon [Der Klerus im mittelalterlichen Ungarn]. Budapest 1971.

GÖCKENJAN, HANSGERD: Stuhlweißenburg. Eine ungarische Königsresidenz vom 11.–13. Jahrhundert. Beiträge zur Stadt- und Regionalgeschichte Ost- und Nordeuropas. Gießener Abhandlungen zur Agrar- und Wirtschaftsforschung des europäischen Ostens 55. Wiesbaden 1971.

KUBINYI, ANDRÁS: Die Anfänge Ofens. Osteuropastudien der Hochschulen des Landes Hessen I. Gießener Abhandlungen zur Agrar- und Wirtschaftsforschung des europäischen Ostens 60. Berlin 1972.

SOLYMOSI, LÁSZLÓ: A jobbágyköltözésről szóló határozat helye a költözés gyakorlatában (Deutsches Resümee: Der Beschluß über den Wegzug der Hörigen und die Praxis). In: Agrártörténeti Szemle 14 (1972), 1–40.

MAKSAY, FERENC: Das Agrarsiedlungssystem des mittelalterlichen Ungarn. In: Acta Historica Academiae Scientiarum Hungaricae 24 (1978), 83–108.

SZŰCS, JENŐ: A kereszténység belső politikuma a XIII. század derekán. IV. Béla király és az egyház [Das innere Politikum des Christentums um die Mitte des 13. Jahrhunderts. König Béla IV. und die Kirche]. In: Történelmi Szemle 21 (1978), 158–181.

CSÓKA, J. LAJOS: Geschichte des Benediktinischen Mönchtums in Ungarn. Studia Hungarica 11. München 1980.

FÜGEDI, ERIK: Koldulo barátok, polgárok, nemesek. Tanulmányok a magyar középkorról [Bettelmönche, Bürger, Adlige. Studien zum ungarischen Mittelalter]. Budapest 1981.

SZŰCS, JENŐ: Megosztott parasztság – egységesülő jobbágyság. A paraszti társadalom átalakulása a 13. században (Resümee in französischer Sprache: Paysannerie divisée – intégration de la classe des serfs. Mutation de la collectivité paysanne au XIIIᵉ siècle). In: Századok 115 (1981), 3–65, 263–319.

BOLLA, ILONA: A jogilag egységes jobbágyosztály kialakulása Magyarországon [Die Herausbildung der rechtlich einheitlichen Klasse der Fronbauern in Ungarn]. Értekezések a történeti tudományok köréből. Új

sorozat [Abhandlungen aus dem Bereich der Geschichtswissenschaften. Neue Reihe] 100. Budapest 1983.
KURCZ, ÁGNES: Lovagi kultúra Magyarországon [Ritterliche Kultur in Ungarn]. Budapest 1988.

## Ladislaus IV. und Andreas III., die Territorialherrschaft

SZABÓ, KÁROLY: Kun László 1272–1290. [Ladislaus „der Kumane" 1272–1290]. Budapest 1886. (Reprintausgabe: Budapest 1986).
BUNYITAY, VINCZE: Kopasz nádor. Életrajz a XIII–XIV. századból [Palatin Kopasz. Eine Biographie aus dem 13.–14. Jahrhundert]. In: Századok 23 (1888), 15–32, 129–155.
SZILÁGYI, LORÁND: III. Endre 1298. évi törvénykönyve (Resümee in deutscher Sprache: Das Gesetz Andreas' III. vom Jahre 1298). In: Annales Universitatis Scientiarum Budapestinensis de Rolando Eötvös nominatae. Sectio Historica 1 (1957), 135–171.
SZÉKELY, GY.: Évolution de la structure et de la culture de la classe dominante laïque dans la Hongrie des Árpáds. In: Acta Historica Academiae Scientiarum Hungaricae 15 (1969), 223–252.
KRISTÓ, GYULA: Csák Máté tartományúri hatalma [Matthäus Csáks Territorialherrschaft]. Budapest 1973.
KRISTÓ, GYULA: A Kőszegiek kiskirálysága [Der „Territorialstaat" der Kőszegis]. In: Vasi Szemle 29 (1975), 251–268.
BLAZOVICH, LÁSZLÓ: IV. László harca a kunok ellen [Der Kampf Ladislaus' IV. gegen die Kumanen]. In: Századok 111 (1977), 941–945.
GERICS, JÓZSEF: Das Gericht praesentia regia in Ungarn am Ende des 13. Jahrhunderts. In: Annales Universitatis Scientiarum Budapestinensis de Rolando Eötvös nominatae. Sectio Historica 19 (1978), 33–46.
KRISTÓ, GYULA: A feudális széttagolódás Magyarországon [Die feudale Zersplitterung in Ungarn]. Budapest 1979.
КРИШТОЖ Д.: Ласло Кан и Трансильвания In: Studia Historica Academiae Scientiarum Hungaricae 134. Budapest 1980.
SZŰCS, JENŐ: Theoretische Elemente in Meister Simon von Kézas „Gesta Hungarorum" (1282–1285). In: Nation und Geschichte. Studien. Budapest 1981, 263–328.
GERICS, JÓZSEF: Das frühe Ständewesen in Ungarn und sein europäischer Hintergrund. Das Patriarchat von Aquileja und Ungarn am Ende des 13. Jahrhunderts. In: Études Historiques Hongroises 1985. Budapest 1985, 285–303.

KRISTÓ, GYULA: Die Macht der Territorialherren in Ungarn am Anfang des 14. Jahrhunderts. In: Études Historiques Hongroises 1985. Budapest 1985, 597–614.

GERICS, JÓZSEF: A korai rendiség Európában és Magyarországon [Das frühe Ständewesen in Europa und in Ungarn]. Budapest 1987.

SZŰCS, JENŐ: Az utolsó Árpádok [Die letzten Arpaden). Budapest 1993.

## Der Stammbaum der Arpadendynastie

Die nachstehenden Stammtafeln veranschaulichen die Geschlechterfolge von den Fürsten Álmos und Árpád bis zu König Andreas III. bzw. Karl Robert. In den Tafeln werden nicht alle Familienmitglieder der Dynastie genannt, sie erheben also keinen Anspruch auf Vollständigkeit, enthalten aber sämtliche wichtigen geschichtlichen Persönlichkeiten.

**Auf den Stammtafeln werden folgende Zeichen verwendet:**

\* Geburtsdatum

⚭ verheiratet/verlobt mit

? zweifelhafte Angabe/zweifelhafte Verwandtschaftsbeziehung

† Todesdatum

# STAMMTAFEL I

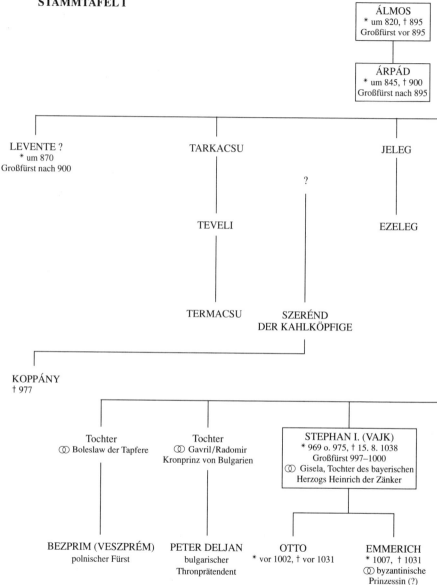

ÁLMOS
* um 820, † 895
Großfürst vor 895

ÁRPÁD
* um 845, † 900
Großfürst nach 895

LEVENTE ?
* um 870
Großfürst nach 900

TARKACSU

?

JELEG

TEVELI

EZELEG

TERMACSU

SZERÉND
DER KAHLKÖPFIGE

KOPPÁNY
† 977

Tochter
⚭ Boleslaw der Tapfere

Tochter
⚭ Gavril/Radomir
Kronprinz von Bulgarien

STEPHAN I. (VAJK)
* 969 o. 975, † 15. 8. 1038
Großfürst 997–1000
⚭ Gisela, Tochter des bayerischen
Herzogs Heinrich der Zänker

BEZPRIM (VESZPRÉM)
polnischer Fürst

PETER DELJAN
bulgarischer
Thronprätendent

OTTO
* vor 1002, † vor 1031

EMMERICH
* 1007, † 1031
⚭ byzantinische
Prinzessin (?)

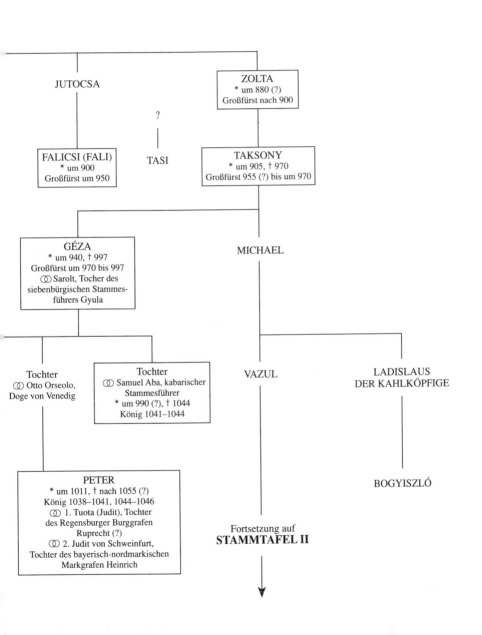

JUTOCSA

ZOLTA
* um 880 (?)
Großfürst nach 900

?

FALICSI (FALI)
* um 900
Großfürst um 950

TASI

TAKSONY
* um 905, † 970
Großfürst 955 (?) bis um 970

GÉZA
* um 940, † 997
Großfürst um 970 bis 997
⚭ Sarolt, Tocher des
siebenbürgischen Stammes-
führers Gyula

MICHAEL

Tochter
⚭ Otto Orseolo,
Doge von Venedig

Tochter
⚭ Samuel Aba, kabarischer
Stammesführer
* um 990 (?), † 1044
König 1041–1044

VAZUL

LADISLAUS
DER KAHLKÖPFIGE

PETER
* um 1011, † nach 1055 (?)
König 1038–1041, 1044–1046
⚭ 1. Tuota (Judit), Tochter
des Regensburger Burggrafen
Ruprecht (?)
⚭ 2. Judit von Schweinfurt,
Tochter des bayerisch-nordmarkischen
Markgrafen Heinrich

BOGYISZLÓ

Fortsetzung auf
**STAMMTAFEL II**

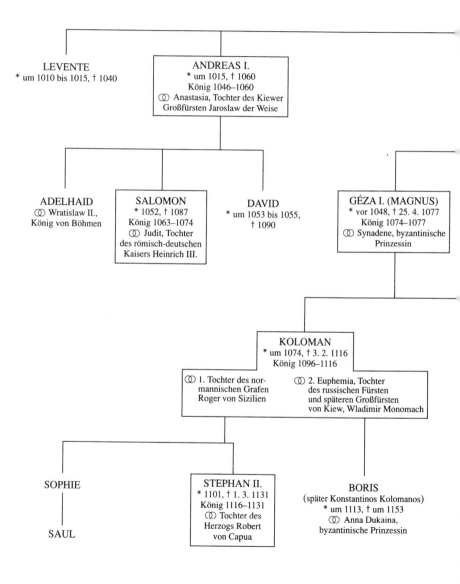

LEVENTE
* um 1010 bis 1015, † 1040

ANDREAS I.
* um 1015, † 1060
König 1046–1060
Ⓧ Anastasia, Tochter des Kiewer
Großfürsten Jaroslaw der Weise

ADELHAID
Ⓧ Wratislaw II.,
König von Böhmen

SALOMON
* 1052, † 1087
König 1063–1074
Ⓧ Judit, Tochter
des römisch-deutschen
Kaisers Heinrich III.

DAVID
* um 1053 bis 1055,
† 1090

GÉZA I. (MAGNUS)
* vor 1048, † 25. 4. 1077
König 1074–1077
Ⓧ Synadene, byzantinische
Prinzessin

KOLOMAN
* um 1074, † 3. 2. 1116
König 1096–1116

Ⓧ 1. Tochter des nor-
mannischen Grafen
Roger von Sizilien

Ⓧ 2. Euphemia, Tochter
des russischen Fürsten
und späteren Großfürsten
von Kiew, Wladimir Monomach

SOPHIE

SAUL

STEPHAN II.
* 1101, † 1. 3. 1131
König 1116–1131
Ⓧ Tochter des
Herzogs Robert
von Capua

BORIS
(später Konstantinos Kolomanos)
* um 1113, † um 1153
Ⓧ Anna Dukaina,
byzantinische Prinzessin

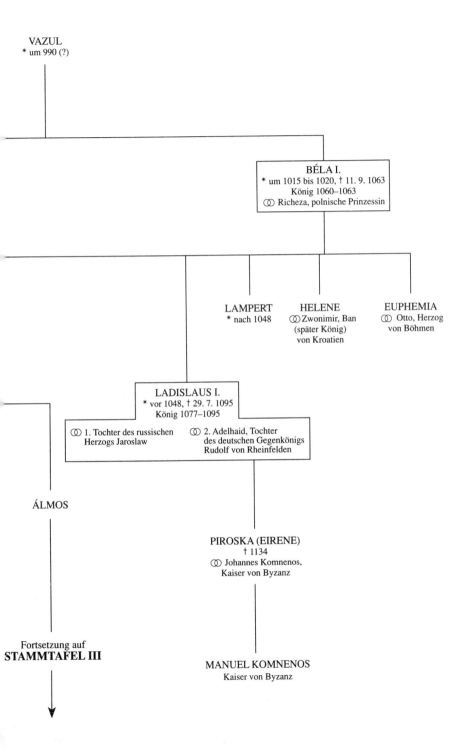

VAZUL
* um 990 (?)

BÉLA I.
* um 1015 bis 1020, † 11. 9. 1063
König 1060–1063
∞ Richeza, polnische Prinzessin

LAMPERT
* nach 1048

HELENE
∞ Zwonimir, Ban
(später König)
von Kroatien

EUPHEMIA
∞ Otto, Herzog
von Böhmen

LADISLAUS I.
* vor 1048, † 29. 7. 1095
König 1077–1095
∞ 1. Tochter des russischen
Herzogs Jaroslaw
∞ 2. Adelhaid, Tochter
des deutschen Gegenkönigs
Rudolf von Rheinfelden

ÁLMOS

PIROSKA (EIRENE)
† 1134
∞ Johannes Komnenos,
Kaiser von Byzanz

Fortsetzung auf
**STAMMTAFEL III**

MANUEL KOMNENOS
Kaiser von Byzanz

# STAMMTAFEL III

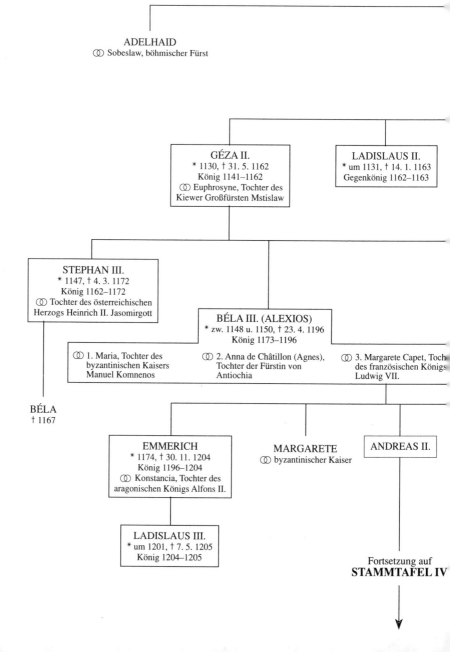

**ADELHAID**
⚭ Sobeslaw, böhmischer Fürst

**GÉZA II.**
\* 1130, † 31. 5. 1162
König 1141–1162
⚭ Euphrosyne, Tochter des
Kiewer Großfürsten Mstislaw

**LADISLAUS II.**
\* um 1131, † 14. 1. 1163
Gegenkönig 1162–1163

**STEPHAN III.**
\* 1147, † 4. 3. 1172
König 1162–1172
⚭ Tochter des österreichischen
Herzogs Heinrich II. Jasomirgott

**BÉLA III. (ALEXIOS)**
\* zw. 1148 u. 1150, † 23. 4. 1196
König 1173–1196

⚭ 1. Maria, Tochter des
byzantinischen Kaisers
Manuel Komnenos

⚭ 2. Anna de Châtillon (Agnes),
Tochter der Fürstin von
Antiochia

⚭ 3. Margarete Capet, Tochter
des französischen Königs
Ludwig VII.

**BÉLA**
† 1167

**EMMERICH**
\* 1174, † 30. 11. 1204
König 1196–1204
⚭ Konstancia, Tochter des
aragonischen Königs Alfons II.

**MARGARETE**
⚭ byzantinischer Kaiser

**ANDREAS II.**

**LADISLAUS III.**
\* um 1201, † 7. 5. 1205
König 1204–1205

Fortsetzung auf
**STAMMTAFEL IV**

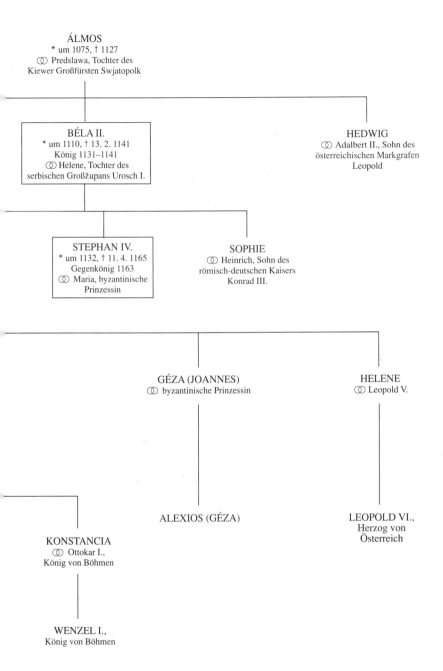

ÁLMOS
* um 1075, † 1127
⚭ Predslawa, Tochter des
Kiewer Großfürsten Swjatopolk

BÉLA II.
* um 1110, † 13. 2. 1141
König 1131–1141
⚭ Helene, Tochter des
serbischen Großžupans Urosch I.

HEDWIG
⚭ Adalbert II., Sohn des
österreichischen Markgrafen
Leopold

STEPHAN IV.
* um 1132, † 11. 4. 1165
Gegenkönig 1163
⚭ Maria, byzantinische
Prinzessin

SOPHIE
⚭ Heinrich, Sohn des
römisch-deutschen Kaisers
Konrad III.

GÉZA (JOANNES)
⚭ byzantinische Prinzessin

HELENE
⚭ Leopold V.

ALEXIOS (GÉZA)

LEOPOLD VI.,
Herzog von
Österreich

KONSTANCIA
⚭ Ottokar I.,
König von Böhmen

WENZEL I.,
König von Böhmen

# STAMMTAFEL IV

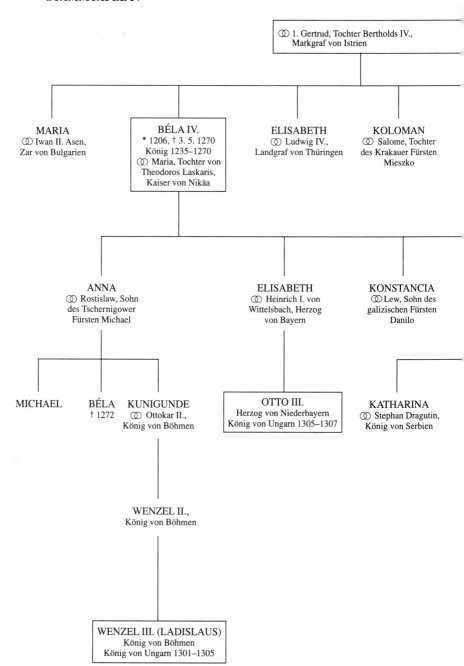

⚭ 1. Gertrud, Tochter Bertholds IV.,
Markgraf von Istrien

**MARIA**
⚭ Iwan II. Asen,
Zar von Bulgarien

**BÉLA IV.**
\* 1206, † 3. 5. 1270
König 1235–1270
⚭ Maria, Tochter von
Theodoros Laskaris,
Kaiser von Nikäa

**ELISABETH**
⚭ Ludwig IV.,
Landgraf von Thüringen

**KOLOMAN**
⚭ Salome, Tochter
des Krakauer Fürsten
Mieszko

**ANNA**
⚭ Rostislaw, Sohn
des Tschernigower
Fürsten Michael

**ELISABETH**
⚭ Heinrich I. von
Wittelsbach, Herzog
von Bayern

**KONSTANCIA**
⚭ Lew, Sohn des
galizischen Fürsten
Danilo

**MICHAEL**

**BÉLA**
† 1272

**KUNIGUNDE**
⚭ Ottokar II.,
König von Böhmen

**OTTO III.**
Herzog von Niederbayern
König von Ungarn 1305–1307

**KATHARINA**
⚭ Stephan Dragutin,
König von Serbien

**WENZEL II.,**
König von Böhmen

**WENZEL III. (LADISLAUS)**
König von Böhmen
König von Ungarn 1301–1305

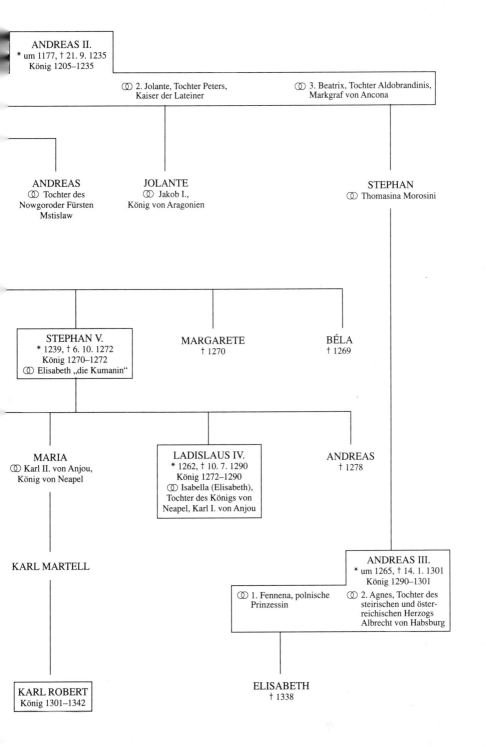

**ANDREAS II.**
\* um 1177, † 21. 9. 1235
König 1205–1235

Ⓧ 2. Jolante, Tochter Peters,
Kaiser der Lateiner

Ⓧ 3. Beatrix, Tochter Aldobrandinis,
Markgraf von Ancona

**ANDREAS**
Ⓧ Tochter des
Nowgoroder Fürsten
Mstislaw

**JOLANTE**
Ⓧ Jakob I.,
König von Aragonien

**STEPHAN**
Ⓧ Thomasina Morosini

**STEPHAN V.**
\* 1239, † 6. 10. 1272
König 1270–1272
Ⓧ Elisabeth „die Kumanin"

**MARGARETE**
† 1270

**BÉLA**
† 1269

**MARIA**
Ⓧ Karl II. von Anjou,
König von Neapel

**LADISLAUS IV.**
\* 1262, † 10. 7. 1290
König 1272–1290
Ⓧ Isabella (Elisabeth),
Tochter des Königs von
Neapel, Karl I. von Anjou

**ANDREAS**
† 1278

**KARL MARTELL**

**ANDREAS III.**
\* um 1265, † 14. 1. 1301
König 1290–1301

Ⓧ 1. Fennena, polnische
Prinzessin

Ⓧ 2. Agnes, Tochter des
steirischen und öster-
reichischen Herzogs
Albrecht von Habsburg

**KARL ROBERT**
König 1301–1342

**ELISABETH**
† 1338

# Verzeichnis der Karten

# Verzeichnis der Personen- und Ortsnamen

Printed in Hungary 1993
Satz: Typografika GmbH, Békéscsaba
Druckerei Szekszárdi, Szekszárd